危机 洞见
——破解全球经济沉疴

A Diagnosis for the Global Financial Crisis
—IEFI's Perspectives

史耀斌 主编

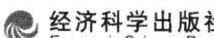

中国财经出版传媒集团
经济科学出版社
Economic Science Press

图书在版编目（CIP）数据

危机·洞见：破解全球经济沉疴/史耀斌主编. —北京：经济科学出版社，2017.7 (2018.4重印)
ISBN 978-7-5141-8197-5

Ⅰ. ①危⋯　Ⅱ. ①史⋯　Ⅲ. ①世界经济-研究　Ⅳ. ①F11

中国版本图书馆 CIP 数据核字（2017）第 163033 号

责任编辑：孙怡虹　杨　洋
责任校对：徐领柱
版式设计：齐　杰
责任印制：王世伟

危机·洞见
——破解全球经济沉疴
史耀斌　主编
经济科学出版社出版、发行　新华书店经销
社址：北京市海淀区阜成路甲28号　邮编：100142
总编部电话：010-88191217　发行部电话：010-88191522
网址：www.esp.com.cn
电子邮件：esp@esp.com.cn
天猫网店：经济科学出版社旗舰店
网址：http://jjkxcbs.tmall.com
北京季蜂印刷有限公司印装
710×1000　16开　23.5印张　450000字
2017年7月第1版　2018年4月第2次印刷
ISBN 978-7-5141-8197-5　定价：69.00元
（图书出现印装问题，本社负责调换。电话：010-88191510）
（版权所有　侵权必究　举报电话：010-88191586
电子邮箱：dbts@esp.com.cn）

序

2008年全球金融危机爆发时，我正供职于世界银行（以下简称"世行"），转眼已近10年。10年来，全球经济避免了最糟状况的出现，虽然发达经济体尚未恢复到危机前的正常增长并有陷入长期停滞的风险，不过美联储已开始货币政策正常化进程。新兴市场和发展中经济体虽经历了一些困难，但总体态势向好，仍是引领全球经济增长的重要力量。

全球金融危机发生前，全球经济刚经历了第二次世界大战后持续时间最长的繁荣周期，无论发展中经济体或发达经济体，都出现了持续的快速增长。特别是作为全球最大经济体的美国，通过宽松的货币政策和金融创新手段，使可用资金大大增加，通过拉动投资和消费让经济出现繁荣景象。发达经济体的繁荣通过贸易和投资传导到新兴市场和发展中经济体，加之发展中经济体自身出现投资高潮和消费升温，使全球经济增长在2002～2007年呈现出非常可喜的态势。

但中国人讲"福兮，祸之所伏"。危机前美国房地产价格快速上涨，"双赤字"越来越大，金融衍生品风险集聚。随着住房次级贷款风险引爆，整个金融体系迅速坍塌，危机以美国为发源地向全球蔓延，最终引发了这场自20世纪30年代经济大萧条以来最严重的全球金融危机。危机伊始，发达经济体陷入衰退，新兴市场和发展中国家政府和私人部门普遍加杠杆，为抵御金融危机和拉动全球增长做出了重要贡献。但受周期性和结构性因素影响，2012年以来，发达经济体总体有所恢复，发展中经济体开始出现一波明显的下行压力。总体上看，国际金融危机爆发至今，全球GDP增速仍未恢复到危机前水平，潜在产出下降、有效需求不足、结构性改革滞后等负面因素尚无显著改善。

为应对危机及后期产生的深层次影响，主要经济体进行了诸多努力，通过财政政策、货币政策和结构性改革政策等一切可用的政策工具，提振短期增长，提高潜在增长率。从实际情况看，货币政策为应对危机，防止金融体系崩溃发挥了重要作用，但边际效用已开始递减，货币政策加杠杆已经做到比较充分甚至再次面临风险的状态。财政政策与货币政策相比，一方面仍有空间，另一方面更为适合当前的全球经济现状，特别是对发展中国家来说，基础设施、环境保护、社会保障等发展"瓶颈"需要公共资金加大支持，可以用积极的财政政策来补足短板。我们注意到,金融危机爆发至今,无论发达国家还是发展中国家,结构性改革的进程都相对滞后,尽管主要经济体对改革早已形成共识,但实际进展相对有限。为此,作为 G20 主席国,在中国的引领下,2016 年 G20 杭州峰会把结构性改革作为一个主要议题,取得了非常重要的成果。

纵观过去 10 年,可喜的是全球经济没有被危机击倒,没有重演 20 世纪 30 年代的大萧条;忧虑的是,危机爆发至今 10 年,全球经济仍没有从危机中彻底走出,不但经济增长速度远不及危机之前,风险和不确定性也在持续增加;全球经济增长动能不足,新老动能转换尚未完成;全球经济治理滞后,无法反映经济现实;全球经济发展失衡,贫富差距拉大。反映在具体问题上,表现为宏观经济政策不确定性增加、反全球化和民粹主义思潮抬头、金融和大宗商品市场波动加大、贸易失衡和保护主义加剧、地缘政治风险上升等。可以说,要彻底走出危机,实现强劲、可持续、包容性增长,全球经济还有很长的路要走,值得我们从危机中反思和总结的还有很多。

令人高兴的是,国内智库和经济学家 10 年来对全球金融危机进行了密切关注和深入剖析。这其中就包括财政部周强武主任及其领导下的国际财经中心。我和周强武主任都曾在世行任职,我们在世行期间常就危机的进展与应对、国际经济治理改革和国际发展合作等问题进行交流和探讨。在我结束世行任期回国后,强武主任领导的国际财经中心又与我所在的北京大学新结构经济学研究中心开展了非常密切的合作。危机爆发后至今,国际财经中心围绕危机从多个不同角度撰写了数百篇研究报告,就金融危机爆发的原因及其影响、主要经济体危机后宏观经济形势及政策、国际社会应对危机的政策措施、全球治理改革等热点问题进行了深入分析,提出了很多具有重要参考价值的政策建议。此书的出版,既是对国际财经中心成立十年研究成果的回顾与总结,也必将让政策制定者、智库和学界有所收获,令研究国际经济的同仁受到鼓舞。

特别是当前,中国在全球经济体系中的重要性和影响力已远非危机前可同日而语,中国倡议、中国思想和中国声音越来越受到国际社会的广泛关注。危机伊始,中国积极践行大国责任,与美国和其他主要经济体一道,推出了有效的刺激措施应对危机,挽狂澜于既倒。2010 年至今,中国作为全球第二大经济体,充分发挥了全球经济"火车头"和"稳定锚"的作用,不仅实现了自身经济提质增效升级,贡献了超过四分之一的全球经济增长,还作为新兴市场与发展中国家的领头羊,推动全球经济治理体系朝着更加公正合理的方向发展,坚定地维护着全球化和多边主义。更重要的是,中国作为最大的发展中国家,对广大发展中国家、对非洲和最不发达国家谋求发展、摆脱贫困的愿望感同身受,一直在努力予以支持和帮助,无论是具体的合作项目,还是发展经验共享互鉴,都取得了实实在在的效果。

我与强武主任常常感慨，中国智库发展赶上了重要的机遇期，国家层面大力支持，国际影响大大提高，从 APEC、G20 到"一带一路"、亚投行、新开发银行、金砖合作，中国智库大有可为，也应该厚积薄发，积极作为。希望我们广大智库同仁，能够立足于国家发展实际和改革需要，前瞻性地提出重大的战略、制度和政策设计，以综合性的知识、国际化的视野、切实可行的政策建议为中国经济繁荣发展，为中华民族的伟大复兴做出贡献。本书的出版展现了国际财经中心过去 10 年在这个方向所做的努力，以及所取得的成绩，特以此序表示祝贺与敬意！

林毅夫

2017 年 7 月

目 录

第一篇 宏观经济与全球治理

以共同转型推动实现全球经济强劲、可持续、平衡增长
.... 史耀斌（3）

国际金融体系改革由共识进入实践
.... 朱光耀（7）

当前国际经济形势和我们的应对之策
.... 朱光耀（14）

新多边开发机构面临的挑战及应对之策
.... 周强武（19）

金融危机与政策应对
.... 郑联盛（23）

简析经济刺激政策退出策略
.... 吴瑞楠（30）

经济复苏后我国宏观经济政策走向：国外经验、教训与启示
.... 胡振虎（34）

关于"中等收入陷阱"问题的几点思考
.... 周 波 乔 慧（40）

发达国家近年支持技术创新的财政政策及对我国的启示
.... 周 波 杨志鸿（47）

引人注目的太平洋联盟
.... 燕晓春 陈 茜 尹晓君（54）

"10+3"财金合作面临的挑战及政策建议
.... 于 晓 胡振虎（59）

G20：因危机而生（G20研究之一）
.... 周强武等（65）
G20与中国（G20研究之二）
.... 周强武等（76）
G20：未来发展五种可能（G20研究之三）
.... 周强武等（84）
怎样看当前全球通货膨胀形势
.... 王 虎 贾静航（88）

第二篇 美国，从危机源头到复苏龙头

美国金融稳定计划：政策、风险与影响
.... 郑联盛（95）
美国财政赤字及其影响分析
.... 吴 伟（101）
简析美国住房金融体系
——"两房"改革：教训与经验
.... 董 杨（109）
美国《海外账户税收合规法案》情况简析
.... 宋 馨 胡振虎（115）
美国财政预算公开的主要做法及对中国的启示
.... 胡振虎 宋 馨 于 晓（120）
美国"财政悬崖"简析
.... 周 波 王 薇（130）
美国量宽货币政策的影响及应对
.... 胡振虎 燕晓春（139）
美国劳动参与率低迷相关分析及启示
.... 贾静航 周 波（145）
美国"企业老龄化"问题现状、原因和影响简析
.... 田恩琪 胡振虎（150）
美国基础设施投融资政策及启示
.... 李明慧 叶申南（156）
美国经济何以"一枝独秀"？
.... 王 虎（162）

美国农村贫困问题及奥巴马政府应对之策
································· 陈 霞 李佳璐（168）
美国外资国家安全审查机制对我国的影响及应对策略（CFIUS之一）
································· 胡振虎 贾英姿 于 晓（175）
美国近十年外资安全审查重点和趋势简析（CFIUS之二）
································· 胡振虎 于 晓 贾英姿（184）
美国外资国家安全审查机制的运行架构（CFIUS之三）
································· 于 晓 胡振虎 贾英姿（198）
美国外资国家安全审查机制发展历史（CFIUS之四）
································· 胡振虎 于 晓 贾英姿（206）
美国外资国家安全审查机制的法制基础（CFIUS之五）
································· 胡振虎 于 晓 贾英姿（212）
美国新任财长努钦主要政策主张简析
································· 陈 霞 彭 慧 姚令恺（216）
中国参与美基建情况简析
································· 陈立宏 于 晓（219）

第三篇 欧洲，从债务危机到艰难应对

欧盟与国际货币基金建立救援机制的动向及影响
································· 吴 伟（227）
欧洲银行业联盟框架及分析
································· 胡振虎（233）
欧洲经济难逃"失去的十年"厄运
································· 李明慧 胡振虎 王 尧（240）
欧盟统一劳动力市场建设及其启示
································· 于 晓（245）
欧盟构建资本市场联盟初析
································· 宋 馨 李明慧（251）
欧央行新一轮量宽效果与前景分析
································· 宋 馨 郭 昊（257）
欧盟构建能源联盟简析
································· 于 晓 郭 昊（264）
俄罗斯经济困局的思考与启示
································· 王 虎 贾静航（270）

欧洲难民问题政策及其前景简析
………………………………………………………… 陈立宏（276）

奥地利养老保险体系简析
………………………………………………… 胡振虎　于　晓（282）

英国脱欧对我国经济影响简析
……………………………………… 王　虎　贾静航　李雨嘉（288）

英国"脱欧路线图"简析
………………………………………………… 郭　昊　宋　馨（292）

欧盟结构性改革简析
……………………………………… 宋　馨　李明慧　胡振虎（297）

第四篇　亚洲，我们的世纪已经到来？

转变经济发展方式与发展我国战略性新兴产业
………………………………………………………… 胡振虎（305）

对日本经济结构性问题的若干思考
………………………………………………………… 陈立宏（313）

日本政府养老投资基金改革及其启示
………………………………………………… 黄　畅　胡振虎（319）

重新审视日本政府债务问题
………………………………………………………… 王　虎（325）

印度尼西亚应对全球金融危机的财政政策
………………………………………………… 杨志鸿　周　波（330）

东盟经济一体化前景分析
……………………………………… 胡振虎　韦　民　周强武（337）

"安倍经济学"政策进展及简评
………………………………………………………… 陈立宏（344）

全球金融危机背景下的中日经济关系态势
………………………………………………… 周强武　韦　民（349）

日本、欧盟量化宽松政策及影响
………………………………………………… 郭　昊　胡振虎（358）

后记 ………………………………………………………………（364）

第一篇

宏观经济与全球治理

以共同转型推动实现全球经济
强劲、可持续、平衡增长[①]

史耀斌

中等收入国家是全球经济的重要组成部分。根据世界银行(以下简称"世行")《世界发展指标 2014》的统计,2012 年中等收入国家人口占全球总人口的 69.5%,GDP 平均增长率为 6.3%,是全球的 2.3 倍,高收入国家的 3.5 倍。与此同时,受国际金融危机的持续影响,中等收入国家面临比以往更为紧迫而艰巨的发展任务,2012 年人均国民收入为 4 370 美元,仅是全球平均水平的 42.9%。[②] 对中等收入国家而言,发展转型是迈向高收入国家行列的必由之路,这其中既包含内部经济发展方式的转型,也包括与外部发展伙伴发展合作模式的转型。对多边开发机构而言,传统的发展合作已不能满足中等收入国家的需要。要更好履行减贫和发展使命,最大化发展影响,也必须积极探索转型。因此,笔者试图围绕"转型"这个关键词,谈谈对上述发展问题的一些思考。

一、中等收入国家转型:挑战、方向、意义

一个经济体在迈向高收入国家的进程中,如果不能摆脱以往由低收入进入中等收入时的粗放型发展模式,很容易出现经济增长停滞,跌入中等收入陷阱。这主要是因为低收入的国家在进入中等收入阶段后,原有的成本优势丧失,如果不能实行持续的制度改革和技术创新,就无法形成新的竞争优势,从而使经济出现大的波动,并连带其他发展过程中积累的矛盾集中爆发。同时,中等收入国家转型对于世界经济发展还起着承上启下的作用,一方面其产业升级和产业转移将为低收入国家产业发展提供机会,另一方面其消费升级也将为发达国家创造新的市场需求。要避免中等收入陷阱,中等收入国家必须依靠结构改革获得持续的增长动力,转向更加均衡、可持续、包容性的发展方式。在转型过程中,应注意以下几个方面。

第一,中等收入国家必须从自身国情和发展阶段出发制定发展政策,正确处

[①] 本文写于 2014 年,作者为财政部副部长。
[②] The World Bank: *World Development Indicators* 2014, Washington, D. C., 2014.

理政府与市场的关系，这也是最重要的。一些中等收入国家在实施宏观经济政策时，受西方完全自由竞争市场理论影响，政府作用被极度削弱，政策缺乏稳定性，这对经济转型十分不利。市场的作用固然重要，但政府的作用在于弥补市场失灵，同样不可忽视。有效的政府治理将促进制度框架完善、科学宏观调控、优化公共服务等，维护社会公平正义和稳定，为"无形的手"更好地调配资源、保驾护航，共同推动经济社会持续健康发展。

在自主选择发展道路、使政府和市场作用相协调的基础上，中等收入国家就可以按照新增长理论的框架从制度创新、技术进步、人力资本积累、经济开放等方面培育经济增长的内生动力，突破生产要素收益递减的规律，实现经济可持续发展。

第二，坚持改革，不断推动制度创新。经济增长的根本原因是制度创新，没有良好的制度就无法适应技术进步和物力人力资本积累，就无法把潜在的生产力转化为实际的产出。国家制度体系的重要基础和支柱是财政体制，以财税体制改革为突破口，通过建立现代财政制度，将进一步理顺政府与市场、政府与社会、中央与地方的关系，产生有效的激励和约束，促进国家治理能力现代化。

第三，紧紧依靠知识和技术创新驱动发展。有学者测算，全要素生产率每年提高 1 个百分点，潜在增长率就可以提高 0.99 个百分点。[①] 要正确处理好技术引进与技术创新的关系，一方面通过引进、吸收、再创新逐步提高中等收入国家的自主创新能力，另一方面要敢于挑战科技高峰，要结合自身优势合理布局，努力取得原创性突破，掌握关键和核心技术，促进科技成果转化为现实生产力。在中等收入国家经济转型过程中，逐步向全球价值链高端挺进尤为重要。在这个过程中，政府要完善创新的宏观条件，尤其是针对具有创新性的初创企业，要减少障碍和行政负担。

第四，全面提高人的素质，改善公共服务水平，将社会安全网变成经济增长的跳板。人力资本具有很强的正外溢效应，全面提高人的素质，是一国经济发展的动力和源泉。中等收入国家应进一步加大对人力资本的投入，特别是通过改善教育、卫生、社保等公共服务，扩大覆盖面，提高保障水平、公平性和可及性，为本国人力资本积累创造良好条件。

第五，要进一步提高经济开放度，特别是要加强中等收入国家之间相互投资和经贸合作。根据世界贸易组织（WTO）的《世界贸易报告 2013》数据，2011 年发展中国家的贸易额占全球贸易的 24%，是 1990 年的 3 倍。[②] 南南贸易和投资不仅是中等收入国家自身重要的增长来源，也为全球经济注入了新的动力。深

---

① 马宏伟：《提升潜在增长率》，《人民日报》，2014 年 6 月 9 日。
② World Trade Organization：*World Trade Report 2013：Factors Shaping the Future of World Trade*，2013，p. 7.

化南南经贸合作,加强中等收入国家的产业转移和对接,有利于摆脱对发达国家市场的依赖,启动贸易这一增长的发动机。

二、多边开发机构的转型

多边开发机构是中等收入国家的合作伙伴。中等收入国家与多边开发机构之间是双向互利合作的关系。一方面,多边开发机构具备雄厚的资金、知识和人才优势,是中等收入国家转型的重要合作伙伴;另一方面,中等收入国家是全球发展的中坚力量。多边开发机构加强与中等收入国家合作,帮助中等收入国家实现跨越式发展,是多边开发机构履行发展职能的重要方面,也是加强自身财务和业务可持续性,丰富发展理论的重要手段。

多边开发机构应从以下几方面支持中等收入国家转型:(1)多边开发机构要继续进行治理结构改革,提升中等收入国家在多边开发机构政策制定过程中的发言权;(2)多边开发机构增强向中等收入国家转移资源、纠正全球发展不平衡的作用;(3)多边开发机构要不断降低贷款和知识产品的成本,创新服务工具和合作模式,提高灵活性和适应性,更好更快地满足中等收入国家多样化的需求,提高发展援助效益;(4)多边开发机构应大力支持中等收入国家深入开展南南合作,推动全球发展理念的创新,促进南南发展经验交流。积极探讨中等收入国家与多边开发机构的项目合作,可采取联合融资、平行融资、风险担保等多种方式。

三、中等收入国家与多边开发机构合作的转型:以中国与世界银行的创新合作为例

世界银行是世界上最大的多边开发机构,是全球多边发展援助体系的核心。自世行成立以来,一直引领着全球发展思潮和发展政策,并通过发展援助资金推行其发展理念。1980年,中国恢复在世行的合法席位。全球最大的多边开发机构与全球最大的发展中国家从此开展了一系列务实合作,影响和意义非常深远。

30年来,中国与世行的贷款和知识合作成效显著,有力地推动了中国的改革与发展进程,也为世行丰富发展理论、创新发展理念、在全球范围内减少贫困、促进共同繁荣作出了积极的贡献。

在新的历史时期,中国进入了新阶段,与世行合作迎来新的发展机遇。这一方面是因为中国仍是发展中国家,仍有大量贫困人口,城乡、地区发展差异很大,推进改革、调整结构、减少贫困、节能减排的任务很重,仍然需要世行的资

金、技术、知识支持，特别是在帮助中国借鉴国际经验、设计改革实施方案方面，需要世行发挥独特作用。另一方面，作为最大的发展中国家和最大的多边发展援助机构，双方合作更具有全球意义。中国对世行的资金支持将促进世行在低收入国家开展减贫工作，中国发展的成功案例将丰富世行的全球实践体系，帮助世行更有效地制定各项战略和政策，中国与世行开展的三方合作将为国际发展合作开启新的模式。金墉行长曾指出，双方合作是全球典范。但要长期保持典范的地位，需要双方加倍努力，继续立足中国国情和世行比较优势，集中优势资源，创新合作方式，突出合作重点，强化合作效果。

笔者相信，在中等收入国家自主转型发展，多边开发机构主动转型服务中等收入国家，以及双方合作模式的转型创新共同作用下，广大中等收入国家一定能够实现发展跨越。中等收入国家的繁荣发展也必将拉动全球经济的全面复苏和强劲、可持续、平衡增长。

国际金融体系改革由共识进入实践[1]

朱光耀

引 言

第二次世界大战以来最为严重的全球金融危机充分暴露了现行国际金融体系的诸多弊端。制度设计缺陷严重影响了布雷顿森林机构的代表性，指导思想僵化促使世界经济呈现失衡和无序状态，造成金融危机此起彼伏。现行国际金融体系已无法承担促进世界经济金融稳定发展的使命。在二十国集团（G20）华盛顿金融峰会上，中国国家主席胡锦涛明确提出，应该本着全面性、均衡性、渐进性、实效性的原则，推动国际金融体系改革，建立公平、公正、包容、有序的国际金融新秩序。G20匹兹堡金融峰会推进了国际金融体系改革的步伐，会议决定将新兴市场和发展中国家在国际货币基金组织的份额提高至少5%，将发展中国家和转型经济体在世界银行的投票权提高至少3%，提高发展中国家的代表性和发言权。当前，国际社会应贯彻落实匹兹堡金融峰会精神，加快推进国际金融体系改革。

一、改革现行国际金融体系的必要性

1944年召开的"全球货币与金融会议"，实际上是分别以"怀特计划"和"凯恩斯计划"[2]为代表的美英两国有关国际经济治理权的争夺。经过争辩与妥协，会议达成了更倾向于美国利益的折中方案，建立了美元与黄金挂钩的金汇兑本位制，创建了布雷顿森林体系，创造了布雷顿森林机构——国际货币基金组织（以下简称"基金"）和世界银行集团（以下简称"世行"），并赋予其相应的历

---

[1] 本文写于2009年，作者为财政部副部长。
[2] "怀特计划"的目的是谋求美国在新货币稳定体系中的主导地位，同时借此打开自由贸易的大门。英国的目标则是希望继续保留英镑的国际货币或者起码是在英镑区的主导地位，同时尽可能减少第二次世界大战后需要承担的债务。

史使命：基金提供了以美元为中心的、以稳定国际货币体系为目标的国际收支调节机制；世行则提供了以稳定欧洲和发展中国家为目标的第二次世界大战后重建和发展援助机制。布雷顿森林体系为世界经济较快速度地从战后废墟中发展起来提供了制度和资金保障。

然而，以美元与黄金挂钩的金汇兑本位制为特征的布雷顿森林体系，由于无法解决"特里芬悖论"[①]，美元与黄金脱钩，布雷顿森林体系让位于现行的牙买加体系，基金和世行仍然存在。然而，因制度设计存在缺陷的布雷顿森林机构不能反映国际经济格局变迁，不能反映发展中国家的代表性和发言权，加之指导思想僵化，现行国际金融体系导致世界经济呈现失衡和无序状况，金融危机此起彼伏。本次国际金融危机暴露了货币发行国和具有系统性影响的金融机构未受到应有的监管，宏观经济政策无法进行有效协调，贸易保护主义无法真正抑制。

（一）制度设计缺陷严重影响布雷顿森林机构的代表性

布雷顿森林机构投票权是成员行使权利参与国际经济治理的基础，它是由反映主权平等原则的基本投票权和反映贡献度的加权投票权组成的。基本投票权是每个成员拥有固定投票权，而加权投票权则随着份额的增加而增加，这导致基本投票权与加权投票权比率严重失调，以"一国一票"为代表的主权平等原则彻底让位于"美元"决定投票权原则。以基金为例，其成员从1958年的68个增加到2007年的184个，但基本投票权的比重却不断下降，由1958年的15.6%下降到2007年的2.1%。[②] 对于一些小国而言，基本投票权可能就是其投票权的大部分甚至全部，因此基本投票权比重下降直接影响其代表性和发言权。同时，经过60多年的发展，发展中国家综合实力有很大程度提高，但在布雷顿森林机构投票权分配上并没有相应提高。目前，发展中国家和发达国家在基金和世行的投票权比例分别是44∶56和43∶57。少数发达国家的投票权占绝对优势，美国更是"一股独大"。就基金投票权而言，美国占16.77%的投票权，日本、德国、法国和英国的投票权比例分别是6.02%、5.88%、4.85%和4.85%，这5个发达国家共计控制着38.37%的投票权。就世行投票权而言，美国占16.36%的投票权，日本、德国、法国和英国的投票权比例分别是7.85%、4.48%、4.30%和4.30%，这5个发达国家共计控制着37.29%的投票权。投票权决定着决策权，

[①] "特里芬悖论"又称"特里芬难题"，是特里芬教授在1960年提出的观点。美元取得的国际核心货币的地位，使得各国为发展国际贸易，对作为结算与储备货币的美元需求增加，导致流出美国的货币在海外不断沉淀，对美国来说就会发生长期贸易逆差；而美元作为国际货币核心的前提是必须保持美元币值稳定与坚挺，这又要求美国必须是一个长期贸易顺差国。这两个要求互相矛盾，因而成为一个悖论。

[②] 自20世纪70年代以来，发展中国家强烈要求布雷顿森林机构增加基本投票权。为此，2008年4月28日，基金理事会决定将基本投票权增至3倍，使基本投票权占总票数的比率从2.1%增至5.5%。2008年10月，世行发展委员会提议将基本投票权提高一倍，使基本投票权占比翻倍至5.55%，但至今未付诸实施，基本投票权占比仍为2.87%。

投票权的过度集中造成少数发达国家拥有实际否决权。根据基金和世行章程，除有特别的规定外，基金和世行的所有决议，必须获得半数以上投票权才能通过，重大决议则需要获得85%以上投票权，这实际上赋予了美国在基金和世行重大决议上的否决权。

同时，份额分配缺乏科学性和透明度。布雷顿森林机构份额计算公式是投票权分配制度的基础，但公式参数及权重的选择缺乏科学依据，其调整没有公开程序。虽然份额计算公式包含GDP、储备规模、经常项目收支等反映一国经济规模、储备状况及开放度等变量，但从历次份额分配情况看，份额计算公式中有关参数和权重调整具有较大的随意性，严重影响份额计算公式作为决定成员国份额客观依据的公平性与合理性。由此得出的投票权夸大发达国家在国际经济中的分量，而新兴市场经济体经济实力的增长却未能在份额中得到应有的体现。例如，中国在布雷顿森林机构中的投票权与综合经济实力严重不符。2008年，中国已成为第一大外汇储备持有国、第二大贸易国、第三大经济体，GDP占全球GDP的6.4%，但中国在基金的投票权仅为3.66%，在世行的投票权更低，只有2.78%。因缺乏透明的份额分配规则，份额分配活动存在严重的政治化倾向，成为成员国特别是主要发达国家政治协商和交易的结果。虽然经历多次份额分配，但主要发达国家在布雷顿森林机构投票权的排序鲜有变化。

此外，布雷顿森林机构高级管理层的遴选机制不透明，缺乏规范的标准与程序。一直以来，基金总裁和世行行长分别由欧洲人和美国人担任，布雷顿森林机构高级管理层由美欧主导，不仅无法充分体现发展中国家的代表性和发言权，而且从根本上破坏了发展中国家对管理层监督与问责的基础，使得布雷顿森林机构成为发达国家控制国际经济秩序的重要平台。

（二）指导思想僵化导致世界经济呈现失衡和无序状态

长期以来，布雷顿森林机构以"华盛顿共识"①为指导思想，政策建议片面强调市场化、自由化、私有化，贷款条件严重教条。正如美国学者诺姆·乔姆斯基在他的《新自由主义和全球秩序》一书中所说，新自由主义的"华盛顿共识"，是以市场经济为导向的一系列理论，它们由美国政府及其控制的国际经济组织所制定，并由它们通过各种方式实施。"华盛顿共识"的始作俑者美国国际经济研究所原所长约翰·威廉姆逊也表示，把针对1989年拉美地区所制定的改革议程当成放之四海皆准的教条，运用于所有国家的所有时期，这无疑是荒诞可

---

① "华盛顿共识"包括十个方面：（1）加强财政纪律，压缩财政赤字，降低通货膨胀率，稳定宏观经济形势；（2）把政府开支的重点转向经济效益高的领域和有利于改善收入分配的领域；（3）开展税制改革，降低边际税率，扩大税基；（4）实施利率市场化；（5）采用一种具有竞争力的汇率制度；（6）实施贸易自由化，开放市场；（7）放松对外资的限制；（8）对国有企业实施私有化；（9）放松政府的管制；（10）保护私人财产权。

笑的。

在施政过程中,布雷顿森林机构颠倒了目的和手段的关系,把市场化、自由化、私有化作为目的,而不是实现稳定发展的手段。以基金为例,作为国际金融体系的稳定者和监管者,其职能包括"促进国际贸易的扩大和平衡增长,从而促进和维护就业与收入水平的提高""纠正国际收支失衡同时避免采用使国内和国际经济遭受过度破坏的措施""稳定汇兑",但在实际操作中未能对成员国一视同仁,带有明显偏见。一方面,对全球金融体系具有系统重要性的主要储备货币发行国监管缺位,放任其实施过度宽松的货币和财政政策,造成全球资本流动性泛滥、投机盛行;另一方面,对发展中国家监管过度,奉行紧缩性宏观政策、资本账户自由化、浮动汇率等经济理念,过多纠缠于汇率政策问题。这不仅导致监督在政策上偏离基金应有宗旨,在能力和手段上未能及时完善,造成不公正性,而且引起发展中国家广泛不满。

上述思想与布雷顿森林机构制度设置缺陷密不可分。投票权的过度集中使得布雷顿森林机构实际上成为少数发达国家推销其自由经济理论和价值观的平台,也是发达国家借以实现国家利益最大化的重要渠道。布雷顿森林机构因此偏离其纠正和补充市场失灵的全球公共职能的轨道,造成世界经济呈现出严重的失衡和无序状态。一方面,全球经济发展不平衡,国际贫富差距扩大,世界上20%的人控制着全球80%的财富,而80%的人只拥有全球20%的财富;全球国际收支不平衡,美国成为最大的资本输入国,而发展中国家整体上成为资本输出国。另一方面,国际货币体系呈现无序状态,汇率体系缺乏全球层面的制度安排,储备货币之间汇率大幅度变动;国际资本无序流动,金融资本脱离实体经济出现自循环,增加了国际金融体系的系统性风险。

(三) 金融危机此起彼伏凸显改革的紧迫性

20世纪70年代以来,布雷顿森林机构表现十分尴尬:全球经济金融稳定发展时期,人们置疑基金和世行存在的必要性,因为充裕的私人资本流动完全可以替代资源有限的基金和世行的作用;且在稳定时期,国际收支调节和国际发展本身对资金需求量会减少。在金融危机时期,因资源和贷款条件限制,基金作为危机救助者的职能很难有效发挥。更为重要的是,作为金融市场的监管者,基金没能有效预测和预防金融危机的爆发。这导致在过去20年里,伴随着两机构推介新自由主义的"华盛顿共识",世界范围内各种类型的金融危机此起彼伏,全球基尼系数不断增加,如期实现联合国千年发展目标面临很大困难。作为世界经济的治理者,基金和世行的工作出现相当程度的失职。

现行国际金融体系无法有效防范区域性的金融危机,对于全球性的金融危机更显得束手无策。此次国际金融危机始发于国际金融中心的核心地带——美国,这是现行国际金融体系构建以来最大的金融危机。危机导致全球金融市场秩序紊乱，主要经济体无一幸免出现经济大幅度下滑，但基金不仅没有预测到危机的爆发，在危机爆发后仍严重低估危机的破坏性，对危机始发国——美国竟没给出富有建设性的政策建议，在危机救助过程中也存在资源限制。作为危机救助者，基金对具有全球系统重要性的储备货币发行国爆发的危机显得无能为力，这不仅充分暴露出现行国际金融体系所推崇的自由市场的价值理念的严重弊端，而且也表明了国际金融体系自身改革的紧迫性。

二、国际金融体系改革已拉开序幕

任何一项改革都是权利与义务的再分配，都会受到既得利益集团的阻碍。国际金融体系改革也是如此。现行国际金融体系弊端主要源于由投票权确定的决策机制缺陷，但改变决策机制本身也必须由现行的决策机制来实现，发达国家不会轻易放弃其在投票权等方面的既得利益，这是改革的巨大挑战，意味着改革将是一个缓慢而艰难的进程。

（一）改革的共识初步达成

本次国际金融危机爆发后，严峻的现实使国际社会充分认识到了改革国际金融体系的重要性。在G20华盛顿峰会上，与会各国决心加强合作，实现国际金融体系必要改革。胡锦涛主席在会上建议，应该本着全面性、均衡性、渐进性、实效性的原则推动国际金融体系改革，建立公平、公正、包容、有序的国际金融新秩序。胡主席强调，国际社会要重点实施以下改革举措。一是加强国际金融监管合作，完善国际监管体系，建立评级机构行为准则，加大全球资本流动监测力度，加强对各类金融机构和中介组织的监管，增强金融市场及其产品透明度。二是推动国际金融组织改革，改革国际金融组织决策层产生机制，提高发展中国家在国际金融组织中的代表性和发言权，尽快建立覆盖全球特别是主要国际金融中心的早期预警系统，改善国际金融组织内部治理结构，建立及时高效的危机应对救助机制，提高国际金融组织切实履行职责能力。三是鼓励区域金融合作，增强流动性互助能力，加强区域金融基础设施建设，充分发挥地区资金救助机制作用。四是改善国际货币体系，稳步推进国际货币体系多元化，共同支撑国际货币体系稳定。胡主席代表中国所做的重要政策建议，受到与会领导人的广泛响应，成为会议共识的重要基础。

（二）发展中国家成为改革的重要力量

发展中国家作为世界经济发展中重要组成部分，提高代表性与话语权不仅成为国际金融体系改革的目的，也将成为国际金融体系改革不断向纵深发展的助推器。同时，以"北京共识"① 为代表的发展中国家成功的发展理念，不仅发挥很强的示范效应，有效推动国际发展事业不断向前发展，更重要的是，有利于促进国际金融体系指导思想多元化。特别是金融稳定理事会的建立，包括中国在内的发展中国家成为重要成员，有利于推动新的世界经济秩序的建立。

（三）改革的时间表和路线图将逐渐明晰

在 G20 伦敦峰会上，领导人就国际金融体系改革，特别是就基金增资和加强金融监管等进一步达成共识。会议同意为基金和世行等多边国际金融机构提供总额 1.1 万亿美元资金，并明确了未来如何改革基金、建立新的国际金融秩序等内容。领导人要求基金在 2011 年 1 月前完成第 14 次份额总检查，提高发展中国家的代表性和发言权，并要求在 2010 年春季会议前各方就世行改革达成共识。在 G20 匹兹堡金融峰会上，领导人承诺，将新兴市场和发展中国家在基金的份额提高至少 5%，将发展中国家和转型经济体在世行的投票权提高至少 3%。旨在提高发展中国家的代表性和发言权的改革时间表和路线图日趋明晰。

（四）国际金融监管改革开始起步

G20 伦敦峰会通过了《加强金融系统》的宣言，内容包括：（1）创立金融稳定理事会（FSB），作为金融稳定论坛（FSF）的继承性和扩大性的机构；（2）FSB 应与基金进行合作，对宏观经济和金融危机风险发出预警，并采取必要行动解决这些危机；（3）对监管体系进行改造，以便各国政府鉴别和考虑宏观审慎监管的风险；（4）扩大监管措施的适用范围，将所有对金融体系具有系统重要性影响的金融机构、金融工具和金融市场涵盖在内，监管首次覆盖对金融体系稳定产生严重影响的对冲基金；（5）认可并实施 FSF 有关薪酬的最新明确原则，为所有公司的可持续性薪酬计划和企业社会责任提供支持；（6）一旦确认经济已经复苏，则将采取措施改善银行系统中的资金质量、数量和国际协调性。今后，监管措施必须能阻止过度杠杆，并要求银行在经济良好时期也需储备充足的缓冲资金；（7）采取行动反对"避税港"等不合作的行为；（8）呼吁会计准则制定机构尽快与监管机构进行合作，改进资产估值和准备金标准，完成一套高质量的全球会计准则；（9）扩大监管措施的适用范围，将信用评级机构涵盖在内。G20 匹兹堡峰会确认了国际银行资本监管改革原则，要求在 2010 年底前在全球范围就国际银行资本要求和流动性要求达成共识，2012 年底前在全球范围实施。

---

① "北京共识"是中国作为一个发展中国家在全球化背景下实现社会现代化的一种战略选择，它是中国在改革开放过程中逐渐发展起来的一整套应对全球化挑战的发展战略和治理模式。

三、结语

三次 G20 峰会就推进国际金融体系改革、加强金融监管达成重要决议，标志着国际金融体系改革已经拉开序幕，这是构建国际金融新秩序的重要开端。毋庸置疑，由于各国利益诉求不同，特别是既得利益集团不会轻易放弃其在国际经济治理中的特权，国际金融体系改革、国际金融新秩序的构建将是一个缓慢而艰难的过程。对此我们应有充分认识。当前，我们应在确保国家利益最大化的前提下，审时度势，把握时机，与国际社会一道，本着全面性、均衡性、渐进性、实效性的原则，推动国际金融体系改革，建立公平、公正、包容、有序的国际金融新秩序。

当前国际经济形势和我们的应对之策[①]

朱光耀

一、当前国际经济形势

目前,世界经济正从危机中缓慢复苏,但复苏进程面临着众多的不确定、不稳定因素。因此,世界各国包括发达国家、新兴市场国家如何加强宏观经济政策协调和深化各自经济结构调整,为经济的强劲、可持续、平衡增长奠定良好基础,至关重要。

最近两年,世界经济受到全球金融危机的巨大冲击。以 2008 年 9 月 15 日美国雷曼公司破产为标志,这场危机席卷全球,可以说是自 20 世纪 20 年代末 30 年代初大萧条以来最大的一次金融危机,而且这场危机是爆发在资本主义世界的核心地带——华尔街,不仅冲击着美国经济,冲击着发达国家的经济,而且冲击着发展中国家的经济,冲击着全世界的经济。

在危机的冲击下,全球国民生产总值出现了较大幅度的下降。2008 年,全球国民生产总值是 61 万亿美元,而在危机的冲击下,2009 年全球国民生产总值下降到 58 万亿美元,全球贸易额也下降了 9%。足见这场危机的冲击之巨大、影响之深远。其中,发达国家首当其冲,2009 年,发达国家国民生产总值下降了3.3%,即出现了 3.3% 的负增长。这就对我们提出了一个问题,也就是将分析的第二个问题。

二、弥补全球需求缺口的责任应该由谁来承担

目前,西方国家经济发展的速度受到各方面的制约。在这种情况下,西方一些人鼓吹当前世界经济特别是需求方面出现的缺口,即需求不足问题应该由快速发展的新兴经济体负责解决。

西方国家的一些著名学者、重要的经济官员声称,在发达国家经济面临着严

[①] 本文写于 2010 年,作者为财政部副部长。

峻挑战、国民生产总值负增长、政府财政赤字大幅度增加、政府债务不可持续的情况下,新兴市场国家经济能较快地从危机中复苏过来,而且保持了比较快的增长,2009年、2010年的预测都表明包括中国在内的新兴市场国家的经济增长对全球经济增长的贡献率超过50%,也就是说全球经济增量的50%以上来自新兴市场国家,因此主张新兴市场国家应该承担起弥补当前全球经济需求不足的责任。

新兴市场国家经济增长较快诚然是事实,但是他们忽略了或者是没有认识到问题的另一方面,就是在世界经济总量、也就是世界新创造出的国民财富中,相当大的部分仍然是来自发达国家。2009年,全世界的国民生产总值是58万亿元,其中70%来自发达国家,而来自新兴市场国家和发展中国家的国民生产总值占世界国民生产总值的比重只有30%。也就是说全球新增财富的构成、世界国民财富的分配,其相当部分仍然是由发达国家生产和控制的。发展中国家尽管经济发展很快,但由于过去基数小,总量和比重仍然只占全球的30%。在这种情况下,发达国家就不应该以增长转移为由要求发展中国家承担起解决全球需求不足的责任。

在全球经济面临特殊挑战的情况下,世界各国应携手合作、同舟共济,共同应对目前世界经济发展过程中出现的新问题、新矛盾,本着相互尊重、互相沟通的原则,促进各自宏观经济政策在全球层面上的协调和沟通。这首先要求解决一个认识问题,就是全球经济强劲、平衡、可持续增长,它的基础或者前提是什么?笔者认为,在目前形势下,最重要的是保持全球经济的强劲增长。只有经济增长才能创造财富;只有经济增长才能带动就业,也只有经济增长了,才能解决在发展过程中出现的社会矛盾。因此,在这种特殊的挑战之下,全球的宏观经济政策协调变得至关重要。我们理解发达国家目前所面临的严重困难,特别是在财政方面,高赤字、高负债对发达国家的经济形成了严峻的挑战。在财政整顿的过程中应该掌握好平衡,也就是说财政整顿应该是增长友好型的,财政的整顿效果应该是有利于经济增长的,而不是过度的财政紧缩使得经济增长失去动力和基础。这个问题也需要通过全球宏观经济政策的协调,特别是全球主要经济体的政策协调加以妥善解决。

三、如何看待美国的第二轮量化宽松货币政策

2010年11月3日,美国联邦储备银行即美国的中央银行推出了第二轮量化宽松的货币政策(QE2),对全球金融市场造成了巨大的震动,也对全球的宏观经济政策协调提出了新的挑战。对于其影响和效果,世界舆论包括美国的主流媒体都是极为保留、高度关注的。如何正确认识?

首先，什么是量化宽松的货币政策？简单来说，量化宽松的货币政策就是西方的中央银行直接购买本国政府的国债。就美国的量化宽松货币政策而言，就是美国的联邦储备银行直接购买美国财政部发行的政府国债。这样中央银行就直接地支持了政府融资。这表明，一贯标榜其独立性的西方中央银行特别是美国的联邦储备银行同政府的支出政策、融资举措等也是紧密甚至直接地联系在一起的。

其次，为什么说是第二轮量化宽松货币政策？原因在于，经济危机也就是2008年9月15日全球金融危机爆发之后不久，美国的联邦储备银行就推出了总额为1.75万亿美元的首轮量化宽松的货币政策。

在金融危机的高峰阶段，全球流动性大幅收紧，银行之间融资几近停滞，即使是大企业、大银行之间的融资也极为困难，我国的很多大企业对此也深有感触。在这样的情况下，美国联邦储备银行推出1.75万亿美元的量化宽松货币政策，通过直接购买美国政府国债支持资本市场的流动性供应。这在当时对保证金融市场流动性、避免资金链断裂、保证银行的信誉不至于崩溃确实发挥了积极作用。

当然，任何事件在有其积极一面的同时，也会带来一些值得注意的负面影响和代价，这个代价就是美国联邦储备银行的资产负债表快速膨胀。在当时的情况下，美联储不仅买了美国政府的国债，而且购买了相当数量的由美国政府信誉支持的"两房（房地美和房利美）"债券和其他一些"政府支持企业"（government-sponsored enterprises，GSEs）债券，使得自身资产负债表迅速膨胀。

危机逐渐平缓以后，美联储采取了审慎的措施，调整了资产负债表，把在危机高峰期间购买的国债，从结构和数量上都进行了调整。但是，到了今年下半年特别是第二季度以后，美国经济增速趋缓，关键产业即房地产业仍面临着很大压力。同时，美国联邦政府通过其财政部又开始实施相对紧缩的财政政策。在这种情况下，如何刺激美国经济以避免复苏的步伐中断，美联储进行了大量的咨询和准备工作，经反复权衡，于11月3日推出了第二轮的量化宽松货币政策，总额6000亿美元。

最后，为什么说美国的第二轮量化宽松货币政策构成了对全球宏观经济政策协调的新挑战？这次量化宽松的货币政策，受到美国国内和世界各国的高度关注和广泛置疑。其核心问题在于就美国经济和世界经济而言，目前的形势同危机的高峰时期已有重大区别：当前的问题并不在于资本市场缺乏流动性，而是缺乏资金对实体经济的支持。

就美国而言，在这种形势下，由于缺乏对实体经济信心的支撑，美联储推出大规模的量化宽松货币政策，引起了大量资金将流向股市的担忧，美国很多著名经济学家包括诺贝尔经济学奖得主斯蒂格利茨在内等都对美联储此举提出了质疑。

在国际层面，由于新兴市场经济体采取了正确的宏观经济政策，保持了经济的平稳较快增长。面对快速发展的新兴经济体和相对缓慢复苏的发达经济体，国际资本追逐利润，新创造出来的 6 000 亿美元的相当一部分将流向新兴市场国家。可能有人会问，资金流入有好处啊？但是，这种资金实际上是我们在金融上讲的一种热钱，它追逐短期利润，对新兴市场经济体的资本市场造成巨大的压力和直接的冲击。因为它只是为短暂的利润而来，也会在瞬间为实现这个短暂的利润而逃离。

在这种情况下，很多新兴市场经济体被迫采取措施，对资本流入加以管制。2010 年 10 月，IMF 在上海举行了一场资本市场研讨会，会上，IMF 总裁卡恩也不得不承认 QE2 确实对全球新兴市场国家的经济和全球金融市场的稳定造成了重大威胁，作为最后的手段，在国际游资的重大冲击下，一些发展中国家和新兴市场经济体不得不实施这种资本管制。正是基于上述原因，包括美国学者在内的世界各国学者特别是新兴市场经济体政要和学者理所当然地对美联储启动第二轮量化宽松的货币政策提出了质疑和异议，也要求在全球经济的主要论坛上，对这个影响世界金融市场稳定、影响世界经济复苏进程的重大政策进行讨论。当然，美国方面历来认为货币政策是美国的国内政策，但是，世界各国包括美国的经济学界的著名学者也提出，作为一个主要的货币发行国，它本身的货币政策就对全球经济产生了直接的外溢性影响。因此，作为一个负责任的经济大国，作为一个世界主要储备货币的发行国确实应在货币政策上考虑其国际影响。这就是我们为什么要在主要的国际经济论坛上，对这个重大问题进行讨论的原因。

四、二十国集团（G20）首尔峰会的有关情况

将于 2010 年 11 月 11 日、12 日在韩国首尔举行的 G20 峰会是一次非常重要的会议，将对全球经济的强劲、平衡和可持续增长，对整个 G20 进程产生重大影响，全世界高度关注。胡锦涛主席亲自代表中国政府参会。

此次 G20 峰会的重要议题包括：如何促进经济强劲、平衡、可持续增长；世界主要经济体之间如何协调财政政策、货币政策等重要宏观经济政策；如何对 60 年前成立的布雷顿森林体系也就是 IMF 和世界银行进行改革，提高新兴市场国家和广大发展中国家的代表性和发言权；如何落实全球金融稳定理事会制定的关于银行资本和流动性新框架，解决具有系统性影响的金融机构的"太大而不能倒"的问题；如何解决在金融监管方面的套利行为；如何促进实现全球发展目标；如何协调全球行动，共同反对各种形式的贸易保护主义等。

胡锦涛主席亲自参会受到了 G20 各方的关注，同时也受到了全世界的关注，

中国一定会在这次会议上发挥积极的、建设性的作用，进一步为中国经济平稳快速发展创造良好的外部环境，也为世界经济的强劲、可持续、平衡发展作出中国的贡献。我们期待这次会议能够取得丰硕的、具体的成果，对今后阶段全球的发展发挥重大的、积极的影响。

新多边开发机构面临的挑战及应对之策[①]

周强武

2013年10月,习近平主席提出了创建亚洲基础设施投资银行(以下简称"亚投行")的倡议。该倡议一经提出,就得到了亚洲地区广大发展中国家的响应,也得到了域内和域外发达国家和发展中国家的支持,目前亚投行章程谈判已圆满收官,其他各项筹备工作也有序展开。与此同时,经过"金砖五国"两年多的积极筹备,新开发银行(即金砖银行)也于2013年7月21日在上海举行了开业仪式。这两个新多边开发机构都将于2016年投入运行,具有重要意义,是多赢之举。但在运营初期,可能会面临不少挑战,应积极应对,同时也应制定长远发展战略,为未来的进一步发展和壮大做好准备。

一、新多边开发机构意义重大

亚投行和新开发银行一方面体现了作为世界第二大经济体——中国承担更多国际责任的努力,另一方面两个新机构也致力于服务发展中国家的基础设施建设,有助于促进亚洲地区基础设施升级换代,为亚洲地区的经济发展注入新的动力。具体来看,新多边开发机构具有以下几方面的重要意义:

(一)更好弥补亚洲地区基础设施融资缺口

目前,亚洲地区基础设施投融资缺口十分巨大,据亚行估计,2010~2020年,投融资需求可能会达到8万亿美元,每年需7 000多亿美元的资金。而且,现有多边开发机构如世界银行(以下简称"世行")、亚洲开发银行(以下简称"亚行")等现有多边开发机构无法满足亚洲这种巨大的投融资需求,每年在亚洲基础设施领域的投资规模仅为100亿~200亿美元。在此背景下,亚投行和新开发银行将为亚洲地区基础设施提供新的融资平台,进一步缓解新兴和发展中国家长期以来面临的资金"瓶颈"制约。

[①] 本文写于2013年,作者为国际财经中心主任。

（二）强化现有多边体系

亚投行和新开发银行成立后，全球层面将形成世界银行、欧洲复兴开发银行、欧洲投资银行、亚洲开发银行、美洲开发银行、非洲开发银行、亚投行、新开发银行等齐头并进、相互补充的全球性和区域性多边开发银行体系。因此，这两个新机构是对现有多边发展体系的强化和补充，将进一步增强多边开发性金融的整理力量。

（三）补充和完善现有国际经济治理体系

新兴市场国家和发展中国家经过多年的发展，经济实力显著增强，作为整体，经济总量已经接近全球经济总量的一半，但在现有国际经济治理体系中，其话语权和代表性严重不足。尽管2010年世行通过了投票权改革方案，发展中国家的投票权有所提高，但与发展中国家的经济实力仍远不相称。此外，国际货币基金组织的改革方案历经5年多的时间仍未得到有效落实。而在亚投行现有的57个意向创始成员国中，有36个非OECD发展中国家，投票权约占67%，进一步增强了发展中国家的代表性和话语权，是对现有国际经济治理体系的进一步完善。

二、新多边开发机构面临的挑战及政策建议

（一）如何以较低成本筹集更多资金

信用评级越高，亚投行和新开发银行在金融市场上融资的成本就越低。AAA是信用最高评级。世行、亚行、欧洲投资银行等都是AAA评级。影响评级的因素很多，不仅包括资本充足率、流动性、盈利能力、风险管理水平、机构运营能力等内部因素，还包括国际金融市场环境、股东国支持力度等外部因素。这就需要各成员国形成合力，从内外两方面着手，一方面加强合作，提高自身的风险管控水平等，另一方面主动与标普、惠誉和穆迪等国际信用评级机构接触，积极向其介绍亚投行和金砖银行的宗旨、核心理念、治理结构、运营方式等，让这些评级机构对两个新的多边开发机构有正确而全面的了解，为最终得到公正的、高级别的信用评级奠定坚实的基础，以便降低融资成本，从金融市场上筹集到更多资金，增强与其他多边开发机构的竞争力。

（二）如何进一步提高效率

作为现有多边开发机构的代表，世行官僚化较为严重，效率低下，审批项目时间较长等，这些问题一直被外界诟病。亚投行和新开发银行作为新成立的多边

开发机构如何有效避免这些问题对于这两个机构今后的运营和发展至关重要。亚投行和新开发银行需要进一步完善治理结构，建立透明、高效的管理体制，设计合理的项目审批流程，避免在项目的内部沟通上花费大量时间和精力。

（三）如何筛选出优质项目

亚投行和新开发银行应尽快建立项目储备库，以便在正式运营后从中筛选出优质的且有示范意义的项目，这些项目既要符合有关的政策和标准，如社会和环境标准，同时又要契合亚洲国家的实际需求，既要能带来经济效益，还要有社会效益，既要兼顾效率还要充分保证项目质量，重要的是这些项目还要保证财务的可持续性，避免出现债务违约等情况。

（四）如何吸引更多的人才加入

世行、亚行等现有多边开发机构在几十年里的快速发展，与其重视人才的引进与培养密切相关。亚投行和新开发银行作为新的多边开发机构，运营和进一步发展更是需要大量的专业人才。因此，这两个机构都应设计良好的人才招聘和培养政策，在全球范围内，通过公开、择优的方式，吸引并甄选出铁路、公路等基础设施领域，财务领域以及风险管控等多领域的高水平人才。此外，还要采取多种方式培养培训专业人才。

（五）如何进一步加强与现有多边开发机构的合作

世行、亚行等多边开发机构经过几十年的发展，在风险管控、项目运营等方面都积累了很多经验。而亚投行和新开发银行都是新的多边开发机构，运营能力、风险管控能力等相对薄弱。因此，两个机构在运营初期，要积极加强与现有多边开发机构的合作，借鉴其良好的经验，在知识共享、能力建设、人员交流、项目融资等方面开展合作。而且，当前亚洲地区基础设施建设融资缺口巨大，仅靠亚投行和新开发银行不能完全解决亚洲地区面临的融资"瓶颈"，新、老多边开发机构需携手合作，整合资源，更好满足亚洲地区基础设施建设的投融资需求，从而更好促进亚洲地区经济和社会发展。

（六）如何撬动更多的私人资本参与基础设施项目投资

亚洲地区基础设施融资缺口巨大，亚投行和新开发银行法定股本都为1 000亿美元，即便加在一起也无法充分满足这种融资需求，因此需要动员更多的私营部门参与亚洲地区的基础设施项目投资。亚太区域私营部门拥有大量资金。目前，亚太区域有总额高达35万亿美元的私营资产，但私营部门投资基础设施互联互通的资金规模仍非常有限，原因之一就是缺少有效的引导和激励机制。因此，亚投行和新开发银行可引入 PPP 模式，并构建良好的政策环境，成为联结私营部门的一个桥梁，为私营部门设计些银行可提供担保的项目，或通过与私营部门联合投资项目的方式，进一步帮助私营部门提升其能力建设，特别是与公共部门的协作能力，动员亚太地区乃至全球范围内的私营部门都积极主动参与到亚洲地区基础设施项目投资中来。

三、对新多边开发机构未来的几点思考

作为新筹建的多边开发机构，亚投行和新开发银行未来还有很长的路要走。除了要积极应对当前的一系列挑战，也要思考未来的发展方向。

（一）向知识银行发展

无论是世行还是亚行，都十分重视知识功能，分别设立了世行学院和亚行学院，为其提供智力支持。在世行与中国合作的 30 多年时间里，世行分别对中国的宏观经济、农村发展、财政金融等领域进行了专门研究，形成上百篇研究报告，为中国的财税改革、经济发展提出了很多有参考价值的意见和建议。亚投行和新开发银行需借鉴世行、亚行的经验，在未来进一步强化其知识功能，建立专门的研究机构为其提供智力支持，积极与全球范围内的智库、大学等建立知识伙伴关系，向成员国及国际社会推行先进的国际经验和发展理念，充分发挥"知识银行"的作用。

（二）将创新视为机构发展的动力

作为新的多边开发机构，亚投行和新开发银行要格外重视创新，要不断进行创新，这是机构能够长远、持久发展的根本动力。比如世行就不断创新，在贷款、担保、股权投资等业务范围内设计出很多新产品，诸如支持减贫贷款产品（PRSC）、发展贷款产品（DPL）、结果规划贷款产品（P4R）等。亚投行和新开发银行也需要在发展理念、服务模式、贷款产品、融资渠道、项目开发及管理流程等多方面进行创新，不断提升自身的竞争力。

（三）进一步扩大业务范围

亚投行、新开发银行在运营初期应专注于能源、交通、农村发展、城市发展、物流等基础设施建设。等积累了较为丰富的经验，条件成熟时应进一步将业务范围扩展至其他生产性领域，也要考虑并开发一些教育、卫生等社会基础设施项目。

金融危机与政策应对[①]

郑联盛

回顾20世纪以来的各次重大金融危机,本轮金融危机的负面冲击已经远远超过1987年美国储贷危机、20世纪80年代初的拉美债务危机、20世纪90年代北欧银行危机、20世纪90年代日本股市泡沫和1997年东亚金融危机。很多官员和学者甚至将本轮危机与大萧条相提并论。格林斯潘甚至认为美国已经陷入"百年一遇"的金融危机,它甚至比大萧条更为严重。

虽然,每次金融危机都具有不同的特点和性质,很难把各次危机纳入一个统一的分析框架中,但是"经济学是健忘的",历史很容易重演,对各次危机进行类比是有必要而且有意义的,尤其是在各次危机中的政府行为是非常具有借鉴意义的。

一、金融危机产生的原因

金融危机往往伴随经济周期的繁荣阶段而爆发,通常被认为是对经济体系里不健全的部分进行的"自残式"的自我矫正,尤其是对市场失灵的"清算"。当危机发生时,全部或者部分金融指标,比如短期利率、资产价格、商业破产数和金融机构倒闭数等都产生了非常急剧的恶化以及金融机构和行业的困顿,并对经济基本面造成巨大的冲击。危机从一出生就成为经济学界最主要的一个研究课题,金融危机爆发的原因是首要研究的问题。根据IMF(1998年)的研究,金融危机有四个主要类型及其对应的爆发诱因。

第一,银行业危机。银行如果不能如期偿还债务,可能危及银行的信用,那就可能产生挤兑现象,如果该问题逐步升级和蔓延,那可能就演化为整个银行体系的危机。银行危机爆发的原因有货币政策失误、金融体系内生不稳定性、金融过度扩张的风险累积、金融恐慌和道德风险等原因,这些因素并非单一地起作用而是相互交织。例如,20世纪90年代北欧三国金融危机就是典型的银行危机,危机爆发的原因在于1985年北欧三国取消金融机构贷款限制(包括比例和利

[①] 本文写于2009年。

息），使得银行间竞争急剧加大，银行过度发放信用，导致风险的逐步累加，金融部门和实体部门都出现了过热问题，最后演化为银行危机。日本的银行危机是和过度宽松的货币政策和监管机制密切相关的。1996年实施的"金融大爆炸"（big bang）计划，消除银行业、证券市场和保险业相互之间的限制，彻底地解除日本金融系统的管制，同时也带来了灾难性的后果。

第二，货币危机。当一种货币的汇率及其制度无法反映经济基本面而改革又严重滞后时，很容易遭遇国际投机资本的投机，该货币可能出现持续、大幅的贬值，货币当局被迫救援甚至放弃本来的汇率制度，最后造成货币危机。最为典型的货币危机就是东亚金融危机以及1992年的英镑和意大利里拉危机。货币危机的根源有经济内部均衡和外部均衡的冲突、政策的多重目标、道德风险以及资产负债表效应等。

第三，债务危机，这类危机多发生于发展中国家。由于主权债务和（或）私人债务不能按期偿还所欠外债，一个经济体的国际收支系统出现严重的混乱，国家信用丧失等。债务危机爆发的原因有过度负债、资产价格下降效应、经济周期变化以及大量资本流入等。20世纪80年代初爆发的拉美债务危机是这类危机的典型。

第四，系统性金融危机。一个经济体内的各个主要金融领域都出现严重的问题，货币汇率紊乱、金融机构破产、实体经济遭殃等相继或者同时发生。到目前为止，大萧条、东亚金融危机和次贷危机演化成的新一轮金融危机都可以认为是系统性金融危机。这类危机产生的原因可能是多方面的，比如次贷危机就是对宽松的货币政策、非审慎的住房抵押贷款、过度的金融创新和不到位的金融监管的一次彻底的清算。

实际上，按IMF的分类并无法将所有的金融危机归纳进来，比如1987年的美国股市崩盘、1992年日本股市泡沫、21世纪初美国网络泡沫等都难以归纳到上述的四类危机之中。尤其是金融全球化之后，各种危机爆发的原因日益复杂化和多样化，危机的界限也日益模糊。比如，1997年东亚金融危机和本轮金融危机的蔓延可以归因为金融全球化的影响，而不仅是货币问题和次贷问题。

二、金融危机的演进

虽然各种金融危机的特点和原因大相径庭，但是危机的爆发、蔓延和升级等过程却具有一定的相似性。金德尔伯格（Kindleberger，2006）在金融危机史中无不讽刺地表示，金融市场的各种"理性"行为可能导致整体的非理性，即出现"囚徒困境"，实际上是丧失了对现实和理性的感觉，甚至是某种近似于集体的歇斯底里或疯狂。

金融危机的演进过程最为经典的描述是货币主义者海曼·明斯基。他将金融危机的演进过程分成四个阶段。在经济繁荣阶段，所谓的理性和制度"错位"导致金融机构扩张信用，整体的信用就出现了非理性扩张，助长了投机狂潮，市场将演绎最后的疯狂。在经历繁荣扩张、上升等阶段之后，当市场达到高峰阶段，市场价格因"内部人"和（或）外部冲击开始下滑，金融机构将产生财务困难，进而需要流动性支持，即将出售资产、收回现金，这对商品和证券价格将产生灾难性后果，整个金融体系可能演变为一场溃逃。

在经济和金融扩张阶段，一个经济体的总需求是不断扩张的。在金融中介和金融业务的推动下，尤其是银行信用扩张，使得总需求水平不断偏离真实需求水平，经济出现了非理性的繁荣。私人部门投资需求不断增长，银行大肆发放非审慎的贷款，而且资金流动速度加快，货币乘数变大，整个经济的货币供应量扩大，投机需求大量浮现。

在经历经济和金融扩张阶段之后，市场就进入了上升阶段。此时，由于投机需求已经转化为对商品和金融资产的有效需求，结果商品和资产价格快速上涨。价格的上涨带来了更多的盈利机会，并吸引更多的投资者进入市场。这样整个市场不断上升与膨胀，同时就产生了过度交易的情况。

随着投机性繁荣的继续，利率、货币流通速度和资产价格等都大幅上升，整个金融体系已经成为一座高耸入云的摩天大厦，金融系统进入资产价格下降和财务困难阶段。此时，体系内的"内部人"开始抛售资产，以锁定利润，或者外部因素冲击使得投资者做出了卖出的决定，市场开始走向脆弱的均衡。随着"内部人"的进一步行动或外部冲击逐步深化，资产价格开始下跌，对投资者的资产负债表开始产生影响，并导致资产的大量抛售和价格下跌，最后产生严重的财务困难。

财务困难并不是问题的终结，投资者和金融机构开始急需流动性，整个体系的流动性发生逆转，市场开始出现巨量的恐慌性卖出，资产价格急剧下挫，最后资产价格产生灾难性后果，投资者纷纷溃逃，最后演化为金融危机。

明斯基的模型对解释银行危机甚至是系统性金融危机都非常有力，银行危机和系统性金融危机一般都是分别经历"扩张—上升—疯狂—问题—崩溃"等阶段，沿着"非理性的信用扩张—市场非理性—内部调整或者外部冲击—财务困难—危机"这一轨迹发展。金德尔伯格也将美国1987年股市危机、日本20世纪90年代的股市泡沫等也归纳为明斯基的危机模型之中。

但是，货币危机和债务危机不在明斯基模型的讨论范围之内。货币危机和债务危机的演进和银行危机的有异曲同工之妙。以债务危机为例，一般是沿着"非理性政策—国家信用过度扩张—市场非理性—内部问题或者外部冲击—财务困境—债务危机"。但是，货币危机和债务危机是主权国家的信用危机，根本上和银行危机还是有很大的不同。限于篇幅和对比性，下文将弱化对货币危机和债务危机的论述，以突出本轮金融危机和历史上几次重大的银行危机的比较。

三、金融危机的影响

各次重大的金融危机，不仅使金融机构大量破产，也给金融行业带来了巨大的冲击，甚至由于金融稳定性受到破坏，对实体经济产生重大的负面影响。但是，另一方面，每次金融危机都对金融市场和金融制度带来或大或小的矫正，对金融发展在一定意义上是有利的。

第一，金融危机的破坏力非常之大，首当其冲的是金融机构的大量破产和大量坏账的产生。以大萧条为例，1930～1933 年，每年银行倒闭的比例分别为 5.6%、10.5%、7.8% 和 12.9%，到 1933 年年底，坚持经营的银行仅为 1929 年的一半强，美国的银行数量从 25 000 家减少到不足 15 000 家（Bernanke，1995）。在日本的银行危机中，1993 年 3 月，日本前 20 家银行的官方坏账规模为 12.8 万亿日元（约合 GDP 的 2.5%），5 年以后，银行冲减了 37.6 万亿日元的坏账，却仍然面临 40 万亿日元的坏账。

第二，金融危机的破坏力更重要在于破坏了金融市场的资金融通功能。1930～1933 年是美国历史上金融体系最艰难、最混沌的阶段。1933 年 3 月，银行破产达到高潮，银行体系瘫痪，违约和破产程度严重，影响了除联邦政府之外的几乎所有借款人，这样金融机构和投资者容易丧失再融资功能，使得市场的整体流动性大幅萎缩（即信用骤停），产生流动性危机（Reinhart 等，2008），这样金融体系的融通功能受到影响，资金配置的效率也降低。

第三，金融危机爆发将影响金融稳定性。在金融危机爆发之后，市场开始出现严重的惜贷和信用紧缩（credit crunch），尤其是大型金融机构的纷纷倒下，给市场带来了巨大的信心不足问题，货币供应和资金配置在一定程度上脱离中央银行的控制，而越来越多地受制于经济体系内部因素的支配，比如货币乘数的变化，从而严重削弱了中央银行对货币供应的控制能力和控制程度。这样，金融危机将给信贷流动渠道造成了大量渠道内和渠道外的变动，扰乱了信贷配置的过程，金融市场不确定性大大增加，金融稳定性受到极大的冲击。

第四，金融危机可能引发经济衰退。银行危机爆发之后，对挤兑的担忧导致存款人大规模提前提取存款，政府不得不因此提高准备金的比率，银行也必须增加流动性强的资产。当整个金融部门提供服务的效率大幅降低，中介行为的实际成本大幅提高，借款人就会发现信贷变得昂贵而难以获得，信贷紧缩就会演变为总需求的萎缩，最终演变成为一次经济衰退。衰退持续的时间长短取决于两个要素：一是在信贷混乱之后，建立新的信贷渠道或者重塑旧的信贷渠道的时间；二是债务人恢复正常经营和偿还能力的时间（Bernanke，1983）。

当然，任何危机都是危险和机会并存的，只是危险和机会的大小程度不同。一般金融危机之后，政府将对金融市场和制度的失败进行纠正，同时加强相关的金融监管，完善金融制度和法律框架，为金融市场和金融体系的进一步发展打下一个更加坚实的基础。比如，北欧三国在金融危机之后对其银行体系的放松政策进行了反思和改革，健全了监管制度和透明度要求，使得北欧国家的银行体系更加健康。

四、政府应对金融危机的政策措施

一般而言，金融危机的爆发不仅有市场运行的问题，也是政府政策不当的结果。而且，大萧条以来，由于凯恩斯主义的兴起，政府和市场行为都是相互交织的。尤其是在金融市场和金融体系发生危机时，政府的救助往往是最后的"稳定器"，政府的介入也是最好的选择。如何恢复市场功能、重建资源配置的机制以及稳定宏观经济运行机制成为政府干预的主要任务。

第一，政府大量出资或者提供担保，向金融体系大量注资，舒缓流动性不足的局面。在1934年的大萧条中，政府提供5亿美元资本，成立复兴金融公司（reconstruction finance corporation），向银行和大量金融机构注资（剑桥史，2008年）。1998年和1999年，日本政府开始向银行注入资金，最终累计注入了1 200亿日元。1998年通过《金融再生法》，后续总计出资高达5 200亿美元，为当时世界金融史上最大的救援行动。

北欧三国的银行危机中，瑞典在1992年通过140亿美元的重建基金并接管最大银行Nordbanken银行，即使在该银行股价回升之后，瑞典政府救援的规模还超过90亿美元，占其1993年GDP3.6%。尤其是北欧国家放宽金融机构拆借的担保品的范围，是其后金融危机中政府干预行为的重要参照。次贷危机爆发之后，美联储不仅放宽拆借的担保品范围，甚至还放宽拆借的机构范围，比如允许投资银行向美联储贴现。

第二，政府成立资产管理公司，处理大量的问题资产，将问题资产与金融体系相隔离。在大萧条中，最重要的行动之一是建立了复兴金融公司，通过资产处理和贷款发放推进了投资，尤其是其资金列入预算外，并在资助项目时强调项目的"稳健的"和"可由银行担保的项目"，为大萧条之后美国金融体系的恢复创造了重要的基础。复兴金融公司在1932年发放的贷款有2/3流向金融机构。

1993年瑞典也成立银行协助局和特别资产管理公司，以拯救金融市场。同样，日本在1999年4月成立了全国整理回收机构，一方面接管房地产金融公司和破产银行的不良债权，另一方面向其他金融机构收购不良债权。

第三，政府适时地进行政策放松和经济改革，以恢复市场信心和市场功能。大萧条、日本银行危机和东亚金融危机等重大危机之后，货币当局都先放松货币政策，并出台重大的经济刺激计划，扩大财政支出，以促进经济复苏。

以大萧条为例，大萧条之后，货币政策放松体现在美元的大幅贬值。罗斯福政府在1933年4月18日有效地进行了美元贬值，通过《紧急农业抵押贷款法案》允许总统确定黄金的价格，同时通过行政命令禁止非官方的黄金出口。于是，美元脱离官方价格，开始下跌。直到1933年7月，美元价格相对英镑下跌了40%左右。货币贬值不仅具有优化贸易条件的效果，而且解放了国内宏观经济政策，以促进经济扩张。大萧条政策放松更重要的是体现在财政政策方面，罗斯福政府进行三项重要的改革：银行体系的改革、增加政府对生产的管理和建立社会"安全网"。前两项都始于著名的1933年"百日新政"。1933年第二季度，罗斯福向国会提交了无数的法案，这些法案点燃了经济复苏之火，并重塑了美国经济。建立社会"安全网"的工作则在罗斯福的第二个任期开始。"第二次新政"则致力于将经济复苏带来的好处扩大到整个社会大众（剑桥美国经济史，2008年）。

第四，重大的金融危机之后都进行相应的金融改革或者制度调整。金融危机的爆发一般有特定的历史背景、政策取向、制度因素和金融体系的缺陷。比如不现实的金本位重建是大萧条产生的重要原因，因为重建金本位使得货币政策陷入过度的紧缩境地。大萧条之后，美国政府出台了紧急农业抵押贷款法案，使得美元正式脱离金本位的束缚。美国政府还颁布了"格拉斯—斯蒂尔法案"（即银行法），将投资银行业务和商业银行业务严格地划分开，确立了分业经营和分业监管的制度框架，该法律影响美国金融体系近70年。

五、金融危机的启示

从几次重大金融危机的比较看，金融危机的产生具有一定的历史背景、市场制度和金融体系的特性。但是，金融危机的产生具有某些共性，主要有以下几个方面。

第一，失败的财政货币政策往往是金融危机爆发的基本面因素。失败的财政货币政策将直接导致金融体系的流动性变化迅猛，流动性过剩和流动性短缺及其逆转在不恰当的政策体系中具有更大易变性，将会给世界经济和全球金融体系造成破坏性极强的冲击。

第二，金融自由化和监管制度不到位是金融危机爆发的重要诱因，完善金融自由化的监管体系是防范风险的核心要求。金融机构自身的风险管理是远远不够的，监管当局进行的有效监管是保障金融稳定性和金融安全的利器。金融监管当局要改变监管的理念和监管模式，金融自由化和混业经营的再次繁荣，使得原本的监管机制已经无法满足新形势的需要。监管当局需要针对金融市场的安全性、流动性和营利性以及金融机构的资本充足率、资产质量和表内表外业务设计一个科学的监管体系，以此来提高防范和化解金融风险的快速反应能力。

第三，金融机构非审慎行为和过度投机必须为金融危机的产生负责。金融机构放松信用标准，导致信用非理性扩张和金融过度投机，使得整个金融体系可能演变为一场溃逃。金融机构的非审慎行为和对利润的过度追逐使得金融资产和金融市场具有更大的波动性和脆弱性，可能造成经济的系统性风险。

如何规避和防范金融危机，在学术界和政策界已经有了很多讨论，但我们认为：其一，金融危机期间，政府适时适当干预金融市场是遏制金融危机的有力手段。政府强力干预可以有效防止市场信心的非理性下挫，同时流动性的及时注入，可以缓解流动性紧张，防止金融创新中的风险通过流动性渠道转移扩散。其二，金融危机之后，政府系统性的危机救援措施、经济刺激政策和改革，对金融市场功能恢复和经济增长提速是十分重要的。其三，金融体系和制度的适时的有力改革有助于遏制危机、稳定市场，并促进其进一步发展。

综上所述，金融制度完善对治理和防范金融危机是十分必要的。制度本身的缺陷和调整具有一定的必然性，潜在危机的爆发也是具有一定的必然性的。一个不可持续的经济和金融制度早晚都要对经济活动产生负面冲击，只是程度不一样而已。如果对该制度调整得快，调整得早，那么其负面冲击可能要小。在全球金融危机日益深化的条件下，中国应该建立一个什么样的金融体系需要进一步的思考。

简析经济刺激政策退出策略[①]

吴瑞楠

随着全球经济形势好转,有关金融危机期间特殊财政货币政策是否需要退出的讨论日渐升温。2009年9月5~6日,G20各国财长和央行行长会就协调实施宽松财政货币政策的退出策略达成了一致。各方同意将与国际货币基金组织(IMF)和金融稳定委员会一道制定出退出策略。然而,因经济恢复形势和经济增长特点的不同,各国在退出策略的实施上有着不同的利益诉求。

一、有关各方对实施退出策略的态度

欧洲央行行长特里谢日前在《金融时报》上撰文表示,欧洲央行在最初设计特别经济刺激措施的同时,已经对退出策略有所考虑。一旦经济及金融状况恢复正常,非常规经济刺激措施就会退出。

欧洲央行实施退出策略的方式取决于几个方面的因素:(1)如果通货膨胀预期上升,通货膨胀风险显现,将立即解除非常规经济刺激措施;(2)刺激政策在设计时已经加入一定程度的逐渐退出安排,如果没有新决策出台,一些刺激措施会自然退出;(3)通过各种灵活工具,可将利率调整与刺激措施的退出相结合;(4)欧元区各国央行直接购买证券的力度较为温和,只涉足抵押债券市场,欧元区央行的资产负债表没有受到较大影响,这有利于刺激政策的退出。

特里谢认为,通货膨胀预期是欧洲央行首要考虑的因素。欧央行将不断评估政策调整的必要性,并实施这些调整,以维持欧元区中长期内的价格稳定。

德国财长斯泰因布吕克在G20财长和央行行长会期间表示,一旦经济恢复开始,退出策略就应该马上实施。他称,应该为本轮金融和经济危机的结束做准备,避免因为不作为而触发下一轮危机。他认为,在谈论退出策略时需考虑到市场的流动性,如何确保物价稳定,以及使各国政府恢复可持续的财政预算政策。

澳大利亚财长斯万表示,尽管澳国内经济表现优于其他发达国家,澳联邦政府仍将继续执行财政刺激方案。斯万称,虽然澳大利亚第二季度经济增长数据好

[①] 本文写于2009年。

于预期，但其前景依然脆弱。他表示，二季度该国 0.6% 的 GDP 增幅仍远低于 3% 的趋势水平，此外在企业投资下滑的背景下，澳失业率预计将上升。不过，如果澳经济增长恢复 3%，该国可能在其他国家之前采取削减政府支出的措施。

英国首相布朗表示，反对现阶段开始实施经济刺激计划的退出，这将扼杀刚出现的暂时性复苏势头。英国官员表示，尽管全球经济已经企稳，但就此断言衰退已经结束还略显草率，现在就开始着手退出刺激方案还为时尚早，但有必要在 G20 匹兹堡峰会上就退出策略的执行时间及具体程序进行讨论。英国财长达林则表示，各国现在可以开始根据不同情况制定适当的退出策略。

二、美联储可能的退出策略

2009 年 7 月 20 日，美联储主席伯南克在《华尔街日报》撰文，详细阐述了美联储未来的退出策略。伯南克称，联邦公开市场委员会已经着力考虑退出策略相关问题，当美国经济需要收紧货币政策时，美联储具备必要的工具，可以平稳及时地退出宽松货币政策。

自开始实施量化宽松货币政策对金融机构实施救助后，美联储通过提供贷款或购买证券向银行体系注入资金，这最终体现在商业银行及其他存款机构在美联储的准备金账户上。截止到 2009 年 7 月，美联储的准备金余额约为 8 000 亿美元，远超正常水平。随着经济逐步复苏，商业银行将更多借出准备金。如果这一趋势过早过快，将使货币供应急剧增加，信贷环境过于宽松，最终导致通货膨胀压力。美联储如果将来收紧货币政策，就必须降低巨额的准备金余额，或者抑制它对经济可能产生的任何不良影响。

按常理推断，随着金融环境改善，美联储短期借贷机制使用规模缩小，银行机构的准备金账户会自动收缩，并最终消除超额头寸。此外，随着美联储持有的证券到期或提前赎回，其准备金账户在未来几年每年可能会减少 1 000 亿 ~ 2 000 亿美元。但是，如果不实施其他配套政策，准备金余额可能在未来若干年维持相当高的水平。

如果要在适当时机收紧货币政策，美联储可以采取的方法是向准备金账户支付利息。对此，国会已授权美联储可在必要时为准备金付息。准备金利率实际上是货币市场利率的下限，目前水平为 0.25%，与联邦基金利率的上限持平。一旦通货膨胀预期上升，需要回收过剩流动性，美联储可以在上调基金利率的同时，更大幅度地提高准备金利率；这一利差构成无风险套利的机会，将引导商业银行将过剩资金存回央行。

如果这一方法不足以抑制通货膨胀，美联储将采取其他的配套措施：（1）通过逆回购协议削减银行准备金，回收流动性；（2）由美国财政部出售债券，将其收益存入美联储的财政存款账户中。当商业机构购买债券时,财政部的账户规模增加,银行准备金余额会下降;(3)将商业银行的准备金转换成其在美联储的定期存款,这批资金不会流向市场;(4)在必要的情况下出售长期债券来减少银行准备金。

伯南克在《华尔街日报》文末再次强调,在经济需要时,美联储具备有效工具来收紧货币政策。实现充分就业和物价稳定是美联储的双重目标,鉴于当前的经济状况,紧缩货币政策在一段时间内还难以实施。

美联储2009年9月8日公布的数据显示,继6月下滑155亿美元之后,7月美国消费信贷史无前例地下降了216亿美元,降幅折合年率达到了10%。美国劳工部的数据显示,美国8月份失业人数增量有所放缓,但失业率却意外升至1983年6月以来的最高水平——9.7%。另外,美国出口在5月和6月开始恢复增长,经通货膨胀调整后的实际出口额在这两个月中以年率16%的速度增长,与年初以60%的速度下降呈现出巨大反差。6月美国贸易赤字缩减为270亿美元,远远低于2006年的680亿美元峰值。

美国消费复苏的前景不容乐观,出口带动的制造业却呈现出积极增长的势头。各种数据显示出美国经济复苏前景的复杂性。美国国内,包括美联储内部对何时实施退出策略争议不断。美国财长盖特纳在G20财长及央行行长会后表示,G20各国必须避免过早为经济刺激政策"踩刹车"。他称,在刺激措施的作用下,全球经济走出了衰退困境,金融体系出现了修复迹象,但是仍面临着严峻挑战,失业率以空前的速度攀升,保证可持续复苏的条件还远未实现。

虽然伯南克的政策组合并未开始实施,但至少可以看出美联储对未来的退出策略政策路径已经做了相当充分的储备。

三、退出策略的研究部署应提上日程

彼得森国际经济研究所高级研究员、前美国副财长杜鲁门(1998~2001年)表示,G20匹兹堡峰会的三大议题将是制定经济刺激政策退出的时间表、实现全球经济更均衡的增长,以及国际货币基金组织的改革。

杜鲁门明确指出,G20峰会应该为经济刺激政策的退出设定量化标准。G20领导人应就金融领域特别支持政策的退出标准进行商讨,为消除政府在其救助的金融机构中的角色设定目标,应致力于全面的金融改革,而不是只盯着具有政治意味的银行业高管薪酬问题。高管薪酬问题是G7国家面对的,并不是G20国家需要解决的问题。制定退出策略的时间表,实现均衡的全球增长,需要高度的国际协调,只有经过彻底改革后的国际货币基金组织方可担当国际协调者的角色。

国际货币基金组织日前表示,各国所采取的财政货币刺激政策是解决金融危

机的必要举措，但这些措施不可避免地造成各国公共债务的急剧膨胀。国际货币基金组织的数据显示，到 2014 年，发达国家公共债务相当于国内生产总值（GDP）的比例将从 2007 年的 75% 升至 115%。届时，七大工业国中除加拿大外，债务比率都将接近或超过 90%。国际货币基金组织财政事务部主管卡罗（Carlo Cottarelli）和货币资本市场部主管何塞（Jose Vinals）认为，如果债务攀升的趋势持续下去，市场可能担忧政府最终将通过通货膨胀来摆脱债务，即便通货膨胀不会发生，违约将不可避免，那么利率就会上升，财政问题恶化，或许将扼杀经济复苏。

卡罗和何塞称，尽管目前收紧货币和财政政策依然过早，但各国政府通过阐明退出策略及提议举措，来稳定通货膨胀预期已是适当时机。在规划刺激政策的退出策略方面，各国央行需要注意停止或限制特别刺激措施，重组资产负债表，做好收紧货币政策的准备。

控制通货膨胀一直是欧洲央行和美联储的首要政策目标。在经济活动释放出积极信号后，面对可能的通货膨胀预期，欧洲央行和美联储均提前制定了退出策略，并明确向市场传递信息：一旦通货膨胀抬头，央行具备充足并且有效的工具及时回收流动性，抑制通货膨胀。这在不影响经济复苏的同时，避免了通货膨胀预期的危害，对于我国有着积极的借鉴意义。中国上半年经济数据表现良好，保增长的目标有望平稳实现。但资产价格高企也引发了通货膨胀担忧，尤其是信贷规模在上半年创下天量纪录。虽然目前还需要保持政策的连续性，继续实施积极的财政政策和适度宽松的货币政策，以保障经济的平稳增长，但是我们也应及早研究可能的政策退出策略。尽管制定出的退出策略在当前一段时期内未必实施，但必要时可及时出台应对可能出现的通货膨胀，为我国保持经济平稳快速增长以及继续实施经济结构调整创造较好环境。

经济复苏后我国宏观经济政策走向：
国外经验、教训与启示[①]

胡振虎

2009年上半年我国GDP同比增长7.1%，投资同比增长33.5%，消费同比增长15%，进出口9 461亿美元，同比下降23.5%。从统计数字看，我国经济确实回升，但基础尚不稳定。在正确研判当前经济形势的基础上，应研讨下一阶段经济政策。按照经济发展周期波动规律，宏观经济总会见底反弹，因此我们更要前瞻今后宏观经济政策的调整，考虑经济企稳后的经济政策，甚至"十二五"规划的中长期政策制定。我们认为未来的政策重点应是：（1）实现战略转型，培育新竞争力；（2）推行产权结构和产业结构调整；（3）进一步转变政府职能，科学、精细理财；（4）培育资本市场，加强国际金融合作；（5）宏观经济政策目标和工具更好相互协调。

一、国际、国内经济形势基本判断

（一）国际经济基本走势

1. 全球经济失衡，全球化进程放缓。全球经济失衡主要体现在一些国家出现大量贸易赤字，与之相对应的是一些国家大量贸易盈余。之后，全球经济失衡的范围扩大到整个经济领域。当今世界，全球经济失衡的表现是以美国为代表的主要发达国家经济增长速度放缓，持续出现贸易逆差和资本逆差，而一些新兴工业化国家和主要产油国家经济增长却保持较快速度，持有巨额外汇储备。随着金融危机和经济衰退的演变，主要发达国家需求还在下降，尤其是消费需求低迷，经济失衡仍将持续，全球化进程减缓。

2. 全球增长模式转型，凸显新增长点。人类文明起源的一个重要特征是开始吃熟食，前提是人类掌握了取火技术。人类取火始于钻木取火，实际上取的是碳基能源。从木材到煤炭、石油和天然气，都是碳基燃料。在既定的技术约束

[①] 本文写于2009年。

下，碳基燃料对人类社会进步和发展起到了不可替代的作用。但是，碳基燃料增加了空气中的二氧化碳，使全球气候变暖。为了应对气候变暖，一些专家建议未来能源开发的重点应该转向氢基新型能源。以美国、英国为代表的一些大国正在新能源领域开展大量研究，力图实现经济发展模式转型，发展绿色经济和低碳经济。这些国家在引领世界经济发展的同时，将占领新能源标准的制高点。客观上，这些探索促进了经济增长模式转型，一些专家认为这也是未来世界经济的新增长点。

3. 国际金融体系改革，重现金融新秩序。以美元为主导的国际货币体系在此次金融危机中未能发挥应有作用，尽到应有的责任。国际社会开始通过对话建立一个新型的国际金融体系。无论是超主权货币体系，还是其他金融秩序，都将对美元主导格局形成挑战。在此背景下，一些发展中国家在国际金融体系中的话语权正逐步得到增强。中国本着负责任的立场，在国际金融危机中起到了稳定器作用。

4. 新的宏观监管体系建立。有专家认为，错误的宏观政策是本次金融危机的重要原因。在危机来临时，美国过度扩大消费信用以及过度相信市场都是金融危机的重要根源。因此，世界各国将会重新审视过去的宏观政策决策程序和机制，构建新的决策程序和机制，通过建立新的监管机制加强宏观政策管理和微观领域监督。

（二）我国经济形势基本判断

据世界银行《中国经济季报》（2009 年 6 月）报告，工业化国家金融市场开始出现趋稳迹象，全球经济初步呈现回升趋稳态势，但是仍然面临诸多不确定性，复苏速度不可能太快。该报告还指出，目前断言我国经济快速稳健复苏尚早。另据国家统计局数据，我国经济出现回暖迹象，有望率先实现经济复苏。但是，我国经济仍然面临诸多亟待解决的结构不平衡问题。

1. GDP 小幅增加，财政收入回升。2009 年上半年国内生产总值 139 862 亿元，按可比价格计算，同比增长 7.1%，比第一季度加快 1.0 个百分点。第一季度全国 GDP 总量 65 745 亿元，比上年同期增长 6.1%，第二季度 74 117 亿元，同比增长 7.9%。6 月，全国财政收入 6 867.47 亿元，比上年同月增加 1 123.65 亿元，增长 19.6%。国内生产总值和财政收入上涨显现出经济回暖。

2. 储蓄意愿增强，消费现增长潜力。1～6 月，城乡居民收入继续增长，转移性收入增幅较大。城镇居民家庭人均总收入 9 667 元，人均可支配收入 8 856 元，同比增长 9.8%，扣除价格因素，实际增长 11.2%。农村居民人均现金收入 2 733 元，增长 8.1%，扣除价格因素，实际增长 8.1%。居民消费价格继续下降，生产价格同比降幅较大。上半年，居民消费价格同比下降 1.1%（6 月同比下降 1.7%，环比下降 0.5%）。央行的调查显示，储蓄和投资意愿增强。社会消费品零售总额 48 769 亿元，比上年同期增长 15%，消费需求提升，凸显消费潜力。

3. 发电量和用电量双回升，人民币存贷双增长。2009 年 6 月，全社会发电量同比增长 4.7%，用电量增长 4.3%。2009 年 6 月末，金融机构各项人民币贷款余额 37.7 万亿元，比年初增加 7.4 万亿元，同比多增 4.9 万亿元；各项人民币存款余额 56.6 万亿元，比年初增加 10.0 万亿元，同比多增 5.0 万亿元。

4. 固定资产投资快速增长，房地产价格小幅上涨。2009 年上半年，全社会固定资产投资 91 321 亿元，同比增长 33.5%，增速比上年同期加快 7.2 个百分点。固定资产投资资金主要来源于银行贷款，2009 年前 6 个月累计新增信贷规模 7.36 万亿元，多于我国所有银行过去两年的贷款总额。2009 年 5 月，70 个大中城市房屋销售价格环比上涨 0.6%，6 月上涨 0.8%。房地产价格上升表明，过度的、甚至投机性的恶性货币投放，可能对未来形成温和的通货膨胀压力。

5. 经济结构不平衡仍然存在，潜在隐患不容忽视。在我国，区域经济发展不平衡，城乡不平衡，消费、投资与储蓄不平衡仍然存在，"短板"要素制约经济平衡增长。以城乡居民收入之比为例，1978 年城乡收入之比为 2.57∶1，2007 年提高到 3.33∶1，不平衡进一步扩大。经济结构不平衡是一个比较突出的矛盾。这种不平衡不断积累，将会降低经济社会发展系统的整体协调性，一旦超过临界点就会形成失衡状态，激化潜在矛盾，甚至可能造成系统性风险和危机。

二、亚洲金融危机后若干东亚经济体政策调整的经验与教训

在被金融危机肆虐两年后，除印度尼西亚外，几乎所有东亚国家和地区经济已经明显复苏。经济增长率普遍回升，股价上调，汇率逐步稳定。后东亚金融危机时代，日本、韩国等一些东亚经济体为重振经济做了大量探索。总结前一轮金融危机以来东亚经济体的宏观经济政策调整，对我国下一阶段宏观经济政策制定具有现实意义。

（一）过度国有化带来新的问题

亚洲金融危机导致很多东亚国家金融机构濒临破产，不良资产增加。由于金融体系中的有毒资产巨大，一般商业资本不会、也没有能力购买消化。在这种情况下，短期内政府资产置换变成了一条简单的、成本最低的路径。但是，长期看，政府过度依靠国有化购买有毒资产，一方面会带来公共财政风险，另一方面会产生公共资源耗竭。例如，2002 年 10 月，日本在《金融再生法》和《金融机构早期健全措施法》基础上推出了金融再生计划，政策目标是通过补充公共资金

减轻银行不良资产率,让尚未破产的金融机构资本充足率达到监管要求。但是,日本金融机构的不良债权问题没有得到根本解决。韩国也成立了庞大的韩国资产管理公司,化解金融危机中的不良资产。由于结构没有理顺,韩国也同样埋下了危机隐患。

(二)改变外汇管理理念,积聚外汇资产风险

面对大量的国际游资,东亚国家的切肤之痛是外汇储备短缺。为了扭转这一颓势,东亚各经济体逐渐改变传统的外汇储备功能认识和管理理念,纷纷购买以美元为主的外汇进行储备,亚洲官方持有外汇资产急剧上升。随着外汇储备增多,如不加强管理,贬值风险将不断加大。截至目前,全球一半以上外汇储备在亚洲,其中我国和日本是官方外汇储备最多的国家。在外汇储备迅速膨胀的同时,东亚各经济体纷纷采取应对措施,目的是管理外汇资产,更为重要的是通过专业化的外汇资产管理公司进行风险投资,实现外汇资产安全。新加坡最早成立了政府投资公司,韩国和中国香港也纷纷效仿。

(三)加强金融监管和金融合作

相关研究表明,亚洲金融危机由泰国开始,一个重要的原因是泰国保持了长达10多年的恶性经常项目赤字。让亚洲经济体警醒的是,当国内经济体制不成熟、经济水平较低、金融监管能力较差时,过早地放开金融市场,经常项目极易失衡。为此,重塑新的金融监管体系成为后亚洲金融危机时期亚洲经济体的金融政策中心。1999年,韩国成立新的金融监管局,执行金融监管委员会的决议。2001年,泰国要求金融机构实行新的呆账准备金标准,以符合国际标准的监管体系。2000年,在泰国清迈达成区域金融合作框架倡议。在此基础上,签署了中日韩与东盟10国的货币互换协议,建立了区域货币合作。2009年5月,又实现了清迈倡议多边化,向亚洲货币合作迈出实质性一步。

三、吸取国外经验和教训,及早制订前瞻政策计划

"病来如山倒,病去如抽丝"。医治好重病后,调养很关键。近期,我国宏观经济政策目标从"两防"到"一保一控",再到"保增长",与之相对应,财政政策和货币政策由稳健和从紧转向积极和适度宽松。经济危机总会过去,那么,下一步我国应该思考调整宏观经济政策,将"十二五"规划与"十一五"规划稳步对接。

(一)实现战略转型,培育新竞争力

一是产业政策方面,以新能源、环保汽车、生物工程等为突破口,占领新兴

产业制高点，发展低碳经济。重点开发可再生物质能源和风力、水力、太阳能等新型能源。二是区域发展战略方面，加快制定城市群发展战略，提升城市竞争力。随着经济全球化加深，我国的城市群参与国际分工越来越广泛。研究表明，国外资本对我国投资将主要依据现代城市群的经济结构和竞争力进行战略布局。今后，应提高我国城市群发展速度和质量，配套制定相关的法律制度、空间规划和管理制度，在城市群内，培育具有核心竞争力的产业、企业和产品。三是决策机制方面，构建科学、民主决策机制，降低决策风险，提高政府行政管理竞争力。现代社会的公共风险需要政府及时、有效、低成本地化解，对政府科学决策机制提出了挑战。政府应科学论证、合理规划，提高决策效率、降低决策成本，并致力于提高行政管理效率。

（二）推行产权结构和产业结构调整

在社会主义市场经济体制改革中，我国逐步建立和完善了多种所有制市场结构。但是，仍然有部分垄断行业和公共服务部门产权结构单一，进入门槛高，民间资本进入空间窄。除涉密行业外，无论是自然垄断行业，还是行政垄断行业，提高市场化程度，推行产权多元化改革，是实现产权结构调整的必然趋势，比如铁路、电信、电力等。另一方面，今后，政府应打破行业垄断，推行公共事业单位改革。政府应主要通过制定市场规制，让市场在资源配置中起基础性作用。一些社会事业部门，比如体育、教育、卫生等，也应允许更多民间资本进入。

作为工业化中期的国家，我国产业结构调整的重点在第二、三产业。在美国，到工业化晚期，第三产业产值占 GDP 比重超过 80%。2008 年，我国第三产业增加值占 GDP 比重为 40.1%，低于第二产业比重。2009 年上半年，我国第三产业增加值占 GDP 比重为 41.3%，低于第二产业比重。我国离工业化国家的产业结构尚有距离。

（三）培育资本市场，加强国际金融合作

继续加大推进资本市场培育力度，开展多种形式的资本市场创新。推进创业板市场建设力度，扩大三板市场试点范围，解决创业投资和中小企业融资难的问题。一国经济持续稳定增长的关键是健康的金融体系。在生产全球化、贸易一体化和金融全球化背景下，任何国家的金融市场都很难独善其身。加强金融监管、促进金融合作以及增强金融抗风险能力是一国金融立足国际金融市场的关键。一是完善金融监管机构和体系，建立有效的金融创新监管体系，防止过度套利行为发生。二是加强国际金融合作。进一步建立双边货币互换、多边外汇储备库建设等多种形式的区域金融合作，并适度推进人民币国际化。三是增强金融机构和体系风险防范能力。一方面，充分利用危机后的恢复时机增强我国金融机构和体系

的国际竞争力。另一方面，实现外汇资产保值增值。

(四) 转变政府职能，科学、精细理财

在市场经济条件下，政府公共财政主要提供公共产品，实现公共服务均等化。政府财政职能主要包括资源配置、收入分配和经济稳定与增长等职能。市场在资源配置中起基础性作用，政府财政应在反垄断、外部性强、基础领域、过度竞争领域发挥宏观调控作用，实现资源优化配置。当市场收入、财富和福利出现不符合社会公众认同的社会公平标准时，政府可以通过累进税和财政转移支付，缩小贫富差距，实现社会稳定。如果市场经济活动出现不稳定、不协调，政府则通过财政政策和货币政策组合调节经济，实现稳定物价、充分就业和国际收支平衡。经济复苏后，政府应退出机制及时转变职能，着力提供公共服务，在宏观经济调控方面朝更好发挥市场配置资源基础性作用方向转变。经济转好之后应逐步转向实施适度积极的财政政策，进而转向稳健的财政政策。未来财政工作的重点既要切好"蛋糕"，也应注重做大"蛋糕"，做到国民收入分配比例合理化。

(五) 宏观经济政策目标和工具要相互配合

受国内外经济形势变化影响，我国宏观经济政策总是在相机选择中不断调整。2006年，经济政策目标是保持经济平稳较快增长，防止经济出现周期性波动。2007年，妥善处理经济增长的质量、效益和速度关系成为宏观经济调整的工作重点。2008年，在风云变幻的国际、国内形势下，我国宏观经济调控经历了大调整，从"双防"到"一保一控"，再到"保增长、扩内需"。2009年，保持经济平稳较快发展是首要任务，有效结合"保增长、扩内需、调结构、保民生"，把促进经济增长方式转变和调整结构作为根本出路。今后，宏观调控政策要与政策目标相互配合，避免内部均衡和外部均衡的冲突。有效的政策工具是实现政策目标的前提，政策目标要与政策工具相匹配。应该认识到各种政策工具配合是达到政策效果的重要保障。

关于"中等收入陷阱"问题的几点思考[①]

周 波 乔 慧

世界银行行长佐利克 2010 年 9 月 13 日在"中国与世行合作 30 周年座谈会"上表示,目前摆在中国面前的新问题是"中等收入陷阱",即从中等收入过渡到高收入比从低收入过渡到中等收入更难。

以史为鉴,可以知兴替。纵览各国发展的历程,各经济强国的崛起无不是抓住了重要的历史机遇期,进行了必要的体制改革,适时转变产业结构和社会运行方式,从而成功跨越了经济发展的壁垒,实现了经济社会的可持续发展。

如何恰当应对可能陷入"中等收入陷阱"的挑战,本文做了几点思考。

一、中等收入陷阱的相关概念

世界银行高级经济学家米兰·布拉姆巴特认为,"中等收入陷阱"是指,使各经济体从低收入经济体成长为中等收入经济体的战略,对于向高收入经济体攀升是无效的。

新兴市场国家突破人均 GDP 1 000 美元的"贫困陷阱"后,很快会奔向 1 000~3 000 美元的"起飞阶段";但到人均 GDP 3 000~5 000 美元,快速发展中积聚的矛盾集中爆发,自身体制的更新进入攻坚阶段,很多发展中国家在这一阶段由于自身矛盾难以克服,发展战略失误或受外部冲击,经济增长回落或长期停滞,即进入"中等收入陷阱"阶段。典型代表如巴西、阿根廷、墨西哥、智利、马来西亚等,在 20 世纪 70 年代均进入了中等收入国家行列,但直到 2007 年,这些国家仍然挣扎在人均 GDP 3 000~5 000 美元的发展阶段。

也有研究将"中等收入陷阱"特指为"拉美陷阱",主要指 20 世纪七八十年代以来,拉美各经济体未能解决好收入分配差距和农民的市民化等社会问题,经济增长表现为"有增长、无发展"的特征,现代化的成果不能由多数人共享,社会陷入动荡,发展几乎停滞。

---

① 本文写于 2010 年。

《人民论坛》杂志在征求专家意见的基础上，列出了"中等收入陷阱"国家的十个方面的特征：经济增长回落或停滞、民主乱象、贫富分化、腐败多发、过度城市化、社会公共服务短缺、就业困难、社会动荡、信仰缺失、金融体系脆弱等。

摆脱"中等收入陷阱"的关键是以可持续的方式保持高速增长。

二、中国面临可能陷入"中等收入陷阱"的风险

（一）多种风险相互交织

"中等收入陷阱"的发生是多种复杂因素相互交织、相互作用的结果。以下四方面的原因可能导致中国陷入"中等收入陷阱"。

1. 经济原因。经济增长过程中各类要素（土地、能源、劳动等）成本不断增加，边际报酬率不断下降，中国发展的比较优势也在不断缩小。比如沿海地区劳动力成本上升，压缩了劳动密集型产品的利润空间，导致其国际市场竞争力减弱。此外，中国正处在城市化加速时期，可能会出现"过度城市化"、污染加剧、产业空心化、农民工市民化、公共服务欠缺等难题。

2. 社会原因。经济增长本身是一把"双刃剑"，在发展经济的同时，也加剧了社会的不平等，如加剧收入分配差距失衡等社会问题。国内外经济发展的实践表明，经济增长往往伴随着政府与社会之间、劳资之间、人与自然之间矛盾的不断累积，这些矛盾如果处理不好，就会对经济增长本身形成阻碍，不利于经济的可持续发展。

3. 政治原因。改革是既得利益调整的过程。改革过程中，最初的推动者由于从一种改革模式中获益，成为既得利益群体，可能会退化为下一步改革的阻碍者，因此改革可能会越改越难，甚至停滞不前。

4. 国际原因。改革开放30年后，中国已经在世界经济和政治格局中占据了重要位置，国际上"中国威胁论"有抬头的趋势。西方国家对我国民主、人权、民族问题大做文章的同时，贸易摩擦和汇率操纵的指控也日益升温，外部冲击的风险不断加大。

我国已成为世界第二贸易大国和第一出口大国。由于我国经济增长的对外依存度较高，从而较易受到国际经济波动的冲击。这种对外经济关系地位的改变，既加大了对外部经济的依赖，也意味着贸易摩擦的不断增加。

（二）"中等收入陷阱"风险的特殊表现

中国在可能陷入"中等收入陷阱"风险的同时，也具有不同于拉美等国的特

殊性。

第一，我国收入分配差距的扩大伴随着各社会群体收入的绝对增加。改革开放以来的收入分配差距经历了一个先下降后扩大的趋势，但在收入差距扩大的同时，全社会各群体的收入水平都呈现了增长的态势，这种绝对收入的增长使得收入差距扩大的不利影响有所下降。

第二，我国的城市化进程落后于经济发展水平，城市化进程中没有出现拉美等国家存在的城市贫民窟问题。这种相对滞后的城市化进程一方面使经济增长失去了一些机会，另一方面也使得城市化的经济增长效应具有可持续性。

第三，我国的产业结构调整困难孕育着经济发展的最大风险。我国的比较优势产业主要是劳动和资源密集产业，但在进入中等收入水平后，由于劳动力成本提高和资源价格上涨，经济进一步增长要求产业结构必须升级。实现产业结构升级是我国面临的巨大挑战，也是我国发展到这个阶段面临的最大风险。

我国面临的这些"中等收入陷阱"风险，尽管有着区别于其他中等收入国家的特征，但对未来我国经济的增长提出了挑战，因此必须设法加以规避。

三、后发国家的发展阶段论

通常来说，一个国家发展一般要经过三个阶段：

第一阶段是从低收入到下中等或中等收入阶段，也是经济起飞阶段，总体上这一经济发展模式是由要素驱动的，表现为要素高投入、空间低集聚、贸易低附加值、自然资源高消耗与环境高污染。由于利用"后发优势"和"对外开放优势"，比较容易实现一段时期的高增长。

第二阶段是从下中等收入到上中等收入阶段，这一阶段为重要的经济社会转型期，这是欠发达经济体成为较发达或发达经济体的关键阶段。这一时期有三种可能性：如果转型成功则经济保持持续增长或经济起飞，顺利进入上中等收入；如果转型不成功，则停滞在原有的水平上；如果转型失败则可能中断经济起飞，陷入"中等收入陷阱"。

第三阶段是向高收入或发达经济体过渡，表现为知识和技术创新驱动，生产要素高度空间集聚，产品高附加值，人与人之间和谐相处，人与自然和谐发展。

我国从1995年之后就从低收入阶段进入下中等收入阶段，目前正处于这样一个关键时期。尽管中国一直保持政治稳定，但是社会不稳定因素不断积累，已经成为经济发展的不确定因素之一。有专家认为，中国的发展前景存在三种可能：一是顺利实现产业结构的优化升级，稳步迈进发达国家的行列；二是可能在中等收入向高收入阶段迈进的过程中出现某些具有"中等收入陷阱"的特征，发展过程出现阶段性反复，但总体而言，经济增长呈现温和增长的状态，并最终迈进高收入阶段；三是可能一定程度上陷入"中等收入陷阱"，经济社会发展长期徘徊不前，甚至出现社会动荡和倒退。

四、跨越"中等收入陷阱"的日韩经验

世界各国在面对"中等收入陷阱"时有着不同选择。发达国家利用其先发优势，通过引领技术进步和廉价利用全球资源跨越了"中等收入陷阱"。新兴工业化国家通过出口导向的发展战略、承接发达国家产业转移实现产业升级、较为公平的收入分配等途径也实现了跨越"中等收入陷阱"的目标。达到中等收入水平的拉美国家却因为没有处理好发展战略、收入分配差距和对外经济关系等问题，最终陷入"中等收入陷阱"。

国际上公认成功实现了从中等收入向高收入跃升的国家和地区是日本和亚洲"四小龙"（中国香港、中国台湾、韩国和新加坡）。日本和韩国是"东亚奇迹"的领跑者，从中等收入国家跨入高收入国家，日本和韩国都花了大约12年时间。与西方发达国家相对漫长的工业革命进程对比，日韩两国的成功经验尤其值得借鉴。

（一）产业升级造就经济奇迹

我们无法想象在一个衬衫换飞机的贸易中，双方国家的人均GDP是相等的。从统计意义上说，高收入国家与中等收入国家的区别也正在这个地方。通过产业升级战略，改变劳动密集型的产业布局结构，使工人的单位劳动创造出更高的单位价值，这是实现人均GDP指标提升的最有效途径。

日本：轻工业—重工业—第三产业的适时转换与升级。20世纪50年代初期，纤维是日本最主要的出口产品，而到70年代、80年代，日本出口行业中机械行业占比大幅上涨，其中汽车制造业的迅速崛起带动了钢铁、石化等重化工业快速发展，相关产业的国际竞争也因此大幅提高，机械电子类产品逐步成为日本最具国际竞争力的产业。1980年开始，日本政府觉察到依靠基础工业延续的经济奇迹不会再出现，产业结构应转向以最终消费产业为主。在政府推动下，以文化创意为发展方向的第三产业比重迅速提升。日本经历了"贸易立国"到"技术立国"的过程，通过成功的产业升级，进入了具备完全创新能力的"全球领导者"行列。

韩国：从保护战略产业到鼓励创新活动。韩国20世纪70年代的"汉江奇迹"主要也是依靠出口导向型经济，但此后韩国就开始了由劳动密集型产业向资本密集型产业升级的阶段。韩国政府意识到由于对技术开发重视不够，面临产业竞争力下滑问题。因此韩国政府将产业发展方向从制定扶持战略产业优惠政策，

如免税、减免关税、外汇支持以及其他保护措施等,转向了创新活动,并废除了所有的个别产业法,将全部产业置于自由竞争的环境下,以激发它们内在的创新能力。在这一政策导向下,韩国将产业技术开发作为20世纪80年代产业政策的重要内容,采取了一系列扶持政策,比如:1986年制定"面向21世纪的科学技术发展长期计划";同年出台科技发展15年规划,明确提出将技术开发的主体由政府逐步转到企业;制定颁布"提高产业技术五年计划"(1989~1993年),积极推进产业技术开发促进措施的实施。投资方向也从轻工业和成熟的产业转向技术密集型的重工业。

(二)重视民生,缩小收入差距

日本和韩国之所以能够顺利跨入高收入国家行列,与国内社会相对稳定和收入差距相对较小也有密切关系。

日本:"国民收入倍增计划"的有效实施。日本在20世纪60年代之前,贫富差距相当明显,基尼系数一度高达0.47。但随着"国民收入倍增计划"的实施,收入差距问题得到明显改善。

韩国:重视农村发展,缩小城乡差距。韩国之所以能在向高收入国家转型过程中把总体收入差距维持在较低水平,重视农村地区发展也是一个重要原因。从20世纪60年代末开始,韩国政府逐渐开始重视农村地区的发展。1971年政府启动了"新社区运动",1973~1978年,大约一半的政府投资通过"新社区运动"分配到农村地区,集中于基础设施、公共卫生、环境保护以及成人教育等方面。这些政策显著增加了农户收入,缩小了城乡收入差距。

(三)日韩两国跨越"中等收入陷阱"的启示

第一,产业结构能否顺利转型升级是影响人均GDP增长水平最直接的因素,由农业到轻工业,到重工业,再到高科技制造业和创意产业,日韩两国已经探索出了清晰的产业结构优化升级的可行路径。

第二,社会收入分配可能是决定一国能否摆脱"中等收入陷阱"的决定因素。工业化程度越高,贫富差距越容易扩大,社会越不容易稳定。社会一旦陷入动荡,发展就无从谈起。日本和韩国在由中等收入向高收入转型期间,很好地解决了社会收入分配问题。通过缩小城乡差距和最低工资制度,使初始财富分配比较平均,国民在面对经济发展机遇时拥有大致均等的机会,社会相对稳定。

第三,政府在跨越过程中始终处于强势的引导地位。日韩两国的历次产业结构调整和转型,几乎都是由政府率先制定发展战略并加以推动。一方面依靠市场的自由竞争培育企业的创新能力,另一方面又通过某些措施扶持企业的核心竞争力,并未雨绸缪地引导经济向更高层次跃进。

五、几点想法

有专家认为，当前中国经济的主要矛盾是经济结构不合理和经济发展方式亟待转型。长期以来形成的"出口依赖、投资驱动、粗放增长"的模式，已经严重威胁到中国经济的可持续发展。由此产生的一系列问题：收入分配差距过大、城乡二元结构、农民工市民化、环境污染等，成为中国经济保持可持续发展、成功跨越"中等收入陷阱"的重大挑战。

对中国来说，转型才是"硬道理"，必须选择适合自身特点同时能够充分挖掘自身潜力的发展战略，才能顺利跨越"中等收入陷阱"。

（一）推动收入分配体制改革，为经济可持续发展提供保障

收入分配问题如果严重失衡，轻则影响经济的健康发展，重则影响社会稳定和和谐社会的建设。收入分配不公抑制社会发展进步的动力，使低收入者生活困难、社会地位下降，加剧贫富差距和两极分化，不利于社会稳定。当前出现的一些社会矛盾和冲突，包括许多群体性事件，很大程度上源于收入分配不公和贫富差距的日益加剧。

中国经济的持续增长需要稳定的社会环境，减小收入分配差距扩大的趋势，是避免我国陷入"中等收入陷阱"的重要途径。应实行积极的收入分配政策，将收入分配体制改革列入"十二五"规划和"十三五"规划的重要内容。制定切实有效的政策，逐步提高居民收入在国民收入分配中的比重，提高劳动报酬在初次分配中的比重。

（二）推动产业结构优化，为经济可持续发展提供动力支持

跨越"中等收入陷阱"的关键是以可持续的方式保持经济高速增长，这就需要构造新的增长动力。经济增长理论表明，新的经济增长的动力来源于技术进步或创新、知识和人力资本积累等方面，但对于中等收入国家来说，最现实最直接的动力是经济结构调整，特别是产业结构升级。我国发展劳动密集型产业所积累的生产能力已受到越来越强的约束，现在已经到了必须调整产业结构的时候。如果今后能够比较顺利地实现产业结构优化，那么就有了跨越"中等收入陷阱"的新动力。

2010年9月8日国务院常务会议通过了《国务院关于加快培育和发展战略性新兴产业的决定》，现阶段选择节能环保、新一代信息技术、生物、高端装备制造、新能源、新材料和新能源汽车等七大产业，在重点领域集中力量，加快推进，是党中央"三个转变"政策的具体落实，对于"调结构"具有重大的战略意义。

应制订有针对性的实施规划，将调结构的政策落实到位。应加大财税金融等政策的扶持力度，建立稳定的财政投入增长机制，引导社会资金投入战略新兴产业。鼓励金融机构加大对战略新兴产业的信贷支持，发挥好资本市场的融资功能。

（三）把握好城市化的推进速度，发挥好城市化助推经济增长的功能

快速城市化与过度城市化会带来城市人口的迅速增长与城市基础设施建设滞后的矛盾，降低城市化促进经济增长的功能，拉美国家陷入"中等收入陷阱"就有其中的原因。未来中国的经济增长应把握好城市化推进速度与成本提高的平衡，发挥好城市化助推经济增长的功能。

推进城市化的工作重点是确保进城农民工的权益，提升转移劳动力的市民化水平。只有解决好城市化进程中的"产业空心化"问题、农民工"市民化"问题和生态环境问题，城市化才不会是"运动式""刮风式"的城市化，才能使城市化走上可持续的发展道路。

城市化是社会经济的大变革，应协调好政府与市场机制的作用，实现政府宏观调控与市场机制的协调运行。

（四）以扩大国内市场为保障，增强外部冲击的抵抗力

我国经济增长的外部依存度过高，较易受到外部经济波动的冲击。同时，我国拥有广阔且潜力巨大的国内市场，会成为抵御外部冲击的缓冲器。我国在稳定外需的同时，应加大扩大内需的力度，尤其是扩大消费的政策支持力度，促使产业结构和经济结构的协调。

扩大内需的重点是消费，扩大消费的重点是农村市场和扩大对内开放。

（五）实行积极的技术创新政策

技术创新和技术进步能够为经济可持续增长提供新动力。产业结构的升级会促进经济增长，但是产业结构升级的基础是技术进步，只有不断引进新技术才会有新产业的不断涌现。

应强化科技创新，提升产业核心竞争力。加强产业关键核心技术和前沿技术研究，强化企业技术创新能力建设，加强高技能人才队伍建设和知识产权的创造、运用、保护和管理，实施重大产业创新发展工程，建设产业创新支撑体系，推进重大科技成果产业化和产业集聚发展。积极培育市场，营造良好市场环境。

明晰创业型经济发展的路线图。21世纪是"创业时代"，全球经济正在由管理型经济向创业型经济转变。伴随着中国经济发展进入调整时期，整个社会的多元复合转型特征愈加突出。在享受知识时代信息快速传递、要素全球流动的便利的同时，创业型经济正在成为引领经济新一轮增长的新亮点。

发达国家近年支持技术创新的财政政策及对我国的启示[①]

周　波　杨志鸿

当前，技术创新在经济、社会和国防安全等方面发挥着越来越重要的作用。技术创新作为经济社会发展的主要驱动力，已经成为当今世界发展的一个重要特征。西方主要发达国家在促进本国技术创新方面出台了一些有益的做法，尤其是支持技术创新的财政政策方面取得了丰富的经验，对我国完善技术创新政策，特别是促进技术创新的财政政策有积极的借鉴作用。

一、西方主要发达国家促进技术创新的基本情况

（一）美国

美国政府一直都很重视对创新的投资和培育，强调要通过不断地形成新产业、开发新产品以保持美国在科研和技术创新领域的领先地位，保证其国际竞争力。技术创新更被奥巴马政府视为美国经济增长和竞争力增强的源泉。2011年2月，白宫发布的《美国创新战略——确保我们的经济增长和繁荣》（下简称《美国创新战略》）强调，"21世纪，美国经济的持续增长取决于我们成为一个'创新国度'"。

美国的创新战略主要表现为促进以市场为基础的创新。美国支持技术创新政策最突出的特点，就是让企业成为技术创新和产业化的主体。《美国创新战略》开篇即阐述了创新在过去和未来繁荣中的关键作用，私营部门作为创新动力的核心作用，以及政府在支持创新体系中所扮演的角色。《美国创新战略》要求将资源投资于创新的基础：劳动力、科研及基础设施。联邦政府除了保证适合科学研究的社会环境外，还注重利用政策促进基础科学研究的创新。

美国支持技术创新政策的特点还体现在重视对创新型人才的培养、引进和激励。奥巴马总统连续采取措施改善从初等教育到大学和研究生教育的教育体制，

[①] 本文写于2013年。

促进学生在科学、技术、工程和数学等领域的成就和事业。《美国创新战略》强调，要"用21世纪的技能培育下一代，培养世界一流劳动力"。美国通过长期执行有效的移民政策、灵活的H—1B签证计划等多种方法，创造出更加自由宽松的学术环境，提供丰富的信息资源，以吸引全世界的创新型人才。

（二）英国

英国是世界高科技、高附加值产业的重要研发基地之一。英国科学研究一直在世界处于领先水平，但科学研究与技术创新存在一定的差距，高水平的科研并没有很好地促进经济发展，无法让经济享受到科技发展带来的好处，被称为"英国悖论"。为提升科技创新能力和效力，加快推进英国成为世界科技创新的领导者，英国政府于2011年底发布了《促进增长的创新与研究战略》报告，旨在进一步提升科技创新在国家战略中的地位，尤其通过一系列推进科技创新的重大措施，引领英国经济走出低谷。当前，英国加大了研发投入，调整经济结构，在优势科研领域进行战略部署，以新技术战胜危机，带动经济增长。与美国相似，英国在支持技术创新的政策上重视研究与开发，尤其注重基础研究；强调企业为技术创新的主体，大力扶持中小企业的技术创新。英国政府注重推动形式多样的产学研合作，促进科技成果的产业化。

同时，英国具有在欧洲领先的风险资本市场，规模大、发展程度比较完善，为企业创新融资提供了条件。在风险资本市场失效的领域，政府可采取特殊融资手段，解决企业技术创新的资金问题。

（三）德国

德国高度重视技术创新。国际金融危机发生后，德国更加重视实体经济、技术创新的发展。加大基础设施投资、对企业实行税收减免以及扶助中小企业，加强在未来领域的投资和研发投入，力争实现以知识和创新为基础的"灵巧增长"。

在德国的创新研发投资中，与美国相似，企业是主导力量，私人企业占研发总投入的2/3。德国创新体系另一大特色是政府资助马普学会、弗朗霍夫学会、赫尔姆霍茨协会和莱布尼茨学会等四大非营利性科研机构，从事大型基础性研究和工程技术研究，预算每年都在15亿欧元以上。除企业委托的研究项目外，科研成果全部向社会公开，由公众共享。

（四）日本

20世纪80年代，日本政府提出"技术立国"战略，将技术摆在优先发展的位置，并确立了引进消化吸收再创新的技术路线。在这一阶段，日本将技术引进作为培养本国科技创新能力的重要手段，并注重消化吸收。根据2007年《国有企业竞争力报告》，日本每花费 1 美元引进技术，就会花费 8 美元消化吸收，这种将国际先进技术与本国工业快速结合的方法对于当时的日本是非常有效的。在技术赶超阶段，日本是世界上购买国外专利经费支出最多的国家。

随着技术的持续积累和技术水平不断提高，日本逐渐具备了自主创新实力。2011 年 8 月 19 日，日本内阁会议上通过的《科学技术基本计划》（2011～2015年）明确提出了"绿色创新"和"生活创新"两个主题，势将影响日本工业技术创新方向。

总体来看，西方主要发达国家支持技术创新的具体政策各不相同，但也有共同的特征，即：政府资助基础领域的研发；政府明确重点扶植方向；大力发展私人投资和风险资本，培育中小企业；重视大学、企业、政府间官产学研的密切合作；创造环境，让企业成为技术创新的主体。

二、西方发达国家支持技术创新的财政政策

从西方国家实践来看，大多数国家都充分认识到政府通过财政政策激励研究开发与技术创新活动的重要性，且制定具体政策加以实施。西方国家在财政支持技术创新政策上主要有以下特点：

（一）科技研发经费投入力度大

美国政府一直重点支持基础科学创新研究。《美国创新战略》中，奥巴马总统为研发投入设定了具体目标，即将至少 3% 的 GDP 投资于公共及私人部门研发。该比例将超过太空竞赛最激烈时达到的投资水平，也为私营部门创新提供了新动力。美国的《复兴法案》以 183 亿美元的研究经费成为美国历史上研发投资年度增长最多的一部分。奥巴马总统 2012 财年预算案为科学和基础研究提供了额外支持，实现了奥巴马总统将三大重点基础研究机构[①]的经费翻番的承诺。奥巴马政府还发起成立了教育高级研究项目署（ARPA—ED）。奥巴马 2012 财年预算中提出，将在未来 10 年招募 10 万名科学、技术、工程和数学类教师，并改善教师培训，以支持提升教学在突破性技术方面的研究。

英国政府在 2008～2010 年间，投入 10 亿英镑的资金用于企业技术创新。日本的研发经费占 GDP 比例一直处于世界前列，企业研发支出在全国研发经费中的比重也很高，2006 年已达到 81.9%，居世界首位。《日刊工业新闻》发起的企业研发投入调查显示，2012 年日本主要企业的研发投入增长已持续 3 年。2012年，德国联邦教研部推出"2020—创新伙伴计划"，在 2013～2019 年间将投入 5

---

① 美国国家科学基金会、能源部科学办公室和国家标准与技术研究所实验室。

亿欧元，支持东西部研发创新合作。

20世纪80年代，韩国确立了"科技立国"战略，研发投入保持了持续高速增长态势，并于2007年达到3.47%，超过美国、日本等发达国家①。有专家表示，研发投入、科技发展与经济增长存在正相关，科技优先发展是突破"中等收入陷阱"的先决条件。

（二）重视税收政策对促进企业技术创新的积极效应

在美国，奥巴马总统提议将研究与试验税收减免提高约20%，这将是史上最大的税收减免增幅。研究与试验税收减免将鼓励企业以不触犯公司利润的方式投资于美国的技术发展。美国采用的税收激励政策，将通过研究与试验税收减免②加速企业创新。

在英国，所有研发投入在1万英镑以上的企业均可享受研发税收减免政策。2009~2010年，英国企业研发投入减免税收总额超过10亿英镑。当前，为进一步提高研发税收优惠政策的效率，英国财政部进一步简化小企业行动方案的预审批程序；推广"线上"税收抵免，以鼓励规模较大企业的研发活动③。此外，为支持新设备投资，英国政府自2011年4月起将工厂和机械的短期资产免税额制从4年延长为8年。

在日本，税收优惠一直是政府刺激企业技术创新最重要的政策工具。日本对重大技术研发设备、引进国外技术、产学研合作研发活动等均实施了税收优惠政策。这些政策通过影响企业的投资决策，对企业开展研发活动产生了积极的激励作用。

（三）重视对中小企业技术创新的政策扶持

西方各国对中小企业技术创新的政策支持，采用包括政府投入、税收优惠、政府采购、贷款担保等多种方式综合支持，为中小企业快速发展创造良好的政策生态环境。

让企业成为技术创新的主体是美国支持技术创新政策最突出的特点。对中小企业，美国有税收抵免补贴、研发支出当年全额扣除、加速折旧或特殊税收激励等财政政策激励，并取得了很好的效果。奥巴马总统扩大了对小企业贷款的支持和税收减免，同时支持运行良好的资本市场向各种规模的企业开放。此外，《平价医疗法案》（affordable care act）使美国民众无须放弃医疗保险而更容易创立和

---

① 李春景：《依靠科技创新突破"中等收入陷阱"——基于韩国、巴西的比较研究》，《学习时报》，2011年7月25日。
② 奥巴马总统呼吁简化研究与试验税收减免措施，并使之永久化。
③ 王德生：《英国：立志成为世界科技创新的领导者——英国〈促进增长的创新与研究战略〉报告解读》，载于《华东科技》，2012年12期，p69~70。

加入新企业，为创业扫除了障碍。2011年，英国政府宣布一项7 500万英镑的定向支持计划，旨在帮助规模较小企业的雇主参加高级学徒计划。为确保中小企业的创新能力，德国政府接连出台激励措施，如"企业技术创新风险分担计划""企业研究开发人员促进计划"等。此外，还采取有助于中小企业的专利政策、简化企业申请扶持基金的行政手续，新的科研成果鉴定措施、前沿集群竞争和创新联盟等举措，提高中小型企业研发参与的持续性。

（四）重视通过财政政策促进产学研相结合

英国政府大力推动形式多样的产学研合作，促进科技成果的产业化。为了保证大学和企业紧密相连，政府要求大学和企业联合申请国家和区域的创新项目。英国政府在2012年之前资助9所新的以大学为基础的创新型制造业中心，并资助一项新的制造业奖学金计划，在企业和研究基地之间建立联系。

德国在加强科技界与产业界的联合方面成效显著。政府资助弗朗霍夫协会等合同研究机构，支持按行业部门建立的工业合作研究协会以及遍布全国的技术学院，建立相互作用、相互支持的创新系统，系统之间的要素相互配合、互为条件，有效地解决了技术创新的资金、市场、人才与技术的问题，促进了企业的技术创新。

日本建立了科技成果转换体系，加速产业化进程。日本设立了专门行政机构，如通产省的工业技术院，其职能是"综合性地推进从研究开发新技术种子到实现产业化、普及乃至流通的全部措施"。

（五）鼓励企业技术创新的财政政策多以法规形式实施

在美国，为了鼓励高增长和以创新为基础的创业，为新公司增加获得资本的途径，奥巴马总统在2010年9月27日签署了《小企业就业法案》，提供了一份超过140亿美元的由小企业管理局担保的贷款支持，以及由财政部为小企业贷款提供了超过300亿美元的资金支持，以及为小企业减免120亿美元税款，以帮助这些企业投资。日本政府先后颁布了《科学技术大纲》《科学技术基本法》《大学技术转移法》《产业技术强化法案》等加强对技术创新的支持。

国家以法规形式确定鼓励企业技术创新的财政政策，并根据国家战略和企业需求适时调整，保证了财政政策的权威性和导向性。

三、几点建议

当前，科技创新与产业变革的深度融合成为当代世界最为突出的特征之一。许多发达国家都将创新提升为国家战略，各国围绕科技创新的竞争与合作不断加强，而运用财政政策引导和促进技术进步，培养技术创新能力是世界各国的普遍做法。

为深入贯彻落实党的十八大和 2012 年全国科技创新大会精神，实施创新驱动战略，中央近期下发了《中共中央、国务院关于深化科技体制改革加快国家创新体系建设的意见》（中发〔2012〕6 号）《"十二五"国家自主创新能力建设规划》（国发〔2013〕4 号）《国务院办公厅关于强化企业技术创新主体地位，全面提升企业创新能力的意见》（国办发〔2013〕8 号），全面提升我国企业创新能力，促进科技与经济社会发展紧密结合，建设创新型国家。

（一）加大财政科技投入，为企业技术创新提供财力保障

中发〔2012〕6 号文提出，"十二五"末，全社会研发经费占 GDP 的比例要达到 2.2%，大中型工业企业研发投入占主营业务收入比例要达到 1.5%，一批创新型企业进入世界 500 强。实际上，2011 年，我国研发经费占 GDP 的比例为 1.84%[1]，2012 年为 1.97%[2]，距 2.2% 的目标仍有一定差距。

2013 年是"十二五"的攻坚之年，当前，应切实抓好政策的落实，认真贯彻落实中发〔2012〕6 号文、国发〔2013〕4 号文指示精神。一方面，继续适当提高财政科技支出中用于支持企业科技创新的资金比例，发挥政府在科技投入中的引导作用，鼓励和吸引全社会加大对自主创新能力建设的投入力度，探索建立多元化、多渠道、多层次的科技投入体系；另一方面，应注重点面结合，进一步完善促进国家自主创新能力建设的法律法规和政策，加强产业政策、财税政策、金融政策等与创新能力建设的衔接协调。

当前，与发达国家相比，我国基础研究投入比例相对偏低[3]。财政投入要确保对基础研究、社会公益研究前沿技术研究和国家重大科技专项等方面的投入，进一步改善科技基础条件，提升企业科研能力。力求在财政资金支持下，建立起包括科技创新、技术合作研发、科技成果转化、科技中介服务等在内的企业技术创新平台，支持一大批行业共性技术、关键技术和前瞻性技术的开发与推广，提升企业的技术创新能力。

（二）创新财政支持方式，提高资金使用效率

除财政资金直接扶持外，可综合应用财政贷款贴息、风险投资引导基金、政府信用担保、偿还性资助、政府购买服务等多种投入方式，对企业的技术创新活

---

[1] 国家统计局、科学技术部、财政部：《2011 年全国科技经费投入统计公报》，2012 年 10 月 25 日。
[2] 国家统计局，2013 年 2 月 22 日。
[3] 2011 年，我国用于基础研究的财政科技经费的投入比例接近 10%。资料来源：2011 年全国公共财政支出决算表，财政部，2012 年 7 月。

动给予重点支持，引导企业和社会力量加大科技投入。通过多层次、直接间接相结合的创新性财政科技投入方式，提高财政资金的使用效率。管好用好财政资金与加大投入具有同样的重要作用。要进一步完善财政科技经费的绩效评价体系；探索建立符合科研活动规律，资金使用安全、便捷、有效的管理模式。

（三）完善支持技术创新的税收政策

2006 年国务院发布了《关于印发实施〈国家中长期科学技术发展纲要（2006～2020 年）〉若干配套政策的通知》（国发〔2006〕6 号）后，税收政策的力度和广度不断深化，已基本形成一套涵盖增值税、营业税、企业所得税、个人所得税、进出口税收等一系列税种的支持自主创新的税收政策体系，但还存在高新技术企业增值税税负相对较高、支持企业研发的税收优惠激励不足、对创新型人才的税收激励有待加强等问题。一方面，应抓好政策的落实工作。加快开展国家自主创新产品认定工作，加强有关部门的协调配合，加大宣传培训力度，落实企业研究开发费用所得税前加计扣除、高新技术企业认定、政府采购自主创新产品、创业投资企业和科技企业孵化器税收优惠等重点政策。另一方面，应建立和完善对鼓励科技创新税收政策的评价机制，及时修订和完善不合理的条款，针对实际执行当中存在的问题，适时调整完善。

（四）支持"以企业为主体、产学研相结合"的技术创新体系建设

在大力推进科技管理体制改革基础上，应继续优化财政科技投入结构，优先支持"以企业为主体、产学研相结合"的技术创新体系建设。要充分发挥企业主体作用，积极引导人才、技术、资金等创新要素向企业集聚，支持企业建立国家级重点实验室、工程技术研究中心和产业技术创新战略联盟等科技创新平台，使之真正成为技术创新、科技研发、成果转化的重要基地，加快培育一批有较强实力和核心竞争力的创新型企业。

（五）完善创新人才的培养、引进和激励机制

应牢固树立创新型人才是首要创新资源的观念，完善创新人才培养、引进、使用激励机制，大力度引进国际高端人才和国内科技领军人才，加大本土科技人才培养力度，努力打造人才高地，为创新型经济发展提供强有力的智力支撑。尤其要加强青年科技人才培养，引进海外优秀人才，支持归国留学人才创新创业。进一步健全科学合理的人才评价标准，加强科研诚信建设，营造科学民主、宽松、包容的学术氛围，进一步激发广大科技人员的积极性和创造性。

引人注目的太平洋联盟[①]

燕晓春　陈　茜　尹晓君

全球金融危机爆发以来，在世界贸易组织谈判不断受阻、相关区域合作与自贸区建设加紧推进的背景下，秘鲁、智利、墨西哥和哥伦比亚四国于2011年成立了太平洋联盟（Pacific Alliance）。太平洋联盟已建成了自由贸易区，免除了成员国间90%商品的关税，同时在投资和服务贸易方面加强一体化建设，并致力于建设高目标、高准入的经济联盟。这个拥有2亿人口、GDP占整个拉美地区GDP总量约三分之一的联盟将对拉美乃至全球经济格局形成一定影响。

一、太平洋联盟框架

（一）发展历程

太平洋联盟于2011年4月在秘鲁成立，旨在加强该地区一体化进程，大力推动秘鲁、智利、墨西哥和哥伦比亚四个成员国货物、服务、资金和人员的自由流动。2013年5月23日，联盟第七次峰会决定吸收哥斯达黎加为第五个成员国，巴拿马也申请加入。截至目前，太平洋联盟已有包括美国、加拿大、日本、韩国、中国等世界主要国家和7个拉美国家在内的20个观察国。

目前，太平洋联盟拥有约2亿人口，GDP已占整个拉美地区GDP总量约三分之一。2012年，太平洋联盟成员国吸引的外国投资占拉美地区吸引外国投资总额的41%，对外贸易占拉美地区外贸总量的50%。由于太平洋联盟推行自由贸易，基本消除了成员国间的所有贸易障碍，根据国际货币基金组织报告，2013年太平洋联盟将成为全球第六大经济体，超过俄罗斯和巴西。到2018年，有望超过德国，成为第五大经济体。

（二）组织机构

太平洋联盟在成立后快速发展，目前已成立了高层小组（High－Level

[①] 本文写于2014年。

Group)、太平洋联盟商务委员会（Pacific Alliance Business Council）和太平洋联盟议会（Pacific Alliance Parliament）等常设机制，致力于一体化进程的推动。高层小组由各成员国商务、贸易和外交部长、副部长组成。同时组建了贸易与一体化、促进人员流动及服务与投资工作组，主要负责评估区域合作进展情况。太平洋联盟商务委员会由成员国的14位商界代表组成，旨在推动私营部门一体化建设。联盟成员国目前已在土耳其设立了联合代表处。太平洋联盟议会致力于完善立法，推动联盟贸易协定的达成。

（三）指导原则

太平洋联盟秉承共同贸易理念，致力于推动该地区国家加快推进经贸一体化进程，合作领域也将超越自由贸易范畴。该贸易组织的指导思想为：

1. 高目标。太平洋联盟的创建旨在就商品、服务、资本及人员的自由流动达成现实的协议。在贸易自由化方面，联盟已经免除了成员国间90%商品的关税，并就其余10%商品在2014年内实现免税制定了路线图。在推动地区投资和服务贸易一体化方面，各方同意启动投资与服务业混委会磋商机制。在人员自由流动方面，自2012年11月起，成员国已经开始取消联盟内部的旅游签证。在合力拓展境外贸易方面，各成员国将建立境外贸易投资联合代表处，以期扩大联盟同世界其他地区特别是亚洲的贸易。联盟还采取措施向资本市场一体化迈进。目前联盟已整合了智利、哥伦比亚及秘鲁的证券交易所，经立法改革后，墨西哥证券交易所也有望在2014年参与其中。

2. 高准入。尽管联盟是一个相对较开放的区域经济集团，但也设置了较高的准入门槛。要加入该联盟，各国必须坚持民主价值观，承诺扩大贸易自由化。秘鲁、智利、墨西哥和哥伦比亚这四个初始成员国间已经相互签署了自贸协定。哥斯达黎加也是同哥伦比亚签订自贸协定后才迈出了加入联盟的第一步。与其他成员国签署自贸协定是成为联盟成员的条件之一，同各成员国签署自贸协定已经成为潜在成员国表明自身致力于推进自由贸易、做好加入太平洋联盟准备的体现。

3. 灵活、务实。联盟并不拘束于死板的条条框框，而是以灵活、务实的方式来消除贸易壁垒和重复规则，同时强化区域供应链，并将其整合到包括亚洲在内的世界供应链中。太平洋联盟在深化经济一体化，推动成员国之间的贸易往来、相互投资和社会发展等其他方面也将按照这一准则推进。

二、太平洋联盟区域影响力分析

（一）有利于推进区域合作

联盟成员国内部经济聚合力较高，国内市场条件也最为相近，普遍实行新自由主义经济政策,是拉美地区经济开放度最高的几个国家。此外,成员国均有良好的政治意愿推进区域内部深度一体化。因此,对于推进拉美和亚太地区经济合作,联盟具有较为有利的经济条件和基础。

1. 成员国均为外向型经济体,具有推进区域经济合作的动力。根据全球贸易数据库和世界银行关于贸易依存度数据,太平洋联盟四个成员国的外贸依存度平均为54%,高于40%的世界平均水平。较高的外贸依存度反映了成员国经济增长对进出口贸易依赖较大,因此,深化区域经济一体化、稳定外部市场并获得优惠的外部市场准入条件,有利于成员国自身经济发展。

2. 成员国对外开放度较高,具有推进区域经济合作与一体化的良好条件。由于区域经济合作需要参与各方放宽市场准入,让渡一定的经济主权,因此一国经济的对外开放度是该国能否深度参与区域经济一体化的前提条件。世界经济论坛《2012年全球促进贸易报告》和《2011～2012年全球竞争力报告》的不同评估指标表明,联盟作为整体是拉美地区经济开放度最高的区域之一,也是拉美地区贸易限制最少的区域之一。

3. 成员国推行的自由贸易政策有利于区域经济一体化。太平洋联盟成员国普遍实行新自由主义经济政策,积极对外商谈建立自由贸易区。除成员国间已经相互签署自贸协定外,已同包括美国、欧盟等全球主要经济体在内的国家、地区签订了多个自贸协定。2012年6月,秘鲁和哥伦比亚还与欧盟签署了三方自贸协定。可见,太平洋联盟成员国在较大程度上实现了自由贸易,各成员国推行的自由贸易政策为进一步深化内部一体化奠定了基础。

(二) 有利于加深与东亚地区国家合作

太平洋联盟成立的目标之一就是要加强与亚太国家的经贸联系,分享亚太国家的经济增长果实。智利外长莫雷诺在太平洋联盟的成立仪式上就表示,该联盟将成为面向世界尤其是亚太地区的经济和贸易一体化组织。墨西哥现任总统佩尼亚·涅托也曾表示,面向亚太地区,联盟在促进经济增长和发展方面有着巨大机会。

为贯彻"面向亚太"的指导方针,进一步参与亚太地区经济活动,打开亚太地区最具活力的市场,各成员国正积极与亚太国家商谈自贸协定。此外。太平洋联盟还明确提出将作为整体与亚洲国家商谈自由贸易区。在2013年5月的首脑峰会上,澳大利亚、日本、加拿大等亚太国家也受邀作为观察国首次派员与会,足可见太平洋联盟对亚太地区的重视。

(三) 太平洋联盟或致区域关系更加复杂

1. 加剧拉美地区紧张关系。目前,从经贸机制安排上看,拉美地区已分化为两个集团,即太平洋联盟成员国等毗邻太平洋沿岸的国家集团与巴西、阿根廷等南方共同市场成员国和委内瑞拉等毗邻大西洋沿岸的国家集团。两个国家集团在吸引投资和对外贸易等诸多方面都存在竞争。而太平洋联盟由于自由贸易开放度高、发展迅速，将对内外部贸易取得进展都甚少的南方共同市场形成压力，并对巴西在拉美地区的大国地位产生影响。巴西是拉美地区最大的经济体，也是拉美地区吸引外资最多的国家，但由于太平洋联盟经济发展速度明显快于巴西，经济总量和影响力不断上升，未来可能不仅影响巴西切实的经济利益，还可能一定程度上削弱其在该地区的影响力。

2. 美国因素不可小觑。在对美关系上，两个国家集团也持不同立场。太平洋联盟成员国都与美国有较深的经贸关系，且均签署自由贸易协定，按照《太平洋联盟框架协议》第11条新成员加入的规定，美国可随时加入太平洋联盟。美国也通过跨太平洋伙伴关系协议（TPP）把墨西哥、秘鲁、智利等国纳入太平洋经济体系，推动墨西哥一起参与跨大西洋贸易与投资伙伴关系协定（TTIP）谈判，竭力把墨西哥完全纳入美国体系。而巴西、阿根廷和委内瑞拉等属于拉美"左派"的国家一直坚决抵制美国推行建立美洲自由贸易区，认为太平洋联盟是受美国操控的，目的在于摧毁和破坏拉美地区的一体化。因此，这两个国家集团及美国的三方关系或将更加复杂。

3. 加剧太平洋地区的大国博弈。在全球经济增长疲弱、亚太地区仍快速增长的背景下，全球焦点逐步转向了亚太地区，美国、俄罗斯、欧盟、日本等大国都加大了在该区域的投入。美国宣称21世纪为太平洋世纪，不断加强在该地区的存在，一方面想获得切实的经济利益，另一方面通过TPP欲寻求在美洲、澳大利亚和亚洲之间形成一个排挤中国的利益共同体，遏制中国经济扩张。太平洋联盟与美国存在着紧密联系，美国商务部也于日前宣布实施一项名为"向南看"（looking south）的经贸战略，强调同太平洋联盟国家拓展经贸往来，因此该地区的大国博弈必将进一步加剧。德国全球与地区问题研究所指出，太平洋联盟完全有可能被视作亚太地区"政治和经济活力"的一部分，且有可能被视作"中国和美国之间大国竞争"的一部分。

三、相关的几点建议

（一）密切关注太平洋联盟的后续发展

太平洋联盟自2011年成立以来，发展迅速，除四个创始成员国外，哥斯达黎加和巴拿马先后加入后将形成一个六国经济联盟。其观察国包括美、中、日、韩等亚太主要国家和7个拉美国家等20个国家。太平洋联盟的发展速度引人侧目，影响力不断上升，一体化速度、进度和力度都超出预期。因此，我国应密切关注太平洋联盟的发展进程与影响力，加大对太平洋联盟的研究力度，积极谋划，审慎布局，以维护我国在拉美地区的国家利益。

（二）积极发展与太平洋联盟的经贸合作

太平洋联盟建立之初就以加强与亚太地区的经贸合作、分享亚洲增长成果为主要目标之一。我国作为第二大经济体、亚太地区最有影响力国家之一，必然成为太平洋联盟深化经贸合作的一个重点对象。同时，为防止美国像 TPP 一样利用太平洋联盟遏制我国，我国应因势利导，积极发展与太平洋联盟的经贸合作。目前来看，我国与太平洋联盟各成员国双边经贸往来不断扩大，合作势头良好。我国已是智利和秘鲁的全球第一大贸易伙伴，墨西哥、哥伦比亚的第二大贸易伙伴。太平洋联盟的建立将进一步深化中国与各成员国的贸易合作，并成为推动我国与拉美经贸升级的新纽带。

就我国深化与太平洋联盟经贸合作的途径而言，推动联盟与我国建立自由贸易区是一条更为有效的路径。目前，我国已与智利、秘鲁签署自贸协定，与哥伦比亚自贸区的可行性研究也已于 2013 年 5 月启动。我国与墨西哥进行谈判，待谈判结束后将四个单独的自贸协定整合为中国—太平洋联盟自贸协定。同时，也可借鉴中国—东盟自由贸易区谈判模式，适时推动与太平洋联盟整体进行自由贸易区谈判。

（三）应注意平衡拉美地区不同利益方的关系

由于太平洋联盟与南方共同市场成员国和委内瑞拉等之间的紧张关系在进一步加剧，我国在发展与太平洋联盟的关系时，应注意平衡与巴西、委内瑞拉等其他不同利益方的关系。我国与巴西已建立了战略伙伴关系，在世行、国际货币基金组织等多边机构改革和全球治理等多边事务中拥有相同利益关切，需要协同配合。而我国与委内瑞拉自建交以来建立了共同发展的战略伙伴关系，随着 2013 年 9 月委内瑞拉总统尼古拉斯·马杜罗的到访，双边关系又迈上了新台阶，从战略上考虑，委内瑞拉也是我国通向拉美的一扇大门。因此，我国在加强与太平洋联盟合作的同时，应注意平衡与巴西、委内瑞拉等拉美不同利益方的关系。

"10+3"财金合作面临的挑战及政策建议[①]

于 晓 胡振虎

近年来,"10+3"财金合作机制在诸多领域取得积极进展,各成员体携手合作,积极应对国际金融危机,努力使经济保持较快增长,已成为确保区域金融稳定、加强宏观政策协调的主要平台。但是,随着时间的推移和区域内外不确定性的加深,"10+3"财金合作的一些机制性问题也逐渐显露,现有的合作架构难以有效应对区域挑战。现将"10+3"财金合作的现状、面临的问题及相关政策建议分析如下。

一、"10+3"财金合作现状

(一)财金合作领域取得积极进展

近年来,"10+3"财金合作领域取得积极进展,主要包括以下几方面:一是达成《清迈倡议多边化协议》(CMIM),将清迈倡议下较为松散的双边货币互换机制整合为多边资金救助机制、建立2400亿美元的区域外汇储备库、将CMIM与IMF贷款规划脱钩比例提高至30%,并创设预防性贷款机制(CMIM-PL),以应对因外部冲击而发生的短期国际收支或流动性需求;二是强化"10+3"宏观经济研究办公室(AMRO)机构建设并推动其升级为国际组织,区域经济监测能力不断提升,积极服务于区域金融安全网建设;三是深化亚洲债券市场发展。通过实施亚洲债券市场发展倡议(ABMI),推进区域本币债券市场发展,积极动员本地区储蓄投资于本地区,降低对美元等外币依赖,并于2016年5月召开的第19届"10+3"财长和央行行长会议上通过了ABMI未来三年的中期发展路线图。

(二)"10+3"区域经济一体化程度不断提高,各经济体贸易合作不断深化

相对于低迷的全球经济,东亚地区一直保持着较快增长,2016年GDP增速

[①] 本文写于2016年。

有望达到5.8%。这既得益于东亚经济体良好的经济基本面,也得益于长期以来各国积极参与并推动全球化和区域经济一体化的努力。RCEP谈判有序推进,若干个"10+1"经贸机制安排不断完善。以中国和东盟为例,借中国东盟自贸区升级版的签署,双边贸易额预计将从1991年的80亿美元增长到2016年的4 000多亿美元,年均增长约18.5%。双方相互投资快速均衡发展,累计双向投资超过1 600亿美元。目前,"10+3"域内贸易占本地区对外贸易总额的15%,仍有很大潜力可挖。

(三)"10+3"各国对美国市场和美元的依赖性较高

20世纪90年代以来,随着中国与东盟各国对美国市场依赖不断增加,域内各国纷纷把本国货币盯住美元,将本币与美元汇率维持在固定水平,并积累大量美元外汇储备,进而成为"美元体制"的重要依赖者和支撑者。截至2016年5月,中国、新加坡、泰国、菲律宾和马来西亚等五国购买美国国债占美国国债总额比达29.03%。此外,亚洲域内各国的贸易结算货币、银行间外汇市场的交易货币也均以美元为主。同时,"10+3"区域内贸易产品大多是伴随着区域内生产过程分散化而产生的中间品、零部件和资本货物,而其最终产品市场则依赖于美国等发达国家。美国一直是该区内最大的最终产品市场提供者(详见图1),这也决定了在今后相当长时期内,"10+3"各国仍难以摆脱对"美元体制"的依赖。

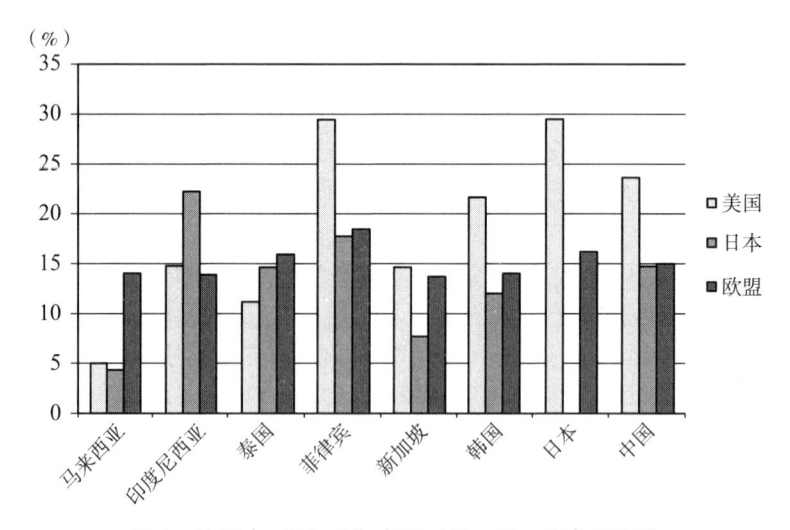

图1 2015年"10+3"各国对美、日、欧出口比重

(四)区域金融一体化发展目前仍无"牵头方"

区域性金融和货币安排需要本区域内存在政治和经济上占支配地位的国家,

从而在本地区金融合作中起到协调各方利益、主导整个金融合作进程的作用。以欧元区为例，德国和法国凭借其强大的政治和经济实力，主导并成功推动了欧洲货币一体化进程。而从"10+3"区域情况看，十年前由日本主导区域财金合作，目前由中、日共同主导，而东盟一直在名义上拥有主导权，但由于其经济实力差距，难以担当区域金融合作核心国的重任。随着东盟经济整体实力的提高，域内各方力量博弈将进一步加剧，目前区域财金合作仍无真正"牵头方"。当然，论经济权重，中国是"10+3"当仁不让的核心力量。未来，中日仍应权衡得失，发挥与自身实力相匹配的影响力。

二、"10+3"财金合作存在的机制性问题

尽管"10+3"财金合作领域已取得较快发展，但仍存在诸多阻碍区域经济一体化发展的机制性问题，主要表现在以下方面。

（一）区域金融安全网的有效性和实用性依然有待提高

一是CMIM金融风险救助机制难以脱离国际货币基金组织（IMF）而独立发挥作用。当前，各国贷款额度30%以内的部分可直接由成员国投票决定是否发放及确定发放条件。若某成员国贷款申请超过30%的贷款额度，就必须要同时获得IMF贷款才能动用超出部分。虽然与IMF贷款脱钩的贷款比例2014年提高到了30%，但仍一定程度上限制了CMIM金融风险救助能力。如印度尼西亚在遭遇危机冲击时，本可以在CMIM框架下通过与各国的货币互换筹集到援助资金，但由于IMF援助框架限制，印度尼西亚转而通过与美国签署300亿美元的货币互换协议以缓解危机造成的流动性短缺。

二是CMIM机制的有效性和实用性有待检验。CMIM目前还尚未启动过，其使用机制是否顺畅、能否达到预期效果仍有待检验。很多CMIM运作细节还未确定，只存在原则上的规定。虽然危机防范功能已在2012年正式加入CMIM机制，但进展速度十分缓慢。

三是AMRO能力建设有待加强。2016年升级为国际机构的"10+3宏观经济研究办公室（AMRO）"作为唯一独立的监督机构，无论是资源、经验还是技术能力方面都还处于初期发展阶段，尚不能独立承担CMIM要求的经济风险评估和贷款管理功能。第一，AMRO缺乏高素质人才，其经济监测报告和研究工作的深度有待提高。在危机管理方面，目前还没有全面展开危机救助贷款项目的开发和研究工作。第二，短期内AMRO很难有效地摆脱各成员国政府对其监督，无法完全发挥独立性。

（二）区域税收协调与合作程度低

目前，"10+3"区域税收协调主要体现在关税协调和一些税收协定上，但税收协调程度不深，非关税措施方面尚没有具体安排，对增值税等主要税种的协调几乎没有涉及，所采取的形式也主要以双边税收协定为主。总体看，主要存在以下问题：一是税制差异较大。税制差异大是阻碍生产要素跨境流动的重要原因，而"10+3"各国在关税、增值税、所得税等方面的制度差异较大。二是缺乏有效法律约束。"10+3"合作模式虽然已经提出建立"东亚共同体"的目标，但缺乏像欧盟《罗马条约》《马斯特里赫特条约》一样有权威性的条约来规范各国行动，税收协调缺乏共同遵守的法律基础。三是缺乏税收合作平台。就税收领域而言，目前在亚洲有影响的税务部门直接参与的交流平台要数"亚洲税收管理与研究组织"。但由于是非正式机构，其影响力和持续力受到很大制约，很大程度上停留在税收征管经验交流和问题探讨层面。

（三）汇率协调机制尚未取得实质性进展

由于"10+3"汇率协调合作机制尚未取得实质性进展，自2009年以来"10+3"汇率变动的联动性大幅降低，其离散程度甚至高于1997年东亚金融危机之前的程度。当前东亚货币合作中的主要障碍在于实体经济冲击的非对称性阻碍了货币合作向深层次推进。虽然东亚各经济体，尤其是中、日、韩三国在货币冲击方面的对称性较高，但是各国的经济条件差异较大，而且实体经济在受到冲击后表现出非对称性，因此在面对经济冲击时往往各自为政，更多从维护自身经济利益出发。目前东亚各国只是将货币合作作为应对金融危机的临时性救助手段，缺少向前推进的动力，更无法就区域货币合作的发展方向及长远目标达成共识。

（四）区域债券市场一体化仍存在诸多障碍

首先，信用评级、交易清算、税收等技术性问题阻碍了亚洲债券市场的一体化发展。在信用评级方面，亚洲还缺乏统一的信用评级标准，许多依附于各自政府的信用评级机构，其独立性被普遍质疑；此外，亚洲各经济体对跨境债券的税收、交易清算等安排也不一致。其次，亚洲债券以政府债券为主，整体流动性较差。亚洲债券市场的品种单一，以政府债券为主，企业债券占比非常低，私营部门参与程度不高，不利于亚洲债券市场化建设。同时，多数经济体的债券市场成交量仍然非常低，市场流动性明显不足。

三、未来推进"10+3"财金合作的几点建议

2017年是亚洲金融危机20周年，为推动"10+3"财金合作取得更积极的

进展，各方应积极谋划"10+3"财金合作中长期发展方向，明确未来5~10年的发展目标，探讨深化"10+3"财金合作的路径，进一步加强区域经济一体化建设。

（一）夯实区域金融安全网建设

一是强化 CMIM 有效性和实用性。第一，研究提高与 IMF 脱钩比例的可行性。目前30%的比例在很大程度上限制了 CMIM 作为独立机制可以提供的救助规模，适当提高这一脱钩比例可以增加成员国使用 CMIM 机制的动力，从而使其更好地融入以 IMF 为中心的全球金融安全网。第二，探讨改变储备库现有管理方式。由分散管理储备库模式转为集中管理，这样不仅能保障危机应对资金的规模，还可以借鉴欧洲稳定机制和 IMF 在必要时通过发行债券和向成员国借款的资金筹措方式，以增大危机时可以运用的资金。第三，通过多样化方式适度增加现有储备库规模。如增加每个成员出资额，或将某些双边协议纳入 CMIM 的多边协议等。

实施以上三点难度极大，各方特别是中、日、韩三方需进一步凝聚共识。我国政府部门之间也需加强沟通和协调，需从加强东亚合作的战略高度看待这些问题。

二是将 AMRO 打造成"亚洲版货币基金组织"。第一，完善 ARMO 功能，进一步加强和扩大技术援助活动支持，提高 AMRO 对各成员国的经济监测能力，积极建立与双边及国际组织的合作关系，提高 ARMO 作为地区性货币金融合作与监督机制的地位和信誉。第二，进一步加强与 IMF 的合作。当前，G20 正在开展完善国际金融架构的讨论，应进一步加强以 IMF 为核心的全球金融安全网和区域金融安全网之间的合作。第三，保持 AMRO 的独立性，适度减少区域内各成员国对 AMRO 的过度干预。第四，积极探索构建亚洲货币单位的可能性和可行性。构建亚洲货币联盟、发行区域单一货币，是亚洲各国加强区域金融协调与合作的未来发展方向，东亚各国应对此做出政治决断，并能稳步推进。第五，打造由 AMRO/CMIM、ADB/AIIB、IMF 组成的亚洲"三驾马车"，以应对未来可能发生的金融危机。日本方面一直试图强化亚行在区域财金合作的介入力度，我国应借力亚投行，平衡亚行的角色定位。

（二）促进区域税收协调与合作

一是"三位一体"同步进行关税协调。"三位一体"模式主要包括非关税壁垒、对外关税和关税税率的协调。要强化对于区域非关税壁垒的管理和协调，将非关税壁垒置于关税协调的框架和范畴之中。在对外关税协调可以采取对成员国分层的方法，将关税水平接近的国家归为一层，首先对不同层次内部国家的对外关税进行协调，再对各层之间进行进一步协调。在关税税率方面，可以对新老成员国分别做出安排：我国与老东盟 6 国可以先于新东盟 4 国形成关税同盟，然后进行与日、韩的关税协调。欠发达地区，给予其一定过渡期。

二是从征税范围和税率两方面进行增值税协调。首先，各成员国应实现增值税征税范围的趋同，且尽量做到税收优惠的趋同或一致。其次，增值税税率方面可以先协调增值税税率的合理范围，各国在该范围内自主规定增值税税率以适应本国经济情况。同时，对于部分国家，可以采取一些相应的过渡方案，逐步缩小增值税税率差异。最终实现将统一的消费地原则逐步转变为统一的生产地原则。

三是统一公司所得税征税制度和标准，完善税收优惠政策。首先，各成员国应实行内外资企业统一的公司所得税制度，在本国完成税制统一。其次，各成员国应统一居民企业判定标准。最后，各成员国应对公司所得税的税收优惠加以规范和协调。

（三）加快亚洲债券市场制度建设，提高市场流动性

一是加快亚洲债券市场的制度建设。第一，构建认证模式的亚洲区域性信用评级制度。鉴于亚洲区域缺乏权威的信用评级机构，在亚洲债券发展过程中，可先采取认证模式，即由 ABMI 下的 WG5"本地及区域性信用评级机构问题小组"作为认证部门，对有意从事区域内信用评级业务的评级机构进行资质认证。由资质认证部门和通过认证的评级机构共同构成亚洲区域信用评级体系。第二，构建多样化担保体系，如设立专门的担保基金，成员国之间建立区域性担保基金，商业性担保基金提供担保等。第三，要求各国消除现有的阻碍跨境债券融资的技术性障碍。税收、联合信用评级、跨境清算交割等都需要各国金融政策的配合，以降低跨境交易的门槛。

二是提高债券市场流动性。第一，丰富交易品种。在亚洲债券市场上，存在大量期限、利率水平相近的中期债券，而短期和长期债券相对较少，各金融机构对现有债券的利率走势和收益率的预期非常接近，导致投资者缺乏交易动机。亚洲债券市场应积极发展固定利率债券、浮动利率债券以及债券衍生品，同时，增加企业债券品种。第二，降低交易成本。如新加坡对于其债券市场的发行者、投资者以及证券机构给予税收优惠，促使新加坡债券市场成为世界上最为高效的债券市场之一。第三，引入做市商制度。一般而言，做市商市场的流动性明显高于拍卖代理市场的流动性，在亚洲债券市场，仅有少数几个国家赋予一级交易商参与政府债券定价的过程，使亚洲债券市场的做市商制度接近无效状态。第四，改善投资者结构。目前，亚洲地区近一半债券由银行持有，这一比例远远高于发达国家水平。各经济体应制定积极的支持性政策，提高共同基金、境外投资者以及私人投资者的参与程度。

G20：因危机而生（G20 研究之一）[①]

周强武等

2016 年，中国成功举办二十国集团（G20）领导人第十一次峰会。本次峰会达成了广泛共识，形成了一系列务实成果，展现出中国积极为全球经济治理作出贡献的决心和能力，将 G20 机制推向前所未有的高度。那么，G20 究竟是什么？因何而生？起何作用？为何升级？有何不足？厘清这些问题，对我们更好地把握 G20，今后更全面参与 G20 有重要意义。

一、G20 的诞生

1997 年亚洲金融危机爆发后，以西方七国（G7）为代表的世界主要发达经济体意识到，随着全球经济一体化进程不断深入，各国经济相互联系和相互影响程度不断加深，需要一种新的国际协调机制来应对区域和全球经济危机。G7 认为，将中国和印度等新兴经济体纳入对话轨道，不仅有利于深化国际金融体系改革，更有利于在全球层面加强宏观经济政策协调，全面提升政策协调的有效性。1999 年 12 月，首次 G20 财长和央行行长会议（下简称 G20 财长会）在德国柏林举行，标志着 G20 机制的诞生。

二、G20 的基本情况

（一）主要参与者

G20 成员由 7 个发达经济体以及其他 12 个主要经济体以及欧盟等 20 方[②]组成，涵盖面广，代表性强，兼顾发达国家和发展中国家以及不同地域利益平衡是 G20 成员构成的主要特点，其总人口占全球的 2/3，国土面积占全球的 60%，GDP 占全球的 90%，贸易额占全球的 80%。

[①] 本文写于 2016 年，作者：周强武、李明慧、胡振虎、周波、宋馨、王虎、贾静航。
[②] 包括阿根廷、澳大利亚、巴西、加拿大、中国、法国、德国、印度、印度尼西亚、意大利、日本、韩国、墨西哥、俄罗斯、沙特阿拉伯、南非、土耳其、英国、美国及欧盟。

此外，每年 G20 会议还邀请世行、IMF、联合国、WTO 等主要国际机构作为参与者和决策落实方参与到各级别会议中。一方面，这些国际组织受 G20 委托，在各级别 G20 会议中就有关具体议题提供技术和智力支持，包括提供背景文件与工作建议等；另一方面，他们也是 G20 成果的重要执行者和监督者。此外，G20 主席国还从 2009 年开始陆续邀请西班牙、东盟和非盟等作为嘉宾国①参与当年 G20 相关会议。

（二）工作机制

2008 年 G20 财长会升格成峰会后，G20 讨论的范围越发宽泛，其工作机制变得更加丰富。目前，G20 已形成以领导人峰会为引领，协调人和财金渠道"双轨机制"为支撑，专业部长级会议、工作组和研究小组为辅助的工作架构。与正式国际组织相比，G20 无常设秘书处、国际雇员和专门的办公地点，主席采取轮换制。在协商一致原则基础上，领导人峰会筹备工作由"三驾马车"（前任主席国、现任主席国和候任主席国）②牵头、各成员共同参与。OECD、IMF 及世行等国际机构担当主要秘书处角色，为 G20 提供研究、分析等技术支持服务。协调人由各成员国领导人任命，多由负责外交的高官担任。协调人每年召开 3~6 次会议，就峰会各项筹备工作进行讨论，并就协调人渠道下相关议题形成成果，提交峰会。财金渠道负责就经济金融问题进行磋商，提出建议，成果直接提交峰会。

目前，除财长会外，G20 还有 5 个专业部长会议，分别是劳工和就业部长会议、贸易部长会议、农业部长会议、发展部长会议和旅游部长会议。其中，财长会为财金渠道下最高级别会议；其他为协调人渠道下会议，其会议成果提交协调人。目前，专家工作组目前有 10 个，分别是财金渠道下的"强劲、平衡和可持续增长"框架工作组、投资与基础设施建设工作组、国际金融架构工作组，以及协调人渠道下的就业工作组、发展工作组、能源可持续问题工作组、反腐败工作组、私营部门工作组、金融包容性及贸易工作组。各工作组由来自相关政府部门的官员组成，工作组会议成果提交相关部长级会议。此外，财金渠道还设有绿色金融和气候资金两个研究小组。

（三）相关配套活动

从外部体系来看，与 G20 相关的非官方论坛机制，即配套活动有 G20 商业峰会（B20）、G20 智库会议（T20）、G20 民间社会会议（C20）、G20 劳动会议

---

① 目前，G20 嘉宾国包括西班牙（2011 年开始成为永久嘉宾国）、东盟主席国、全球治理集团、两个非洲国家[非盟主席国和非洲发展新伙伴关系（NEPAD）代表国]以及若干个由主席国自行决定的经济体。

② "三驾马车"是对前任主席国、现任主席国和候任主席国之间紧密衔接的习惯叫法，于 2010 年首尔峰会上讨论、确认，在 2011 年戛纳峰会得以实施，并写入此次峰会公报中。

(L20)、G20 青年会议（Y20）、G20 妇女会议（W20）等（见附表1）。这些论坛日趋产生影响力，从各自领域对 G20 议程与成果作出有益补充。

三、G20 财长会聚焦的主要议题及成果

（一）1999~2007 年财长会议

1999~2007 年（未升格成峰会前），G20 每年举行一次财长会议，主要聚焦宏观经济及财政金融议题，如全球及区域经济形势、金融危机的防范和应对、打击恐怖主义融资、打击滥用国际金融体系等。中国是 G20 创始成员，长期以来一直积极参与 G20，并于 2005 年担任主席国，在北京主办了以"加强全球合作：实现世界经济平衡有序发展"为主题的第七次 G20 财长会（见附表2）。

（二）2008 年后峰会机制下的财长会议

G20 升级为峰会机制后，G20 财长会仍然是 G20 的核心渠道，是财金渠道成果的决策者，是峰会特别是财金领域的生力军。G20 财长会每年召开 3~4 次会议，其中 2 次与世行/IMF 春会和秋会背靠背举行。

2008~2016 年，G20 财金渠道继续聚焦宏观经济以及财政金融议题，宏观经济政策协调职能得到强化，主要成果有：为全球金融危机和欧债危机动员资金、提出并推动世行和 IMF 治理改革的量化目标、建立"强劲、可持续、平衡"增长框架、应对税基侵蚀和利润转移（BEPS），加强结构性改革"顶层设计"等（见附表3）。

四、G20 领导人峰会及主要成果

（一）G20 升级

2008 年，国际金融危机爆发，西方发达国家更加意识到，仅靠自身力量难以让世界经济走出泥潭，必须再次抱团取火，共同化解危机。为迅速、有力应对危机，亟须在最高级别建立宏观经济政策协调机制，以增强 G20 效率和效力。基于此，时任美国总统布什提议[①]，将 G20 升级为峰会机制，在中国的关键性支持下，首次 G20 领导人峰会于 2008 年 11 月在华盛顿举行，时任国家主席胡锦涛率团与会。2009~2010 年，G20 每年举行两次峰会，主要探讨危机应对以及巩固金

---

① 据布什后来所写回忆录《抉择时刻》透露，召开此次会议其实是他与时任法国总统萨科齐通电话时提议的，而萨科齐本来只是建议召开一次 G7/G8 领导人峰会。

融市场。在华盛顿和此后的伦敦、匹兹堡峰会上，G20各方进行了密切的协调与合作，各成员纷纷推出大规模财政刺激计划，发挥协同效应刺激经济增长，防止危机蔓延。可以说，G20因区域危机而诞生，因全球危机而升级。G20峰会在提振增长、推动改革、加强监管等诸多领域不断取得进展。

2011年后，G20峰会改成年度论坛，每年由成员国轮值主持。自此，G20开始承担世界经济治理任务，在协调各国经济政策、合力应对金融危机等方面发挥实质作用。

（二）G20升级为峰会后的主要成果

2008年以来，G20已举行11次峰会，主要聚焦全球重大经济金融问题，探讨如何推动全球经济复苏和国际金融体系改革以及协调主要经济体宏观经济政策。G20峰会为维护全球经济稳定与增长，推动国际经济治理体系改革发挥了重要作用，形成了丰富的务实成果（见附表4）。

五、G20成果丰硕

作为"国际经济合作的主要论坛"[①]，G20在全球治理方面做出了巨大贡献，一方面积极协调发达经济体与新兴经济体的宏观政策，凝聚政治共识以解决重大的全球性挑战、促进增长、扩大贸易和投资，另一方面积极推动国际规则制定，不断完善全球治理。11次峰会普遍达成有力成果，并受到全球广泛关注。2016年中国接任G20主席国后，积极引导G20将关注的重点由短期危机应对转向促进结构性改革推动中长期经济增长，从中长期应对经济增长的结构性挑战，提高全球潜在产出水平。此外，杭州峰会第一次提出综合运用货币、财政、结构性改革政策促进全球经济增长，第一次把创新作为核心成果，第一次把发展议题置于全球宏观政策协调的突出位置，第一次形成全球多边投资规则框架，第一次发布气候变化问题主席声明，第一次把绿色金融列入G20议程，这些"第一次"不仅在G20历史上具有里程碑意义，也将引领全球经济增长和全球经济治理的新方向。

（一）有效应对全球性危机，维护全球经济稳定与增长

首先，G20的危机应对作用及成效是不可否认的。2008年国际金融危机爆发后，全球主要经济体和国际组织通过G20平台为恢复世界经济增长而共同努力，形成了有史以来规模最大、协调性最强的财政和货币刺激计划。此外，G20推动

[①] 《二十国集团匹兹堡峰会领导人声明》第19条指出"我们确认二十国集团作为国际经济合作的主要论坛"。

金融稳定论坛（FSF）升级为金融稳定理事会（FSB），努力构建全球金融安全网，在中长期内推动建立更强有力、更具全球一致性的监管框架。在欧债危机、新兴市场资本波动和英国脱欧等突发事件中，G20 作为全球最主要经济体的集合也及时发声稳定了市场信心。其次，G20 一直在为推动全球经济"强劲、平衡和可持续"增长而不懈努力。尽管各成员采取的具体措施有所不同，但华盛顿峰会至今，全球经济没有被危机击倒，没有再次发生全球性、系统性风险，表明 G20 机制在其中发挥了关键作用。目前，全球经济仍面临风险和不确定性，影响全球经济走势的潜在风险点仍频现，G20 通过峰会平台让主要经济体领导人进行深入交流，共商应对之策，这无疑对化解潜在风险、稳定宏观经济起到了重要作用。

（二）增强议题灵活性和全面性，弥补现有治理体系不足

G20 虽是协调全球经济事务的主要平台，但其议题涵盖领域不仅限于传统的经济领域，还包含促进就业、加强基础设施建设、反避税、反恐、反腐败、完善全球能源治理、加强粮食安全等议题。面对这些全球性问题，现有以全球多边金融机构为主体的全球治理体系不足以有效应对，G20 机制充分发挥自身灵活性、全面性等优势，通过提供政治动力、动员成员国采取行动、促进典型实践案例的产生和共享及推动全球规则的制定，取得了更多丰硕成果。

（三）不断提高代表性，反映国际经济现实和经济治理体系的深刻变化

在升级为峰会之前，G20 只是以非正式部长级会议的形式运行，主要以政策交流为主，实质性结果不多且缺少约束力，全球经济体系的主导权和核心议程的制定权仍然牢牢掌握在 G8 国家手中，新兴经济体的地位非常边缘，代表性和话语权明显不足。这与 2000 年以来新兴经济体快速发展，经济体量、国际影响和对全球增长贡献度明显提升的国际经济现实严重不符。通过 G20 峰会，主要新兴经济体实质性进入全球经济治理体系的比较核心位置，有机会深度参与全球经济议程和规则制定，并站在新兴经济体立场上发声。其中，匹兹堡峰会达成的 IMF、世行投票权改革，正是反映国际经济格局和治理体系变化的典型事件。

六、G20 仍任重而道远

在充分肯定 G20 在推动世界经济"强劲、可持续、平衡增长"以及完善全球经济治理方面担当的重要角色外，我们也应关注到 G20 机制存在的不足和面临的挑战。

第一，G20 目前仍属于国际经济论坛的性质，这使 G20 在推进各方达成共识

方面具有更多的灵活性和可能性，有助于各方加强沟通协作，在不同国家不同利益诉求面前寻找"最大公约数"。但也造成 G20 共识无法律约束效力和问责机制，导致后续落实和执行力不足，容易沦为"清谈馆"。今后，应进一步探讨如何加强 G20 成果落实的法律约束力和有效性，强化成员国对 G20 共识的落实和执行。

第二，在缺乏应对全球危机紧迫性的后危机时代，世界经济形势不同于危机时期，经济逐渐回归正轨的发达国家或将更加倚重 G7，G20 面临机制再度被弱化的可能。因此，应尽快推进 G20 由危机应对向长效治理的转型，更加关注全球层面的长期政策，将 G20 打造成为全球经济治理的最可靠、最重要平台。例如，进一步推动全球结构性改革，推动完善全球经济治理体系，特别是完善世行投票权改革和 IMF 份额改革。

第三，目前 G20 已发展成为高级别、多层级、多部门的协调机制，议题涵盖范围不断拓宽，会议架构越发庞杂，尽管这有助于从不同领域推动全球性问题的解决，但必将在一定程度上降低 G20 的效率和针对性，例如专业部长会议讨论内容有所交叉，一些工作组功能重叠。在成员国资源有限的情况下，应进一步明确 G20 机制的定位和职能，充分利用现有国际治理体系的资源，在全面性和效率之间找到平衡。

附表 1　　　　　　　　　　G20 配套活动具体情况

机制	成立时间	重要作用
B20	2014 年 11 月布里斯班峰会	B20 是国际工商界参与全球经济治理和国际经贸规则制定的重要平台，以举办议题工作组会议和峰会为主要内容开展年度工作，就全球经济增长的关键性问题深入探讨，形成并向 G20 峰会提交政策建议报告，为促进全球经济强劲、平衡、可持续增长建言献策。历年来，B20 讨论内容与 G20 峰会主题议题高度契合，涵盖金融体系改革、贸易、投资、能源、基础设施、就业、反腐败等全球经济发展热点问题。B20 通过议题工作组会议汇总工商界政策建议，提交给 G20 峰会，为 G20 领导人提供决策参考。多位 G20 领导人出席历届 B20 峰会，并就工商界政策建议与 B20 代表进行对话交流
T20	2012 年 6 月洛斯卡沃斯峰会	T20 是 G20 峰会重要配套会议之一，是全球智库代表为 G20 贡献智慧与思想、提供更多的战略选项和政策储备的重要平台，并以其对历年 G20 峰会政策决定和实施的重要影响力而备受瞩目
C20	2013 年 9 月圣彼得堡峰会	C20 是民间社会围绕 G20 峰会主题向各国政府及社会各界提出建议的平台。目的在于促进民间组织与 20 国政府首脑会议的议程和意见的交流，并讨论相关议题，旨在让民间组织能够在全球经济的讨论中拥有发言权，贡献政策建议，参与其中
L20	2008 年 11 月华盛顿峰会	二十国集团劳动会议为维护职工权益、促进经济社会发展、实现体面劳动和 2030 可持续发展议程发挥了积极作用，是二十国集团机制中重要的社会伙伴对话平台

续表

机制	成立时间	重要作用
Y20	2010年多伦多峰会	Y20是目前G20框架下唯一的青年交流活动，旨在为成员国青年代表提供一个研讨当前国际经济问题的平台，推动青年一代更好地参与G20等国际机制和全球经济治理
W20	2015年10月安塔利亚峰会	W20致力于推动性别包容的经济增长，推动G20各成员国履行承诺，加强妇女经济赋权。作为国际经济合作主要论坛，G20肩负引领全球经济强劲、可持续、平衡增长的使命，性别包容和性别平等是实现这一目标必不可少的要素

附表2　　1999~2007年G20财长会议主要议题和成果

时间	国家	城市	成果
1999年12月	德国	柏林	会议强调，G20是布雷顿森林体系框架内非正式对话的一种新机制，旨在推动国际金融体制改革，为有关实质问题的讨论和协商奠定广泛基础，以寻求合作并促进世界经济的稳定和持续增长；G20财长和央行行长们讨论了减少金融危机爆发的可能性
2000年10月	加拿大	蒙特利尔	达成"蒙特利尔共识"：共同推动经济、贸易的全球化，使其成果延及发展中国家；改革国际货币基金组织等国际金融机构，增加这些机构的透明度；继续朝建立统一的国际金融标准和规则的方向努力，以增强联合抵抗金融危机的能力；对债务沉重的国家进行援助，并协助这些国家进入全球经济体系；在农业研究、环境保护和艾滋病等疾病的防治方面加强合作
2001年11月	加拿大	渥太华	讨论"9·11"对全球经济和金融的影响；打击恐怖主义融资；缩小贫富差距等议题
2002年11月	印度	新德里	发表《德里公报》，提出通过健全的宏观经济政策、有效的制度和良好的管理，实现各国经济可持续增长；各国必须增强预防金融危机的能力，并在金融危机发生时迅速作出社会和经济方面切实有效的反应；面对去全球化，通过实施适当的国内政策和创造有利的外部环境，在减少风险的情况下获得最大收益；承诺将继续打击恐怖主义活动
2003年10月	墨西哥	莫雷利亚	发表《莫雷利亚公报》。公报指出，应采取措施促进主要经济体的平衡增长；为促进世界经济增长、消除贫困、共享全球化收益，国际社会应进一步努力，尽快恢复WTO多哈回合谈判；金融自由化应以适当的时间和顺序进行，同时稳健的机构和发达的国内金融市场是使全球化收益最大化以及促进经济增长、减少金融危机的关键因素；为解决债务重组问题，G20鼓励采纳主要国际标准的最佳做法，并促请发债人和市场参与者与G20成员在自愿基础上进一步讨论可行方案；应进一步探索以双边为基础的信息互换机制，防止滥用国际金融体系；在保护正规金融体系的同时，应加强对非正规金融机构的监管；为实现千年发展目标、增加发展援助基金，会议讨论了推动落实《蒙特雷共识》发展筹资大会承诺的框架；G20应进一步侧重于研究和解决重大国际经济问题，促进南北合作

续表

时间	国家	城市	成果
2004年11月	德国	柏林	金融机构建设；打击滥用国际金融体系；老龄化的挑战与移民；主权债务重组；布雷顿森林机构60年回顾；在全球化背景下促进经济稳定与增长；区域一体化等
2005年10月	中国	北京	审议并通过了《联合公报》和《G20关于布雷顿森林机构改革的联合声明》《G20关于全球发展问题的联合声明》《G20 2005年改革议程》，向国际社会表明了与会各方决定促进全球经济平衡有序发展的共同愿望和政策主张，特别是为布雷顿森林机构改革和扩大发展融资提供了重要的政治推动力
2006年11月	澳大利亚	墨尔本	发表《联合公报》，敦促各国政府重新启动贸易谈判，并以增加投资的方式确保未来能源和矿产的安全供应
2007年11月	南非	开普敦	发表《联合公报》，指出全球经济增长放缓的迹象已经十分明显，并讨论世界金融市场稳定、国际货币基金组织及世界银行改革、推动多哈回合谈判进程等问题

附表3　　2009~2016年G20财金渠道主要议题和成果

时间	主要议题和成果
2008年11月	会议就金融危机产生的原因以及应对措施进行了深入探讨，认为只有采取全球性的措施，才能有效应对金融危机；有必要采取共同行动应对金融危机，强调需要对目前的国际金融体系进行改革；二十国集团是一个具有广泛代表性的机制，在保证全球金融和经济稳定方面具有重要作用，各成员今后将在这一领域进一步加强合作
2009年3月	发表《联合公报》，确认了全球经济和金融市场现状正在改善的事实；各国仍需继续刺激经济，全球的经济刺激措施在效果上来说尚未完全显现，呼吁全球金融行业进行包括降低金融衍生品杠杆率在内的多项调整，同意建立一个更强大国际金融体系
2009年9月	会议讨论了当前宏观经济形势、可持续和平衡增长框架、国际金融体系改革、国际金融机构作用和有效性以及气候变化融资等议题。决定启动新的框架计划，并制定相应的时间表，对各国政策是否能够实现共同制定的目标提供评估，有关的评估将由包括国际货币基金组织、世界银行等国际金融机构协助完成；发表《联合公报》，称各国将继续保持经济刺激措施，直到全球经济复苏得到确认；各国财长同意采取共同行动，制定金融业监管制度；还承诺采取行动以应对全球气候变化
2010年10月	发表《联合公报》，强调发达经济体，包括国际储备货币发行经济体，应警惕国际汇率剧烈波动，应采取措施缓解"热钱"投机风险；建立以市场为导向的汇率体制，并强调汇率应反映经济基本面；加强G20成员"相互评议程序"，引入IMF进行评估；提高金融机构资本金充足率，加强对系统重要性金融机构的监管，解决"大到不能倒"的问题，加强对场外金融衍生品交易的监管，以及解决"热钱"投机；重申反对贸易保护主义、实现联合国千年发展目标和促进中小企业融资等共识

续表

时间	主要议题和成果
2011年2月	主要围绕确立经济失衡指标、改革国际货币体系、抑制原材料价格过度波动、建立全球金融监管、帮助发展中国家建设基础设施和为防止气候变化提供创新基金这五大议题展开讨论。会议同意选取一揽子指标来衡量过度外部失衡，经过充分讨论，确定财政赤字和政府债务，私人储蓄率和私人债务，贸易账户和净投资收益与转移账户为衡量指标；同意共同推进国际货币体系改革，加强全球流动性管理，减少国际储备货币汇率的过度波动和资本无序流动，增强防范和应对金融冲击的能力；同意就抑制大宗商品价格过度波动问题加强协调，特别是增加对发展中国家的农业投资，切实保证粮食安全；承诺将在落实金融监管改革方案以及首尔发展共识等方面继续加强合作
2012年2月	讨论了全球经济形势、强化国际金融框架等议题，发布《联合公报》，强调要认真落实戛纳行动计划，并将加强对各国在财政、金融、货币和汇率政策、结构改革、贸易和发展等方面政策承诺落实情况的监督；强调各方对本国政策措施进行更新的基础上研究制订洛斯卡沃斯行动计划；呼吁尽快落实2010年份额改革，以确保IMF具备充足的资源；欧元区则应加强防火墙建设，加快结构改革；强调继续推动金融部门改革，加强对改革承诺落实情况的监督，并促进普惠金融的发展
2013年2月	讨论了当前全球经济形势、G20"强劲、可持续、平衡增长框架"、国际金融架构改革、金融部门改革以及长期投资融资等议题，为促进全球经济复苏，发达国家应加强财政整顿，确保中期财政可持续性，同时关注持续的宽松货币政策带来的负面效应；欧元区应进一步夯实经济和货币联盟的基础，包括尽快建立银行业联盟，减少金融分割，继续强化银行的资产负债表；各国都应加快推进结构改革，提振经济增长前景并创造就业机会。会议要求加快IMF份额和治理改革，确保在2014年1月前完成份额总检查；强调要加强公共债务管理；推动IMF与区域融资安排之间加强互补合作；开展促进长期投资融资相关研究；继续推动金融部门改革，以及促进普惠金融的发展
2014年9月	讨论了当前全球经济形势、G20全面增长战略、长期投资、金融监管改革以及国际税收合作等议题。发表公报，鼓励G20各国继续采取更多政策措施，以实现到2018年使G20整体GDP规模额外增长2%以上；强调基础设施投资对扩大需求和促进经济增长的重要性，并就全球基础设施倡议达成共识，同意在11月布里斯班峰会期间由领导人宣布该倡议的实施方案。会议承诺于2015年完成G20/OECD为期两年的应对税基侵蚀和利润转移行动计划，核准了基于互惠原则的税收情报自动交换全球标准，并明确将在2017年或2018年底前，根据本国立法程序完成情况，在G20成员间以及与其他国家之间启动实施税收情报自动交换。会议审议了金融监管改革进展，为全球系统重要性银行设定了更高的资本充足率标准，要求各国金融监管当局进一步推进落实场外衍生品改革，要求金融稳定理事会在布里斯班峰会前全面完成影子银行监管框架的核心要素。会议还强调将继续把IMF份额和治理改革作为G20的关键优先议题，并敦促美国在2014年年底前核准2010年IMF改革方案
2015年11月	会议议题集中以下三个方面：坚定落实G20已有承诺、促进投资增强增长动力、提高行动的包容性以确保共享增长红利。会议形成如下主要成果：与会各方从加强经济复苏和提升潜力、增强抗风险能力、支持可持续性三方面着手为世界经济的稳步增长开具药方。为加强经济复苏，各方将以合作的方式实施稳健的宏观经济政策，谨慎调整各项政策行动并保持沟通，特别是在主要货币政策和其他政策决定等方面，以减少不确定性，使负面溢出效应最小化。各方还同意把创造就业、促进投资、协助中小企业参与全球价值链、推动贸易便利化等作为促进经济复苏的主要手段。为提高金融体系的抗风险能力，与会各方敲定了全球系统重要性银行总损失吸收能力的共同国际标准。峰会还核准了《二十国集团/经合组织税基侵蚀和利润转移项目行动计划》，以打击跨境逃避税，并在全球范围内实现公平、现代化的国际税收体系

续表

时间	主要议题和成果
2016年9月	就全球经济形势、"强劲、可持续和平衡增长框架"、投资和基础设施、国际金融架构、金融部门改革、国际税收合作、绿色金融、气候资金、反恐融资等议题进行讨论。最终，财金渠道形成以下主要成果和共识：在"创新"方面，强调创新增长方式，特别是通过深化结构性改革提高全要素生产率和潜在增长率，为全球经济的中长期增长提供持久动能。G20在加强结构性改革"顶层设计"方面取得里程碑式的成果，明确了结构性改革的9大优先领域和48项指导原则，并制定了一套衡量结构性改革进展和成效的指标体系。这在G20历史上是第一次，体现了标本兼治促增长的理念。在"活力"方面，通过加强G20宏观经济政策协调保持经济活力，首次提出了综合运用包括货币、财政、结构性改革措施促进增长、稳定信心。通过完善全球经济治理释放经济活力，包括推动世界银行和国际货币基金组织改革、建立应对税基侵蚀和利润转移（BEPS）包容性框架、进一步推进国际金融监管、督促发达国家落实气候资金承诺、完善主权债务重组机制和全球金融安全网，为提高全球经济的活力和可持续性提供制度性保障。在"联动"方面，推动G20树立利益共同体意识，加强各国经济的良性密切互动，以合作应对挑战。特别是结合"一带一路"战略，推动多边开发银行扩大基础设施投资，提出了《全球基础设施互联互通联盟倡议》，积极寻求全球主要经济体在基础设施互联互通上的"最大利益集合"，提升全球基础设施互联互通水平，打造促进信息沟通、机制协调、项目合作的新平台。在"包容"方面，积极引导G20各成员高度重视经济增长包容性，特别是推动中小企业发展，通过了《基础设施和中小企业融资工具多元化政策指南》，并推动有效落实《中小企业融资高级别原则》等。将税收促发展作为一项重点议题，推动G20国家帮助发展中国家加强税收领域能力建设，增强这些国家动员国内资源促进增长的能力

附表4　　　　　　　　　　历届G20峰会的主要成果

时间	国家	城市	主要成果
2008年11月	美国	华盛顿	采取广泛而必要的措施应对经济危机；稳定金融市场
2009年4月	英国	伦敦	增强IMF和世行等多边开发机构的资金实力；继续联手进行财政刺激；成立金融稳定理事会
2009年9月	美国	匹兹堡	继续实施刺激政策直至经济复苏得到明显巩固；对世行和IMF投票权进行改革
2010年6月	加拿大	多伦多	确保全面经济复苏和高质量的就业增长；控制赤字和债务规模；加强银行业监管
2011年11月	法国	戛纳	全力应对欧债危机；通力协作以提振增长，创造就业；改革国际货币体系，使SDR更具代表性
2012年6月	墨西哥	洛斯卡沃斯	妥善应对欧债危机，维护欧元区的完整与稳定；货币政策需继续支持经济复苏；构建更具弹性的金融体系
2013年7月	俄罗斯	圣彼得堡	继续通过扩大投资提振增长，改善长期投资；尽快落实2010年IMF份额改革方案
2014年11月	澳大利亚	布里斯班	未来五年内使G20整体GDP额外增长2%；提出全球基础设施倡议，建立全球基础设施中心；增强全球经济韧性

续表

时间	国家	城市	主要成果
2015年11月	土耳其	安塔利亚	采取共同行动，以实现包容和稳健增长，增加人民福祉；推动更多、更高质量就业；为中小企业提供支持；共同打击恐怖主义，应对难民危机
2016年9月	中国	杭州	制定创新增长蓝图；制订落实2030年可持续发展议程行动计划；制定全球贸易增长战略和全球投资政策指导原则；综合运用包括货币、财政、结构性改革政策；制定结构性改革优先领域、指导原则和指标体系

G20 与中国（G20 研究之二）[①]

周强武等

自 G20 机制诞生以来，作为重要的创始成员、参与者和推动者，中国全面参与 G20 各项工作，成功举办 2005 年 G20 北京财长和央行行长会议（以下简称"G20 财长会议"）及 2016 年 G20 杭州峰会，对世界经济稳定和复苏发挥了关键作用，对 G20 机制发展作出重要贡献。未来，中国应一如既往积极参与 G20、引领 G20 和完善 G20。

一、积极参与 G20 历次会议

（一）中国以创始成员国身份参与 G20 是历史的必然

改革开放以来，中国经济快速发展对促进世界经济增长发挥了重要作用。一是中国为成功应对 1997 年亚洲金融危机作出巨大贡献。1997 年亚洲金融危机爆发时，亚洲主要货币竞相贬值[②]。面对风雨飘摇的亚洲经济，中国政府展现了大国责任和大国担当，明确承诺并兑现人民币不贬值，为亚洲经济在危机后两三年迅速复苏作出突出贡献。二是作为发展中大国，中国成为拉动世界经济增长的重要力量。20 世纪八九十年代的两个 10 年中，中国均是全球经济增长五大贡献国之一，中国的贡献分别是美国的 13.4% 和 26.7%，其他三国均为发达经济体。到了 2000 ~ 2009 年，中国已超过美国 4 个百分点，成为最大贡献国。

1997 年亚洲金融危机后，G7 成员国逐渐意识到，仅靠自身力量已无法应对全球经济问题，邀请中国等新兴经济体共同参与已成为历史的选择。在此背景下，G7 财政部长于 1999 年 9 月 25 日在华盛顿宣布成立 G20，中国以创始成员身份正式加入 G20。

[①] 本文写于 2017 年，作者：周强武、李明慧、胡振虎、周波、宋馨、王虎、贾静航。
[②] 韩元兑美元汇率由危机前的 770 韩元兑换 1 美元跌至 1 700 韩元兑换 1 美元，泰铢由 25 泰铢兑换 1 美元跌至 54 泰铢兑换 1 美元，印尼盾最严重时曾由 2 203 盾兑换 1 美元跌至 11 950 盾兑换 1 美元。

（二）中国全程参与 G20 会议（G20 升级为峰会前）

1. 项怀诚出席 1999～2002 年间举行的四次 G20 财长会。1999～2002 年，时任财政部长项怀诚出席第一至第四次 G20 财长会议。1999 年 12 月在德国柏林举行的 G20 首次会议上，G20 各方达成共识并强调，G20 是 IMF 和世行框架内非正式对话的一种新机制，旨在推动国际金融体系改革，促进发达国家和新兴市场国家之间就实质性问题进行讨论和研究、寻求合作并促进世界经济稳定和持续增长。2001 年 11 月，在加拿大渥太华举行的 G20 第三次财长会上，项怀诚指出，这次 G20 会议是在全球经济大幅减速、"9·11" 事件使全球经济雪上加霜背景下召开的，会议向外界释放了一个积极的信号：尽管恐怖袭击事件加重了全球经济发展遇到的困难，但 G20 各成员合作努力、持续开放和推进改革的愿望与承诺没有改变，信心对世界经济迅速复苏至关重要。

2. 金人庆出席 2003～2006 年举行的四次 G20 财长会议。2003～2006 年，时任财政部长金人庆出席第五至第八次 G20 财长会议。其中，2003 年 10 月，G20 第五次财长会议在墨西哥莫雷利亚举行，金人庆在会上就全球化与世界经济、G20 未来发展走向及发展融资等议题作了发言，中方积极倡导建立国际经济新秩序、加强南北对话与合作、推动全球经济持续平衡发展。在此次会议上，与会各方一致同意中国主办 2005 年 G20 财长会议。

3. 谢旭人出席 2007～2008 年举行的两次 G20 财长会议。在升级为峰会机制前，最后两次 G20 财长会议（第 9 次和 10 次）分别于 2007 年 11 月和 2008 年 11 月在南非开普敦和巴西圣保罗举行，时任财政部长谢旭人出席。在南非 G20 财长会议上，G20 财长就当时世界经济形势与发展、资源性产品周期与金融稳定、促进增长与发展的财政要素、布雷顿森林机构改革、G20 可持续增长等重要议题进行了讨论。2008 年 11 月 8～9 日在巴西举行的 G20 财长会上，与会代表重点讨论了全球经济金融形势、应对金融危机的政策、增强 G20 有效性等议题。

（三）中国全力支持 G20 财金渠道（G20 升级为峰会后）

升格成峰会后，G20 峰会筹备工作分为协调人渠道和财金渠道（finance track）双轨渠道。协调人渠道重点是政治筹备，财金渠道则负责经济金融议题磋商，形成的成果直接提交领导人峰会批准通过，被称为 G20 筹备工作的主渠道。

中国高度重视 G20 财金渠道，并通过财金渠道积极作为。自 2008 年 11 月第一次 G20 峰会举行后，中国财长和央行行长全面参与了财金渠道的各项工作，时任财政部长谢旭人和时任财政部长楼继伟分别参加了 2009 年以来的 G20 财长会，为 G20 峰会财金渠道成果和机制建设发挥了建设性作用。随着经济地位提升，特别是成为第二大经济体后，中国在财金渠道的作用越来越凸显，中国在一些重要财金问题上面临的压力也前所未有。

我国财长和央行行长在 G20 财长会上,主动介绍中国宏观经济形势和改革取得的进展,正面回应国际社会对中国经济转型、经济增速放缓、全面深化改革等方面的关注,指出中国政府未来将着力推动结构性改革,不断提高全要素生产率,努力使经济增速保持在中高速合理区间。同时,在加强全球宏观经济政策协调、促进全球经济增长、推动国际金融机构改革等方面,我国财长和央行行长都发挥了重要作用,维护了中国自身和发展中国家的权益。

二、中国成功举办 G20 财长会和领导人峰会

(一) 成功举办 2005 年 G20 北京财长会

2005 年 10 月 15~16 日,中国在北京①成功举办 G20 第七次财长会议。此次会议以"加强全球合作:实现世界经济平衡有序发展"为主题,重点讨论了全球宏观经济形势、布雷顿森林机构 60 年回顾与改革、国际发展援助和发展融资机制创新、人口老龄化与移民问题、发展理念创新等五大议题,重申了 G20 在实现平衡、可持续发展方面的共同目标和责任。时任国家主席胡锦涛出席开幕式并发表题为《加强全球合作 促进共同发展》的重要演讲,提出要尊重发展模式的多样性、加强各国宏观经济政策的对话和协调、完善国际经济贸易体制和规则、帮助发展中国家加快发展等四项主张,全面阐述了中国走和谐发展和全面发展道路的理念,得到与会各国财长、央行行长和国际机构负责人的高度评价。除例行的联合公报外,会议还发表了《关于布雷顿森林机构改革的联合声明》和《关于全球发展问题的联合声明》等两项具体成果。

这是中国首次主办 G20 财长会。时任财长金人庆表示,这是中国有史以来举办的最高规格财金会议,会议通过的《关于布雷顿森林机构改革的联合声明》是中国首次成功将国际经济治理架构改革问题纳入了主要发达国家与主要发展中国家的对话框架。

(二) 成功举办 2016 年 G20 杭州峰会及系列会议

1. G20 杭州峰会留下"中国印记"。2016 年,作为 G20 主席国,中国在 G20 各方鼎力支持和通力合作下,推出了具有"中国印记"的 G20 议程——"创新的增长方式、更高效的全球经济金融治理、强劲的国际贸易和投资、包容和联动发展"。作为主席国,中国在杭州峰会上倡导中国理念,贡献中国智慧,展现中

---

① 开幕式在人民大会堂举行,后续会议在河北省香河天下第一城举行。

国风采，在二十国集团发展史上烙下鲜明的中国印记，被国际社会誉为 G20 历史上最丰富的一次峰会。中国国家主席习近平总揽风云，运筹经纬，自始至终对举办 G20 杭州峰会给予指示和批示，全程出席并引领杭州峰会系列会议，彰显了大国领袖的担当和风范，得到国际社会高度赞誉。

2. 财金渠道成果丰硕。2015 年 12 月后，中国接手 G20 主办权。财政部与央行作为 G20 财金渠道牵头部门，成功举办系列财金渠道会议，并达成一系列成果，为杭州峰会的成功奠定了坚实基础。G20 财金渠道紧紧围绕杭州峰会"构建创新、活力、联动、包容的世界经济"主题，共举行了 4 次 G20 财长和央行行长会[1]、4 次 G20 财政和央行副手会，以及 20 多次工作组和研究小组会，就全球经济形势、"强劲、可持续和平衡增长框架（以下简称'增长框架'）"、投资和基础设施、国际金融架构、金融部门改革、国际税收合作、绿色金融、气候资金、反恐融资等议题进行讨论，形成了大量有影响力的成果，为峰会做好了财金政策准备。G20 财长们首次确立了综合运用货币、财政和结构性改革的组合政策工具，应对全球低迷的经济增长，中国引领推出了深化结构性改革议程，制定了结构性改革优先领域和指导原则，以及衡量结构性改革进展的指标体系，这些成果将载入 G20 史册。

三、中国在 G20 发展进程中发挥了关键作用

（一）支持 G20 升级

升级为峰会是 G20 机制发展历史上里程碑式的进展，中国在其中发挥了重要作用。2008 年，面对席卷全球的金融危机，中国加强与美国等西方经济体以及发展中经济体的密切合作，全力确保全球经济的稳定和增长。自金融危机爆发，时任国务院副总理王岐山多次应约与时任美国财长保尔森通话，就全球经济政策协调和对话机制建设进行沟通，双方间的对话被保尔森称为"极具建设性并富有成效"。时任美国总统小布什提议，将 G20 财长和央行行长会议升级为 G20 领导人峰会，将中国等新兴经济体正式纳入全球经济治理的核心平台，得到了中方率先表态和关键支持，确保了 G20 机制的升格，确保了 G20 首次峰会于 2008 年 11 月在华盛顿顺利举行。在这次峰会上，中国首次以创始国、塑造者和核心参与方身份参与构建新的全球经济治理体系。此后，我国国家主席出席了 G20 历次峰会，在会上发表了一系列重要讲话，宣布并介绍了中国政府采取的相关措施，阐明了中国关于全球经济治理的立场，提出了一系列应对金融危机的重要主张，体

---

[1] 杭州峰会开幕前，还举行了一次 G20 "特别"财长会，为峰会举办做最后准备。

现了中国应对国际金融危机的坚毅和冷静、决断和担当。

(二) 率先推出经济刺激措施

为有效应对金融危机，G20成员国于2008年11月14~15日在美国华盛顿召开首次G20领导人峰会。峰会通过了支持全球经济稳定和积极应对金融危机的《华盛顿声明》，各国承诺加强合作，努力恢复全球增长，并推动国际金融体系改革。时任国家主席胡锦涛出席峰会并发表题为《通力合作 共度时艰》的重要讲话，深刻分析了金融危机发生的根源，呼吁国际社会采取包括加强宏观经济政策调控、深化国际金融监管等在内的"一切必要措施，尽快恢复市场信心，遏制金融危机扩散和蔓延"。

为应对国际金融危机冲击、保持经济平稳较快发展，中国及时调整宏观经济政策，实施积极的财政政策和适度宽松的货币政策，形成了进一步扩大内需、促进经济增长的一揽子计划，包括大规模增加政府支出，实施总额4万亿元的两年投资计划，实行结构性减税政策，多次降息和增加银行体系流动性，大范围实施产业调整振兴规划，大力推进科技创新和技术改造，大力加强节能减排和生态环境保护，继续调整国民收入分配格局，大力拓展国内市场特别是农村市场，大幅度提高社会保障水平等。中国的经济刺激政策为推动世界经济复苏发挥了重要引擎作用。

(三) 推动全球经济治理改革

2008年，在世界经济岌岌可危之际，全球经济治理体系改革迎来前所未有的历史机遇。凭借危急时刻所展现的表率作用和负责任大国的良好形象，中国稳步走向G20和全球经济治理体系的中心，为推动全球经济治理体系改革奠定了重要基础。

在中国和美国协同下，在其他主要经济体的支持下，2009年9月份的G20匹兹堡峰会对全球经济治理改革进程产生了实质性推动作用，确定改革布雷顿森林体系两大机构时间表，这次峰会确定将发展中国家在世行的投票权增加至少3%，在IMF的份额提高至少5%以上。这一决议对推进改革提供了政治动力，随后2010年世行年会落实了世行投票权改革相关方案，中国的投票权从原来的2.77%（第六位）上升到4.42%（第三位），发展中国家的整体投票权也得到一定提升，上升到47.19%。在2010年召开的G20首尔峰会上，各国承诺将IMF份额向新兴市场与发展中国家转移至少6%。中国份额占比将从3.996%升至6.394%，排名从第六位跃居第三，仅次于美国和日本。中国、巴西、印度和俄罗斯4个新兴经济体跻身IMF股东前十位[①]。

---

① 2015年12月底，美国国会最终通过了IMF2010年份额和治理改革方案。

这是世行和 IMF 历史上第一次以提高发展中国家整体话语权为主要目标的改革实践，为继续推进国际经济治理改革作出了表率，它既反映了世界经济多极化发展趋势，也标志着世界正在进入一个发达国家与发展中国家共同治理的新时代。中国积极推动国际金融机构治理改革，使发展中国家代表性和发言权大幅提高，是我国引导国际议题讨论的成功实践。此外，中国还在 2009 年 G20 伦敦峰会上向 IMF 增资 500 亿美元，以实际行动推动世界经济复苏和国际金融稳定。2012 年 G20 洛斯卡沃斯峰会上，中国再次增资 430 亿美元，极大地稳定了国际市场信心，为世界经济复苏注入了强劲动力。

（四）推进全球宏观经济政策协调

G20 机制升级后，宏观经济政策协调一直是历次峰会的主要议题。中国从支持到参与，从推动到引领，发挥了重大作用。

1. 支持并不断完善"强劲、可持续和平衡增长框架"。2009 年，匹兹堡峰会建立了"增长框架"，开启 G20 成员宏观经济政策互评机制，通过定期磋商和政策交流等方式加强政策协调。中国作为 G20 成员国，在 G20 内部以及其他渠道下均大力支持相关工作，积极推进完善增长框架，使增长框架成为 G20 机制中最核心、最关键的合作领域。通过历次峰会，G20 制定了《首尔行动计划》《戛纳行动计划》等，就应对全球经济面临的短期风险，及在中期实现强劲、可持续、平衡增长作出国别承诺。2014 年，布里斯班峰会制定了 G20 全面增长战略，确立了"2018 年前 G20 整体 GDP 规模额外增长 2% 以上"的目标，并要求各国制定国别战略，推出政策承诺，当年中国作出 134 项政策承诺，是 G20 全面增长战略的最大贡献者之一。

2. 积极参与财政、金融和货币政策协调。2008 年国际金融危机以来，世界经济一直处于复苏和调整状态，仍保持复苏态势，并未引发全球性危机，这离不开主要经济体为预防和应对风险进行的大量政策协调和沟通。中国在 G20 层面积极参与和推动财政、金融和货币等宏观经济政策协调，在涉及我国核心利益问题上坚持原则立场，同时体现了适度的灵活性，充分展示出积极负责任的大国形象。例如，在多伦多峰会期间，中国提出应增加汇率过度和无序波动不利于经济和金融稳定的有关表述，这是多边磋商中第一次提出这种表述，为此后推动主要储备货币维持汇率稳定提供了重要依据。此外，中国还多次利用会议场合，介绍我国经济政策取向，包括财政和货币政策的调整、内容及效果，使国际社会及时、准确地了解我国政策主张。

四、应更加积极参与 G20，积极推动 G20 机制建设

（一）进一步明晰中国参与 G20 的责任、权利与利益

首先，我国应进一步明晰中国参与 G20 的责任、权利与义务，维护和发展 G20 机制，使其服务于我国核心利益，从战略上制定参与 G20 的短期、中期和长期目标。在短期，我国应致力于巩固中国在 G20 的制度性权力，处理好敏感问题，维护宏观经济政策自主权，同时增强对其他国家特别是西方大国宏观经济政策的影响。在中期，我国需进一步提升在 G20 中的影响力，推动建立更加开放的国际经济体系，反对贸易保护主义，引领全球经济健康发展，为我国营造良好的外部环境。在长期，我国应通过 G20 机制让世界了解中国和平、合作发展的诚意，以自身发展为世界经济作出贡献，以中国的实践丰富各种国际规则的制定，在世界经济格局调整中占据有利的主动地位，为长期深度参与并制定全球经济治理规则"铺路搭桥"。

（二）继续推动全球经济治理体系改革

从全球经济治理体系演进逻辑看，国际经济治理体系改革只有进行时，没有完成时。在 2010 年改革基础上，包括中国在内的发展中国家在世行以及其他国际金融机构中的整体话语权仍有待继续提升，以全面反映国际经济格局和各国在全球经济中的权重。改革任务依然艰巨，要构建公正合理的国际经济新秩序，仍需利用 G20 平台，坚持多边主义原则，团结发展中国家，为国际经济治理体系改革提出更多"中国方案"。未来，我国应利用 G20 平台，更多引导全球经济治理相关议程设定，特别是通过 G20 平台推动国际金融机构下一轮投票权和份额改革。

（三）发挥第二大经济体作用，加强宏观经济政策协调

目前，中国是全球第二大经济体，经济总量超过 10 万亿美元，且近几年保持年均 7% 左右的增速，与美国差距正在逐步缩小。据有关国际机构预测，2020 年后若干年内中国将成为全球第一大经济体。随着经济实力不断增强，中国经济与全球经济的融合度也在不断提高，中国是全球第一大出口国和第二大进口国、第一大外资吸引国和第三大对外投资国，中国经济形势已成为决定全球经济走势的重要影响因素。此外，中国宏观经济政策的外溢性日益增强，财政政策、货币政策、贸易政策和产业政策等受到区域和全球的普遍关注，已成为全球经济议程的重要指向。中国参与全球经济议程制定并加强与各国间宏观经济政策协调是各

方的诉求与期待。

我国仍具备发展中国家的主要特征，兼具发达大国的部分特点，在两大阵营中都具有话语权，在外交上拥有多重资源，这是我国在 G20 中具备的独特优势。我们应充分发挥自身优势，在 G20 成员之间发挥中介桥梁作用，以最大的发展中国家身份，推动新兴市场经济体之间、新兴经济体与发达经济体间的宏观经济政策协调，成为不同发展阵营间进行政策协调的重要纽带。同时，我国需把国际、国内两个层面结合起来，将参与 G20 宏观经济政策协调与落实"十三五"规划有机结合，为中国经济发展营造良好的外部环境。

（四）积极引导 G20 未来机制化建设

全球金融危机爆发后，G20 短期危机应对机制由于目标明确、总体效果不错，在危机应对过程中形成了较好的政策对话机制并积累了丰富的危机应对经验，已成为 G20 在全球经济治理中继续发挥作用的重要平台。随着世界经济步入后危机时代，G20 短期危机应对机制已无法促进世界经济可持续发展，全球经济治理领域更迫切需要一个能发挥持久作用的长效机制。G20 将是一个极具代表性的国际经济交流合作平台，其历史使命不应仅局限于应对当前的国际金融危机，而应随着国际地缘政治和逆全球化潮流的变化，肩负起重建国际经济新秩序的使命。中国需加快角色转换，争取从规则接受者转变成规则制定者，从被动参与者转变成主动塑造者，从外围协商者转变成核心决策者，从战略上积极引导 G20 未来机制化，使 G20 真正成为全球经济治理的核心平台。

G20：未来发展五种可能
（G20 研究之三）[①]

周强武等

2017 年是 G20 论坛成立的第 18 个年头，也是其升格成峰会的第 8 个年头。面对全球经济的不确定性和全球经济治理可能的新变局，G20 未来如何发展，值得我们去认真关注和思考。

一、第一种可能：维持现状

历经 18 年演变，G20 已成为全球宏观经济政策协调最重要的平台。G7 等发达经济体仍看重这一平台，新兴经济体是这一机制的受益方和主要平衡力量，仍倚重 G20。未来几年，全球经济发展趋于平稳，虽面临诸多不确定性，但全球出现新一轮系统性风险的可能性较小，G20 各方仍保持合作势头，G20 将按现有架构、现有模式继续运行。

（一）机制架构总体保持稳定

G20 由 7 个发达经济体、12 个新兴经济体及欧盟等 20 方组成，短期内既无成员国退出也暂不吸纳新成员。在机制架构上，G20 保持以领导人峰会为引领，协调人和财金渠道"双轨机制"为支撑，专业部长级会议、工作组和研究小组为辅助的工作架构。G20 主席国采取轮换制，"三驾马车"协同配合，做好年度会议的举办工作。G20 仍不设常设秘书处，IMF、OECD 等国际机构为 G20 提供实际的政策和技术支持服务。

同时，G20 相对应的 B20、L20、Y20、T20、W20 等以非政府和民间形式，为 G20 机制起到补充作用。

（二）全球宏观经济政策协调仍是重点

在后危机时代，G20 注重短期危机应对，同时也关注中长期风险和挑战，包

[①] 本文写于 2017 年，作者：周强武、王虎、胡振虎、陈霞、李明慧、贾静航。

括结构性改革等。G20 既协调主要经济体宏观经济政策，又推动国际金融体系改革，为实现全球"强劲、可持续和平衡增长"目标做出积极贡献。

（三）G20 维持"非正式"论坛性质

G20 仍维持非正式论坛性质，其成果仍以协商一致方式形成，其成果的执行力和约束力不足等问题无法有效改善，G20 的公信力差强人意。

随着既有国别增长战略互评机制的优化、一些领域下"最低原则"的形成及 G20 结构性改革量化指标体系的提出和落实，G20 执行力和约束力不足情况有望得到些许改善。

二、第二种可能：遭到弱化，甚至重回部长级论坛

未来几年，随着发达经济体复苏势头渐强，发达经济体和新兴经济体在 G20 对立和对峙的意味渐浓，以美国为首的 G7 国家对参与 G20 的政治意愿减弱，参与度逐渐降低，甚至刻意弱化 G20。

特别是，特朗普奉行"美国优先"的理念，笃信双边安排，弱化多边机制，美国等 G7 国家或将逐渐减少对 G20 的支持度，转而重新加强 G7，渐渐使 G20 沦为"鸡肋"。若此，G20 未来发展可能呈现颓势，G20 峰会将被边缘化甚至被取消，G20 重回部长级体制，其效力显著弱化。

三、第三种可能：分歧严重，G20 裂变

随着国际政治和经济格局的转变，重大"黑天鹅"事件频繁发生，发达经济体和新兴经济体整体矛盾上升，发达经济体内部和新兴经济体内部也出现不同程度的分化。美国孤立主义日盛，美德、英欧关系出现裂痕，中美、中日、中印关系矛盾上升。未来数年内，国际经济治理体改革无实质进展，G20 既没有推出新的改革举措，也没能有效全面落实历届峰会成果，部分经济体出于迎合民意的需要，迁怒 G20 等多边平台，孤立主义和"反全球化"倾向在 G20 乃至整个国际社会中蔓延。

在这一背景下，某些成员甚至重要成员可能最终选择退出 G20，而一些新兴市场国家可能申请加入 G20。由于成员变化，G20 原有的沟通机制和协调模式被打破，G20 公信力和有效性大受影响。留在 G20 中的经济体难以开展有效沟通，G20 内部甚至形成多个代表着不同利益的小团体，整个机制运转困难，G20 岌岌可危，甚至可能关门歇业。

四、第四种可能：走向机制化，设立秘书处

面对纷繁复杂的全球经济形势，G20 作为全球主要经济体共同搭建的多边平台，应对全球性危机、维护全球经济稳定与增长的作用无可替代。且经过近 20 年的努力，G20 在应对危机过程中积累了较高信誉，已有一定的公信力和政治基础，若能顺利转型为引领全球经济治理的长效机制，在全球经济格局中的作用将得到巩固和增强，G20 机制化、实体化将水到渠成。一旦机制化进程启动，G20 目前存在的约束力不强、执行力不够等问题将得到化解，许多议而不决、决而不行的问题有望得到改善。

G20 机制化进程离不开主要经济体特别是中美两国的协调和推动。作为全球最大的发达经济体和最大的发展中经济体，中美两国的立场和态度一定程度上决定着 G20 机制化的前景和方向。例如，"软"机制如何构建和完善，包括决策和争端解决机制、互评机制、新成员准入条件等。而在"硬"机制上，如何设立秘书处，秘书处与世行、IMF、OECD、WTO 等国际机构的职能划分等，都需要一一厘清。短期内，比较可行的方案是设置精干、扁平化的常设秘书处，主要行使沟通协调职能，继续充分发挥主席国的主导作用和国际机构的支持功能。

五、第五种可能：升格成国际组织

全球经济问题越来越凸显，越来越需要强化政策协调，且 G20 各成员合作意愿不断增强，G20 将在设立秘书处基础上，升格成一个国际组织。

方案一，升格成独立的国际组织。G20 有自己内部治理机制：有自己的章程、自己的预算、自己的常设秘书处、自己的职员，能有效地监督 G20 决策和决定的执行。同时，G20 与 IMF、世行、OECD、世贸组织、金融稳定理事会（FSB）分工协作，共同服务于全球宏观政策的协调，全面担负起全球经济治理的职能。

方案二，成为联合国经济安全理事会。G20 成为联合国的主要机关之一，成为联合国经济领域的安全理事会，地位与联合国安全理事会类同。在此情况下，G20 任何决策都是联合国的决策，都将得到全面且有约束力的执行。全球经济出现的短期风险及时得到纠正，中长期风险得到有效管控。G20 国际地位空前提高，国际影响力和效力空前加强。

六、我们的看法

中国是 G20 重要的创始成员，也是积极的参与者和推动者，无论从完善全球

经济治理角度上看，还是从我国自身利益考虑，我国都应在G20未来机制建设中积极参与，并发挥引领作用。针对上述五种可能，我国似应"保一，争四"，"力避二、三"，将第五种可能视为理想目标。

短期内，第一种可能，即G20维持现状仍是大概率事件。除非发生突发性重大事件，第二、第三种可能暂可避免。中长期看，G20机制化和实体化将是大势所趋。无论最终成为独立的国际机构，还是成为联合国的一部分，G20在全球经济治理中的作用都将进一步强化，目前存在的主要缺陷也将得到解决。

作为全球第二大经济体和最大的发展中国家，我国应积极引导和推动G20机制向前发展，从规则参与者向规则制定者、主动塑造者和核心决策者转型。

怎样看当前全球通货膨胀形势[①]

王 虎 贾静航

近期,中美日欧等主要经济体先后发布消费者价格指数(CPI),数据普遍高于预期。据此,有观点认为全球经济已走出通货紧缩,未来可能进入通货膨胀周期,主要央行货币政策也将有所调整。我们认为,近期主要经济体通货膨胀上升主要受预期改善和大宗商品价格回升等因素驱动,剔除食品和能源因素外核心通货膨胀率上升有限,且持续性有待确认,据此判断全球进入通货膨胀周期仍为时尚早。对我国而言,应密切关注主要经济体通货膨胀走势,谨防可能的输入性因素推高我国国内通货膨胀水平。

一、近期全球主要经济体通货膨胀情况

发达经济体通货膨胀有所回升。美国CPI增速加快。2016年12月和2017年1月,美国CPI同比分别增长2.1%和2.5%,升幅创2013年2月以来最大;剔除食品和能源的核心CPI同比分别增长2.2%和2.3%。而美联储最为关注的通货膨胀指标个人消费支出(PCE)物价指数稳定在1.5%左右,核心PCE稳定在1.7%左右,无明显上升迹象。欧元区通货膨胀有所转好,但距2%的目标差距明显。欧盟统计局数据显示,2016年12月和2017年1月,欧盟年化通货膨胀率从1.2%升至1.7%;欧元区年化通货膨胀率从1.1%升至1.8%,创2013年2月以来最高水平;但核心通货膨胀率稳定在0.9%。从国别来看,德国近两个月通货膨胀率同比增速分别为1.9%和1.7%;英国通货膨胀率同比增长1.8%和1.6%;法国通货膨胀率同比增长0.6%和1.4%;意大利通货膨胀率同比增长0.5%和0.9%。日本通货膨胀短期转正,远不及2%的目标。日本2016年11月CPI同比增长0.5%,12月同比增长0.3%;但核心CPI连续两个月同比零增长。其他主要发达经济体通货膨胀均略低于预期。加拿大2016年12月CPI同比增长1.5%,澳大利亚2016年四季度CPI同比增长1.5%。

新兴经济体通货膨胀维持高位。2016年12月和2017年1月,中国CPI同比

[①] 本文写于2017年。

增速分别为 2.1% 和 2.5%，创近两年半最高水平；印度 CPI 同比分别增长 3.41% 和 3.17%；巴西 CPI 同比增长 6.29% 和 5.35%；南非 CPI 同比增长 6.8% 和 6.6%；俄罗斯同比增长 5.4% 和 5%（详见表1）。

表1　　　主要经济体 2016 年 12 月、2017 年 1 月物价指数数据　　　单位：%

	时间	美国	欧元区	德国	英国	日本	中国
CPI	2016 年 12 月	2.1	1.1	1.7	1.6	0.5	2.1
	2017 年 1 月	2.5	1.8	1.9	1.8	0.3	2.5
PPI	2016 年 12 月	1.7	0.1	1.0	7.5	0.4	5.5
	2017 年 1 月	1.7	1.6	2.4	10.0	0.5	6.9

注：1. 以上均为名义 CPI 数据。
2. 欧元区 2017 年 1 月 PPI 数据未出，以 2016 年 11 月和 2016 年 12 月数据代替。
3. 日本 2017 年 1 月 CPI 数据未出，以 2016 年 11 月和 2016 年 12 月数据代替。PPI 数据为服务业 PPI。

二、本轮通货膨胀升温主要原因

（一）宽松货币政策下，全球经济预期改善

本轮通货膨胀升温主要源于全球经济预期改善，发达经济体宽松货币政策初见成效。金融危机以来，仅美、欧、日三大央行，就通过不同形式的量化宽松向全球金融市场注入了超过 10 万亿美元的流动性。尽管目前美国已进入加息周期，但基准利率仍然较低，且美联储缩表计划尚未启动。而欧日央行超宽松货币政策仍在持续，全球流动性环境仍偏宽松，刺激通货膨胀中枢进一步上行。而在财政政策、货币政策和结构性改革政策的协同作用下，全球经济基本面向好，美国经济持续走强，日本和欧元区有所起色，中国和印度维持较高增速，俄罗斯、巴西、南非出现改善。特别是在特朗普胜选以后，市场普遍预期其政策将使美国经济进一步提速，进而改善全球需求。

（二）原油和大宗商品价格回升

受需求改善和供给减少影响，国际油价从最低的 26 美元涨至逾 50 美元，铁矿石、铜等工业金属价格也出现明显回升，对原油和大宗商品进口国来说，成本输入型通货膨胀压力大增。世行近期指出，当前大宗商品出口国通货膨胀水平普遍偏高，而进口国通货膨胀水平普遍低于目标。随着未来几年大宗商品价格回升，大宗商品进口国的低通货膨胀情况或将有所好转，全球通货膨胀形势也将出现改善。从目前态势看，油价超过 60 美元或引发美国页岩油供给反弹，继续上行难度较大。但由于中、美等主要经济体需求改善，工业金属价格 2017 年或将继续全面上涨。

三、对此问题的几点看法

（一）通货膨胀改善是经济基本面向好的必然结果

近期，全球经济形势有所改善。主要国际机构在最新发布的经济展望报告中，一致调高了今明两年全球经济增长预期，IMF形容全球经济将在"下坡路上刹车"，将实现3.4%的经济增长。随着预期改善，市场主体消费和投资信心增强，带动经济活动回暖，商品和服务价格上升。可以说，适度通货膨胀是全球经济向好在价格层面的必然反映，而价格回升也将反向为经济增长注入动力。

（二）全球通货膨胀趋势尚未确立，各主要央行短期内政策转向可能性较低

尽管中、美、日、欧等主要经济体CPI数据近期向好，但尚不足以据此判断已出现全球性通货膨胀。美国通货膨胀预期改善主要基于对特朗普经济政策预期升温。欧元区名义通货膨胀水平较高，但剔除食品和能源价格后，核心通货膨胀仍处低位，薪资效应并不明显。OECD数据显示，近半年来欧元区核心通货膨胀率始终稳定在0.7%~0.9%，并无明显抬头迹象。日本央行和世行一致认为，日本通货膨胀预期仍无明显改善，距2%的通货膨胀目标"非常遥远"。鉴此，主要经济体货币政策近期出现转向的可能性较低。美联储年内仍将有2~3次加息，欧、日央行已明确表示将继续维持宽松货币政策。

（三）我国国内通货膨胀压力有限，但需关注输入性因素推高通货膨胀

从国内因素看，我国国内通货膨胀抬头一方面是由于供给侧结构性改革优化供给结构，推动PPI上升进而影响CPI走势；另一方面，基础设施投资预期升温，从需求侧带动了化工、有色、建筑、采掘等行业的价格上涨。此外，节日等因素使得消费价格和服务价格出现跳涨，直接推高了1月份CPI数据。但总的来说，国内通货膨胀压力仍集中在中游工业品类，下游消费领域价格上涨并不明显，从上游到下游，从PPI到CPI的传导效应仍需观察。从国外因素看，全球主要经济体特别是美国通货膨胀数据近期明显提高，而特朗普政府提出的减税、放松金融管制、扩大基建投资、推出自贸协定等政策预计将进一步提高美国国内通货膨胀水平，强化美元走势，使非美元货币承压，向包括我国在内的主要贸易大国输入一定通货膨胀压力。

（四）应密切关注物价上升引发主要经济体政治和社会风险

对发达经济体而言，适度通货膨胀有助于避免通缩风险，提振投资和消费。为此，美、日、欧、澳等主要央行均把提高通货膨胀作为货币政策的主要目标。但除经济影响外，通货膨胀上升使得货币政策面临调整压力，引发的政治和社会影响也在不断发酵。以欧元区为例，欧洲央行采用超宽松的货币政策刺激经济，同时导致欧元疲软，而欧元疲软有利于欧元区国家出口，在贸易领域加剧了各成员国的失衡，引发德、法、意等主要经济体对欧央行货币政策的明显分歧。而对民众来说，在薪资水平增长停滞的情况下，通货膨胀必然带来生活成本上升，反对一体化甚至主张退出欧元区的呼声将获得更多民意基础，可能直接影响年内德、法等国大选进程。而对日本来说，通货膨胀是安倍经济学的重要目标之一，在已接近极限的宽松货币政策下，通货膨胀能否达到2%的目标将直接影响安倍政府的民意基础。对我国而言，在经历了2016年主要城市房地产价格上涨之后，2017年一旦消费领域出现价格较快上涨，或引起舆论和民众对通货膨胀的过度担忧。为此，包括我国在内的政策制定者应保持警醒。

第二篇

美国,从危机源头到复苏龙头

美国金融稳定计划:政策、风险与影响[①]

郑联盛

美国金融危机已经成为大萧条以来全球最严重的金融危机,对金融体系和实体经济都造成重大的负面冲击。2009年北京时间2月11日,美国财政部公布了市场期待已久的《金融稳定计划》,拉开了奥巴马政府应对金融危机的序幕。该计划旨在取代上届政府的救市方案,以稳定和恢复美国金融体系的功能,提供经济复苏所需的信贷资金。与此同时,美国参议院通过了总价值为8 380亿美元的财政刺激法案,为奥巴马政府救市开辟了一条新的途径。

但是,在两大利好的刺激下,美国金融市场毫不领情,道琼斯指数狂跌4.6%,标准普尔500指数更是下挫4.9%,标普金融指数狂跌8%,而美国国债收益率突破3%。面对美国财政部"全面而有力"的金融稳定计划,金融市场却是一片暗淡的景象。

奥巴马对布什政府的救援计划的进度和效率颇有微词,其政府上台之后,奥巴马就加速了新一轮救援计划的制定与实施,以进行"一致行动式"的救援。但是,方案出台却遭遇市场冷遇。

一、美国金融稳定计划的政策措施

由美国财政部部长盖特纳公布的金融稳定计划,旨在延续并修订上届政府的救市计划,以稳定和恢复金融体系,并促进经济复苏。在该计划中,政府的首要目标是向市场注入信心,以让政府有充分的市场信心基础实行连贯而全面的政策,缓解银行业危机。纽约时报认为,财政部此举是为了重新唤起美国失去的信心。

在这个财政部、美联储和联邦存款保险公司等部门共同参与制订的指导性计划中,政府表明将采取一致行动的态度,通过全面的救市政策,保证金融稳定和经济复苏。盖特纳表示了对布什政府渐进主义的批评,他认为行动缓慢将带来更多风险,从而导致更大的成本。同时,在这个计划中,政府强调了信息透明、责任性和政府资金使用的条件性原则,以保护纳税人的资金。

[①] 本文写于2009年。

在全面而有力的金融稳定计划中，主要包括六个方面的政策措施。

第一，成立金融稳定信托基金。这个方案包括三个层面的内容。一是政府将要求资产超过 1 000 亿美元的大型银行接受一个全面的压力测试，以测试这些银行消化损失、维持借贷的能力和资金要求，在这个过程中强化透明原则和信息披露原则，尤其提高银行资产负债表的信息披露。二是实行资本援助计划，为了鼓励银行通过金融市场消化损失并获得额外资本，政府将提供缓冲资本进行鼓励。三是成立金融稳定信托基金，掌管在资本援助计划中的资金，管理政府对金融机构的投资。

第二，成立公私合营的投资基金。该基金是和金融稳定信托基金并行的投资基金，由财政部、美联储、联邦存款保险公司和私人投资者共同投资，旨在通过政府资金的杠杆效应撬动私人资本，重新恢复私人部门参与金融市场，以最小化政府投资，最大化私人资本的参与，进而解决问题资产。该计划是"坏账银行计划"的衍生形式，只是该基金的出资人由政府转变为政府与个人。该基金的初步贷款能力规模为 5 000 亿美元，根据运作情况可能最终扩大到 1 万亿美元。

第三，启动消费和商业信贷新计划。这一计划最高将筹集 1 万亿美元的资金，以启动二级信贷市场，降低信贷成本，恢复信贷市场的基本功能。该方案要扩大美联储资产支持证券定期贷款工具（该工具具有 5 倍的杠杆效应，所以美联储的贷款规模为 2 000 亿美元）的适用范围，小企业融资、信用卡、学生贷款、汽车贷款和商业抵押贷款将被纳入，以扩大二级市场尤其是证券化产品的流动。

第四，是房地产市场救市方案。这个方案提供 500 亿美元的资金，降低抵押贷款的还款额度和利率水平，以规避"可避免的止赎现象"的持续产生。

最后两项计划，即美国政府强调透明性、责任性、救助条件性和监管原则，同时将启动小企业和社区借贷计划，提高对小企业的信用担保水平至90%，并减少相关费用。

二、美国金融稳定计划存在的问题

美国金融稳定计划的出台和财政刺激方案在参议院获得通过，一定意义上表明奥巴马政府的救市行动进入实质性阶段，也显示奥巴马政府对上届政府"渐进主义"的摒弃。但是，美国金融稳定计划一公布，却引来了金融市场的狂跌，这是对这一"全面而有力"的计划的有力质疑。

第一，市场认为，金融稳定计划作为一项指导性原则虽然全面，但过于宽泛、空洞。该计划缺少对最棘手问题的强有力的应对措施，同时缺乏对各项措施的具体的实施细节，因此存在许多模糊和不确定的因素。《纽约时报》认为，该计划不是解决问题，而是带来更多的问题，离市场预期的具有针对性的政策措施相去甚远。

第二，私人资本入市的有效性。该计划将政府资金和私人资本联系起来，希望通过政府资金的引导和杠杆作用推动私人资本更大范围、更加深入地参与到信贷市场中，充分调动和利用私人资本是该计划的核心要素。虽然私人资本入市，有利于为问题资产进行更加有效的定价，分摊政府资金压力，但是，在目前市场条件下，私人资本的审慎原则将极大地影响政策的有效性，在计划中也缺乏推进私人资本入市的有效激励机制。另外，在问题资产确认和处理的过程中，所需要的资本规模可能是私人资本所无法承担的。马丁沃尔夫和鲁比尼教授认为，私人资本入市的积极性和金融资产定价是问题解决的关键要素。

第三，公私关系模糊。不管是投资基金还是消费和商业信贷计划，政府资金和私人资本的关系都非常模糊。在公私合营的投资基金中，该计划并没有明确政府资金的规模和出资比例；在消费和商业信贷计划中，二级市场启动中私人资本的作用也没有明确。政府希望通过缓冲资产作为杠杆的支点，撬动更多的私人资本参与，在没有明确政府资本与私人资本的关系时，可能是一厢情愿的政策。

第四，银行流动性。在目前情况下，银行流动性严重不足，信贷严重萎缩，政策救援的重点是向银行提供流动性，使得信贷市场功能得以恢复。但是，在该计划下，银行不仅没有获得及时的流动性支持或者可以暂缓问题资产减计和损失确认，而且还需要立即进行"压力测试"。《经济学家》杂志认为，这将使银行面对更加艰难的环境。

第五，银行问题资产。在美国财政部"问题银行"计划受到较大质疑之后，美国政府采取公司合营投资基金的方式，以寻求政府资金投入和私人资本投入的平衡，并采取私人资本和市场手段为问题资产定价，防止过多的政府资金（来自纳税）以过高的价格购买垃圾资产。但是，由于私人资本参与的规模和程度存在巨大的不确定性，因此问题资产的解决存在变数。

第六，道德风险问题。在本轮金融危机中，金融机构的过度金融创新、金融投机和非审慎的经营原则是危机爆发和蔓延的重要因素，银行等金融机构必须而且正在为此付出代价。结果是，很多银行已经没有偿还能力，在技术上已经破产，而政府的持续救助无疑是纵容道德风险，将付出高昂的成本。克鲁格曼认为，现在对于遭遇偿付危机的银行，最好的办法是国有化。

三、美国金融稳定计划的影响

总体而言，虽然金融稳定计划存在很多变数，但预计美国政府可能出台更加详细、更具针对性的政策，以提高该计划的可操作性和政策的有效性。但是，在金融稳定和经济前景方面，美国政府仍然面临许多重要的问题，而且一些问题是

"火烧眉毛、刻不容缓"。在该背景下,金融稳定计划的不确定性可能产生重大的负面影响。马丁·沃尔夫认为,美国政府需要专注和坚决,否则将丧失政府的公信力。

第一,毒瘤资产问题无法及时解决,银行体系风险不断累加。金融稳定计划采取资产救助计划,政府提供缓冲资本,鼓励银行等金融机构通过金融市场和私人资本消化损失,恢复市场功能,但是,由于缓冲资本规模有限,私人资本参与存在不确定性,银行通过金融市场处置问题资产、消化损失、恢复功能的政策目标可能无法实现。可以说,美国金融稳定计划针对银行业和信用市场稳定和职能发挥的政策缺乏针对性,尤其是没有很好应对问题资产的政策措施,这可能导致毒瘤资产无法从银行的资产负债表完全剥离。这样,问题资产将一直成为银行的重大负担,银行就必须不断资产减计,或者低价出售资产。这要么导致银行负担越来越重、资本金日益枯竭;要么导致银行竞相抛售资产,导致市场进一步下挫。IMF预计美国银行信贷资产潜在损失从上年10月的1.4万亿美元飙升至2.2万亿美元。纽约大学鲁比尼教授估计,美国银行业贷款的问题资产约为1.1万亿美元、持有的衍生品和债券以逐市定价准则计可能有6 000亿~7 000亿美元的问题资产,除非政府即刻采取措施,否则2009年上半年银行体系还将需要2 500亿~3 000亿美元的额外资本以应对资产减计。

第二,信贷市场功能的发挥难以正常化。由于问题资产处置存在风险,银行可能无法轻松上阵,就可能导致信贷进一步紧缩,这无疑会给信贷市场带来雪上加霜的后果,信贷市场的融资功能将受到极大的冲击。而且,由于信贷紧缩,二级市场的交易和发展将受到限制,抵押贷款的证券化过程将受压制,投资者缺乏投资工具,银行难以通过资产证券化回流资金。这样,整个信贷市场封闭的资金环将被打破。总统经济顾问委员会主席萨默斯认为该计划最终将改善信用流动状况的目标可能无法实现。结果反而可能是,信贷紧缩,信用市场萎缩,金融体系的资金融通和资源配置功能受损,经济复苏难有起色。

第三,政府背负大量不良资产,可能导致严重风险。《金融时报》认为,政府管理的资产大幅增加,这可能导致政府对金融部门的控制将大大加强。但是,政府大规模扩大资产,面临巨大的财务风险。美联储成为美国金融行业最大的"地主",这可能酝酿更大的系统性风险。比如财政部就将拨出800亿美元以消化美联储资产损失,这可能暗示美联储的资产坏账问题同样严重。

第四,美国政府面临的保持市场经济和银行私有化与银行国有化的矛盾将激化。由于很多银行面临的是偿付危机,在财务上已经面临清算破产,但是,这些银行具有重要影响力,具有"大而不倒"的禀赋,政府必须给予救助。为了保证这些银行的私有化,政府只能通过债权(财政部的计划为可转换债券)为银行融资,但是如果这些银行的状况得不到改善,那么政府的资金投入将是一个无底洞。虽然，盖特纳表示政府无意国有化银行，而且政府不善于管理银行，但是政府通过可转换债券为银行注资，实际上隐含地表示存在国有化的可能。而且如果银行偿付状况确实无法改善，政府不想银行破产又无力继续注入大规模资金，那么正如克鲁格曼教授和鲁比尼教授认为的，问题银行的解决唯一的可行途径就是国有化。但是，在自由资本主义的土地上实行国有化，这对于美国政府更是难以下咽的苦果。而马丁·沃尔夫的建议更为疯狂，政府最首要的任务就是"宰杀僵尸银行"，把资不抵债、没有偿付能力的银行彻底清除。

第五，美国政府救市资金不足，政府赤字将大幅度扩大。在布什遗留下来的救援计划中，财政部可以利用的资金已经不足 3 500 亿美元，扣除房地产市场的稳定基金 500 亿美元，财政部目前可以动用的资金仅为 3 000 亿美元。这笔资金用于公私合营投资基金，应对市场估计近 2 万亿问题资产显得极其有限，还需要应付贷款能力规模为 1 万亿美元的消费和商业信贷计划，政府的救市资金捉襟见肘、更加力不从心。更何况银行问题资产到底有多少仍是一个未知数，如果金融资产损失尚未得到确认，就无法预见危机是否见底，那么银行的不良资产将持续增加。马丁·沃尔夫认为，如果没有其他救市资金，美国政府根本无法解决问题资产、恢复银行偿付能力。为了应对问题资产，恢复金融市场功能，政府可能不得不通过发行债券来为金融危机救援融资，为此美国政府赤字将被推高到新的历史纪录水平。2009 财年前两个月里（10~11 月），美国政府财政赤字已经高达 4 016 亿美元，已接近 2008 财年创纪录的 4 550 亿美元水平。美国政府收入可能因危机影响而进一步下降，支出则可能因为实施刺激经济措施而持续增加，2009 财年美国政府财政赤字可能再创新高，达到 1 万亿美元，约为美国国内生产总值的 7%。

第六，美国政府的政治压力可能加大，政策空间可能被积压。国会的政治家已经日益感受到金融救援是一个费钱、费力和冒险的活动，失业率屡创新高、金融高管天价薪酬、救助计划资金管理不善已经引起了广泛的义愤，并致使一些议员开始反对政府的金融救援计划和财政刺激计划。可以预见的是，奥巴马政府可能还需要国会的支持，以进一步获得授权和资金。但是，金融稳定计划效果的不确定性可能使得国会更加审慎，政府面临的政治压力可能更大。

四、金融稳定计划对中国的影响及启示

由于银行体系和金融体系的资金融通和资源配置功能无法正常发挥，美国经济可能进一步下滑，外部需求可能继续下挫，中国出口将面临更大的困难，在这个过程中全球经济可能进一步萎缩，对中国的出口和经济增长又带来另一个冲击。更值得注意的是，美国众议院通过的财政刺激计划，要求购买美国产品来刺

激经济，虽然参议院对此做出一些调整，但是可以看出美国贸易保护主义气氛浓厚，中美之间的贸易摩擦可能面临更多变数。

在汇率方面，美国新任财长曾指责中国操纵人民币汇率，如果美国政府在国内面临巨大的政治压力，经济失衡无法通过内部途径得到很好解决，那么从外部寻求借口和替罪羊的可能性就加大，那么首当其冲的可能就是中国和人民币汇率问题。

在美国国债问题上，中美的关系将更加微妙。在美国救市过程中，发行国债、扩大赤字已经是箭在弦上的事情。作为最大的外汇储备持有国和美国最大的债权国，中国在处理存量储备和增量储备关系上将面对更加困难的选择。美国可能要求中国增持更多的美国国债，这可能放缓中国调整外汇储备币种结构和资产结构的步伐。在长期上，这对中国调整经济的外部失衡是不利的。

中国经济外部失衡调整的压力增大会传导至内部调整层面，这意味着中国调整投资储蓄关系的压力更大，外部约束也可能加大。这要求中国加速推进扩大内需的基本国策，同时也要求中国应该以科学合理的方式调整投资、储蓄和出口的关系，以防止政策失效，甚至是加剧经济的内部失衡和外部失衡。

美国金融救援计划出台遭市场冷遇也给中国敲响警钟，即经济刺激计划应该抓住问题的主要矛盾。比如中国经济最大的风险是外部需求的下降以及由此带来的经济下滑，但是出口下滑却带来了大部分经济部门的整体性放缓，这说明中国经济对外需的依赖度太高，问题的核心是失衡的经济结构。因此，中国经济刺激计划的落脚点和出发点是调整内部经济结构，转变经济增长方式，进而促进经济平稳较快增长。

美国财政赤字及其影响分析[①]

吴 伟

根据美国预算办公室公布的数据，2011 财年[②]政府赤字可能刷新纪录达到 1.645 万亿美元，GDP 占比约为 11%，远远高出 1.48 万亿美元的初始估计。巨大的赤字累积和不断上涨的国债总额致使美国财政状况持续恶化，给处于缓慢复苏中的经济带来沉重压力，并加剧了"债务违约"的风险。为此，美国政府积极采取措施，着手削减预算赤字（以下简称"减赤"）、平衡收支。

一、赤字形势与困境

2008 财年，美国政府赤字为 0.455 万亿美元，2009 年财年，由于推出了大规模金融救助计划及经济刺激方案，赤字飙升至 1.416 万亿美元，GPD 占比惊人地达到 10%。2010 财年，随着经济企稳、税收增加以及救助计划接近尾声，赤字降至 1.294 万亿美元，GDP 占比降至 9.8%。

2010 年第 3 季度，美国经济已经连续 5 个季度恢复正增长。同年 8 月，国会预算办公室做出乐观预测，由于经济处于复苏进程，政府收入开始增加，预算赤字将逐步减少，2011 财年有可能会减少至 1.07 万亿美元，GDP 占比将降至 7%（见图 1）。

然而，2010 年 12 月，美国国会通过新的税收法案，2001 年和 2003 年在布什政府期间推行的减税政策将得以继续执行，它是一项针对所有收入群体减税的政策，包括一系列企业税收减免政策以及针对数百万失业人口的失业津贴。这份方案降低了政府预计税收总额，使预算赤字猛然间增加了 8 580 亿美元。按照最初的测算，如果 2001 年和 2003 年的减税计划到 2010 年底执行完毕，那么 2011 财年的赤字不会超过 1.1 万亿美元，2012 财年会进一步下降至 6 650 亿美元。而目前的发展态势已经令美国国家财政状况急剧恶化，参议院预算委员会主席康拉德表示，这些数字应被视为国家警讯。

---

① 本文写于 2011 年。
② 美国财政年度为前一年 10 月 1 日至当年 9 月 30 日，并非自然年度。

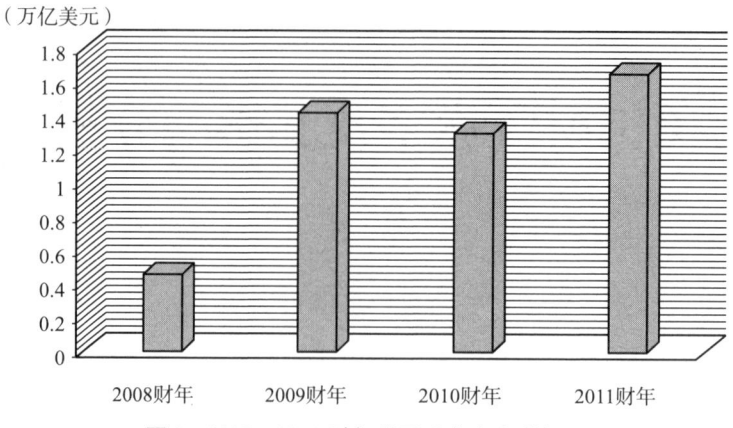

图1 2008~2011财年美国政府赤字增长图

与此同时，美国主权债务水平也在迅速上升（见图2）。截至2011年2月10日，美国国债总额已达14.083万亿美元的新高，GDP占比接近97%。由于美国法定国债上限为14.3万亿美元，一旦超越便不能发债。而据美国财政部估计，3月31日~5月16日，美国债务总额随时可能突破国会规定的14.3万亿美元上限。如果奥巴马政府和国会无法就提高上限达成一致，美国将可能面临"债务违约"的巨大风险。美国财长盖特纳称，如果不提高债务限额就会导致美国违约，这会造成灾难性的经济后果，比2008年、2009年金融危机时的经济衰退要严重得多。

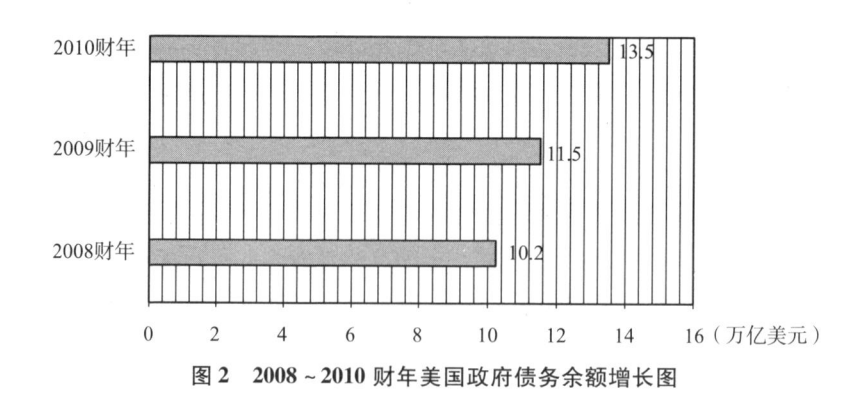

图2 2008~2010财年美国政府债务余额增长图

赤字不断上升直接导致政府财政状况恶化，加上美国主权债务不断膨胀，加重了世界范围内对美国主权债务违约的担心。2011年1月28日，国际著名评级机构穆迪称，由于美国减税政策的扩大实施，而且国会没有采取措施缩减财政赤字，其财政赤字数额扩大，令人对美国减少主权债务的意愿和能力表示担忧，该公司很有可能将美国"3A"级主权债务评级前景加入负面观察名单。

二、奥巴马政府削减赤字的主要做法

美国财政赤字与债务问题息息相关，两者呈现出比较明显的线性增长关系，不断增加的赤字已经成为巨额国债的主要成因之一。因此，解决赤字问题也就是在从根本上化解"债务违约"风险。因此，奥巴马政府积极采取措施，从多方面入手削减赤字，主要做法如下：

（一）成立削减赤字委员会

2010年2月18日，奥巴马宣布成立一个由共和党与民主党成员组成的"全国财政责任和改革委员会"（也被普遍称为"赤字削减委员会"），以面对日益严重的财政赤字问题。奥巴马称，严重的赤字问题将拖累美国经济，并给人民带来沉重的债务负担。该委员会由18名成员组成，其中12人由参众两院两党领袖指定，6人由总统奥巴马指定，职责是采取措施削减政府预算赤字，其联席主席之一鲍尔斯曾在克林顿政府任白宫幕僚长，具有丰富的财政管理经验。

（二）提出赤字削减草案

2010年11月，"赤字削减委员会"联席主席鲍尔斯和辛普森提出了一项总额3.8万亿美元的赤字削减计划草案，重点涉及社会保障、医疗保健、所得税率及减税计划等。具体内容包括：在2050年左右将退休年龄提高至68岁，并在2075年左右提高至69岁，以削减社会保障项目的支出；压低福利金增长的速度，取消包括住房抵押贷款抵免在内的所有减税计划，以减少每年约1 000亿美元的开支；减少参与医疗保健计划的医生所获补偿，削减医疗保健相关支出，将医疗护理项目的支出削减4 000多亿美元等；推出新的立法，降低医疗事故成本；将汽油税上调15%；将所得税率调整为8%、14%和23%三个层次；取消数百项减税计划或削减其规模，从而在2020年以前将政府税收收入提高1万亿美元；将可自由支配支出削减1.6万亿美元；削减农业补贴、海外援助和国防开支，冻结联邦政府雇员之后3年的加薪计划等。该计划的目标是在2015年把赤字的GDP占比减至2.2%，并在2014年前稳定债务，在2024年以前将美国政府债务的GDP占比减至60%。

12月3日，该草案在委员会内部表决，结果只得到11个赞成票，没有达到规定中18个投票权中的14票必要多数，从而无法提交国会进行讨论。虽然该草案最终未获通过，但是从投票数来看，民主党和共和党都意识到，过高的财政赤字威胁美国经济的可持续复苏。只是在短期内是否仍采取财政刺激计划，是否继续延长美国失业者领取救济金的时限,中期内如何开展财政整顿,布什时期的减税政策是否延长,长期内如何进行税制改革等诸多议题上,两党仍存在一定分歧。该草案最为积极的意义是为民主、共和两党提供了一个削减赤字的"讨论起点"。奥巴马也表示,就业和经济增长是目前美国最迫切的需求,该委员会的方案说明美国经济中长期的发展仍然面临困难,民主党和共和党需要通力合作才能成功应对这一挑战。

(三) 发表《国情咨文》,明确减赤决心

2011 年 1 月 25 日,奥巴马发表《国情咨文》,阐述了 2011 年的立法重点,将削减长期赤字的措施纳入了议程。他表示,为了赢得未来,面对全球竞争新环境,必须打造四大支柱:鼓励创新、重视教育、重建美国基础设施和降低财政赤字。奥巴马指出,民主党与共和党合作,增强美国竞争力,在增加开支与减少赤字之间谋求平衡,确保美国不被"大山一般的债务埋葬"。为此,他提出:冻结国内部分开支 5 年,包括此前已宣布的冻结联邦公务员工资 2 年,削减数百亿美元的军事开支,废除人口占比约 2% 的美国富人享有的减税优惠,改革政府提高效能。据估算,国情咨文所展示的节支方案有望在未来 10 年内降低财政赤字 4 000 亿美元。

(四) 制定新年度预算草案,遏制赤字涨势

2011 年 2 月 14 日,奥巴马公布了 2012 财年预算草案,削减开支成为其重要内容和一大特点。根据这份总额为 3.73 万亿美元的预算草案,2012 财年预算赤字将下降至 1.1 万亿美元,较 2011 财年降幅达 5 000 亿美元,其中仅削减或关闭 200 个联邦政府项目即可减少 330 亿美元支出。

同时,奥巴马还提议在未来 10 年内赤字削减累计额度将超过 1 万亿美元,基本思路是"节流开源",即赤字削减额度中的约 3/4 靠削减政府开支来实现,另外 1/4 则来自增加税收或者取消现有的税收减免优惠政策。具体来讲,在"节流"方面,包括将一些与国家安全和国防无关的弹性开支计划冻结 5 年,削减针对贫困人群的取暖补贴和学生贷款优惠等。此外,预算草案还要求取消对存货的一项会计处理,从而使未来十年赤字减少 528 亿美元。

在开源方面,奥巴马呼吁在未来 10 年增税 1.5 万亿美元,其中大部分将通过终止布什时期提出的针对年收入超过 25 万美元家庭的免税计划来实现,预计仅此一项即可在 10 年内减少赤字 7 090 亿美元。此外,有 3 000 亿美元将来自于限制富人的逐项抵扣,300 亿美元来自面向银行征收 3% 的金融危机责任费,150 亿美元来自针对投资经理人获得的附带权益的增收税款,另有约 460 亿美元税收来自于废除针对石油、天然气和燃煤公司的税收减免计划。除增税外,奥巴马政

府还呼吁在未来10年增加约850亿美元的行政和管理收费，如增加航空旅客收费，可增收280亿美元；提高公司支付的养老金保险费用，可增收160亿美元；提高针对油气公司的检查和监管费用等。

据美政府官员称，新的预算草案虽然不能从根本上在短期内消除赤字压力，但是可以达成一个关键的财政目标，即到2015年实现"基本平衡"（不计债务利息），预算赤字的GDP占比稳定在3%。

三、效果及影响

不可否认，在过去近一年的时间里，奥巴马政府在对待赤字方面的态度越来越谨慎，同时在国内政治力量的压力下，削减赤字的决心越来越强。从成立"赤字削减委员会"到发表国情咨文，从号召两党合作，共同探讨赤字削减草案到公布2012财年预算草案，无一不显示出此届政府为削减赤字所做出的巨大努力。但是，也应当看到，美国政府的赤字及债务不是在短时间内形成的，因此赤字的削减也不会在短时间内取得决定性结果。不过，在可预见的阶段内，它仍将产生一些效果和影响：

一是在一定程度上可以平衡收支，有利于改善财政状况。近年来，为了弥补赤字，美国政府不得不大量发行国债，造成债务水平持续上升。据测算，GDP占比高达97%的负债水平将使GDP增速至少下降一个百分点，并导致年度利息的支付金额加速上升。如果不对赤字进行控制，其引发的债务利息至2017将超过国防经费，到2050年，更将升至9 280亿美元。美政府近期采取的减赤措施将遏制财政状况继续恶化的趋势，量入为出，平衡收支。

二是可能对GDP增长和社会稳定产生一定的负面影响。目前，美国经济虽然已经进入复苏轨道，连续7个季度实现正增长，但是主要推动力量是包括大幅度减税和政府投资等内容的大规模经济刺激计划。无论从"赤字削减委员会"的长期规划还是奥巴马政府的国情咨文和预算草案来看，减税政策将做出大幅度调整，针对低收入群体的税收优惠及救助也将趋于停止，这两点无疑将削弱高收入群体的投资意愿和消费意愿，同时也将削弱低收入群体的消费能力和水平，将不利于国内消费的恢复。同时，大量政府项目的冻结将降低社会总体投资水平，减少工作岗位，在失业率仍然居高不下的今天等同于加重了"无就业复苏"的困境。因此，在近期内，减赤计划有可能拖累GDP增速，也会因福利水平的降低而影响社会低收入群体的稳定性。

三是国防预算削减较大，直接影响其全球干预能力。2011年1月6日，美国防部长盖茨宣布，未来5年奥巴马政府将从国防部的长期支出计划中削减780亿美元，初步计划撤销海军陆战队新型两栖登陆车的研制计划，推迟F-35联合攻击机的生产，陆军和海军陆战队裁军3.7万人。从美国国防部公布的几个削减项目来看，主要针对常规近海、战区空域和地面介入力量的裁撤，特别是后两项将对其一直谋求的"全球警戒，全球到达，全球力量"的军事目标产生一定的削弱，影响到其地区军事战略的实现，进而令世界范围内地缘政治格局出现新的不确定因素。

四、几点看法

（一）金融危机引发的财政问题较为严重

2008年的金融危机给美国的整体经济造成沉重打击，其2009年GDP增速为-2.6%，创下了第二次世界大战以来的衰退纪录。然而，在没有解决贸易失衡和"经济金融化"这两个结构性问题的情况下，美国政府迅速通过了7 000亿美元的金融救助计划和7 870亿美元的经济刺激计划，令赤字水平从0.455万亿美元猛然升至1.416万亿美元。为了弥补赤字，联邦政府不得不大量增发国债，造成赤字、债务水平双升的局面。而国债增加导致利息偿付压力增大，进一步加剧了赤字困境。目前，美政府每年为国债支付的利息已经达到2 050亿美元。

（二）削减赤字将拉开美财政改革序幕

爆发于中东和欧洲的主权债务危机给美国政府敲响了警钟，即扩张性的财政政策在缺乏就业增长的支撑下只能酝酿和导致更大规模的危机。据国际货币基金组织测算，2010年，西方工业七国（G7）政府债务总额的GDP占比为109%，2011年将升至113%。业界普遍认为，金融危机导致各国高筑债台，已经令政府应对未来冲击的能力降到极低水平，多数发达国家的财政政策都无法持续。若不进行广泛的结构性调整，将产生很高的主权违约风险，直接导致再一次的经济衰退。2011年世界经济年会提供的《全球风险报告》也指出，今年全球面临的风险有37项。其中，宏观经济失衡的风险被置于首位。全球金融危机源自于全球经济中较长期的结构薄弱性。宏观经济失衡、发达经济体的财政危机、无资金准备的巨大社会负债和疲软的金融市场构成了复杂的经济风险。实际上，欧洲自2010年中期已经开始了财政紧缩政策，同时伴以银行压力测试和严厉金融系统整顿措施。事实证明，这一系列举措对于欧债危机趋于缓和是发挥了积极作用的。

从美国政府近期一系列减赤动作来看，削减财政支出和改革税法已经成为主基调，这意味着奥巴马政府已经决心对财政进行改革。2011年2月14日，他在提出预算草案时指出，美国不能依靠外债来支持国内消费，如果美国因预算赤字而借入更多外债，那么将有更多的未来收入被用来偿还债务，美国将失去全球竞争优势。因此，可以认为，随着减赤措施的逐步开展深入，美国长期的"扩展性"财政政策将有较大幅度调整，而税法的改革也将为整个国家财政的变革拉开序幕，其经济结构也将趋向完善。

（三）减赤将是一个长期过程

第一，赤字和债务总额基数过大，GDP占比偏高，增加了减赤的难度。2010年，美国GPD增速为2.9%，2011年，预计增速可达4%，接连突破近年来新高。然而，同时赤字增速更快，预计2012财年较2011财年，赤字增速为27%。

第二，税收政策的调整会遇到较大阻力，增加了变数。2010年12月，"赤字削减委员会"未能通过3.8万亿美元"支出削减计划"，主要原因是来自民主及共和两党的委员都反对这项计划中提高税收和削减社保及医疗护理等项目的混合内容。

实际上，共和党与民主党在削减赤字上的立场虽然趋同，但思路与方法迥异。2011年2月10日，共和党控制的众议院提出了2011财年①预算削减草案，要求削减610亿美元的政府支出，主要集中在国家卫生研究院（NIH）、能源部（DOE）和国家科学基金会（NSF），与奥巴马强化能源、科技和社会保障投入的主张截然相反。虽然该草案遭到民主党主导的参议院及奥巴马政府的严厉批评，最终获得通过的可能性不大，却充分反映出美国两党政治斗争在赤字削减这一问题上的牵制作用。

第三，缺乏普通民众支持。民调显示，虽然美国民众对连续4个财年赤字超过万亿美元表示忧虑，然后一旦降低赤字需要削减其切身利益，如社会福利保障、失业救济、住房补助等，那么民众就会强烈反对，从而动摇奥巴马政府的政治基础，并为共和党提供攻击的口实。

（四）目前的减赤规划仍存问题

第一，目前的减赤力度不足以从根本上改善其财政状况。根据奥巴马提议，冻结与国防无关的可自由支配支出5年，并在5年内削减780亿美元国防开支。然而，这些措施涉及额度只占预算总额的12%，而占开支最大比重的社会保障、联邦医疗保险计划和医疗补助计划并没有大幅度削减。

第二，减赤最终应当建立在发展经济、增加收入的健康基础之上，而美国目前的经济发展仍未摆脱"无就业增长"的阴影。2011年2月16日，美国财政部部长盖特纳在国会表示，削减联邦预算赤字必须着眼于提高收入，而不只是削减

---

① 美国2011财年预算法案仍然未获通过，目前执行的是临时性预算。按规定如在2011年3月仍不能通过正式的预算法案，部分政府部门有可能被迫关闭。

可自由支配的支出，因为这种战略无法将赤字削减至合理水平，而减赤的最终目的也是为了提高民众收入水平。

第三，长期减赤目标与幅度存在较大差距。据"减赤委员会"测算，按目前赤字增长趋势，即便中间有所回落，到2021年财政赤字仍将再度扩大到0.774万亿美元，为了使之降到经济发展可承受的水平，未来10年必须将减赤总额提高到3.8万亿美元，否则到2025年，美国的税收将只够支付国债利息和福利计划，到2035年，债务压力将导致GDP下降15%，引发国际资本市场危机。然而，奥巴马的预算草案仅能削减1.1万亿美元，与目标幅度差距较大。

（五）减赤可能造成的影响

第一，美国减赤规划可能引起一定程度的财政紧缩，直接影响其货币政策，无论对美国国债市场还是国际汇率市场都将产生巨大影响。简单地说，赤字水平的降低，债务GDP占比的下降，有可能降低国债收益水平。由于我国持有巨额美债和美元资产，因此，必须予以密切关注。

第二，为了削减赤字，提高税收水平，发展高端制造业，重振出口，美国有可能加快打造以"跨太平洋战略经济伙伴协定"（TPP）等为代表的新的贸易网，谋求以美为主导的单方面贸易优势，创造更多的国内工作岗位。

第三，大量政府项目的冻结，削弱了社会总体投资水平，却在另一方面增加了引进海外投资需要，可能加快海外资本流入美国的速度，改变当前的国际资本流动走势。中国一是应当防范海外资本的快进快出，二是应审时度势，把握好对美投资水平。

简析美国住房金融体系[①]

——"两房"改革：教训与经验

董 杨

2011年2月11日，美国财政部及住房和城市发展部发布涉及"房利美"和"房地美"（以下简称"两房"）改革的白皮书，计划通过三大改革方案来减少政府在住房抵押贷款市场扮演的角色，此举引起社会各界的广泛关注。

2010年6月，"两房"因股价过低从纽约证券交易所退市，资产"打水漂"成了海外投资者热议的话题。2011年5月6日，"房利美"发布2011年第一季度财务报告显示，公司首季净亏损65亿美元，如加上支付给美国财政部的22亿美元股息分红，当季给普通股东造成的损失总额为87亿美元。为消除赤字，"房利美"已再度向美国政府申请85亿美元救助资金。

随着危机的演变，美国各界对改革住房金融体系的呼声愈加强烈。美国对"两房"问题的改革也同样引发了市场对我国外汇储备投资受损的担心，有关"两房"套牢中国资本的报道层出不穷，有机构预测中国投资"两房"债券亏损可能高达4 500亿美元。

一、白皮书相关情况简介

（一）涉及"两房"改革白皮书的发布背景

自美国金融危机爆发以来，为了救助这两个"大而不能倒"的企业，美国政府从金融机构资产负债表的资产、负债和所有者权益三方面入手，对"两房"实施全面的金融救助。

自2008年9月至今，美国财政部已经向"两房"持续注入了总额达1 540亿美元的优先股注资，并以拥有"两房"约80%的股份成为其最大的股东。与此同时，美联储在过去两年的时间内总共购买了超过1.4万亿美元的"两房"债券，占其资产负债表的近五成，成为"两房"债券的最大持有人。

[①] 本文写于2011年。

根据美国国会预算办公室预计，按照目前方式运作下去，2009～2019年，"两房"将总共花费纳税人近4 000亿美元。然而政府的救助并没能让"两房"起死回生，因此美国国内对"两房"改革的呼吁和争议一直不断。根据2010年7月生效的《多德—弗兰克金融法案》，美国国会要求美国政府就"两房"改革问题提交方案。美国财政部去年召开了住房融资改革研讨会，提出计划于2011年初向国会提交关于"两房"改革的初步方案，此次发布白皮书就是按此计划进行的。

（二）涉及"两房"改革白皮书的主要内容

从这项事关10.6万亿美元抵押贷款的白皮书中可以看出，美国对住房金融市场改革的主要目标是改变政府以往在住房市场中扮演的角色，将政府主要职责限定在有力监管、保护消费者、对中低收入的房屋拥有者和租房者提供定向支持、维护市场稳定和应对危机等方面。美国政府将逐渐淡出住房金融市场，创造私人资本发挥主导作用的条件。

需特别注意的是，美国政府对"两房"的支持承诺没有改变。改革方案主要包括发挥私人部门在房贷融资市场中的作用，维护住房市场的公平有效性，构建清晰的房贷融资支持体系，负责任和谨慎地向前推进改革等内容。

其中直接涉及"两房"改革的内容主要包括逐步削弱"两房"在住房金融市场的功能，提出未来替代"两房"的住房融资三种备选模式等。从白皮书的发布到最终改革方案的实施会有相当长的时间，需要经过美国政府和国会的一系列程序。因此，美国政府没有对"两房"改革设定明确时间表。分析认为，最终方案的实施可能至少要到2012年以后。

（三）涉及"两房"改革白皮书的具体计划和方案

1. 具体计划。白皮书中在关于如何处理"两房"问题上表示，首先，要谨慎处置，逐步退出。新方案将使"两房"在住房信贷市场的份额从目前的80%～90%逐步下降；同时提高"两房"担保的价格，降低"两房"合格贷款（即符合"两房"购买标准的优质房贷）的上限；逐渐对该类贷款实施10%首付的要求；每年减少"两房"的资产总额至少10%等。

其次，白皮书中表示美国政府承诺并致力于确保"两房"有足够的资金来支付现在以及将来的费用。"政府不会采取任何损害两房全额偿付债务能力的措施"。这不仅事关美国政府的信用和债权人的利益，更关系到寒冬未过的房地产市场会否转暖，甚至影响到刚刚提速的美国经济复苏的大局。

2. 三种方案。更重要的是白皮书还提出了未来政府与住房贷款市场关系的三种方案。这三种方案都是在瓦解"两房"的目标下，把过去政府对"两房"

为代表的政府支持企业的隐性支持显性化。

第一种方案是完全市场化，住房融资体系私有化，政府仅对联邦住房管理局和政府拥有的另外几家机构提供保险；第二种方案是危机担保，在第一条设想的基础上额外增加政府担保，在金融市场稳定的时候维持少量担保，在出现金融危机时增加对市场的担保量；第三种方案是再保险，私有化的住房融资体系与政府对联邦住房管理局等机构提供的保险相结合，并额外增加政府提供的巨灾再保险而不是直接提供担保。

三种方案从几乎完全市场化，到政府扶持逐渐加大，逐层递进，各有优势和不足，其差别体现了财政部对按揭贷款信用可获得性、房地产投资动力、纳税人保护及金融市场稳定四大因素的权衡取舍。

二、几点思考

（一）此次"两房"改革的实质和困难

1. 实质是美国政府退出"国有化"模式。经过半年多的讨论和博弈，奥巴马政府在任期的下半程终于抛出房改计划，其核心内容在于政府从房地产市场淡出，目的是防止未来危机重演。专家表示不管最终哪种方案得到批准，政府在房贷市场的作用都将削弱，取而代之的是私营部门的作用上升。

考虑到目前美国房地产市场问题暴露得依然不充分，房地产黑洞究竟有多深仍然很难说清。"两房"处置不当会威胁到美国整体经济的复苏，因此这项对美国金融体系影响深远的改革是一项急不得的任务。

2. 面临经济和政治双重风险。房地产市场被认为是引发金融危机的重要根源。美国各界要求改革政府支持房贷机构呼声由来已久。尽管最终方案尚未确定，美国各界对以"两房"为代表的政府支持企业的看法已有共识，正如财政部改革方案中所言，此类机构是房地产市场的"根本缺陷"所在。但改革"两房"，既有经济风险，也有政治风险。

从经济方面看，改革面临着两难困境：政府在"两房"参与度越深，则对住房借贷成本的不利影响越小；但政府参与对美国金融和经济体系会有系统性风险。政府完全撤出，可能会使受欢迎的30年期抵押贷款终结。不管怎样，房贷市场的私有化最终会引发利率上升。

从政治方面看，"两房"模式在美国金融和经济体系中至关重要，其问题复杂而又敏感。美国有关官员表示，金融监管改革最应改的内容就在于"两房"。但轻易动摇"两房"体制，却会被认为"政治不正确"。共和党人认为，民主党历来都是"两房"的政治盟友，不愿意对其痛下狠手。

(二) 此次"两房"改革的发展预期

尽管目前美国政府并没有针对"两房"问题的改革拿出十分明确的解决方案，但我们依然可以对其未来的走向做出基本的预期。

1. "两房"会以某种方式继续存在。鉴于房地产在美国经济中举足轻重的地位以及后危机时代房市可能较长时期低迷的现实，美国政府还会支持恢复发展房地产抵押贷款市场。而且，为了减轻私人金融机构的流动性压力和刺激房市尽可能快地复苏，政府将允许"两房"存在下去，只不过存在的方式会发生变化。

2. 稀释"两房"的国有股权比重将成为一个基本方向。短期来看，美国财政部还会以控股者的身份出现在"两房"股东名单之中，但随着房地产市场的恢复，财政部会逐步向私人市场出卖国有股份，并逐渐让渡其控股地位。当然，由于次级抵押贷款的资产泡沫破灭之后，"两房"体内滞留了大量有毒资产没有得到处理，而是以修改会计规则和冻结债务清偿的方式暂时被掩盖起来，因此，在股权结构比重稀释之前，财政部必须对"两房"的债务进行有序的重组。

3. "两房"享受的许多特殊政策会得到限制或者取消。比如"两房"发行的证券原来可免去联邦证券委员会的审批，但未来可能必须纳入相应的审批程序；各金融机构持有的"两房"资产原来可作为联邦储备银行贴现贷款和信用贷款的合格担保品，但未来可能只是部分得到承认；同时，"两房"的经营范围原来不需要地方监督部门的认可和批准，但未来可能必须接受地方的部分监管等。政策做出如上修改和调整的目的主要是约束"两房"的商业风险和放大私人投资在抵押贷款市场的作用空间。

4. 政府支持和担保"两房"债券的方式和力度将发生重大变化。在较长时期内对"两房"发行的房地产抵押贷款债券进行担保是美国政府不会改变的政策方向，所不同的是，政府的担保可能由原来的隐形担保改为公开担保，为此，政府一定会缩小担保对象的范围，即担保必须限制在最安全的抵押贷款上；与此同时，政府会向担保对象收取一定的费用，以用于设立必要时刻弥补损失的基金，这样"两房"原有的"股东持有，纳税人为风险买单"的盈利模式将最终改变为"股东所有，股东为风险埋单"的商业模式。

5. "两房"改革将持续较长时间，效果受多方问题影响。"两房"拥有美国房贷市场约56%的份额，2011年2月美国财政部部长盖特纳预计，美国政府退出两房的立法过程需要2年，过渡时期为5~7年，专家认为对如此庞大的两家公司进行改革，至少要持续10年以上。

"两房"能否平稳顺利地逐渐退市将受一些问题的制约。首先，"两房"能否尽量减少房屋止赎是缓解目前"两房"危机的关键。从目前情况来看，两房的亏损主要是止赎造成的，为此"两房"公布了非常严厉的措施，包括阻止那些有能力每个月支付贷款的房主策略性地把房子交还给银行的行为；其次，受制于美国经济复苏情况，如果美国经济复苏缓慢，将很可能会引发更多的失业，以及房地产市场大规模下滑，从而引发更多的止赎，给"两房"带来更大的亏损。从目前的情况来看，美国的经济复苏将会比较缓慢，想要回复到正常4%的失业率，大概需要7~8年的时间。

（三）"两房"在促进美国房地产金融发展中发挥了巨大的积极作用，对我国房地产金融建设具有一定借鉴意义

美国以"两房"为核心的政策性房地产金融曾推动了上一轮美国经济繁荣，也代表了几任美国总统"居者有其屋"的政治口号。尽管"两房"的失败导致并且加剧了美国的次贷危机，但是不能否认"两房"在过去几十年里（房地美成立于1970年，房利美成立于1938年）对美国房地产稳定发展起到积极作用。

一是支持中低收入家庭实现住房梦想。早在20世纪30年代，大萧条促使美国政府意识到，美国经济的持续稳定发展离不开庞大的中低收入家庭的积极参与，罗斯福政府提出了"居者有其屋"的政策目标，奠定了美国住房发展史的基调。此后的历届政府均仿效罗斯福政策，致力于为中低收入家庭提供舒适住房，逐步建立了体系化的政策性住房金融支持机构。一方面对穷人的住房抵押贷款实施低价甚至免费保险或保证，鼓励中低收入家庭向金融机构贷款买房；另一方面通过发行低利率公债收购各商业性抵押贷款机构的住房贷款，为商业性住房金融机构补充流动性。

二是通过直接或间接参与住房抵押贷款证券化促进住房金融市场改善流动性和优化风险管理。住房抵押贷款证券化的意义不仅限于为抵押贷款提供流动性，在适当的制度安排下，它可以创造出一种政府调控抵押贷款市场的有效机制，而且由于这种调控是通过类似于中央银行公开市场操作的机制进行，它充分体现了"市场在资源配置中发挥基础性作用，政府对之实行间接调控"的市场经济模式。鉴于住房抵押贷款证券化具有对住房贷款的流动性、收益性和风险性的有效配置功能，目前已经被多国仿效。

我国的房地产金融起步较晚，目前还处在比较初级的建设阶段，尽管美国政策型房地产金融目前出现了问题，亟待改革，但其发展历史中的成功经验仍然值得我们学习和借鉴。

（四）此次"两房"改革对我国的影响

根据美国财政部公布的有关海外持有美国证券情况，截至2009年6月，中国持有的美国政府长期机构债券总额为4540亿美元，其中3580亿美元为"资产支持证券"，其他机构债券为960亿美元。这些数据还不包括在中国外其他地

区通过特殊机构实施的购买行为。

我国外汇局于2011年2月11日发表声明称,截至目前,中国外汇储备持有的"两房"债券还本付息正常,2008~2010年3年间,"两房"债券年平均投资收益率在6%左右。声明还表示,中国从未投资"两房"股票,"两房"股价下跌和股票摘牌未对中国造成损失。

美国《海外账户税收合规法案》情况简析[①]

宋 馨 胡振虎

美国《海外账户税收合规法案》（foreign account tax compliance act，FATCA）即将于 2013 年生效。该法案是美国政府为打击美国纳税人利用海外账户逃税而推出的一项措施，是特定经济形势下提高美国税收收入的一种手段，也可强制全球范围的外国金融机构和税务部门共同为美国政府分担纳税人资产监管责任。FATCA 的实施将给全球金融业带来直接、广泛而深远的影响，外国金融机构将为此承担巨额合规成本并面临诸多潜在风险。目前，FATCA 已成为全球金融业及各国政府的关注焦点，主要发达经济体已呈"屈从"趋势。2012 年 5 月份，中美双方在第五次中美战略与经济对话中承诺将就 FATCA 的实施问题寻找合作解决方案。

现将 FATCA 的主要内容、实施进展以及影响简析如下。

一、FATCA 主要内容

2010 年 3 月 18 日，美国颁布《2010 年鼓励聘雇恢复就业法案》（hiring incentive to restore employment act of 2010，HIRE），该法案为《美国国内收入法典》（subtitle A of the internal revenue code）增加了第四章——"海外账户税收合规法案"。该法案从美国纳税人和外国金融机构两方面加强了对于纳税人海外账户金融资产的监管规定，具体如下：

（一）对美国纳税人的规定

自 2012 年报税季[②]开始，持有境外金融资产超过 5 万美元的美国纳税人每年必须以填写年度纳税申报表（taxpayer's annual tax return）附件表格的形式向美国国税局（internal revenue service，IRS）上报境外资产情况。未及时申报将被处以

[①] 本文写于 2012 年。
[②] 美国报税季指每年的 1 月 1 日至 4 月 15 日。每个符合纳税条件的家庭都要在 4 月 15 日之前向国税局寄出报税单，列出全年收支状况及可以抵税的支出项目。

1万~5万美元罚款,由于隐瞒造成的缴税不足将被处以40%的额外税款处罚。

(二) 对外国金融机构的规定

外国金融机构应在2013年1月1日~6月30日期间与美国国税局签订合约,条款包括:其一,完善账户识别及尽责审查程序;其二,定期向IRS报告美国账户[①]相关信息[②];其三,在向不愿披露信息的客户和不合规外国金融机构支付源自美国的"可缴纳预提税付款"(withholding payment),即"过手付款"时,代扣代缴"预提税"(withholding tax)。其中,"可缴纳预提税付款"指源于美国的包括利息、股息、租金、专利费、工资、薪金、年金、保险金、授权费等在内的年度或定期收入、利润及利益等在内的付款,此外,还包括销售或处置美国证券、股票所得收入。

以上法规意味着,不合规的外国金融机构在直接取得源于美国的"可缴纳预提税付款"和接受"过手付款"时都将被扣除30%的预提税。同时,依据"过手付款"条款,不合规外国金融机构投资于其他外国金融机构的所得款,也将被认定为"过手付款"(视其他外国金融机构的美国资产占其总资产的比例而定)而被征收30%的预提税。

二、FATCA实施进展

(一) 确立实施时间表

2011年7月14日,美国国税局出台FATCA阶段性实施计划。2012年2月8日,国税局出台FATCA实施细则草案,并于2012年10月24日公布最新FATCA实施时间表,延迟了账户识别、尽责审查的完成时间及预提税扣缴的实施时间。根据该时间表,协议生效日将由2013年7月1日延迟至2014年1月1日,外国金融机构需在此之前完成新账户识别程序与系统更新;在协议生效后一年内完成对超过50万美元资产账户的严格审查,两年内完成其他账户的严格审查,6个月内完成对不合规外国金融机构账户的严格审查;在2015年3月31日前报送机构中美国账户和不合规外国金融机构的账户信息;预提税的正式扣缴由2015年1月1日延迟至2017年1月1日。美国财政部表示,FATCA最终实施细则将于近期发布。

[①] 美国账户指由一个或多个美国人持有的或美国拥有主要所有者权益的实体所持有的金融账户。
[②] 账户信息包括:①各账户持有人的姓名、地址和纳税人识别号码(TIN),如果任何账户持有人为一家美国拥有的实体,则报告有关实体拥有人的姓名、地址和TIN账号;②账号;③账户余额及价值;④总收入、提款总额和付款总额。

（二）制定政府间协议模板

2012年7月26日，为通过政府间合作来推动实施FATCA，在与法国、德国、意大利、西班牙和英国共同协商后，美国财政部推出FATCA的政府间协议模板。上述五国表示，为了以最小的合规成本推动建立有效抵制逃税行为的全球化方式，将积极展开一体化信息报告及尽责审查规则的制定和执行，并尽快签订政府间协议。

政府间协议模板包括互惠协议模板和非互惠协议模板两种，协议从国家层面制定了FATCA的实施框架，简化了机构层面的实施程序。根据这两种协议，外国金融机构直接向本国税务部门上报美国纳税人金融账户信息，随后由该国税收部门在现有双边税收协定或税收信息交换协议规则下与美国自动互换信息。同时，签订互惠协议意味美国就相同程度的信息交换做出政策承诺，保证向合作国提供美国金融部门中合作国纳税人的相应账户信息，不过协议签订需以双边税收条款及税收信息交换协议生效为前提。截至目前，仅英、美两国财政部于2012年9月完成FATCA政府间互惠协议的签订。

（三）积极推动政府间合作

2012年11月8日，美国财政部宣布，为推动FATCA的有效实施，构建政府间抵制逃税行为的合作方式，美国正与近50个国家和地区进行磋商和展开相关工作。2012年底，美国将分别与16个国家及地区[①]完成双边协议签订；同期，还将完成与其他16个国家及地区[②]的双边协议谈判；目前，还在与其他15个国家和地区[③]就探讨执行FATCA的政府间合作方式积极展开工作。

美国财政部表示将继续向愿意通过政府间合作方式执行FATCA的国家展开延伸工作，并将在参加2012年12月初的海湾合作委员会（海合会）首脑会议时为与会高级政府官员及金融机构提供FATCA及政府间协议相关信息。

三、FATCA对中国金融业的可能影响

FATCA是一项以美国利益为中心的法案，片面保护美国政府的税收利益，对于拥有美国投资业务、美国账户持有人或美国金融交易的外国金融机构乃至全

[①] 法国、德国、意大利、西班牙、日本、瑞士、加拿大、丹麦、芬兰、根西岛、爱尔兰、马恩岛、泽西岛、墨西哥、荷兰和挪威。
[②] 阿根廷、澳大利亚、比利时、开曼群岛、塞浦路斯、爱沙尼亚、匈牙利、以色列、韩国、列支敦士登、马来西亚、马耳他、新西兰、斯洛伐克共和国、新加坡、瑞典。
[③] 百慕大、巴西、英属维尔京群岛、智利、捷克共和国、直布罗陀、印度、黎巴嫩、卢森堡、罗马尼亚、俄罗斯、塞舌尔、圣马丁岛、斯洛文尼亚、南非。

球金融业而言具有直接、广泛而深远的影响,包括银行、经济人、经销商、保险公司、对冲基金、证券化工具和私募股权基金等在内的一系列金融机构的商业模式、政策、程序和操作系统都可能因此发生改变。由于"过手付款"预提税条款,在金融交易延伸的相关交易主体中,法案的影响将呈"瀑布式"扩大。对于中国而言,无论同意执行与否,都将承担巨额合规成本,并面临诸多风险。目前我国工、农、中、建、交五大银行和其他一些金融机构在美国都设有分支机构,这些分支机构将最先受到影响并成为美国要求银行总部和国内分支机构执行法案的入口。

(一)执行法案:将面临巨额合规成本和客源流失

根据法案规定,为履行尽责审查和信息披露义务,中国国内金融机构需要进行系统改造、组织培训、与政府主管部门沟通等一系列前期工作。据中国银行业协会粗略估计,仅系统改造一项就需国内金融机构组建专门工作团队,花费巨额运营成本且耗费18~24个月的时间。同时,执行FATCA也会增加金融业的监管和经营负担,并使得与金融客户及合作伙伴之间的沟通工作加重,特别是对于涵盖多个管辖区域、经营个体和业务的大型项目。

尽责审查、信息披露及预提税款等规定与我国现行法律法规中涉及隐私、披露、反歧视等禁止法规[①]存在冲突,若我国金融机构与政府、司法系统沟通不充分,或账户持有人不同意我国金融机构履行FATCA信息披露及代扣代缴义务,则极有可能引发大量金融诉讼案并导致大量客户资源流失。

(二)不执行法案:将被动承担预提税并削减市场竞争力

若不执行FATCA中有关信息报送及"预提税"代扣代缴义务,那么外国金融机构及其客户在直接投资、销售或处置债券、股票等相关美国资产,以及该金融机构对其他拥有美国资产的外国金融机构进行相关投资时,其所得预提款项都将面临30%的"预提税"扣缴。此外,由于担心FATCA所带来的潜在风险,大型金融机构及相关金融客户可能会避免与不合规金融机构进行业务往来,由此,不合规金融机构的市场竞争力将受到削弱。

四、几点看法

(一)FATCA令他国处于被动

FATCA虽为打击美国纳税人利用海外账户逃税而制定,但却是由美国单方

[①] 我国《商业银行法》第29条及《储蓄管理条例》第5条共同确立了为储户保密的原则,此外,依据《商业银行法》对于个人储户的存款,商业银行有权拒绝任何单位或个人查询、冻结、扣划,但法律另有规定的除外;对单位存款,商业银行有权拒绝任何单位或个人查询、冻结、扣划,但法律另有规定的除外。

面所为，令他国金融机构和相关监管部门处于被动，全球金融机构及税务当局都要因此为其承担海外账户金融资产的监管责任。可以说，该法案是美国在税收监管领域实施的一种"长臂管辖权"，也是美国在特定经济时期为增加税收、提振经济而实施的一项"霸王"条款，体现了美国国内法日益增强的域外法权。

（二）我国金融监管部门及金融机构应提前做好准备

我国金融监管部门应继续对相关金融机构开展培训工作，使其了解法案的进展和执行要求，同时，广泛征求金融机构对于该法案的意见和建议，包括执行该法案的困难，所受影响的程度，如何最大限度减小我国金融机构的合规成本。我国金融机构应尽早为可能承担的 FATCA 相关义务准备，现阶段应依照我国现有法律法规和监管体制，认真执行客户身份识别、风险分类管理及交易信息等资料的保存和获取工作，同时，尽早着手准备 FATCA 新账户识别程序的更新与改造。

（三）我国政府主管部门应继续与美方进行沟通

虽然法案于公布之初遭到了全球各国反对，然而，目前主要发达经济体基本都呈现出"屈从"趋势。为避免被动承受法案相关惩罚给我国造成的不利影响，我国政府主管部门应在与金融业等相关部门充分沟通前提下，继续通过政府间对话的方式与美方等相关部门进行沟通，并研究和采取相应对策：其一，使美方充分了解实施 FATCA 将对我国金融业构成的潜在风险及可能带来的合规成本，并探讨是否有可能就 FATCA 中与我国现行法律相悖的条款对我国金融机构予以赦免或部分赦免来解决我国金融业可能面临的困难；其二，在共享信息对等和权利义务公平的前提下，通过签订"政府间互惠协议"从国家层面执行 FATCA。

美国财政预算公开的主要做法及对中国的启示[①]

胡振虎　宋　馨　于　晓

财政预算公开是财政信息公开和政府信息公开的重要内容,也是公共财政的本质要求。财政预算公开是深化预算管理改革的一个必然方向。财政预算公开是提高资金使用效率、促进反腐倡廉、提高政府公信力的有效方式,对保障公众的知情权、参与权和监督权,加强法治政府建设,发展社会主义民主政治具有重要意义。美国是财政预算公开起步较早的国家,经过数年不断探索,形成了一些成熟的做法。因此,借鉴美国一些成功经验,为我所用,并形成一套有中国特色的预算公开做法是十分有益的。

一、美国财政预算公开的主要做法

近一个世纪来,美国现代预算经历了从投入控制、过程管理向结果导向的变迁,这不是一个精细设计的结果,而是一个不断试错的过程。美国现代预算的发展变迁生动地诠释了控制、管理、计划三位一体的预算功能。美国财政预算公开的发展伴随着现代预算而发展。目前,美国财政预算公开已形成较为成熟的做法。

(一) 保障预算公开的基本法律体系

美国财政预算公开遵循美国预算相关法律制度。现行美国预算法律制度由不同时期[②]的预算管理法律组成,这些法律共同构成了现行美国预算法律制度体系。美国预算法律制度起源于美国宪法有关财政管理的条款。美国联邦政府的财政管理首先必须遵循《美国宪法》,除此之外,还需遵循一系列财政法案,主要包括《预算会计法》《预算执行法》《国会预算及裁留控制法》《反非效率法》《平衡预算法》《单项否决权法》《政府绩效与成果法》《主要财务官员法》《政府管理

[①] 本文写于2012年。
[②] 自1789年美国预算制度建立以来,先后经历了1789~1921年的国会主导预算管理过程、1921~1974年的总统主导预算编制过程以及1974年至今的国会和总统共同控制预算管理过程。

改革法》《联邦需求精简法》《联邦政府采购法》《纸面文书裁量法》《联邦信用改革法》等法案。

《美国宪法》赋予联邦政府在筹集财政收入和安排财政支出方面的权力,但并未直接对州和地方政府的财政职能作出规定。《美国宪法》在赋予州政府充分权力的基础上,为了国家整体利益,仍然在某些方面限制了州政府权力,例如规定州政府不能征收关税。各州也通过州宪法自行对州政府的财政职能和权力作出限制,但由于各州情况不同,各州之间有关宪法条文相差较大,因而对各州政府财政收支的权限规定也就有所不同。因此,各州在财政预算公开方面拥有一定的自主权。

对于州政府来说,虽然由于各州情况不同,各州之间有关宪法条文相差较大,但主要有以下几种保障预算公开的财政法规:预算平衡的法律规范、州长和议会间权利平衡的法律规范、债务融资的法律规范及税收和支出的法律规范。

(二) 联邦政府的预算公开

联邦政府财政预算公开是在一定的财务制度下运行的。

1. 预算公开中的财务报告。政府财务报告涉及内容很广泛,既包括预算执行的信息,还包括比较信息和预测信息。

联邦政府各部门在每个财政年度结束时,都编制以权责发生制为基础的财务报告,并提交给联邦财政部,由财政部按照联邦政府会计准则的规定进行汇总,编制以权责发生制为基础的联邦政府年度综合财务报告。从2004年开始,各部门的财务报告须经过外部审计后,才能提交财政部,以便编制更加准确的政府年度综合财务报告。此外,联邦各部门每月还要向财政部提交以收付实现制为基础的报告,反映各部门的收入和支出情况。美国联邦政府年度综合财务报告主要由文字说明和财务报表两大部分组成,财务报表是年度综合财务报告的核心部分。美国联邦政府财务报表主要包括:资产负债表、净成本表、营运和净额变动表、统一预算和其他业务现金余额变动表、净营运成本与统一预算盈余(或赤字)调整表。

2. 联邦政府预算公开的内容和方式。

(1) 联邦政府预算公开的内容。总统预算文件内容翔实,不仅包括了这一财年美国政府预算的所有信息,还包括了对收入支出情况和某些重点项目的分析与展望、历史数据表格、补充材料以及其他一些附件。总统预算文件包括刚刚结束的上两个财年的决算信息、当前财年的预算信息以及之后4年的预测情况。预算收支数据主要通过总统预算报告和年中评论公布。总统预算报告公布最新的当前财年和下一财年的收支预算数据。总统预算也包括对重大税式支出的预测,而且税收联合委员会每年公布税式支出预测。年中评论包括同一年度修正后的数据。

总统预算文件还对国防支出进行了全面描述。

（2）联邦政府预算公开的方式。总统预算与管理办公室（OMB）和国会预算办公室的所有文件都可以在国际货币基金组织（IMF）的数据公布通用系统（general data dissemination system，GDDS）和数据公布的特殊标准（special data dissemi-nation standard，SDDS）的网站上查询。此外，在国际货币基金组织的数据公布公告板上，公众也可以很容易找到相关数据的链接。自1999年2月起，总统预算与管理办公室开始在新闻发布会上向公众通告数据公布渠道；自1999年9月起，总统预算与管理办公室开始公布"主要经济指标发布日期日程表"。

（三）地方政府的预算公开

1. 地方政府预算公开的内容。美国地方政府（州及州以下）可以通过多种途径公开财政信息，本文以年中预算报告和资本项目为例，简介地方政府的预算公开。

（1）州年中预算报告。州政府预算部门每年都会多次公布财政预算报告，以纽约州2011年11月公布的年中预算报告为例，纽约州主要公开以下内容：报告对当年以及未来3年的财政收支情况做预测分析，并及时分析与前次预测的差别和原因。预算报告一般从两个层次上公开预算信息，第一层是公布不同资金来源（基金）的财政收支总额，第二层是公布不同资金来源下的各项财政活动的收支情况。根据财政资金的来源不同，州政府财政基金的总分类主要包括：一般性基金（general funds）、州政府运营基金（state operating funds）、联邦政府专项基金（federal special revenue funds）、资本项目基金（capital project funds）和偿债基金（debt service funds）。此外，还有包含了联邦赠款在内的联邦政府专项基金（federal special revenue funds）。

从具体内容看，公开收入和支出。从财政收入看，预算公开报表包括：①年度比较：包括未来4个财年的各主要财政基金账户的收入预测以及年度比较。②明细表：包括上一财年、本财年及下一财年在内的3个年度的财政收入明细表（包含各主要财政基金账户及基金下科目），以及与上一次预测数字的比较。③各主要税种的明细报表：包括不同基金下该税种主要科目的预测数字，以及该税种下各科目的明细情况。主要税种包括：个人所得税（personal income tax），营业税（business tax），使用税、费（user tax and fee），以及包括遗产税、赠与税、产业盈利税等在内的其他税种。此外，报告中会就财政收入的各基金及项目的主要年度变化和预测变化的原因做分析。从财政支出看，州政府的财政支出通过年度基金账户明细报告和年度支出项目明细报表来公开。其中，基金账户明细报告中着重列举政府运营基金下的支出项目。年度支出项目明细报表，针对各个支出项目分别列明细。

（2）地方政府资本项目下的预算公开。美国州及州以下地方政府将预算分为经常预算①和资本预算②。由于经常项目支出平稳、易于预测，为了避免由于将资本项目与经常项目混在一起导致赤字，美国各级政府将两者分离，并在预算平衡问题上进行不同规定。在美国 50 个州中，其中有 49 个州的宪法规定，预算（指经常预算）必须平衡。这一平衡预算要求有两个含义：一是支出必须等于或小于收入；二是如果收入小于支出，不允许发债弥补赤字，而必须通过削减支出达到平衡。由于州宪法有此规定，所以资本预算必须与经常预算分离，因为尽管经常项目不允许借债融资，但法律却允许为一次性资本项目进行债务融资。既然允许按市场规则融资，地方政府就必须公开财政收支状况，让债权人（债券购买人）充分了解债务人（地方政府）的财务明细，以便于评估政府的信用风险，最终作出投资选择。

2. 地方政府预算公开的方式。州政府预算报告和税收信息可以通过州议会、州政府和民间网络查询。预算报告内容专业、丰富、细致，呈现方式方便、快捷、便于理解。从州政府、再到下一级的地方政府，预算报告都可以通过网站下载。即使是完全不具备相关知识的人，也能便捷地查询政府预算情况。比如，在得克萨斯州，一个公民可以通过三个不同的渠道，查到政府计划怎么花纳税人的钱，实际又是如何花出去的。第一种方法是通过议会官方网站查预算。该网站预算文件呈现以下特点：预算文档体积小巧、专业直观；预算内容资料全面、分类明晰；用户会体验到系统"傻瓜"、界面友好。第二种方法是通过一个民间网站得州预算资源网查询。该网站被称为"纳税人最好的朋友"，呈现如下特点：精确到秒的政府开销计算器、公务员工资轻松查询。第三种方法是通过得州政府之窗专查政府如何花钱。该网站呈现如下特点：智能化搜索、省心省力。

二、美国财政预算公开的主要特点

美国财政预算公开体现了鲜明的美国特色。

（一）严格的法律制度

美国是通过一系列法律制度来保障预算的严格执法，进而确保预算公开。在预算管理方面，美国《宪法》赋予了国会征税权和预算拨款权。如果没有国会批准，总统和行政机构没有权力干预预算支出。同时，从预算编制、执行到审计，联邦政府的预算管理都可以找到相应的法律依据，并且严格按照既定法律规范开展预算管理工作。无论是预算程序、预算编制内容，还是部门预算编制，法律上

---

① 这些是指包括人员经费、教育经费和医疗保险经费等在内的可预测性项目支出。
② 这些是指为建筑物、道路桥梁和大型维修项目等提供资金的一次性资本项目预算。

都有明确规定。美国地方政府的预算也是如此。

(二) 特定的行政制度

为了保障预算公开，美国联邦和地方政府均制定了相关的行政制度，地方政府的做法尤其具有特色。地方政府预算公开，由相关法律法规和预算模式决定，也与一些相关的特定行政制度紧密相连。一是听证制度。除可能危及国家安全、妨碍法律执行、涉及个人名誉或隐私等特殊内容外，听证内容涵盖预算审议、预算执行、预算收入和支出等，议题由议会根据情况确定。从听证会形式看，包括提前公告、向所有公众开放。二是报告制度。按照美国相关法律，在预算执行过程中，预算办公室等有关机构应定期向议会报告预算执行情况；财政年度结束后，要编制和公布综合财政报告，比如财政状况的月报和年报。三是审计制度。按照联邦法律规定，财政年度内接受联邦资金达30万美元以上的州、地方政府，甚至是非营利组织，都必须接受联邦资金管理部门、会计总署（government accountability office）[①]或委托会计事务所进行联合审计。在联邦政府，从预算执行审计看，美国财政审计分为内部审计和外部审计。内部审计由各部门设立监察官负责，外部审计则由会计总署负责。从机构审计官员设置看，各部门都必须设立监察官，监察官由部门长官任命并对其负责，部门长官必须将监察报告全文呈交国会并向社会公布。会计总署开展的外部审计，可以针对联邦财政预算执行结果，联邦各部门和公共机构的内部财务状况及其合法性、合理性和经济效果。会计总署还可以定期检查政府各部门管理和使用国会拨款的结果，可以对联邦资金使用状况和效率发表独立评论，向国会报告预算执行结果和决算审计情况。

(三) 较广的公开范围

美国预算公开的范围广，通过公开的内容、对象和手段三个方面体现出来。一是公开的内容。美国政府公开的财政预算信息包括有：一般政府基金，反映在政府预算报告里（收入报告和支出报告）；年度预算财务报告；各种非政府基金，如养老保险基金、失业保险基金、医疗保险基金以及工伤保险基金以及当期年度财务报告。政府预算还提供债务还本付息的信息，即使用债务的每个项目的具体还本付息额。在收入信息方面，不仅公布具体的收入信息，还公布每项收入来源的法律依据和立法过程等。二是预算公开的对象。除了少数内容外，各级预算不仅对国会、议会公开，同时还对社会公开。三是获得预算信息的手段多。美国政府公开的预算信息能通过相关网站和出版物获得。以得克萨斯州为例，政府网站每年都会公布州政府预算报告。

---

① 直接隶属于美国国会的一个政府审计机构，主要职责是对联邦政府机构的经费开支进行审查。虽然它也负责制定政府机构的会计准则，但主要职能是从事审计工作。

（四）财政预算公开推动了地方政府发债

在地方政府具有发债权的基础上，财政公开通过市场机制推动了地方政府发债。当地方政府拥有对资本项目的举债权后，通常以市政债券方式发债。在市政债券市场功能正常发挥的诸多制约条件中，一个非常重要的条件是财务信息披露，这是基于市场对政府的作用而言。这个条件要求州和地方政府向市场充分披露自己的财务信息，以便于市场评估政府的信用风险。如果政府没有充分披露自己的财务信息，市场就很难评估政府的信用风险，资本市场就不可能发挥作用，借债者则难以成功地从资本市场融资。因此，美国地方政府形成了资本项目公开的市场机制。

（五）主动公开与依申请公开相结合

根据1966年的《信息自由法案》，美国政府的信息公开分为如下两种方式：一种是主动公开。主动公开是指行政机关必须公开某些信息，这些信息包括两部分。一部分面向一切公众，必须及时地在《联邦公报》上予以公布；另一部分无须在《联邦公报》上公布，但必须以其他方式，如编辑出版成册由公众任意购买等，予以公布。对于这一部分信息，政府负有编辑索引的义务，以便公众很容易地找到所需要的信息。根据1996年的"电子化信息公开法"（electronic freedom of information act），这两部分必须公开的信息，各行政机关都必须全部及时地放到网站上，让公众自由调取、查询，这既方便政府公开信息，节约行政成本，又可以更好地保障公民知情权的实现。另一种是依申请公开。行政机关必须主动公开的信息仅占政府所掌握的信息的一小部分，还有大部分信息不具有普遍适用性，不要求行政机关将其主动公开。但是，任何人都有权请求行政机关公开。行政机关收到信息公开的申请后，应在10个工作日内作出是否公开的决定。如果拒绝公开，应当详细说明其理由。如果申请人不服，可向机关首长申诉。机关首长应在收到这种申诉之后的20个工作日内作出裁决。如果申请人不服裁决，则可向法院提起诉讼，要求法院对该裁决进行司法审查。

（六）存在免于公开的政府信息

《信息公开法》列举了9项可以免除公开的政府信息，均与国家机密、商业秘密或个人隐私相关。除了这9项可以免除公开的信息以外，其他信息在公众请求时都必须予以公开。如果要求公开的信息中只有一部分不能公开，则应当在删除这部分信息之后予以公开。而且，行政机关对这9项免除公开的信息不承担"必须拒绝公开的义务"，而是对其享有自由裁量权，即当行政机关认为没有不公开的必要时，可以决定公开。此外，行政机关掌握的某些特别敏感的信息，依靠上述 9 项"免除"可能得不到完全保密的保护，所以国会在 1986 年修改《信息公开法》时，增加了一种比"免除"更彻底的保密，称为"除外"。"除外"是指行政机关可以否认某些信息的存在，将其排除在《信息公开法》的适用范围以外，因为证实这些信息的存在可能会产生与公开这些信息同样的负面影响。

三、美国财政预算公开对中国的启示

从美国财政预算公开的做法和特点可以看出，财政预算公开不仅与财政预算紧密联系，还与财政管理制度、甚至其他制度密切相关。因此，要做到财政预算公开，不是仅仅解决财政预算公开本身就可以完全解决的，必然涉及一系列相关改革，比如切实推进法制化进程、完善市场经济体制、改进干部考核任用制度、转变政府职能、改善宏观调控等。

（一）财政预算公开要有完备的制度基础

为了保证预算公开的法律严肃性，美国通过宪法、一系列独立法案和特定法规来确保预算公开的实现。除 1789 宪法外，美国先后制定了确保财政公开的相关独立法案，如 2002 年的《联邦信息安全管理法案》、2002 年的《不良支付信息法案》等。美国还直接制定了保障预算透明的特定法律，通过立法保障美国人真正享有获取政府信息的权利，由 1966 年的《信息自由法案》、1974 年的《隐私权法》和 1976 年的《阳光下的政府法》组成较为完整的政府预算信息公开法律体系。除此之外，美国地方政府还制定了保障预算公开的行政制度，比如地方政府的听证制度、报告制度和审计制度。因此，要确保预算公开，必须完善制度基础，并切实贯彻执行。

（二）财政预算公开须与一定的政治、经济和社会环境相配合

财政预算公开是财政改革的一部分，必须与相应的各种环境相适应。一是必须适应政治体制特点及内在要求。在预算方面，政体的直接表现就是预算的编制者、审批者、执行者与监督者之间划分权力和责任。预算公开必须与高度统一的政府组织结构和管理体制相适应。如果预算的不同参与主体权力和责任划分不清楚，预算公开的透明度难以从根本上得到提高。二是财政预算公开与各项改革之间相互联系、相互制约。财政预算公开是预算改革的一部分，也必须依靠其他改革。因此，预算公开进程取决于预算改革和其他改革。财政预算改革不可能孤立进行，必须有其他配套改革作基础和支撑。改革之间相互协调非常重要，滞后或超前都不利于深化财政改革，比如"省直管县"财政管理改革由于行政管理体制改革不协调，难以深入推进。当然，财政管理改革也会推动其他领域改革。三是

财政预算公开与政府综合管理能力密切相关。财政预算公开是政府管理的核心部分，与政府责任、计划和绩效紧密联系，财政预算公开必须要求政府提高公共管理能力。四是财政预算公开透明度的不断提高离不开其他社会环境的改善。财政预算公开必须要有制度规范、管理基础、文化传统、社会公众接受程度等多种因素支撑。只有这些社会环境改善了，财政预算公开才能畅通无阻。

（三）财政预算公开必然是一个逐步完善的过程

相关改革的长期性决定了预算改革的长期性，预算改革的长期性决定了预算公开是一个不断发展的长期过程。美国用了约80年时间实现了从分项排列预算到新绩效预算。在美国的预算改革进程中，计划项目预算、零基预算等改革效果不甚理想，以至于直到现在美国才开始实施第7种（新绩效预算）预算理念和管理方式。中国财政预算公开的不断完善取决于社会环境的优化和相关领域配套改革的进程，必然有一个不断完善的长期过程。一方面，中国社会文化传统转变、公众观念更新、认识能力提高，都需要一个过程。另一方面，相关领域配套改革，比如会计制度改革，都是一个不断完善的过程。目前，以权责发生制为基础的政府会计逐渐成为国际会计发展主流趋势。随着该会计体系改革不断深入，政府财务报告制度将不断完善，政府资产、负债的全面情况将得到完整、准确地反映，财政运行风险也会得到披露，财政公开信息也将不断透明。

（四）预算公开是政府透明的一部分，是有一定范围的

财政预算公开是政府透明的一个组成部分，不是全部。打造透明政府，必须逐渐透明的内容有很多，比如政务信息公开、人事信息公开等。因此，必须健全和完善整个政府信息公开制度，否则预算公开制度会缺乏相应制度支撑，将难以持久；同时提高公众对财政预算公开与政府公开关系的认识水平，并抓好政府信息公开工作：一是通过各种媒体提高公众对透明政府的认识，提高公众对预算公开的认识能力，引导公众不仅关注预算信息公开，而且将目光转向其他信息公开内容。二是抓好政府信息主动公开，严格按照《中华人民共和国政府信息公开条例》规定的公开范围，及时主动公开政府信息。三是规范开展依申请公开信息工作，认真贯彻落实《国务院办公厅关于做好政府信息依申请公开工作的意见》（国办发〔2010〕5号）。

财政预算公开不针对所有资金，只是在一定时间公开一定范围的资金。迄今为止，即使在美国，预算公开也并不包括所有财政资金。财政资金要保证政府正常运转，并能体现国家意志和为公众服务。在确保实现国家国防、外交等国家职能的财政资金中，必然有一部分战略意图通过资金体现出来。因此，任何国家的财政预算公开都会有一定保留，不会和盘托出。财政预算公开的范围应更多的是

与民生相关的财政资金。但是，要减少所谓不适宜公开的内容，尤其是隐藏在"其他支出"大类里的预算信息。

四、进一步推进中国财政预算公开的对策建议

要实现满足各方对财政预算公开的需求，有必要从多方面开展一系列工作，既涉及加强预算建设，又涉及加强配套制度建设；既要完善体制机制，也要加大信息公开技术建设。总体而言，进一步推进财政预算公开，我们可以从以下几个方面开展工作：

（一）预算公开要更多地体现经济社会发展的现实需求

预算公开不是为了公开而公开，不能盲目追求内容细化，要反映经济社会发展的现实需求。预算公开的目的是为了在接受监督的情况下提高公共财政资金使用效率、更好地提供公共服务。如果一味简单地追求预算精细，而没有更多地体现预算的真实用途和使用效率，那不是预算公开的本质。与中国有所不同，美国联邦政府财政支出的绝大部分是国防、外交等全国性公共支出，涉及的是提供全国性公共产品和服务的资金；地方政府财政支出除了保障政府运行的一般公共支出外，更多的是项目支出。而在中国，中央政府除了承担提供全国性公共产品和服务之外，可能要通过纵向财政转移支付、甚至出台政策通过横向转移向地方提供区域性的公共产品和服务，很多公共产品和服务的供给由中央财政与地方财政共同出资，甚至是"上面点菜、下面埋单"。在"中央决策、地方执行"的事权划分方式下，各部门强调各自的重要性，即使中央文件的力度很大，但若没有一个财力协调机制，地方财力跟不上，就无法实现政策初衷。因此，中国的财政预算公开必须在立足于事权与财力划分的基础上，准确反映社会经济发展的现实需求。

（二）建立完善财政预算信息公开制度

国际货币基金组织规定各成员国应预先制定数据公布日程表，在其数据标准公告板（dissemination standards bulletin board，DSBB）网页上可以找到作为SDDS接受国美国的月度和年度财政数据的公布日程表。据此，可逐步建立完善财政预算信息公开制度：一是通过完善《预算法》《预算法实施条例》等相关法律、法规明确规定和完善预算公开内容，依法推动预算公开。同时，中长期内应健全政府预算制度，将政府所有开支行为纳入到预算中，逐步过渡到政府财务信息公开。二是规范预算公开程序和方法，先规定公开前的审核或核准的主管部门以及公开后修改完善的具体程序，再规定预算公开的操作办法以及统一公开的时间

段。三是统一预算公开内容。由于部门职能不同,预算公开的具体内容可以不同,但是必须对公开内容作出规定,主要是公开的范围[①]和口径[②]。因此,中央部门预算公开的具体内容差异较大,对异质性的内容,允许保留差别,但应根据部门职能作出解释说明;对同质性的内容,必须严格做到同一,以便于不同部门之间比较、同一部门不同年度之间比较。同时,应逐步完善基本支出定员定额体系和项目支出标准体系,逐渐厘清预算公开的合理标准。

(三) 完善预算公开监督体系

解决预算公开问题,除了公开透明本身外,还需要民主监督。只有通过民主监督,把公开的结果纳入问责,才能把公开真正落到实处,让权力在阳光下运行。为此,有以下几点建议:一是确保公众参与预算的权力。公共财政资金分配要实现科学化、法治化、民主化和精细化,必须在确保信息完整性的基础上,使财政资金运行公开,确保公众知情权、参与权和监督权。二是完善公众需求表达渠道。财政预算公开要做到公开、完整和透明,应给公众表达合理需求的有效渠道,发挥财政预算信息公开查阅渠道的便利服务功能。三是完善监督体系。应逐渐完善以人大、审计等监督机构、财政管理信息使用者和社会公众为多元主体的监督体系,并充分发挥各种现代媒体的监督作用。

(四) 完善预算编制机制

中央政府需要继续提高政策制定和分析能力,以制定更加符合实际的预算并严格监督项目执行。中央政府可以探索借鉴美国经验,美国联邦预算由行政系统的总统预算办公室和立法系统的国会预算办公室[③]完成。而地方政府则正需要具有较强分析能力的管理和分析人才来制定和实施财政政策。在地方预算公开内容中,不能忽视地方显性和隐性负债。现在还没有在法律上允许地方政府发债,但是事实上地方政府通过隐性渠道获得了大量基本建设资金,必须将这部分收入纳入地方财政预算。如果将来在上海等地试点的基础上允许地方发债,以债务收入为资本项目融资,就更需要让这部分资金在阳光下运行。同时,要在地方政府探索公众权力和市场机制对政府举债的制衡机制。

[①] 明确以下三个范围:一是公开的部门,除涉密单位外,其余的必须公开,否则应说明理由;二是本级机关、垂直管理部门还是全系统;三是各部门管理的事业单位范围,按照事业单位分类,可分为全额拨款、差额拨款和自收自支。

[②] 对是否涉密应通过法规予以明确规定。

[③] OMB 是美国总统办公机构中的最大部门,有 500 多名雇员,2008 年度预算达 7 090 万美元,局长为内阁成员,国会预算办公室的雇员有 250 人,两家机构的雇员大多数是高学位的经济学家和公共政策分析师。

美国"财政悬崖"简析[①]

周 波 王 薇

近段时间以来,美国"财政悬崖"问题越来越引发美国乃至全球的关注。美联储主席伯南克、美财长盖特纳等美国高官相继发出警告,称美国将在2012年年底面临"财政悬崖",对美国经济复苏构成极大考验。国际货币基金组织(IMF)和经合组织(OECD)等国际机构负责人也表示,"财政悬崖"不仅威胁美国经济,也将殃及世界经济。

什么是"财政悬崖"?它将对美国和全球经济造成怎样的影响?我们就此做简要分析。

一、应对"财政悬崖"已迫在眉睫

(一)"财政悬崖"的内涵

"财政悬崖"一词最初由美联储主席伯南克所用。由于2013年1月1日之后一系列税收优惠政策到期,特别是自动启动减赤机制将导致政府财政支出突然减少,从而使美国经济面临极其严重的下滑风险,从财政支出曲线上看就像悬崖一样,伯南克形象地将其称为"财政悬崖"(the fiscal cliff)(见表1)。

"财政悬崖"主要由以下四项政策所致:

1. 美国前总统小布什的《经济增长与税收减免协调法案》等减税政策到期[②];

2. 奥巴马政府2%薪资税减免政策到期[③];

[①] 本文写于2012年。
[②] 为增加就业、鼓励储蓄以促进投资从而刺激经济增长,小布什总统上台后,美国国会在2001年颁布了《经济增长与税收减免协调法案》,将最高所得税率从39.6%降低到35%;2002年又将资本利得税税率从20%降到15%,并将对股息征收的个人所得税的税率从35%降到15%,减税年限均为10年。由于美国遭遇了金融危机的冲击,2009年,奥巴马作出将小布什的减税政策延长两年的决定,并得到了国会的支持。
[③] 2011年,为应对经济危机,促进美国经济复苏,奥巴马宣布自2011年起,将美国薪资税税率从6.2%下调至4.2%,同时出台失业救济金计划。两项政策对应的政策期限均为两年,即将于2012年底到期。

3. 失业补偿措施延长期届满；

4. 如果美国国会参众两院最终不能就今后十年的减赤方案达成一致，满足"削减赤字特别委员会"（"超级委员会"）的减赤目标，那么由预算控制法案（budget control act）授权的自动减赤机制将会生效（见表1）。自动减赤机制将在十年内削减大约1.2万亿美元财政开支，所削开支将由民主、共和两党各自支持的政府开支项目分摊①。

美国国会预算办公室（CBO）预计，减税政策到期加上开支削减计划，将使2013财年美国联邦政府财政赤字减少6 070亿美元，相当于GDP的4%。受此影响，2013年上半年美国经济将萎缩1.3%，即出现衰退。

表1　　　　　　　　　　隐约可见的"财政悬崖"　　　　　　　单位：十亿美元

小布什政府减税法案/最低税负制补充条例到期	221
薪资税减税措施到期	95
其他税负减免到期	65
平价医疗法案下的新税收	18
预算控制法案废除	65
失业保险延期法案到期	26
医疗保险支付的减少	11
其他	105
总计	607

资料来源：Economic Effects of Reducing the Fiscal Restraint That Is Scheduled to Occur in 2013, CBO.

（二）各界评论

2012年4月，美联储主席伯南克指出，"财政悬崖"可能非常危险，会对美国经济前景构成重大风险。伯南克呼吁国会拿出一套财政开支计划，其中包括将财政赤字引向可持续修复轨道上，但不应以牺牲经济复苏为代价。"如果财政部门不采取行动，那么财政悬崖的规模将会非常巨大，美联储绝对没有可能或有任何能力来完全抵消'财政悬崖'对美国经济造成的影响"。

2012年4月，美国财长盖特纳称，随着美国大规模减税措施到期和开支削减

---

① 2011年8月，美国两党围绕提高债务上限问题达成一项削减联邦政府赤字妥协方案，该方案分两部分执行：第一部分要求在十年内削减赤字9 170亿美元，同时将公共债务上限提高9 000亿美元，这部分内容已经启动，其中国防将在十年内削减4 500亿美元开支；第二部分是在国会成立一个减赤特别委员会，即"超级委员会"，负责在11月23日前就第二部分债务上限以及削减1.2万亿美元以上赤字的具体内容提出建议。如果"超级委员会"未能达成妥协方案，美国将在2013年启动自动削减赤字机制，即在十年内对等削减国防等安全开支和国内其他项目开支共约1.2万亿美元。

计划生效，美国将在今年年底面临"财政悬崖"，后者将对美国经济复苏构成极大考验。

2012年5月22日，CBO发布报告称，如果小布什政府时期的减税政策今年年底如期结束，同时大规模开支削减按计划于明年启动，2013年上半年美国经济或将重陷衰退。CBO表示，"财政悬崖"已经影响到美国经济，政府应尽快采取措施应对"财政悬崖"的挑战。

2012年7月17日，伯南克在参议院银行委员会就上半年货币政策作证时表示，对"财政悬崖"的担忧以及欧洲经济低迷严重拖累美国经济增长。欧债危机的再度升级和美国国内财政政策的不确定性，仍是美国经济复苏的两大主要风险源。伯南克敦促美国国会应对财政挑战，通盘考虑财政政策的长期可持续性和经济复苏的脆弱性，找到避免跌下"财政悬崖"的良策。

国际机构方面，2012年7月6日，IMF总裁拉加德敦促美国，"必须尽一切力量避免滑入所谓的'财政悬崖'，这不仅将危害美国的复苏，也会危害全球复苏"。此外，OECD也呼吁美国尽快消除"财政悬崖"的不确定性，确保经济继续温和复苏。

市场方面，芝加哥期权交易所波动指数（CBOE volatility index）[①]自2012年4月份"财政悬崖"问题被提出以来上升了26个百分点。同期，由斯坦福大学经济学家尼克·布鲁姆和芝加哥大学经济学家史蒂芬·戴维斯研究开发的一项独立指标[②]大约上升了56个百分点（见图1）。

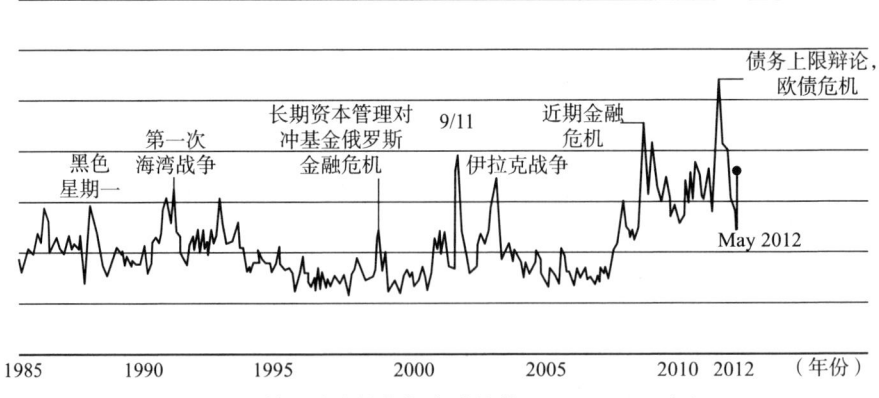

图1 政策不确定性指标变动趋势（1985~2012年）

资料来源：华尔街日报。

[①] 该指标被经济学家用来衡量经济不稳定性。
[②] 该指标被用来衡量政策的不确定性。

（三）国会与行政当局之争

面对"财政悬崖"，民主党和共和党存在巨大分歧。民主党人支持削减国防性支出而延缓社会项目支出削减的进程来遏制不断攀升的财政赤字；而共和党人则试图阻止税率上涨，支持低税率和高税基，同时主张保证国防性支出，而削减其他联邦支出项目。

作为行政部门负责人，奥巴马 2012 年 7 月 9 日表示，希望美国国会能将个人年收入在 25 万美元以下的中产阶级享受的减税政策延期一年，同时中止富豪阶层所享受的减税政策，以增加政府财政收入并拉动经济增长；但共和党总统候选人罗姆尼坚决反对，"在目前的经济状况下，我们最不需要的就是提高任何人的税收"。

2012 年 8 月 1 日，美国众议院投票支持将针对所有美国人的减税政策延长一年。由于众议院将难以说服参议院通过这项法案，奥巴马表示将否决该法案，在 11 月份大选之前，减税问题恐将难以敲定。有分析认为，大选前美国两党在减税问题上达成一致几无可能，而如果在大选后国会仍不抓紧时间行动，一旦堕入"财政悬崖"将严重威胁本已放缓的美国经济，并将殃及全球经济。

二、"财政悬崖"的影响

（一）"财政悬崖"对美国经济复苏构成严重威胁

税收优惠政策到期和自动启动减赤机制将有助于美国削减财政赤字。CBO 预测，2013 财年美国财政赤字将减少 6 070 亿美元。CBO 估计，上述措施将令财政赤字由 2012 财年约占 GDP 的 7.6%，降至 2013 财年的 3.8%。这似乎是利好消息，但实际上，在美国经济复苏已经放缓的形势下，若"财政悬崖"所涉及的一系列税收优惠政策到期结束，同时自动启动减赤机制，将对美国仍很脆弱的经济复苏构成极大威胁。

短期来看，"财政悬崖"将通过影响企业和政府对政策的预期影响美国 2012 年下半年经济增长。由于担忧"财政悬崖"产生的风险，美国企业将减少当前的投资支出，政府也会减少当前的政府支出，并通过乘数效应影响经济增长。CBO 预计，这将使美国 2012 年下半年 GDP 增速下降 0.25 个百分点。

中长期来看，如果年底前"财政悬崖"变为现实，即税收优惠政策到期结束，并自动启动减赤机制，将导致国内总需求大幅下降。一方面将使美国居民可支配收入下降，减少美国家庭消费支出，抑制美国经济增长；另一方面，政府支出减少将造成居民福利支出下降，公共投资支出放缓，进而推高本已处于高位的失业率。CBO 预计，受"财政悬崖"影响，美国 2013 年上半年 GDP 增速将降至 -1.3%，下半年 GDP 增速为 2.3%，2013 年全年 GDP 增速为 0.5%，2013 年全年失业率将达到 9.2%，届时美国经济将再次面临衰退风险。

（二）"财政悬崖"的溢出效应

CBO 预测，"财政悬崖"将使美国实际 GDP 增速放缓，作为全球第一大经济体，美国经济复苏放缓将不利于全球经济复苏和金融市场稳定，可能产生严重的溢出效应。IMF《世界经济展望更新》指出，"财政悬崖"会对"世界其他地区造成严重的外溢影响"。此外，如果美国不迅速采取行动，提高其联邦债务上限，那么，金融市场混乱、消费者和商业丧失信心的风险将上升[1]。

作为欧盟第一大贸易伙伴，若美国发生"财政悬崖"，势必对欧盟尤其德国等对美贸易顺差国产生较大冲击，从而威胁本已脆弱的欧盟经济复苏态势。法国、英国今年上半年经济接近零增长，意大利、西班牙等重债国已陷入负增长，正陷于财政整顿与经济负增长的恶性循环，若"财政悬崖"如期发生，势必使欧债危机雪上加霜。

对中国而言，若"财政悬崖"如期发生，将直接导致美国内需减少，从而减少从中国进口的需求。作为美国第二大贸易伙伴，中国出口将受到一定冲击，并通过出口部门影响中国经济的整体走势。此外，"财政悬崖"可能进一步影响中美双边经贸关系，可能造成贸易摩擦，甚至引发中美贸易战。

若美国国会就采取扩张性财政政策以避免"财政悬崖"达成一致，长期来看可能对中国产生如下影响：首先，美元将大幅贬值，导致我国持有的美元资产大幅缩水。截至 2012 年 5 月，中国持有美国国债余额达 1.17 万亿美元[2]。中国作为美国国债最大的外国持有者，外汇储备将遭受重大损失。其次，由于美元是全球最主要贸易结算货币，美元贬值将会增加对中国的输入型通货膨胀压力，出口企业将面临人民币汇率升值的不利环境。最后，我国货币政策的自主操作空间愈发受限。当前，为使世界经济尽快复苏，各主要经济体的货币政策相对宽松，美元短期利率极低。8 月 1 日美联储议息会议后，美联储重申将维持接近于零的超低利率至少到 2014 年年底，并继续把扭曲操作期限延长至年底不变。由于美元与人民币利差较大，两者存在套利空间，加上人民币升值预期，若国际热钱流入中国，我国将被迫增加外汇占款，一方面大大挤压了我国货币政策自主操作空间，另一方面也增加了国内的通货膨胀压力，使得人民币对外升值与对内贬值并存。第四，增加了我国宏观调控和转变经济发展方式的难度。美国若发生债务危机，除将降低美元地位、动摇世界对美国的信心外，也将增加全球金融市场的不确定性，对

---

[1] IMF《全球复苏乏力且取决于欧洲和美国的进展》。
[2] 《华盛顿邮报》7 月 17 日报道。

当前脆弱的经济复苏造成沉重打击，并有可能引发新一轮全球金融危机。

三、应对"财政悬崖"的政策选择

短期来看，如果美国国会在2012年底通过延长一系列到期的税收优惠政策，并就避免启动自动减赤机制达成一致，从而避免堕入"财政悬崖"，将使美国经济保持当前温和复苏的步伐。CBO预测，这将使美国2013年实际GDP增速达4.4%（见图2），与堕入"财政悬崖"相比高出3.9个百分点；同时可新增就业人口200万人。

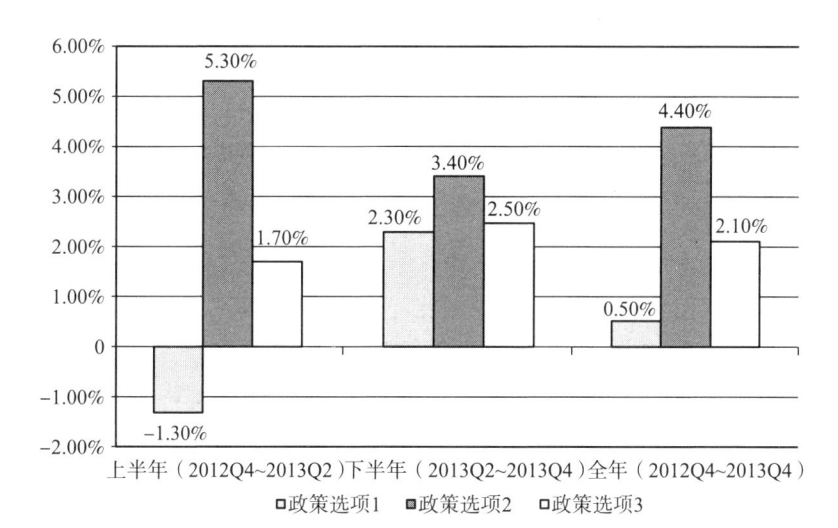

图2 2013年不同政策选项①下的实际GDP增长率

资料来源：CBO。

高盛公司用图3描述了不同政策组合应对"财政悬崖"对美国经济可能的影响。虚线表示，若政府延续当前的政策，不采取任何措施，任由"财政悬崖"发生，美国GDP将下滑约4%。

---

① 政策选项一：维持现有政策，即堕入"财政悬崖"，主要内容为：税收优惠政策到期并自动启动减赤机制；政策选项二：为避免堕入"财政悬崖"而采取的扩张性财政政策，主要内容为：延长税收优惠政策期限，以及避免自动启动减赤机制；政策选项三：稳健的财政政策（或折中的财政政策，alternative fiscal scenario），主要内容包括：除薪资税减税方案外，其他的税收优惠政策延期；"最低选择税"（alternative minimum tax，AMT）随通货膨胀率调整免税额；将医疗服务中医疗保险（medicare）支付的比例维持在现有水平，而不是依据现有法律规定，从2013年1月起降至27%乃至更低的水平；维持医疗保险支出原有水平；以及避免启动自动减赤机制。资料来源：CBO, Updated Budget Projections：Fiscal Years 2012 to 2022 (March 2012), p. 34.

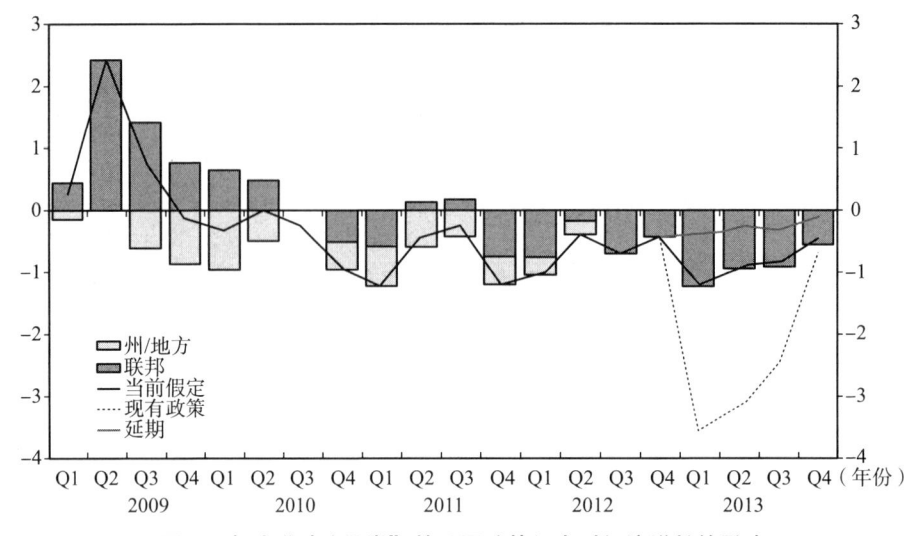

图3 应对"财政悬崖"的不同政策组合对经济增长的影响

资料来源：高盛。

长期看来，避免堕入"财政悬崖"虽短期内可保持经济温和复苏态势，但由于为避免"财政悬崖"意味着要采取减收增支的财政政策（如政策选项二和政策选项三），这必将增加美国本已处于高位的财政赤字，导致美国国债规模进一步扩大[①]，这无疑不具有可持续性。长期来看，采取扩张性财政政策可能使美国经济堕入债务危机的深渊，对美国经济长期发展构成不良影响：一是不断攀升的债务将使得美国政府通过财政政策应对经济下滑或金融市场动荡的空间愈发狭小；二是一旦爆发债务危机，美国很有可能遭遇主权信用评级下调的局面，届时美国国债收益率将大幅上升，主权借贷成本急剧上升；三是美国股市可能遭受重创，并通过财富效应降低居民消费，从而影响经济增长。

根据CBO的预测[②]，若美国国会采取稳健的财政政策（或折中的财政政策）——即政策选项三，在减少美国2013年财政赤字的同时，不但可以实现2.1%的实际GDP增长率，还能带来150万的新增就业人口。这种政策组合能够较好地平衡"财政悬崖"对美国经济的短期和长期影响，即将"财政悬崖"对经济短期冲击降至最低的同时，也能使债务规模对美国长期经济增长的不利影响降至最低。

[①] 美国当前债务占GDP比重已达73%。
[②] CBO, Economic Effects of Reducing the Fiscal Restraint That Is Scheduled to Occur in 2013.

四、几点思考

(一)"财政悬崖"实为政党政治争斗

"财政悬崖"表现为财政危机,其实质是美国的政党政治争斗。当前,民主党控制白宫和参议院,而共和党控制众议院。党派不一样,选民基础、意识形态和政策选择就会不一样,党派政治必然会影响政府决策。在国会和总统分属两党时,国债余额上限、减赤、减税问题往往成为政治博弈的筹码,两党都借此大做文章,以期获得更多选票。围绕"财政悬崖"博弈的焦点是,是否延长即将到期的税收优惠政策及如何延长,以及"超级委员会"能否在自动启动减赤机制前就提高债务上限、赤字削减等问题达成协议。

事实上,"财政悬崖"之所以会出现,是因为美国民主、共和两党的政治家们都想向公众表明,自己非常看重赤字的控制问题,实际上则各怀鬼胎,都在借经济议题打政治牌,试图赢得选民支持。

相对于庞大的债务规模,无休止的党派斗争对投资者信心的打击更大,一旦美国信用评级再次遭到调降,其对市场造成的冲击或将超过去年。

(二)后势研判

当前,把 2012 年 11 月总统大选摆在首要位置的国会无法就"财政悬崖"问题做出妥协,解决任务的重担只能寄希望于新一届国会。

大选后,美国政局存在两种可能:一是入主白宫的政党亦同时取得国会两院的控制权,二是两党在白宫和国会各据一方。若共和党入主白宫并取得参众两院的控制权,新政府将延长大部分小布什政府的减税政策,并撤回多数减支措施,以换取长远的收入及推行改革的空间。这种政策其实是延续目前缓慢削赤的方向。若奥巴马当选,同时民主党取得国会两院的控制权,届时新政府将推行削减国防支出并延缓社会福利支出削减的幅度和进程,延长中产阶级的减税政策,与此同时,不仅终止富人阶层所享受的减税政策而且还予以增税。

若两党各据一方,政治形势将极为复杂。根据民主党预留的操作空间,两党就债务问题的谈判和斗争将在 11 月总统大选结束后上演,其激烈程度恐怕会甚于 2011 年。然而,两党仍有达成政治妥协的空间和意愿。民主党须妥协以避免一些重要的支出计划不能推行,而共和党亦须就延长减税期限及削减国防开支等问题与民主党达成妥协,以避免失去选民支持。

(三)以我为主,积极应对

我国应高度关注美方"财政悬崖"的走势,保持清醒认识。短期内,若美国落入"财政悬崖"将对我国出口造成冲击，增加我国经济的下行压力；长期来看，若美国实施避免"财政悬崖"的扩张性财政政策则有债务危机的风险。

为降低其不利影响，对短期外部冲击而言，一方面，我国应执行好"稳出口"的贸易政策，加快转变外贸发展方式，优化外贸多元化布局。另一方面，应抓紧时机，加快转变经济发展方式，努力扩大内需特别是消费需求，促进经济结构实现从依赖出口和投资拉动向消费、投资和出口协调拉动的转型。

若美国采取扩张性财政政策以避免"财政悬崖"，我国应对美国可能的债务危机做好预案。为防范美国债务危机导致信用评级下调及美元资产贬值，建议：第一，应适时优化外汇储备的资产结构，保持外汇储备规模适度，积极落实国家"走出去"战略，通过海外投资，"变汇为物"，缓解中美国际收支失衡状况；第二，应积极推动人民币国际化和人民币汇率形成机制改革，提高国际贸易中使用人民币进行结算的比例，降低我国外汇储备管理的成本和风险。第三，为防止美元贬值增加对中国的输入型通货膨胀压力，中国应实行稳健的货币政策，多管齐下管理好通货膨胀预期。面对当前全球经济低迷、流动性宽松的外部环境，中国合理运用稳健的货币政策和积极的财政政策，实行更为灵活的调控手段，加强货币政策、财政政策和产业政策的预调和微调。第四，积极参与国际治理结构改革特别是国际金融体系改革。当前的欧元区主权债务危机和潜在的美债危机为改革当前不合理的国际货币体系提供了战略机遇。我们应抓住机遇、审时度势地设计和推动建立更加合理的国际金融新秩序，使其更好地为我国的国际贸易和对外投资服务，并与人民币国际化、人民币汇率形成机制改革等国内金融体系改革有效衔接。

美国量宽货币政策的影响及应对[①]

胡振虎　燕晓春

2008年全球金融危机后，美国先后实施了四轮量宽货币政策，甚至第三、第四轮采取无限量宽政策。美国量宽政策促进了美国经济增长和世界经济复苏，但也加剧了全球流动性泛滥和金融市场的波动。近期，美联储又释放出退出量宽政策的明确信号。针对美国退出量宽政策的动机、走势及我们的应对之策，作简要分析。

一、美国四轮量宽政策对世界经济的影响

（一）促进美国经济增长，为世界经济稳定和复苏带来积极影响

2008年全球金融危机后，美国共实施四轮量宽政策，为经济注入约3.3万亿美元流动性，经过货币乘数放大，彻底解决了危机以来困扰美国的"钱荒"，促进了美国经济增长。一方面，美联储通过购买美国长期国债压低利率，这有利于防止通货紧缩，适度提高通货膨胀预期，促进投资；另一方面，通过购买抵押贷款支持证券（MBS）为金融体系直接注入流动性，推动金融机构增加对房地产业放贷，刺激房地产市场复苏。自2012年四季度以来，美国房地产市场复苏势头强劲，房价、销量和新房开工量等多项指标释放积极信号。房地产市场回暖有助于增加就业，缓解失业压力。美国劳工部数据显示，在美联储示意退出量宽前的4月份，美国失业率降至7.5%，为2008年12月以来的最低水平。房地产市场复苏推动房价上涨产生的财富效应和就业改善带来的收入增长拉动了美国消费增长，促进了经济复苏。据IMF2013年10月份最新《世界经济展望》，美国2013年的GDP增速为1.5%，2014年则有望上升至2.5%。美国经济增长为世界经济进一步稳定和复苏带来积极影响。

[①] 本文写于2013年。

（二）引发其他主要发达经济体采取类似量宽政策，为经济增长提供流动性

美国实施量宽政策，开启了新一轮全球流动性宽松之门，引发全球主要发达国家央行竞相采取非常规货币政策，包括欧元区的直接货币交易计划（OMT），日本央行推出的量宽和质化宽松等，这些政策通过增加流动性供给、降低通缩风险、改善全球金融稳定、降低利率和利差推动了发达经济体增长，并通过金融、贸易联系促进了新兴市场经济体经济稳定，推动了世界经济复苏。

（三）加剧了全球流动性泛滥，增加了全球金融稳定风险

从中长期看，美国四轮量宽政策加剧了全球流动性泛滥，增加了全球金融稳定风险。由于世界主要央行间的博弈，美国实施量宽政策引发欧、日等央行也开闸放水，不断增加主要储备货币投放，加剧了全球流动性泛滥。美联储、欧央行和日本央行的资产负债表规模都在不断扩大，金融风险不断上升。正如IMF最新《全球金融稳定报告》指出，虽然目前银行业尚未出现威胁全球金融稳定的风险，但既存风险可能会转移到影子银行、养老基金和保险公司。同时，长期的低利率政策可能降低银行修复资产负债表的紧迫性，导致银行推迟减记不良贷款，增加未来信贷风险。

（四）加大了新兴市场国家经济和金融脆弱性，增加了新兴经济体的输入性通货膨胀压力

由于全球流动性增加，跨境短期资本出现更大规模、更频繁流动，尤其是在主要发达经济体实施货币宽松政策的背景下，欧元和美元汇率贬值预期上升，导致国际资本涌入新兴市场和发展中国家套利，加大了这些国家的经济和金融脆弱性。2008年全球金融危机后，流入新兴市场的资金累计高达1万亿美元。然而，自2013年5月开始，受美联储退出量宽政策预期影响，新兴市场资本流动出现大幅逆转，印度、印度尼西亚等部分新兴经济体出现金融动荡。5月以来，印度卢比对美元贬值幅度超过15%，印度十年期国债收益率已超过9%。印尼盾汇率降至4年来最低水平，10年期国债收益率升至12年高位。

此外，量宽政策增加了新兴经济体输入性通货膨胀压力。美国实施量宽政策，导致更多流动性流向大宗商品市场，加剧了国际大宗商品价格波动。由于国际大宗商品交易以美元作为计价货币，美元贬值推高了国际大宗商品价格，加大了新兴市场经济体的输入性通货膨胀压力，在一定程度上拖累了世界经济复苏。

二、美联储退出量宽的动机

（一）美国经济复苏势头明显

目前来看，美国多项数据转好，经济显示了较好的复苏势头。消费信贷规模 6 月份继续扩大，总额从 138 亿美元增加至 2.85 万亿美元；美国非制造业指数从 3 年低位反弹，2013 年 7 月达到 5 个月来的最高水平，其中新订单指数也创下 5 个月新高；美国劳工部 9 月 6 日公布的 8 月份非农数据显示，8 月份新增非农就业 16.9 万人；失业率为 7.3%，连续 12 个月保持在 8% 以下，美国私营部门就业已连续 42 个月保持增长；在截至 8 月的过去一年中，美国房地产市场销售量猛增了 17.2%，房地产复苏势头强劲。美国经济持续的复苏势头，是美联储退出量宽的重要依据。

（二）防范美联储庞大的资产负债表带来的高金融风险

自美联储实施量宽以来，已通过购买各种债券向美国银行体系注入了几万亿美元流动性，美联储资产负债表规模从 9 000 亿美元不断扩张，于 2013 年 1 月首次突破 3 万亿美元，预计 2013 年底前可达到 4 万亿美元。美联储资产负债表规模膨胀存在诸多风险隐患。正如美联储前主席格林斯潘 2013 年 6 月指出的，美联储的资产负债表规模目前已经过于庞大，处于不可长久持续的状态，宽松措施的退出进程应该越早开始越好。因此，退出量宽、顺利使美联储资产负债规模归于常态，有利于消除中长期风险隐患。

三、美国退出量宽政策走势判断

虽然量宽政策是一种特殊的货币政策工具，但是美联储同样将会审视政策效果，并综合考虑量宽政策退出对美国和全球市场的影响，决定退出与否、退出时间和进度。

（一）前期效果是美国决定退出量宽政策的关键

前四轮量宽政策效果好坏是美联储决定量宽政策退出与否的根本依据。总体上看，美国经济呈现多重利好。虽然 2013 年一、二季度美国实际 GDP 环比年增长率分别为 1.1% 和 1.7%，但由于市场预期美国消费增多、商业投资加速、房地产行业继续走好、出口有所提高以及政府消费对经济拖累减缓等积极因素，2013 年下半年实际 GDP 增长率将继续提高，2014 年经济活动将更加活跃。此外，美国经济中还存在一些其他利好因素：财政整顿取得积极进展，私营部门再杠杆化，特别是近期页岩气开发出现重大突破。鉴于此，美国国内总体对量宽政策效果持肯定态度，美联储对退出量宽政策已基本达成一致。

（二）美国经济增长质量决定量宽政策退出进度

美联储退出量宽政策进度须综合考虑美国失业率，尤其是美国经济增长质量和外部环境等因素。2013年8月22日，美联储发布的7月美国公开市场委员会会议纪要显示，美联储官员普遍支持2013年晚些时候开始放缓，并在2014年年中完全终止资产购买计划，但对计划首次实施时间存在分歧。10月9日，美联储公布的最近一次货币政策例会纪要显示，美联储内部对9月份是否开始削减量化宽松规模意见存在明显分歧，讨论的重点在于经济改善是否达到了足以启动削减的程度。按照美联储主席伯南克6月份的"退出"路线图，美联储将在2013年晚些时候开始削减量化宽松规模，但美联储在9月18日会后宣布保持现行的每月850亿美元的购债节奏。美联储将根据美国国内经济增长质量决定不同的退出时间点、进度和力度，以避免紊乱的市场预期影响美国市场稳定。

虽然美国经济显露稳定的复苏迹象，但仍存在短期问题和结构性问题。产业"空心化"，投资率特别是基础设施投资亟待提高，出口疲软，失业率较长时期处于7%以上，仍没有达到美联储目标，尤其是出现了一批自愿退出劳动力市场的有劳动能力者，劳动参与率下降。此外，美联储退出量宽政策也须考虑世界经济整体环境。综合看，美联储将以美国国内经济增长质量为基础，综合考虑发达经济体和新兴经济体经济复苏水平，决定量宽政策退出进度。

（三）美国将退出此轮量宽政策，但仍将维持较宽松货币政策

从政策走势上看，美联储将根据美国经济数据表现作出判断，退出的声音会高过继续维持的声音，并最终退出此轮量宽政策。与此同时，如果欧元区和日本经济出现较好表现，进而同时提前退出宽松货币政策，尽管可能性较小，美联储也会考虑对本国经济的影响，加大退出力度。但是，只要美国不出现重大科技革命并带动美国经济可持续增长，美国仍将在较长时期内继续采用非常宽松的货币政策，因为美国目前实施的财政政策和解决财政赤字的措施将主要产生短期效果。如果奥巴马政府目前致力的人力资源开发和教育发展政策以及中长期税制改革和其他结构性改革不出现显著效果，没有真正创造就业，美国必将迫于就业和经济增长压力，而继续维持宽松货币政策或者超低利率政策。

四、几点建议

（一）加强跨境资本监管，防范资本大幅波动

由于主要发达经济体持续量宽和货币贬值，近期人民币升值幅度加快。国际清算银行数据显示，2013年上半年人民币对美元、欧元和日元分别升值1.7%、3.2%和19.8%。人民币升值将导致我国出口竞争力下降、跨境资本流入过多。按照政策逻辑，应该主动让人民币贬值。但是，人民币对外币贬值会造成大量短期资本套利外逃。鉴于美国可能于明年退出量宽政策，似应采取以下对策：短期内，应加强跨境资本监管，研究资本总量、结构、流向和节奏，同时继续鼓励创新汇率避险工具；中长期，可考虑结合欧盟出台金融交易税的进展和做法探讨相应管制措施，研究资本项下无息存款准备金政策的可行性，同时有节奏地增强人民币汇率双向浮动弹性。

（二）完善金融体系，抵御短期资本大幅波动冲击

国际资本流动今后或将呈现三个趋势：一是资本流动规模扩大；二是金融一体化加深；三是机构投资者作用增强。稳定、完善的金融体系是实施灵活货币政策的基础，也能抵御短期游资大进大出对中国资本市场造成的冲击。中国应进一步完善金融体系，从金融约束稳步向金融市场化迈进，一是步伐要加快；二是要形成倒逼机制；三是要找准突破口，比如利率市场化、资本账户开放、金融市场准入；四是要理顺资本价格形成机制，市场价格要真正反映资源稀缺程度。只有中国建立了灵活的、有弹性的金融体系，才能根据经济不断发展以及经济结构、经济制度演变需要，及时提供有效的金融服务，促进实体经济发展。随着中国金融不断健康和壮大，不断完善的金融体系一定能成功抵御短期入境资本逆势流动。

（三）重新认识宏观经济政策分析框架和工具

此轮金融危机后，主流经济学界开始反思过去的宏观经济政策分析框架和工具，防范资本大幅流动引发的系统性金融风险。一是需求管理与供给管理之争。在讨论中占上风的经济学家认为，包括美国量宽货币政策在内，以滥发货币为主要特征的需求管理备受诟病，竞争性贬值等货币战争不断上演。因此，各国应慎用需求管理，加强供给管理，优先致力于降低成本、提高生产效率、增强增长质量和提高增长可持续性等经济活动。二是资产负债表分析工具。不少经济学家认为，此轮危机之所以产生很可能是各国重点分析了GDP、投资、消费、贸易和财

政收支等流量指标，而忽视了资产、资源和财富等存量指标，造成货币错配、期限错配、资本结构错配和清偿力缺失等风险。分析美国量宽政策对中国经济影响时，仅仅考虑政府资产负债表肯定不够，还应考虑建立政府、企业、金融机构和家庭等资产负债表在内的国家整体负债表体系，才能客观判断和应对。

美国劳动参与率低迷相关分析及启示[①]

贾静航　周波

近期，美国经济稳健复苏，失业率持续改善，从全球金融危机后峰值的10%降至5.8%。与此同时，美国劳动参与率[②]却持续低迷，引发了美国高层决策者和学界的高度关注。人口老龄化、经济衰退的周期性影响等因素是美国劳动参与率持续低迷的主要原因。为此，美国联邦政府积极应对，采取了差别化就业政策等措施。相关情况及我们的分析如下。

一、美国劳动参与率持续低迷

劳动参与率反映了成年人口中已经工作或者正在寻找工作的人群比例。劳动参与率的变化不仅反映了一国当前经济形势，如就业形势、劳动者预期等，也反映出人口的结构化特征，如人口的年龄分布以及其他影响劳动者决策的社会因素。根据美国劳工部公布的数据，截至2014年11月，美国公民非机构人口[③] 2.4884亿人，公民劳动力1.564亿人，公民劳动参与率62.8%，较2007年第四季度的65.9%下降3.1个百分点。其中，16岁以上男性劳动参与率下降3.8%，女性劳动参与率下降2.7%，少数族裔劳动参与率也有所下降，除65岁以上年长劳动者外，其余年龄段的劳动者的劳动参与率均有所下降。

一般而言，劳动参与率与失业率负相关，即失业率走高时往往劳动参与率走低，失业率走低时劳动参与率往往走高。但实际情况是，尽管美失业率近年来持续改善，已从危机后峰值的10%降至5.8%，但劳动参与率仍比金融危机爆发初期下降了3.1个百分点，继续呈低迷状态。

二、美国劳动参与率低迷的主要原因

据美国白宫经济顾问委员会测算，约有1.5个百分点的劳动参与率下降是基

[①] 本文写于2014年。
[②] 按照美国劳工部的统计口径，公民劳动参与率是指公民劳动力（包括就业者和失业者）占公民非机构人口的比重。劳动参与率＝经济活动人口/16岁以上人口。
[③] 公民非机构人口是指在美国居住的16岁以上的劳动人口（不包括在刑罚机构、精神病院的人员或在家老人和现役军人）。

于人口老龄化因素；0.5 个百分点的劳动参与率下降源于经济衰退的周期性因素；另有约 1 个百分点的劳动参与率下降来自劳动参与率的趋势性下降，以及金融危机本身的影响等其他因素。

（一）人口老龄化

由于年长劳动者的劳动参与率低于年轻人，所以人口老龄化对整体劳动参与率构成下行压力。尽管与前几代的年长劳动者相比，美国当前年长劳动者的劳动参与率已经提高，但是当劳动者进入 60 岁时，美国劳动参与率仍会有很大降幅。2008 年，出生于 1946 年的美国婴儿潮一代步入 62 岁，满足领取社保提前退休的条件。婴儿潮一代退休看起来没有金融危机带来的影响显著，但它未来几年将对经济产生更深远的影响。

（二）经济衰退的周期性因素

金融危机后，美国失业率长期居高不下。过去五年来，尽管经济正在有效复苏，但金融危机遗留的问题仍需付出很大努力才能解决。从历史角度看，失业率居高不下与劳动参与率降低息息相关。潜在劳动参与者倾向于等待经济好转后再寻找工作。因此，一部分劳动参与率下降与经济周期相关。

（三）劳动力变化趋势及其他因素

2008 年以前的劳动力变化趋势也很重要。2008 年以前，美国不同年龄层的劳动参与率均有所下降，包括 20 世纪 50 年代后成年男性劳动参与率和 90 年代后期成年女性的劳动参与率。因此可以推断，即使没有发生经济危机，趋势因素也会造成劳动参与率下降。另外，这些因素引起下降效果有一部分被年长劳动者增加的劳动参与率抵销了。

这次严重的金融危机导致长期失业者在美国全部失业人口中所占比例大幅增加，这对劳动参与率有更大影响。此外，劳动参与率下降与长期失业人口增加关系密切。

除以上因素外，美联储认为，16～24 岁年轻人和教育水平偏低的劳动者的劳动参与率下降也是造成整体劳动参与率下降的原因之一。16～24 岁年轻人的高等教育入学率提高与这一群体的劳动参与率下降正相关。同时，市场对劳动力的需求开始两极分化。科技进步和全球化使得中等技术水平的职位减少，市场需要更多受教育程度较高的劳动者，而受教育程度较低的劳动者间的竞争更加激烈，也更难以找到工作。

只有充分考虑金融危机、退休潮和长期动态变化趋势这三个因素的共同作用，才能准确衡量过去几年美国劳动参与率变化情况。

三、美国提高劳动参与率的政策措施

(一) 积极应对人口老龄化

为应对人口老龄化,美联邦政府陆续出台政策以减少其对劳动参与率的负面影响。一是改革移民政策[①]。一般来说,新移民年龄层偏低,劳动力参与率也比在美国出生的公民高。2013年,国会预算办公室预测,至2023年,移民改革法案将使劳动力数量提高5%,即600万人;同时,劳动参与率将提高0.7个百分点。二是为自愿继续工作的年长劳动者提供相应的政策支持。允许雇员兼职或实行弹性工时制度,这将根据年长劳动者的需求减少他们的上班时间。另外,许多年长劳动者选择自雇职业(self-employed),但又需要医疗保险,美国政府通过"平价医疗法案"(affordable care act)为自雇职业者提供平价且有质量保证的医疗保险,促进这类人群维持就业状态。

(二) 在政策上设法提高不同群体的劳动参与率

第一,采用家庭友好型的工作环境政策能够增加女性劳动力参与率。此类政策包括,带薪休假、弹性工时、平价儿童托管服务等。有研究表明,为待产母亲提供带薪休假等政策可以使女性劳动参与率提升7个百分点。这些政策不仅能够提高劳动参与率,还帮助人们找到更符合他们技能的岗位。

第二,持续完善劳动所得税抵免制度。在20世纪80年代和90年代,美国个人所得税抵免制度使50多万人重返劳动力市场,但针对没有子女或子女需要监护的劳动者的税收抵免额度很少。25岁以下的年轻人和64岁以上的老人也不能申请税收抵免。奥巴马提出,没有子女或子女需要监护的劳动者可申请双倍劳动所得税收抵免,此政策也将对年轻人和老年人开放。

第三,针对男性,特别是少数族裔男性的长期劳动参与率下降问题,奥巴马政府于2014年2月发起"我兄弟的守护人"(my brother's keeper)倡议。该倡议创立了联邦特别工作组,负责评估哪些公共部门和私人部门的作为有利于少数族裔年轻人在社区和工作场所获得成功。目前为止,已经有11个主要的慈善基金会承诺投资2亿美元,用于少数族裔年轻人就业的项目研究。

第四,增强年轻人的劳动力附着效应。2014年初,奥巴马总统宣布为"美

---

① 11月20日,美国总统奥巴马行使总统行政权修改移民政策的方案。根据这项计划,大约400万名在美国居住至少5年的非法移民将免于被遣送出境,并将获得临时保护身份,其中没有犯罪记录者还可在美国获得合法工作的机会。计划还将通过其他措施对另外100万名非法移民提供免于被遣返的临时保护。

国学徒补助"计划增加1亿美元预算，用于发展学徒制，培训年轻人的技能，帮助他们与雇主建立联系。另外，政府还将向社区大学提供5亿美元财政补贴，扶持基于技能和商业需求的职业培训项目。奥巴马还承诺调整高中课程设置，使其更注重培养与产业相关的技能。这些提议能够给予年轻人更多符合市场需求的技能，为他们创造更多的就业机会，提高劳动参与率。

（三）推动长期失业者就业

美政府推出的紧急失业补助（emergency unemployment compensation，EUC）①能帮助求职者在失业期间维持基本生活水平。有研究表明，EUC帮助长期失业者与劳动力市场保持联系并使他们不断寻找工作。其他提振经济的政策还包括推动进出口银行获得再授权、复苏房地产市场等。

长期失业者再就业时往往受到歧视。雇主通常会查看求职者是否是长期失业人员，因此长期失业的求职者需要比普通求职者多投求职简历才能得到面试机会。奥巴马总统已与多位私营部门负责人达成一致，共同解决此问题。当前，已有超过300家公司的高管愿意优先雇用长期失业者。

除此之外，政府将1.5亿美元用于扩大雇主与非盈利组织在帮助长期失业者方面的合作规模，这包括职业技能培训、工作安置以及拓展雇主群等。

为巩固美国经济复苏势头，联邦政府提出增加基础设施投资，并改善交通系统。奥巴马提出一项总额达3 020亿美元的4年期交通再授权计划，以创造数以千计的就业岗位。奥巴马还提出，在研究、教育、基础设施、安全以及其他重要领域通过各项倡议以达到充分就业。

四、对我国的启示

作为反映一国或一个地区劳动力参与经济社会发展程度的重要指标，劳动参与率成为发达国家观测本国劳动力市场的"晴雨表"。美国、欧盟、日本等发达经济体的决策当局均高度重视劳动参与率的指标意义，密切跟踪劳动参与率的走势、成因，并提出有针对性的政策措施，对我们有重要参考意义。

（一）构建和完善我国的劳动参与率指标体系

2010年全国第六次人口普查数据显示，我国人口结构已由1990年第四次人口普查时的"金字塔形"变成"陀螺形"。专家预测，劳动力无限供给的人口红利即将消失，刘易斯拐点或将于2015年到来。为保障劳动力供给，维持人口红

---

① 紧急失业补助是紧急失业援助计划的一部分，旨在劳动者失业期间提供救济金，该补助已于2013年12月28日终止。美国总统奥巴马和民主党议员计划在国会争取恢复对失业者的救济金援助。

利,减弱人口结构变化对经济社会的负面冲击,研究劳动参与率的走势、成因与提高劳动参与率的对策对我国宏观决策部门具有重要意义。

当前,我国仍缺乏完整准确的劳动力和劳动参与率数据,历年的各年龄段劳动参与率数据也难以获得。劳动参与率的计算和研究主要依靠 10 年一次的人口普查和 5 年一次的人口抽样调查数据。统计数据缺乏连续性,极大地制约了劳动参与率的指标意义。因此,应尽快完善劳动参与率数据监测体系,构建连续、完整的各行业不同群体的劳动参与率数据系统,对完善我国就业市场宏观调控将具有积极意义。

(二)针对不同群体,出台有针对性的提高劳动参与率的政策措施

总体来看,2000 年来,我国劳动参与率基本呈现下降趋势。我国应认真研究劳动参与率趋势性下降的原因,围绕目标群体,制定有针对性的就业政策,使劳动参与率保持在适当水平,不仅可以缓解劳动力供给不足,也可以扩大就业,使更多人分享经济发展的成果。

美国"企业老龄化"问题现状、原因和影响简析[①]

田思琪　胡振虎

30年来，受美国企业创业氛围低迷、企业夭折率升高和企业兼并增多等因素影响，美国"企业老龄化"问题日益凸显。美"企业老龄化"对美国经济增长造成较大负面影响，不利于提升美国经济活力和提供更多就业岗位。现简要分析美国"企业老龄化"问题。

一、美国"企业老龄化"问题较为严重

（一）美国"企业老龄化"问题不断显现

30年来，美国经济"企业老龄化"问题不断显现。美国国家统计局数据显示，1978~2011年，成立16年以上的企业占比持续增加，而其他存续时间的企业占比均显著下降。其中，成立16年以上的企业占比由1992年的23%上升至2011年的34%，在20年内增加50%；而成立1~5年的企业占比由1992年的10%下降至2011年的5%，在20年内减少50%。同时，成立16年以上的企业雇佣劳动力占比1992年的60%上升至2011年的72%；而成立0~5年的企业雇佣劳动力占比由1992年的4%下降至2011年的2%。

（二）美国"企业老龄化"问题具有普遍性

1. "企业老龄化"问题遍布全国。美国所有州和绝大部分城市、各种规模企业以及包括高科技行业在内的各个行业都面临"企业老龄化"问题。美国全部50个州和366个大城市中的365个均显示新企业成立数量和劳动力流动率下降，其中包括以"企业家摇篮"著称的加州硅谷地区。美国国家统计局数据显示，这些地区目前创业率普遍高于30年前全国平均水平，但新企业成立数占企业总数比例在地区和全国范围大幅下降。其中，问题最严重的是西部和南部发展迅速

[①] 本文写于2014年。

地区。

2. "企业老龄化"问题充斥大量行业。美国国家统计局数据显示，1978~2011年大部分行业存续16年以上企业占企业总数比例均上升。其中，农业上升38%，矿业上升17%，建筑业上升48%，零售业上升13%，服务业上升15%。1978~2011年，大部分行业存续16年以上企业雇佣率均上升。其中，农业上升67%，矿业持平，建筑业上升65%，零售业上升22%，服务业上升28%。可见，"企业老龄化"并非某个行业的个别问题，而是遍及大量行业的普遍问题。

3. "企业老龄化"问题遍及不同规模企业。1978~2011年，不同规模存续16年以上企业占企业总数比例均上升。其中，1~499人规模企业均出现上升，最高为61%，最低为23%；500~9 999人规模也出现上升，最高为19%，最低为10%；10 000人以上规模上升11%。① 1978~2011年，不同规模存续16年以上企业雇佣率均上升。其中，1~499人规模均出现上升，最高为70%，最低为22%；500~9 999人规模也出现上升，最高为19%，最低为6%；10 000人以上规模上升1%。② 可以看出，各种不同规模企业均面临"企业老龄化"问题，而其中问题最突出的是中小企业。

二、导致美国"企业老龄化"的原因

（一）企业创业氛围低迷是根本原因

美国"企业老龄化"的根本原因是企业创业氛围降低导致创业减少，直接表现为新成立企业减少。新企业成立数占企业总数比例由1978年的15%下降至2011年的8%。美国国家统计局数据显示，新成立企业数占比过去30年持续降低，新企业倒闭数量却随企业总数增长，破产率居高不下。新成立企业减少导致"年轻企业"减少，进而导致"中年企业"减少，最终企业"年龄"分布趋于"老龄化"。从行业角度看，1978~2011年大部分行业新企业成立率均下降。其中，农业下降53%，矿业下降44%，建筑业下降79%，制造业下降60%，零售业下降31%，服务业下降40%。1978~2011年，大部分行业劳动力重新分配率均下降。其中，农业下降40%，矿业下降41%，建筑业下降22%，制造业下降

---

① 1~4人规模上升61%，5~9人规模上升60%，10~19人规模上升42%，20~49人规模上升32%，50~99人规模上升28%，100~249人规模上升30%，250~499人规模上升23%，500~999人规模上升19%，1 000~2 499人规模上升18%，2 500~4 999人规模上升17%，5 000~9 999人规模上升10%，10 000人以上规模上升11%。

② 1~4人规模上升70%，5~9人规模上升60%，10~19人规模上升41%，20~49人规模上升33%，50~99人规模上升28%，100~249人规模上升31%，250~499人规模上升22%，500~999人规模上升19%，1 000~2 499人规模上升19%，2 500~4 999人规模上升14%，5 000~9 999人规模上升6%，10 000人以上规模上升1%。

10%，零售业下降42%，服务业下降27%。

（二）企业夭折率升高是重要原因

美国企业近30年间早期破产率升高现象明显，成为美国"企业老龄化"的重要原因。美国国家统计局数据显示，成立1年、2年和3年企业破产率分别由1978年的21%、16%和14%上升至2011年的25%、18%和15%，而成立16年以上企业破产率在1978～2011年期间稳定在5%不变。可见，除成立16年以上企业破产率趋于平稳，其他各"年龄"段企业破产率均呈上升趋势，越年轻企业破产率越高。而这一问题出现在各个行业和不同规模企业，其中小企业及农业、建筑业和服务业等行业表现尤为显著。同时，企业早期破产率升高导致"企业老龄化"。20世纪90年代和21世纪初是美国企业破产率急剧上升的两个特殊时期，经济学家发现，这两个时间段都出现"创业减少、商业活力显著降低"的现象，尤其是高科技企业和高速发展企业数量骤减，时间上的高度相关性一定程度上反映出早期破产率与"企业老龄化"的因果关系。企业在成立早期破产率更高的规律抑制了创业活动。这一过程还可能陷入恶性循环，由于新成立企业数量降低，使企业成熟化路径减少，从而进一步加大新企业成立早期破产可能性，使"企业老龄化"问题愈加严重。

（三）企业兼并增多是主要原因

企业兼并增多在美国十分普遍，表现为多公司企业（multi—establishment firms）比单公司企业（single—establishment firms）数量多，且大企业雇佣员工人数占比增加。而且，企业兼并导致大企业增多，并增加了成熟企业数量，相应地，由于业务流程再造和组织结构优化，雇佣人员不增反降，熟练工人被保留，而技术和管理生手被淘汰，这使得"企业老龄化"问题加深；同时，企业兼并也意味着业务整合、企业数量减少和新企业成立减少，这间接加重了"企业老龄化"问题。

三、美国"企业老龄化"对美国经济的影响

（一）降低经济活力

美国"企业老龄化"导致美国经济活力下降。经济活力体现为创业率和劳动力重新分配率两个经济指标。其中，创业率指存续1年以下企业占企业总数比例，劳动力重新分配率指新增就业、辞职和裁员总和占就业总数比例。新企业可以提高劳动力重新分配率，即使有老企业裁汰员工，但同时又有新企业雇用员

工,再加上员工可以自由选择工作岗位,所以劳动力市场将出现劳动力自由流动并且劳动力要素得到优化配置的现象,这将成为体现美国经济活力的重要例证。美国国家统计局数据显示,1978~2011年美国创业率和劳动力重新分配率两个指标均连续30年下降。虽然过去30年间美国涌现出包括比尔·盖茨和乔布斯等人在内的杰出企业家,但若不是因为美国的企业家精神"引领"这个时代,美国创业率将变得更差。

(二) 降低生产率

在其他因素不变的背景下,新企业更倾向打破陈规从而通过创新大幅提高生产率,而美国"企业老龄化"将使美国创新减少和生产率降低。对美国现代生活影响最大的是颠覆性创新,如汽车、飞机、计算机和互联网等行业,这些新兴行业的发展均源于新企业的创新。新企业可以将新产品、服务、生产方式引入市场,为经济发展注入新鲜血液,进而提高生产率。在成立初期,美国新企业中约6%申请专利、商标和版权,约8%开展专利相关的商业研发活动,比例高于老企业。因此,创立新企业对提高生产率很重要。一方面,新企业可以通过创新突破大幅提高生活水平,进而提高人力资源素质;另一方面,新企业可持续发展将有效刺激消费者和商业信心,也将反向倒逼新企业提高生产率。

(三) 降低就业水平

美国劳工部统计局数据显示,在美国,1978~2008年全球金融危机早期,4 000万个净新增就业几乎都是由存续少于5年的企业创造。虽然经过长期发展和积累,一些企业的先进生产方式不断提高,存续超过5年的老企业雇佣总人数接近总雇佣人数的一半,但总体来看,过去30年存续超过5年的老企业并没有创造净新增就业。这主要是因为老企业随着时间积累生产率得到提高,不再创造新增就业。因此,政策制定者不能将就业市场复苏寄希望于"老企业",而目前就业市场复苏正是美国经济亟须的。所以,"企业老龄化"问题将抑制美国新增就业,为就业市场复苏蒙上阴影。

四、相关的几点看法

(一) 美国"企业老龄化"将成为美国经济发展的掣肘之一

目前,制约美国经济发展的因素既包括结构性问题,也包括周期性问题,其中不能忽视美国"企业老龄化"问题对美国经济的牵制和约束作用。长期以来,促进美国经济获得长足发展的重要因素是美国国内宽松的创业环境、敢于创新的企业家精神和进退自由的企业门槛，但是几十年来美国"企业老龄化"使老企业利益沉淀、固化，新旧企业之间的竞争形成了天然的"藩篱"，新企业生命周期缩短，老企业生命周期变长，这使得新旧企业之间通过优胜劣汰提高生产效率，从而提高美国经济活力和竞争力的市场机制变弱。同时，美国"企业老龄化"意味着企业新增就业岗位减少，而且诸如底特律市失业人员长期自愿失业现象的不断增多，以及一些结构性失业人员并未被统计为失业人员。因此，虽然美国失业率有所缓解，但实际上美国并未真正走出高失业困境。这也将成为美国经济发展的掣肘。

（二）美国"企业老龄化"与美国人口老龄化趋势密不可分

近年来，美国社会老龄化趋势明显。美国16~64岁人口占比自2007年达到顶峰后出现下降趋势。劳动人口萎缩对应的是第二次世界大战后婴儿潮出生的人口开始逐渐步入老年。同时，16岁以下人口占比，即未来劳动力的潜在供给在下降。这使老年人口相对劳动力人口比例早在2004年就开始出现拐点，且上升速度较快，2012年达到第二次世界大战后新高的20.4%。据联合国预测，按照当前生育率，美国人口结构老龄化趋势在未来50年都很难出现逆转。人口老龄化趋势降低了美国工作岗位流动性，从而将继续抑制美国劳动力市场长期以来的最大优势。工作岗位流动性下降直接导致成立新企业变难，从而加剧美国"企业老龄化"问题。

（三）中国要应对人口老龄化趋势给经济社会发展带来的新变化

民政部2014年数据显示，目前，中国60岁以上老年人数量已超过2亿人，占总人口的14.9%。这一比例明显高于联合国传统老龄社会标准的10%。中国老龄委办公室2013年发布消息称，未来20年平均每年增1 000万老年人，到2050年左右，老年人口将达到全国人口的1/3。中国已逐渐步入老龄化社会，将对经济社会发展带来以下影响：中国要应对"未富先老"的挑战，尤其是人口抚养比提高，政府养老支出压力将加大；同时，人口老龄化也蕴含新机遇，随着老年人消费变化和老年人收入累积，"夕阳"产业将为经济发展增添新动力。因此，政府应继续提早研究制定应对老龄化带来的挑战，尤其是长期财政压力，继续推进养老金制度改革，并通过简化行政审批和创造良好政策环境鼓励成立新企业，预防中国出现"企业老龄化"问题影响经济发展活力的释放。同时，企业也应未雨绸缪，提前制定战略应对人口老龄化的趋势。

（四）中国企业要积极应对可能的"企业老龄化"趋势

2013年7月份，中国国家工商总局企业局发布中国《全国内资企业生存时间分析报告》显示,截至 2012 年底,中国共有企业 1 322.54 万户。其中,存续时间 5 年以下的企业 652.77 万户,占企业总量的 49.4%。虽然中国有近五成企业的"年龄"在 5 年以下,但企业夭折率非常高,仍存在"企业老龄化"风险。中国近 5 年退出市场的企业中寿命在 5 年以内的接近六成,企业退出市场的概率随成立时间呈前高后低、前快后慢态势,企业成立后 3~7 年为退出市场高发期,而成立时间久的老公司退出率较低。此外,企业规模越大,存活率越高,大规模企业比小规模企业生存曲线更平稳,也为"企业老龄化"埋下隐患。因此,虽然中国尚未出现明显的"企业老龄化"迹象,但人口老龄化意味着劳动力资源减少、企业养老金制度受到挑战和员工生产率下降等情况,将对中国企业提出新要求,即:中国企业如何在人口老龄化的新时期对企业组织、组织行为进行变革,并积极应对人口老龄化带来的潜在机遇。

美国基础设施投融资政策及启示

李明慧　叶申南

2008 年金融危机后，由于经济增长一直疲软，各国都在寻找新的增长动力，基础设施建设与投资备受重视。在美国，由于基础设施无法完全满足经济增长要求，且政府预算硬约束、政府部门作用不充分、融资手段创新不够等情况进一步加剧美国基础设施建设与经济增长的不协调。奥巴马自第一任期开始就将基础设施问题作为施政重点，并推出相关政策措施扩大对基础设施建设投资，但收效并不显著。现将美国基础设施建设投资现状、美国政府相关政策措施及我们的看法分析如下。

一、美国基础设施建设投资现状

（一）基础设施建设状况堪忧

虽然目前美国主要基础设施系统基本完备（例如，美国拥有超过 400 万千米道路、60 万座桥梁和 3 000 个运输中转站），但在过去 20 年内，基础设施建设投资额占美国 GDP 比逐年下降，基础设施维护与建设受到严重影响。美国道路质量全球排名在 10 年内由第 7 位跌至第 18 位，65% 的美国主要道路质量评级为"差"级，45% 的美国人没有被交通网覆盖，九分之一的桥梁被认为存在结构性缺陷，四分之一的桥梁因超负荷运输而需要进行重大维护，许多港口因深度不足而不适用于大型货轮。基础设施建设水平滞后，不仅提高美国企业运营成本和居民生活成本，更拖累美国经济增长。据统计，美国汽车驾驶员平均每年要在公路上花费 55 亿个小时，美国家庭因道路状况欠佳需承担额外支出约 1 200 亿美元；美国企业将承担额外运输成本约 270 亿美元；每年因基础设施建设投资短缺造成的交通事故死亡人数为 3.3 万人。同时，由于基础电力设施抗压能力差，恶劣天气引起的断电事故每年给美国造成经济损失 330 亿美元；供水设施老化每年造成断水事故约 24 万起。

---

① 本文写于 2015 年。

（二）基础设施建设资金缺口严重

由于成本高昂，美国各级政府大幅削减用于基础设施建设、运营和维护的公共支出，近年来下降尤为明显。2012 年全美公共基础设施建设投资占 GDP 比为 2.4%，仅为 50 年前的一半。2014 年用于道路设施建设与维护的公共支出由 2013 年的 960 亿美元下降至 850 亿美元，环比下降 11%。州政府基础设施预算在 2009 年和 2010 年分别削减了 3.8% 和 5.7%。美财政部长雅各布·卢称，至 2020 年美国基础设施建设资金缺口将达 1 万亿美元。美国土木工程师协会（ASCE）对主要基础设施融资情况的评估结果显示，美国地面交通网络、港口码头、电水力设施等面临巨大融资需求，而实际筹资额仅为需求的一半左右。至 2040 年，基础设施建设资金缺口将扩大至约 4.7 万亿美元（详见表1）。

表1　　　　　　　　　　未来美国基础设施融资情况　　　　　　单位：十亿美元

	2020 年			2040 年		
	总需求	预计筹款	资金缺口	总需求	预计筹款	资金缺口
地面交通	1 723	877	846	6 751	3 087	3 664
供水系统	126	42	84	195	52	144
电力设施	736	629	107	2 619	1 887	732
航空港	134	95	39	404	309	95
水路及海运码头	30	14	16	92	46	46
总计	2 749	1 657	1 092	10 061	5 381	4 681

资料来源：美国土木工程师协会，《当前基础设施投资对美国未来经济影响报告》。

（三）基础设施建设投资问题重重

美国政府在基础设施建设投资方面问题重重。首先，官僚主义横行，讨好或报答支持者的政治拨款现象频发。以美国最资深的两家基础设施承建机构——美国陆军工程兵团和美国垦务局为例，尽管曾承建过诸多重大项目，但由于目前这些机构过多承接私营部门工程，可显著提高外部经济效益的公共工程支出却很少。其次，联邦基础设施建设项目成本控制水平较低，以波士顿"Big Dig"公路项目为例，最终建设成本为预算的 5 倍之多。再次，联邦与地方政府权责不够明确，管理较为混乱，地方政府常不顾长期利益，不计代价地争取联邦财政资金。最后，当联邦政府出现决策失误时，地方政府的盲从将放大失误造成的后果。例如，联邦政府建设高层公租房项目的决定并不明智，但依然被地方政府推广；联邦政府对轻轨项目的补贴扭曲地方政府决策，使其放弃更高效、灵活的公共汽车系统，转而投资轻轨项目。

二、美国政府促进基础设施建设投融资政策措施

美国基础设施建设费用由税收收入及用户缴费构成,根据规模不同由联邦、州及地方政府共同承担。2008年金融危机前,美国联邦政府基础设施建设政策主要有两项:一是在20世纪50~60年代的州际公路系统建设时期,联邦政府设立美国高速公路信托基金专门投资公路建设,资金主要来源是联邦政府征收的燃油税;二是2005年小布什总统推出的《高速公路法案》,在2005~2009年间向地面交通建设和维修投资了2 846亿美元资金。金融危机后,美国各级政府积极削减赤字,不得不减少基础设施建设支出承诺。奥巴马从第一任期起就高度重视基础设施建设:继续执行1998年的《交通基础设施融资和创新法案》(TIFIA);2009年,通过《美国复苏与再投资法案》(ARRA),为基础设施建设提供多种融资工具;2014年,提出"21世纪美国交通基础设施展望",对交通基础设施建设进行四年(2015~2018年)规划,并于同年提出"建设美国投资倡议"(Build America Investment Initiative),加强公私合作,促进私营部门参与基础设施建设投资。

(一) 美国联邦政府相关投融资法案

1.《交通基础设施融资和创新法案》。TIFIA项目由美交通部主导,为地面交通及枢纽项目提供长期的直接贷款、贷款担保等融资服务,贷款对象为州和地方政府、运输公司、铁路公司及私人企业。TIFIA通过提供补充资本以吸引私人及其他非联邦投资,在交通"政府与社会资本合作(PPP)项目"中发挥很大作用。自1999年开展以来,该项目累计为22个交通项目提供79亿美元信贷援助,撬动总计294亿美元投资。2014财年,TIFIA贷款能力提高至92亿美元,可带动社会资本200亿~300亿美元的项目投资。

2.《美国复苏与再投资法案》。为应对经济危机,美国联邦政府于2009年推出ARRA,通过减税、增加政府投资等方式刺激经济复苏。ARRA包括资金总额为1 053亿美元的投资计划,其中交通基础设施投资为481亿美元(275亿美元用于高速公路和桥梁工程、80亿美元用于高铁等城际铁路工程,69亿美元用于交通枢纽工程)。这些投资中的一部分通过美国交通部主导的"交通投资促进经济复苏项目(TIGER)"形式发放。2009年以来,交通部已发起6轮TIGER项目,投入41亿美元,支持交通基础设施建设项目约300个。

3.《投资移民EB—5条款》。美国《投资移民EB—5条款》是《美国移民法》中针对海外投资移民者所设立的移民签证类别,简称"EB—5"(Employment Based Fifth Preference)条款。该条款于1990年推出,目的是吸引移民赴美

投资并创造就业机会，每年有 1 万个名额。移民申请人在美投资额不低于 100 万美元（在特定移民区不低于 50 万美元），并创造 10 个全职就业机会，即可获发移民签证。在该条款下的投资项目类型广泛，包括交通基础设施、住宅、商业区、经济开发区等，例如宾夕法尼亚州高速公路、华盛顿州 520 大桥。

（二）新型融资工具

两个世纪来，美国州和地方政府都在运用市政债券为基础设施融资。美国市政债券市场是全球最发达市场，截至 2012 年末，美国有 4.4 万个州及地方政府发行了市政债券，未偿付债务高达 3.7 万亿美元。与全国基础设施建设支出额相同，近 10 年市政债券发行量呈下降趋势。此外，由于一般市政债券可享受税收豁免优惠，美国税法对该种债券投资基础设施没有完全放开，私人资本购买免税债券受限。为此，美国政府推出若干创新型基础设施融资工具以弥补资金缺口，包括进一步推动 PPP 模式、铁路重建和改善融资项目（RRIF，瑞福贷款）、应纳税债券及免税的私人活动债券（PABs）等。

PPP 模式在美国市场的作用有限但潜力巨大。在美国，2007~2013 年，用于交通 PPP 项目公共和私人资金为 227 亿美元，占当期全国高速公路投资比仅为 2%；但是，私人运营的基础设施大量存在，例如四分之三家庭用电由私营电厂供应，移动通信网络、跨州石油和天然气管道、货运铁路等都由私营企业提供。

瑞福贷款为交通运输设施维持、升级和重建提供直接贷款或贷款担保，借款人可以是铁路的持有者或运营者，也可以是公共部门和私营部门。目前，该项目贷款能力为 350 亿美元。不同于 TIFIA 项目，瑞福贷款申请者需自行支付信用补贴费用，而不是由联邦财政提供补贴，降低了该项目的吸引力。

直接偿付债券是由州和地方政府发行的应纳税债券，利息支付由联邦政府补贴。债权人为不缴纳美国收入所得税且无权购买其他免税市政债的银行、保险公司、基金和外国投资者。2009~2010 年，州和地方政府总计发行超过 1 850 亿美元的建设美国债券（BABs），比免税债券节约 200 亿美元的借贷成本。2015 财年，总统预算案将通过推出"美国快速前进债券"（AFFB），效仿 BABs 的运行模式，允许州和地方政府无限期发行此类直接偿付债券。

合规的私人活动债券是由州和地方政府代表私营部门发行的免税债券，债券净收益仅用于联邦投资或贷款下的公共基础设施及服务项目。2015 财年总统预算案计划将全国交通 PABs 项目限额由 150 亿美元提高至 190 亿美元。

（三）"建设美国投资倡议"

2014 年 2 月，奥巴马政府提出"21 世纪交通基础设施展望"，倡议在未来 4 年，遵循"先修为主"（fix-it-first）原则，向高速公路、桥梁、铁路等地面交通系统投资3 020亿美元，并提出建立"国家基础设施银行"构想。6月份，奥巴马通过总统行政令推出"建设美国投资倡议"，旨在联合各级政府促进全美基础设施投资，重点是创新融资模式，并传达联邦政府希望与私营部门及州和地方政府合作以发展PPP模式的倡议。

该倡议包括系列活动：一是在美国交通部设立"建设美国交通投资中心"，通过提供咨询和技术援助等方式，为私营部门和地方政府更好地利用联邦援助贷款项目助力。二是成立由财政部长和交通部长组成的"建设美国跨机构工作组"，会同利益相关者协商划清阻碍私人资本进入基础设施领域的因素。三是召开"美国基础设施投资峰会"。2014年9月份，美国财政部和交通部在华盛顿共同举办首届"美国基础设施投资峰会"。峰会上，来自全球及美国境内的投资者承诺未来5年对美国基础设施建设投资超过500亿美元资金。除私人资本外，联邦、州、地方政府以及慈善组织也承诺继续投资美国基础设施。美国农业部宣布为全美22个电力工程提供总计5.18亿美元贷款。交通部宣布以竞争性基金（competitive funds）形式为交通枢纽工程综合设计提供2 000万美元资金。美国30多个城市的公共水利部门宣布未来10年向市政水利系统运营和升级投资2 330亿美元。

三、针对此问题的几点思考

（一）奥巴马大规模改善基础设施计划恐将落空

从林肯总统推动联邦政府投资完成巨大的铁路和电报网，到艾森豪威尔总统授权联邦政府在35年间投入约4 250亿美元建设州级公路体系，美国经济发展一直与基础设施建设密不可分。虽然增加基础设施建设投资将有益经济和民生，然而美国现政府却无力满足基础设施建设投资需求，主要原因如下：一方面，美国的两党政治斗争是拖累美国基础设施建设投资的主要原因。2011年9月，奥巴马向国会提出《美国就业法》修改案，试图投资500亿美元用于基础设施建设并创造就业机会，但无法在两党间达成共识。2014年初，奥巴马提出的3 020亿美元基础设施建设设施投资计划也没有得到国会支持。美国中期选举后，共和党取得参议院控制权，并进一步扩大在众议院的优势地位。可以预见，未来两年，共和党将继续掣肘奥巴马的基础设施建设投资计划，美国基础设施投资不会取得突破性进展。另一方面，在全球危机大背景下，作为公共投资主体的各州政府和地方政府仍面临财政困境。在财政收入下降的情况下，地方政府只有通过推迟或取消基础设施建设项目、削减开支以保持预算平衡。若联邦政府不做出表率，地方政府将很难打开政府投资基础设施建设的"钱袋"。

（二）应积极推动与美国开展基础设施合作

由于财政预算及国内投资无法满足基础设施建设需求，美国联邦政府正努力通过多种法案及"建设美国"倡议等措施吸引包括中国在内的海外投资者。中美两国在基础设施领域合作空间巨大，美国桥梁、水道、公路、航空和电力基础设施都需更新、扩容和改造，而中国在高铁、桥梁、机场、电力等方面拥有世界先进的技术与设备、较强的建设能力和价格优势，双方具备进行深度合作的条件。在第六轮中美战略与经济对话中，中美双方认识到各自企业在两国基础设施领域发挥积极作用的潜在价值，并承诺共同探讨加深该领域合作，包括通过允许国内外投资者参与政府与社会资本合作模式（PPP），增加基础设施领域的商业投资。然而，目前美国在基础设施投资领域对外国投资者设置种种限制。为此，中国应继续依托中美战略与经济对话及其他相关平台进一步增进互信与合作，争取尽早达成中美双边投资协定谈判，为中美基础设施合作创造良好制度环境，鼓励中国企业"走出去"参与美国基础设施投资建设，实现互利共赢。

（三）应加强区域基础设施投资合作

作为世界第二大经济体，中国既面临国内基础设施投资缺口问题，也期待为亚洲区域内基础设施投资不足问题做出贡献。在国内金融市场尚不发达、PPP模式方兴未艾的背景下，为促进区域共同繁荣，中国政府正通过多种途径大力增强基础设施投资合作、促进互联互通，包括提出亚洲基础设施投资银行和"一带一路"战略规划等方案。为此，一方面中国应深化国际合作，推动现有多边开发机构提高杠杆率，增加对跨国、跨区域基础设施项目的投入；另一方面，中国应加快推进亚洲基础设施投资银行、"金砖"国家开发银行等新开发机构建设，以补充区域基础设施发展资金缺口，并充分利用"丝路基金"为"一带一路"沿线国家基础设施建设、资源开发、产业合作等有关项目提供投融资支持。

（四）可借鉴美国经验，利用创新型金融手段推广PPP模式

在政府面临预算约束的情况下，美联邦政府推出的TIFIA、TIGER等贷款项目一定程度上起到了撬动私人资本、促进基础设施发展的积极作用。在进一步推广PPP模式的大背景下，中国可借鉴美国经验，针对私营部门投资基础设施推出相应的竞争性贷款项目，为基础设施建设项目提供补充资本，充分发挥公共部门引导私人投资的作用。同时，还可针对不同类型基础设施建设项目自身特点，在贷款对象、还款周期等方面采取灵活政策，并通过税收优惠、费用减免等激励机制提高贷款的吸引力。此外，在企业债市场不发达的背景下，中国可推出试点项目，由政府引导私营部门发行债券，用于基础设施建设及公共服务供给。

美国经济何以"一枝独秀"[①]

王 虎

2008年9月15日,雷曼兄弟申请破产保护,金融危机开始席卷全球。时至今日,全球经济复苏步伐艰难,分化加剧,仍未完全走出危机阴影。欧元区经济复苏疲弱,日本复苏后续乏力,新兴经济体增长失速,反倒是金融危机的发源地美国复苏势头相对稳固。特别是近三年,美国GDP增速平均超过2%,2014年三季度甚至高达5%,失业率也从最高点10.2%一路直降至5.4%。在全球经济复苏疲软的大环境下,美国一跃成为拉动全球经济增长的一个主要引擎。本文将简析美国经济化危为机,"一枝独秀"的原因并分析其潜在风险和未来走势。

一、美国经济"一枝独秀"的原因简析

(一)经济增长内生动力强劲,外部干扰有限

GDP主要组成部分包括消费、投资、政府支出和净出口。美国经济高度依赖消费支出,以2013年为例,消费支出占GDP的比重接近68.4%;而投资对GDP的贡献约为15.9%;政府支出相对稳定,为18.6%;净出口则为-2.9%。消费支出毫无疑问是美国经济增长的最主要动力。

金融危机以来,美国消费支出总体保持稳中有升的态势,2014年3月甚至出现了2009年以来最高的1%的环比增幅。而消费者信心指数也在2009年以来呈明显增长态势,特别是受楼市情况好转、股市连创新高等因素提振,今年美国谘商会消费者信心指数已突破100大关,是2009年初的4倍。稳固增长的个人消费支出为美国经济复苏提供了强大的内生动力,虽然全球经济复苏不平衡,外部需求疲软对美国出口产生一定影响,但对GDP增长的干扰相对有限。

(二)宏观经济政策把握了市场和政府、自由与监管的"度"

回顾美国的经济思想史,自由主义思想曾长期占主导地位。但随着历次经济

[①] 本文写于2015年。

危机的出现与应对危机的需要,政府干预、财政政策与货币政策协调配合的重要性开始逐渐显现。政府和市场的博弈得出了一个可靠的结论:危机是市场失灵的结果,危机爆发后,单纯依靠市场机制的自我修复是远远不够的,必须通过适当的宏观经济政策来弥补漏洞,控制风险,为市场机制发挥自我修复功能争取时间,创造条件。面对来势汹汹的金融危机,奥巴马政府基本做到了临危不乱,出台了规模空前、覆盖全面的刺激措施。

财税方面,美国在 2008~2012 年间先后出台了规模达 8 080 亿美元的《经济复苏与再投资法案》、规模 1 890 亿美元的《税收减免、失业保险重新授权和就业机会创造法案》和规模 1 250 亿美元的《中产阶级税收减免和就业创造法案》,还出台了"旧车换现金"、《临时工资免税延长法案》等中小规模刺激措施。货币和金融方面,从 2007 年 8 月开始,美联储连续 10 次降息,将联邦基金利率由 5.25% 降至 0~0.25%;从 2008 年 11 月开始,先后实施了三轮量化宽松;出台全面金融改革方案——《多德—弗兰克法案》,强化金融监管。社会政策方面,奥巴马政府推行了医疗保险体制改革、移民政策改革和住房改革。产业政策方面,先后推出了"重振制造业""选择美国"以及"出口倍增"等计划,并给予新能源、大数据和基础设施等领域大量政策支持。

整体上看,除了对一些大型金融机构采取了较为严格的监管措施外,奥巴马政府的宏观经济政策基本做到了不缺位也不越位,既保证了宏观政策能为微观行为提供积极的引导和良好的环境,又通过延续性的政策安排和有效的沟通机制为市场创造了稳定的政策预期。即使是面对"二次探底""政府关门"等挑战,也基本延续了宏观政策的适度性和稳定性。

(三)就业市场稳步复苏,长期增长的基础得以巩固

在经济危机伊始,美国宏观经济政策就牢牢盯住就业这一核心目标,并围绕这一目标先后在 2010 年 12 月和 2012 年 6 月出台了《税收减免、失业保险重新授权和就业机会创造法案》和《中产阶级税收减免和就业创造法案》,总支出超过 3 000 亿美元。事实证明,近 3 年美国劳动力市场的复苏始终好于预期,虽然经济增长在不同季度略有反复,但失业率自 2012 年以来始终呈稳定下降趋势,2015 年 4 月份失业率已降至 5.4%,创 2008 年 5 月以来新低。而持续降低的劳动参与率也在今年出现回升迹象,表明越来越多的美国人开始看好经济形势,愿意加入就业大军。就业数据向好,既标志着美国宏观经济目标的实现,又为中长期更坚实的经济增长打下了良好基础。

(四)科技创新为增长注入了强劲动力

美国经济内生动力强劲,除了结构上高度依赖消费支出外,也离不开科技引

领增长的创新驱动模式。从宏观层面，创新是提高全要素生产率、保持国家竞争力的需要；而从微观层面，创新特别是中小企业和初创企业的创新能有效促进就业，创造新的工作岗位。美国创新体系的独到之处在于，政府始终坚持在市场框架下"有所为，有所不为"，即通过提供法律保障、知识产权保护、财政资助、税收优惠等方式构建有利创新的外部环境，鼓励企业特别是中小企业参与技术创新，塑造以企业为主体的国家创新体系。

自 2009 年奥巴马提出"重振制造业"以来，美国政府先后发布了《美国创新战略：促进可持续增长和提供优良工作机会》《美国创新新战略：保护我们的经济增长和繁荣》等多个纲领性文件，研发支出也在减赤和支出缩减的大背景下始终保持在 1 300 亿美元以上，大数据、页岩油、生物技术等领域先后取得重大技术突破。此外，联邦政府还通过出台小企业创新研究计划（SBIR）、小企业技术转让计划（STTR），建立小企业发展中心（SBDC）等方式有效推动了高新技术的扩散和中小企业的发展。

（五）金融霸权与贸易主导权带来的优势地位

美国是本次金融危机的发源地，非但没有成为危机的"重灾区"，反而在复苏进程中一枝独秀，这离不开美国在国际经济治理体系中的制度性优势地位。美国牢牢掌握着国际金融霸权，并意图通过规则设计，借 TTP、TTIP 等抓手抓牢国际贸易主导权。

客观来说，危机可能从声势上打压了美国，但并没有从根本上威胁其霸权地位。反倒是美国的潜在挑战者们，在危机中普遍遭到了反噬。从金融地位看，美元的最大挑战者是欧元，但经济危机让欧元区陷入长期挣扎，危机下欧元区各国貌合神离的软肋被无限放大，欧元在国际货币体系中的地位也大不如前。而从经济地位看，作为美国的潜在挑战者的新兴经济体更无力抵抗美国的金融霸权。无论是过去几年的数轮量宽还是即将出现的加息，新兴市场国家要么直接扮演危机接盘者的角色，要么饱受美货币政策外溢性的干扰。从 2008 年 11 月开始，美联储实施了三轮量化宽松，向市场注入了高达 4 万亿美元的流动性，凭借其金融霸权和国际治理体系中的优势地位通过量宽成功地将危机的影响向外转移，并在全球复苏利益分配过程中占据了主动。

二、未来走势预测

（一）短期走势

2015 年一季度，受海外需求低迷和冬季严寒气候的影响，美国出口、非住宅固定投资和地方政府支出数据出现下滑，GDP同比增长仅为0.2%。一季度GDP走低主要是受严寒天气、出口萎缩、油气投资减少等因素影响，对美国全年经济走势影响有限。综合美国劳动力市场持续向好，家庭实际收入明显增长，消费者信心维持高位等因素，美国经济增长的主要动能并无明显改变，预计美国经济将在二季度出现反弹，延续近几年"低开高走"的惯例，全年增长率或仍将超过2%。

（二）中长期走势

美国经济经过近几年的调整和复苏，业已具备了稳定增长的基础，但中长期仍须特别关注以下两个问题：

一是政治周期的临近。2015年是奥巴马总统任期的最后一个完整年度，2016年美国政治将进入总统选举季，在危机后首次进行最高权力更迭。考虑到近一两年内，全球经济包括美国经济将进入复苏和增长的关键期，国际经济格局和全球治理体系也将进入深度调整，且地缘政治风险不断加大，2016年大选对两党来说均不容有失，今明两年美国政坛必将充满激烈的党派博弈和深层的力量对抗。

对民主党来说，经济增长、就业改善无疑是争取选民的王牌，今明两年奥巴马政府的主要经济政策仍将以促进增长和就业为主，一些有助于结构性改革和长期增长的措施或将因"激励不足"而滞后，而甚至不排除奥巴马政府为追求短期经济效益而透支长期增长或美联储出现"政治化"的可能。而共和党已掌握了参众两院，有能力对奥巴马政府形成更有力的制约，并力推共和党的竞选理念。未来政府和国会博弈加剧或将导致经济政策的延续性和稳定性大打折扣，潜在的经济风险得不到及时应对，威胁中长期增长。

二是货币政策正常化的影响。2014年10月，美联储如期结束第三轮量宽，货币政策正常化进程的重点转向加息和缩减资产负债表规模。得益于美国经济稳固复苏和劳动力市场的明显改善，市场普遍预期美联储将在2015年内加息，美元也在近一年来明显走强。

短期看，货币政策正常化已形成稳定预期，加息对美国增长、就业和通货膨胀指标的短期影响总体可控。但中长期看，加息将使美国经济增长失去货币政策支撑，带动美元进一步升值，为中长期走势带来不确定性。可能的负面影响包括：进一步恶化美国贸易和增长状况，2015年一季度，强势美元的影响已开始显现，萎缩的出口已将GDP数据至少拉低了1个百分点；影响美国企业特别是中小型出口企业的利润和生产积极性，进而影响增长和就业；压低能源和进口商品价格，加剧通缩风险，使通货膨胀率难以在中长期达到2%的既定目标。

三、对其的几点思考

（一）美国经济稳定增长对中国和世界经济是利好

危机后，不同经济体均采取了一系列措施应对危机，如加大财政支出，实施宽松货币政策等。这些同质的措施在其他国家收效甚微，但在美国却效果明显，也说明美国宏观经济政策确有其独到之处，值得借鉴。对中国来说，美国经济表现稳健意味着全球经济增长除中国之外又多了一个重要的拉动力量，全球经济走出危机、进入新的增长周期又多了一个积极因素。诚然，我国须高度警惕美国"内视性"的经济政策、贸易和投资保护主义以及货币政策外溢性对我国造成的不利影响以及经济实力增强后同我国展开合作的意愿降低。但从世界经济全局看，美国经济增长对于全球增长和我国外部环境的改善显然有积极意义。

（二）顶住下行压力须激发内生动力

美国经济之所以能在主要经济体普遍疲软之际保持稳定增长态势，靠的是稳定的内生动力。为摆脱危机，美国政府采取了非常规财政和货币政策，并出台了"重振制造业""选择美国"等一系列措施打造新增长点；同时，着力改善就业市场和社保体系，确保消费支出稳定。

对比来看，我国经济下行压力加大，也正是由于传统增长模式不可持续，新的内生动力尚未完全成型。今后的增长无法过度依赖外需的支持，只能依靠全面深化改革，激发内生动力。内生动力一方面体现在稳定的内需增长，另一方面则体现在创新和技术进步带来的结构升级。激发内生动力，就要使市场真正成为资源配置的基础，使企业真正成为创新的主体，使内需成为驱动经济增长的主引擎。特别是在当前出口的支撑作用面临很大压力的情况下，应重视发挥消费的基础作用和投资的关键作用，一方面加快收入分配体制和社会保障体制改革，增强居民消费意愿和消费能力；另一方面推进产业结构升级，落实"互联网+"行动计划和《中国制造2025》战略规划。

（三）宏观经济政策应做到对症下药，行止有度

美国经济一枝独秀的原因中，除了经济增长内生性强、超宽松货币政策、创新和技术革命等因素外，政府在促进经济复苏和增长方面也发挥了重要作用。危机以来，一方面，美国政府和美联储快速反应，果断出台应对危机的财政政策和货币政策刺激增长，另一方面，大刀阔斧地对金融体系进行改革，管控华尔街"任性"的资本，重启金融体系的功能和活力。特别是同其他发达经济体相比，

美国应对危机的宏观经济政策更加适度和有效，及时性和专业性更强。

对我国而言，宏观经济政策应紧紧盯住经济形势，稳健的货币政策更加注重松紧适度，积极的财政政策继续加力增效、促进经济保持中高速增长，迈向中高端水平，并做好预研预判和预案准备，在新常态下发挥好财政调控作用。

（四）积极争取全球治理中的优势地位和规则制定权

金融危机爆发以来，美国凭借其金融霸权和在国际经济治理体系中的优势地位，以较小的代价化转了危机的影响，并在发达经济体中第一个走上稳固复苏之路。而我国作为全球第二大经济体、第一大出口和外汇储备大国，经济实力尚没有转化为相应的影响力，在国际经济治理体系中的地位和作用仍与全球第二大经济体的身份不符。

为此，我国应积极践行"大国财政"理念，不仅要搞好本国经济，还要更加主动地参与国际财经外交和全球经济治理改革，将经济实力转化国际影响力。在主要经济体对我国倚重加大的新形势下，发挥我国市场和资金优势，一方面经营好"一带一路"、人民币国际化，用好亚投行、新开发银行等新机制和新平台，用新机构和新机制倒逼世行和 IMF 改革；另一方面积极参与并引领国际规则制定，实现从国际规则的适应者和遵循者向引领者和制定者的角色转换。特别是近期，贸易促进授权（TPA）已获美参议院通过，TPP 谈判进程或将加快，我国应在紧盯 TPP 谈判进展的同时，加快 RCEP、FTAAP 以及双边自贸区的建设进程。

（五）加强中美务实合作，共同引领新一轮增长

经过本次危机，美国等发达经济体的整体实力虽受到一定影响，但在国际经济治理上仍占据绝对主导权。新兴经济体的崛起已成事实，但增长还不稳定，且面临发达经济体政策效应外溢等共同的外部挑战。在新形势下，发达经济体与新兴经济体特别是美国和中国通过合作来解决其自身和全球性经济问题，才是互利共赢的首选。

中美作为近期经济增长较为强劲的两个主要经济体，也是未来全球经济增长潜在的"双引擎"，应继续用好中美战略与经济对话（S&ED）等双边协调机制和 G20 等多边治理机制，加强政策协调，妥善管控分歧。创新、深化和拓展双边合作领域，加快中美双边投资协定（BIT）谈判，加强两国在新能源、先进制造业、大数据以及基础设施建设等领域的合作，将中美合作的"蛋糕"做大，共同引领新一轮的全球增长，为构建中美新型大国关系注入丰富务实的经济内涵。

美国农村贫困问题及奥巴马政府应对之策[①]

陈 霞 李佳璐

尽管美国是头号发达国家，但贫困问题依然是美国经济社会发展面临的一个严峻挑战。其中，农村贫困现象相对突出，相关问题值得关注。美国历届总统都十分重视扶贫工作，奥巴马也不例外。2009 年上任后，奥巴马先后在教育、医疗、就业、基础设施等领域推出一系列政策，旨在有效解决美国贫困尤其是农村贫困问题。本文将阐述美国农村贫困的主要特点，并梳理奥巴马针对农村贫困问题的有关政策。

一、美国农村贫困现状及主要特点

美国的官方贫困衡量标准（official poverty measure，OPM）主要根据食物支出占家庭总收入的比重来确定。食物支出占家庭总收入的三分之一以上即为贫困。贫困标准每年都会考虑通货膨胀因素进行调整。具体的贫困线因家庭规模、抚养未成年人的数量等不同而有所区别。2013 年，美国人口普查局公布的贫困标准包括 65 岁以下的个人收入低于 12 119 美元、65 岁及以上的个人收入低于 11 173 美元、三口之家的收入低于 18 751 美元即为贫困[②]。

白宫数据显示，2013 年，美国农村有 620 万贫困人口，其中包括 150 万儿童[③]。按美国官方贫困标准衡量，2013 年美国 16.2% 的农村人口属于贫困人群，14.3% 的城市人口属于贫困人群，农村贫困人口比例略高于城市。不仅如此，农村地区人口的受教育程度、年收入、人口结构等也不及城市地区。美国劳工统计局的数据显示，2013 年农村地区 25 岁以上的人口中拥有本科学历的比例明显低于城市地区，仅为 20.5%，而城市地区为 34.1%；农村地区家庭的平均收入也低于城市地区，为 42 881 美元，比城市家庭少 11 161 美元；农村地区的人口结

[①] 本文写于 2015 年。
[②] 人口普查局公布的贫困线因抚养未成年人数量的不同而不同，具体的内容不一一列出，详见 https://www.census.gov/hhes/www/poverty/data/threshld/。
[③] The White House, Opportunity for ALL: Fighting Rural Child Poverty, 2015.5.20.

构不利于农村经济的发展，65岁以上人口的比例为17.9%，高于城市地区4.4个百分点，而18岁以下人口比例为23%，比城市地区低0.8个百分点；此外，农村地区单亲家庭的比例要高于城市地区，且每个家庭抚养未成年人的数量也多于城市家庭。

农村地区在人口结构、家庭结构、年收入等方面均存在劣势，这是造成美国一些农村地区陷入贫困的部分因素，同时这些因素也使农村地区贫困呈现出以下特点：

一是贫困代际相传，并呈现出马太效应。农村地区的贫困大多都是代际相传的，这就意味着如果这一代人陷入贫困，那么其以后的子孙也有很大可能继续处于贫困的境地。美国农业部将1980年、1990年、2000年三次人口普查和2007～2011年美国社区贫困调查中贫困率一直保持在20%及以上的地区划归为持续贫困地区（persistently poor）。根据这一标准，目前美国有353个县（郡）属于持续贫困区，数量占美国所有县（郡）的11.2%。其中，有301个县（郡）位于农村地区。①

这些地区的贫困不仅会代际相传，而且呈现出马太效应，进一步加剧了贫困代际相传的可能性。这是因为越是贫困地区，人们受教育程度就越低，找工作的难度也越大，人均收入也越低，从而导致他们难以脱贫。这就形成了一个恶性循环，贫困地区的人难以摆脱贫困的厄运。

二是经济增长与减贫的关系变弱。在美国，经济增长一直被认为是最有效的减贫措施之一，但从20世纪80年代起，经济增长和减贫的关系逐渐变弱。1980年，美国GDP约为5.93万亿美元，贫困率13%，之后GDP规模逐年增加，但贫困率却并未降低，2012年美国GDP规模突破14万亿美元，贫困率却上升到15%。与此同时，劳动力市场对减贫的直接影响增加。农村地区在美经济复苏期间，缺乏工作机会，经历了更为疲弱的就业增长，从而加剧了贫困。

三是家庭结构对贫困的影响力增强。白宫经济顾问委员会的调查显示，1967～2012年间，美国单亲家庭比例不断上升，而且农村地区单亲家庭比例也较城市地区高，其中单亲母亲家庭占多数，这种情况加剧了农村地区的贫困。这是因为相较于普通家庭，单亲家庭对于经济变动的承受力更低，更加脆弱。再者，由于性别歧视，单亲母亲也很难找到全日制工作，即使找到工作，工资也低于男性。此外，相较于城市，农村家庭生育第一个孩子的时间更早。2012年，城市地区的女性生育第一个孩子的平均年龄为25岁，农村地区则为22岁。由于工作早期人们收入较低，过早的生育使得家庭无法为子女提供足够的资源供其成长，容易导致儿童贫困。

---

① 美国农业部美国农业部经济研究局，Geography of Poverty，该数据根据2007～2011年美国社区调查结果得出，2015.5.18。

四是儿童贫困问题突出。美国农村地区的儿童贫困问题较为突出,很多儿童由于家庭结构等原因陷入贫困。美国农业部经济研究局2013年统计数据显示,1989~2013年间,农村地区儿童的贫困率一直高于城市地区,而且这种差异还在不断扩大。2013年,农村儿童的贫困率高达26.2%,高于农村地区4个百分点。[1] 由于贫困,农村地区的儿童未能获得良好的教育、医疗等公共服务。

二、奥巴马应对农村贫困问题的政策

奥巴马自2009年上任后,就格外注重农村贫困群体的利益问题,除了进一步加大智力扶贫和财政扶贫力度外,还格外重视发挥私人部门在扶贫过程的作用,激发贫困群体的能动性。通过一系列政策措施完善农村地区的社会保障网,为农村地区创造更多的发展机会,使美国经济增长成果惠及更多农村地区民众,从而为其推行的"中产阶级经济学"奠定坚实的基础。

(一) 加大智力扶贫力度

奥巴马上任后特别重视农村贫困地区的教育问题,针对儿童、青少年的教育问题采取了一系列措施,旨在通过智力扶贫有效解决农村地区贫困代际相传的难题。

奥巴马政府加大对于0~5岁儿童早教项目的投资。2010年,美国国会通过"平价医疗法案"(affordable care act)中的"母婴与幼儿家访计划"(maternal, infant, and early childhood home visiting, MIECHV),支持护士、社工、早教人员对高危产妇和婴幼儿家庭进行定期访问,防止家庭暴力,提高儿童识字率,保证儿童身心健康。此外,奥巴马政府还进一步扩大公立学校范围,提供高质量的学前教育。奥巴马在2013年的国情咨文中,要求国会将学前教育扩展至覆盖全美所有的4岁儿童。

白宫农村委员会还与教育部合作为农村地区学生提供在线学习课堂;联邦通信委员会还将在未来两年投资20亿美元用于建设公立学校宽带网络,为2000万学生提供宽带和无线网络服务。

此外,奥巴马政府还通过"美国大学承诺计划",为更多的农村地区学生提供两年制的免费社区大学教育。在农村,近600所社区大学为3400万名学生服务。该项计划将使农村地区900万学生受益。美国教育部和劳工部还在2015年推出新的"开放教育资源"(open educational resources, OER)项目,该项目有助于生活在农村地区的群体通过互联网进行学习并获得学位。

---

[1] 美国农业部经济研究局,Poverty Overview,该项数据根据美国人口调查局的"当前人口调查"统计法(Current Population Survey)结果得出,2015.4.27。

（二）加大财政扶贫支持力度

为更加有效解决农村贫困问题，奥巴马政府进一步加大了联邦财政资金支持和税收减免的力度。

1. 加大对既有扶贫项目的联邦资金支持。奥巴马政府对前几届政府实施的富有成效的扶贫项目继续提供充足的资金支持。在2016年财政预算中，奥巴马计划扩大对"儿童早期发展和照料协商合作组织"的经费支持；还将为"开端计划"提供10亿美元资金支持，该计划旨在为低收入家庭5岁以下的儿童提供全天候照顾服务。奥巴马还倡议对学前教育发展基金、补充营养援助项目、住房选择援助计划、流浪者援助基金等继续提供经费支持。

2. 减轻农村家庭税收负担。奥巴马政府还推出"劳动所得税抵扣制"（earned income tax credit，EITC）措施，着力减轻农村家庭税收负担。2010年，EITC向农村地区返还了105亿美元的税收，平均向每个纳税者返还了2 245美元。在农村地区享受的联邦退税中，有20%的退税来自EITC。在某些州，这一比例甚至达到了三分之一。奥巴马提议，在2017年EITC和"儿童退税"（child tax credit）到期之后，对其进行永久化改革，将减免1 600万家庭和2 900万名儿童的税收，这有助于进一步减轻农村家庭的税负。

3. 加大对医疗服务的财税支持力度。奥巴马还加大了联邦财政对于各州公共医疗补助经费的支持力度，加强了对于远程医疗服务的投资，以使农村贫困地区群体享受到更好的医疗服务。美国卫生及公共服务部还特别推出了"农村贫困儿童远程医疗补助"（rural child poverty telehealth network grant program）项目，加大了对远程医疗服务技术开发的投资，以帮助农村贫困儿童获得更好的医疗服务。为更好解决医疗覆盖体系中间的"夹心层"①的问题，奥巴马政府还通过平价医疗体系的"医疗保险市场"（health insurance marketplace）为农村家庭就医提供税收减免。

4. 重点支持严重贫困地区发展。为更好帮助贫困地区，奥巴马政府还通过"邻里复兴计划"（neighborhood revitalization initiative，NRI）和"希望区计划"（promise zones），进一步加大对贫苦地区的财政支持。NRI计划向100个严重贫困的地区投入3.5亿美元以支持这些地区发展经济。基于NRI计划，美国又提出希望区计划，旨在帮助贫困率高于20%的城市、农村地区脱贫。入选希望区的贫困地区，可以享受一系列优惠政策，包括可以优先申请联邦政府的扶贫项目、优先获得联邦政府各部门的技术援助和相应的减免政策，如税收减免，内容包括

---

① 包括农村地区在内的100万美国人处于"夹心层"。他们的收入一方面高于能享受公共医疗补助的最低限额；另一方面，又不足以使得他们通过购买医疗保险享受免税政策。"医疗保险市场"将这一部分"夹心层"纳入了医疗保障体系内。

直接减免当地企业的税负，或者是鼓励企业雇用希望区的居民，或将他们的生产基地建立在希望区，等等。

（三）充分发挥私人部门的作用

奥巴马政府在帮助农村地区脱贫过程中特别重视发挥私人部门的作用，使私人部门也参与到减贫的各个项目中。比如，2012年奥巴马政府推出"点燃美国"（US ignite）计划，旨在利用高速的宽带网络，更好促进美国农村地区与城市地区，以及农村地区之间的互联互通，使农村地区居民享受到更好的包括医疗、教育等在内的公共服务。利用这些网络超高速的特性，农村地区的家庭在当地就可通过远程医疗获得知名专家的诊断。参与这个计划的不仅有联邦政府、地方和州政府，还有100多家私营企业，这些企业在推动农村宽带建设方面发挥了重要作用。一些私营企业投资20多亿美元，为农村地区学生的在线教育提供宽带和无线网络等尖端技术，帮助打破农村地区的教育隔离状态。

此外，奥巴马政府还通过制定农村基础设施项目投资评价新指标等措施吸引更多私人资本投入农村道路、桥梁及水务等基础设施建设项目。美国小企业管理局就通过采取PPP模式，将政府资本与私人资本相结合，按照政府资本与私人资本2:1的比例投资农村中小企业，以促进这些企业的进一步发展。美国农业部和小企业管理局还将继续运用PPP模式，在未来五年内总计投资3.5亿美元用于农村建设。

（四）激发贫困群体的能动性

在帮助农村贫困群体脱贫的过程中，奥巴马政府重视激发扶贫对象的能动性，鼓励他们通过工作脱贫。奥巴马上任后，将每小时7.25美元的最低工资水平提高到每小时10.10美元，到2016年这一举措能够使160万人口脱离贫困，同时也调动了贫困群体工作的积极性。在对贫困家庭援助项目中，还规定受援家庭必须每周工作30小时以上（家庭中有6岁以下小孩的除外），如果拒绝工作要求，获得的援助会越来越少，甚至取消援助。而且贫困家庭接受援助的时间不得超过5年。这些规定都是为了避免贫困群体对援助形成依赖，从而丧失工作的能动性。

此外，奥巴马政府还竭力提供就业信息促进农村地区就业，使更多农村贫困群体可以找到工作。美农业部与劳工部进行合作，为农村地区的劳动力提供更加全面的就业信息；劳工部为全国2 800个农业部站点提供择业和就业培训信息，以便减少农村地区人员寻找工作的成本。

（五）为农村创造更多发展机会

为充分调动各方资源，不断改善和提升农村地区的基础设施建设，促进农村地区发展，美推出"美国乡村制造"（made in rural america）倡议，帮助农村地区的企业和农场吸引投资，进一步扩大农产品出口，同时为农村地区创造更多就业机会。设立 1.5 亿美元专项投资基金，用于支持农村中小企业发展；设立"i6 乡村挑战"（i6 rural challenge），提高农村企业创新能力；成立国家创新团队支持美国"乡村制造"出口；通过引进来和走出去，为农村企业拓展商机。此外，美国还格外重视扶持农村中小企业的发展。从 2009 年起，美国农业部和小企业管理局通过"农村发展中介再贷款"项目（intermediary lending rilot，ILP）和"小额贷款项目"（microloan program），提供了 1.9 万笔贷款和援助，支持超过 6 万家农村地区的小企业发展实业，填补了农村地区企业发展的资金缺口。2013～2014 年农业部和小企业管理局总计投入 1.75 亿美元用于支持农村地区小额信贷。小企业管理局还将通过"小企业投资公司计划"支持农村小企业融资、扩大规模、实现现代化。到 2016 年，该项计划的投资规模将达 20 亿美元。

三、思考与启示

（一）智力扶贫是农村扶贫的重中之重

美国农村扶贫特别重视智力扶贫，尤其是儿童的教育问题。美国政府认为，对农村贫困儿童的智力扶贫是帮助农村贫困地区摆脱贫困代际相传的关键。因此，美国联邦政府将儿童的智力扶贫放在优先地位，投入大量资金，开展了一系列农村儿童扶贫项目，包括婴幼儿早教、学前教育等。

中国也十分重视智力扶贫，希望借此达到"输出一人，脱贫一户"的效果。但我国针对农村不同年龄段儿童，特别是婴幼儿、留守适龄学童的教育扶贫项目较少，资金支持相对不足，不利于缓解农村贫困的代际传递难题。鉴此，我国可适当借鉴美国智力扶贫的做法，加强对农村贫困儿童的教育扶贫力度，针对农村不同年龄儿童的不同需求，精准施策，分类施策，采取不同的智力扶贫措施，制定不同类型的智力扶贫项目，使农村贫困儿童可以享有优质的教育资源。

（二）调动扶贫对象的积极性

美国农村扶贫贯穿了增强扶贫对象自我发展能力、激发其工作积极性、依靠自身努力脱贫的理念，十分注意把握提供保障的度，避免扶贫对象对这些保障形成习惯性依赖，从而丧失工作的积极性，如对贫困家庭援助项目规定了每周必需工作的时间、受援期限等。这对农村扶贫尤为重要。为调动贫困群体工作积极性，美国政府相关部门还为这些群体提供全面的就业信息和培训信息，减少他们寻找工作的成本。

我国在制定相关的农村贫困家庭扶贫和低保政策时，可借鉴美国农村扶贫的理念，对有劳动能力的贫困家庭规定必要的工作时间和享受相关扶贫政策的期限，充分调动农村贫困群体自力更生的积极性和主动性。同时，加强对一些处于贫困的人群的职业培训，帮助他们学习并掌握某些工作技能，为他们创造更多的就业机会，提高这些贫困群体的创收能力。

（三）健全农村贫困群体的医疗保障和救助体系

与美国类似，为保障农民获得基本医疗服务、缓解农民因病致贫和因病返贫的困境，我国推出了新农合等政策。近年来，各级财政对新农合的人均补助标准不断提升，门诊和住院费用报销比例也逐年提高，但与农村贫困群体的实际需求还存在一定差距，大病保险还未覆盖一些农村贫困地区，成为农村贫困群体医疗保障和救助体系的一块"短板"。此外，与美国相比，我国远程医疗服务还未在广大贫困地区有效开展，这也使得贫困群体不能与城市居民一样获得更好的医疗服务，在一定程度上加剧了因病致贫、因病返贫的问题。为此，我国应进一步增强新农合政策的保障能力，完善大病保险政策，增加大病报销比例和救助力度，做好新农合政策与疾病应急救助等制度的衔接，充分发挥医疗救助保障对防贫、脱贫的重要作用。同时借鉴美国远程医疗等经验，积极开发远程医疗服务技术，进一步增强医疗服务的可及性，帮助贫困地区的农民获得更好的医疗服务。

美国外资国家安全审查机制对我国的影响及应对策略（CFIUS 之一）[①]

胡振虎　贾英姿　于　晓

自 1975 年建立以来，美国外资国家安全审查机制几经演变，有效平衡了美国吸引外资与维护国家安全的需要。美国外国投资委员会（CFIUS）[②] 是由美国财政部主导的联邦政府跨部门外资审查机构，主要负责审查影响美国国家安全的关键性基础设施和关键技术领域的海外投资。美国国家安全审查机制一定程度上阻碍了我国企业对美投资的广度和深度。现将美国外资国家安全审查机制、对我国影响及相关政策建议分析如下。

一、美国外资国家安全审查机制

（一）概况

美国负责外资国家安全审查的机构主要是 CFIUS。CFIUS 由美国财政部主导，财政部长担任主席。从机构组成来看，CFIUS 成员分为三类：一是常规成员，包括九个联邦政府部门主管[③]；二是在适当情况下参与 CFIUS 活动的部门成员[④]；三是当然成员[⑤]的负责人，包括国家情报局主管和劳工部长。CFIUS 的工作机制和特征及演变过程比较全面地反映出美国外资国家安全审查机制的运行情况。2015 年 2 月，CFIUS 发布 2013 年度工作报告，对外披露了近年美国对外国企业投资活动进行安全审查的情况，其中中国企业受审查案件数量连续两年（2012 年和 2013 年）位列第一。

1. 美国外资国家安全审查机制发展历程。CFIUS 成立于 1975 年，根据总统

[①] 本文写于 2015 年。
[②] CFIUS：美国外国投资委员会（Committee on Foreign Investment in the United States）。
[③] 具体包括：财政部、司法部、国土安全部、商务部、国防部、国务院、能源部、美国贸易代表办公室、科学技术政策办公室等九个部门相应人员。
[④] 具体包括：管理和预算办公室、经济顾问委员会、国家安全委员会、国民经济委员会、国土安全委员会。
[⑤] 当然成员（Ex Officio Members），指不必经过选举直接成为 CFIUS 的成员机构。

授权行事，初衷主要是政治目的而非经济动因，即为了安抚国会对当时石油出口国（OPEC）对美投资增长过快的担心。1980~1987年，CFIUS主要根据国防部要求开展相关调查。

从发展历程看，CFIUS执法基础历经三次关键性变革，逐步确立了以CFIUS为核心的美国外资国家安全审查机制。第一次是1988年，颁布两项法规，一是《埃克森—佛罗里奥条款》[①]（以下简称"EF条款"），二是根据"EF条款"修订的《1950年国防生产法》第721节，确立了美国国家安全审查制度；第二次是1993年，依据1992年《伯德修正案》[②]修订了"EF条款"，为CFIUS增加两条关键的审查判断标准，强化了对外国政府企业以及受外国政府控制企业相关投资的审查；第三次是2007年，颁布《外国投资与国家安全法》（2007）（即"公共法110—49"，简称"FINSA"）[③]及其实施细则[④]，同时，根据FINSA修订《1950年国防生产法》第721节，这两项法案同时成为CFIUS权力职责的核心法律基础，明确CFIUS受国会监督以及"国家安全""受管辖交易"等关键概念，提升CFIUS透明度。

第一次和第二次变革的意义在于初步构建了美国外资国家安全审查机制，而第三次变革奠定了CFIUS作为美国外资国家安全审查机制中核心执法机构的地位。在FINSA颁布之前，多年以来CFIUS执行第721节的法定职责只能依据《第11858号行政命令》，缺乏专门的立法支持。

2. 近年来美国外资国家安全审查情况。CFIUS的职能是审查可能潜在控制美国企业的外国企业或实体从事的相关交易（即"受管辖交易"[⑤]），并评估此类交易对美国国家安全的影响。该机构重点关注三类潜在的国家安全威胁。第一类是有可能被外国控制的供应商设置障碍且对美国经济十分关键的商品或服务；第二类是技术或专业技能被泄露给外国控制的机构；第三类是海外并购被利用为渗透、监控和蓄意破坏的渠道。在判断相关交易是否可能属于上述三类威胁时，CFIUS也应用重要的经济效应指标辅助判断，如行业集中度、产业操控和垄断可能性，以及相关国家在类似行业是否存在对等开放等。

从CFIUS审查"受管辖交易"行业分布情况看，"制造业"与"金融、信息

---

① 《埃克森—佛罗里奥条款》，为《1988年综合贸易竞争法》的第5021条，是使CFIUS发生根本性变革的一条法案，后于1993年、2001年历经2次修订，对CFIUS运行机制影响深远，为形成基本业务框架和组织结构奠定了基础。
② 1992年，美国国会根据1993财年《国防授权法案》第837（a）条对"EF条款"进行修订。此次修订因其提案人名而被命名为"伯德修正案"。
③ FINSA：《外国投资与国家安全法》（2007），Foreign Investment and National Security Act of 2007。
④ FINSA发布之后，2008年12月，美国财政部发布了该法的实施细则——《关于外国企业或实体收购、兼并和接管的条例建议稿》，并于发布前向美国公民、企业及包括中国在内的有关国家机构和企业征求意见。
⑤ FINSA引入"受管辖交易"概念：能被外国控制的任何美国州际交易中的兼并、收购和接管，且此笔交易在1988年8月23日后被提出或待定。

和服务业"占比最大。2009~2013年，上述两类行业交易受审查数量占总量比重高达73%（见表1）。

表1　　　　　2009~2013年CFIUS审查案例行业分布情况　　　　单位：例

	制造业	金融、信息和服务业	采矿、公共事业和建筑	批发、零售和交通	总数
2009年	21（32%）	22（34%）	19（29%）	3（5%）	65
2010年	36（39%）	35（38%）	13（14%）	9（10%）	93
2011年	49（44%）	38（34%）	16（14%）	8（7%）	111
2012年	45（39%）	38（33%）	23（20%）	8（7%）	114
2013年	35（36%）	32（33%）	20（21%）	10（10%）	97
总数	186（39%）	165（34%）	91（19%）	38（8%）	480

资料来源：CFIUS年报。

从CFIUS审查的国别情况看，英国、加拿大和中国为申报案例最多的国家，三国申报量约占各个年度总量的一半。近几年，中国受审查案例数量不断上升，由2009年的第六位上升至2012年的第一位，且2013年仍是受审查案例数量最多的国家（见表2）。

表2　　　　　2009~2013年CFIUS审查案例数量前八位国家　　　　单位：例

排序	2009年	2010年	2011年	2012年	2013年
1	英国（17）	英国（26）	英国（25）	中国（23）	中国（21）
2	加拿大（9）	加拿大（9）	法国（14）	英国（17）	日本（18）
3	法国（7）	日本（7）	中国（10）	加拿大（13）	加拿大（12）
4	以色列（5）	以色列（7）	加拿大（9）	日本（9）	法国（7）
5	荷兰（5）	中国（6）	荷兰（7）	法国（8）	英国（7）
6	中国（4）	法国（6）	日本（7）	荷兰（6）	德国（4）
7	日本（4）	瑞典（5）	瑞典（5）	瑞士（5）	新加坡（3）
8	瑞典（3）	俄罗斯（4）	以色列（6）	德国（4）	瑞士（3）
总数	65	93	111	85	75

资料来源：CFIUS年报。

（二）审查程序

CFIUS对外资安全审查程序可分为非正式阶段和正式阶段两个部分。一是非正式审查阶段。企业相关交易方可在交易前向CFIUS进行充分咨询，以确定是否自愿进行申报，申报时点由企业自行掌握，如确定自愿申报则进入正式审查阶段。此外，如果企业不自愿申报而没有进行非正式审查，CFIUS 可在交易的任何时间点介入，并进入正式审查阶段。二是正式审查阶段。一般分为三个程序，第一个程序是为期 30 天的核查（review），即根据企业自愿申报、总统或 CFIUS 成员单边发起审查要求，依据 FINSA 的 12 项因素判断交易是否威胁美国国家安全。如审查结束时，CFIUS 认为该交易威胁国家安全，特别是交易处于"外国政府控制"之下，且 CFIUS 要求企业采取一般修正措施仍无法解决问题时，则进一步调查。第二个程序是为期 45 天的调查（investigation），将在更大范围内进行更深入调查，包括对相关企业高管和政府官员进行访谈、要求相关企业提供大量文件、举行相关企业高管公开听证会等。CFIUS 于调查结束时向企业发出修正令，或与企业达成相关修正协议，绝大多数情况下，安全审查至此即结束。然而，极特殊情况下，如 CFIUS 认为以自身力量无法消除相关国家安全威胁或与企业无法达成协议，且有确凿证据表明该交易威胁国家安全，则可向总统报告。第三程序是为期 15 天的总统命令（action of president），由总统裁定并签发暂缓或终止的命令。

（三）特征

1. 寻求国家安全与吸引 FDI 之间的平衡。美国作为全球最大的外资输入国，必须通过 CFIUS 审查机制在有效吸引外资与维护国家安全之间不断寻求平衡点。一方面，美国利用海外投资促进经济增长和国内就业的政策效果十分显著，近年政府通过"投资美国"等政策大力吸引外资。2013 年，美国吸引 FDI 额占全球总额的 15%，达 1 888 亿美元，其中，并购为主要方式，海外企业在美并购额超过 1 220 亿美元[①]。全美 5% 的私人部门就业和 17% 的制造业就业机会、21% 的出口、14% 的研发、17% 的企业所得税均来自外资企业[②]。另一方面，通过 CFIUS 审查机制，美国将最有竞争力的知识产权和技术尽可能保留在国内，防止关键技术流入其他国家。因此，为实现这一平衡，CFIUS 在审查案件时，主要依据海外投资的金额、行业集中度和影响力大小为指标，并兼用标准流程和重点严审相结合的审查方式。

2. "国家安全"概念界定宽泛，自由裁量权和主观性大。CFIUS 的审查标准主要是考量该项交易是否对美国国家安全构成威胁，包括国防安全和经济安全两方面。主要特点如下：一是"国家安全"定义过于宽泛。2007 年，FINSA 列出了影响国家安全的 11 项因素，CFIUS 在其 2012 年年报中增加至 12 项。这使得

---

① 联合国贸易和发展会议（UNCTAD）：《世界投资报告 2014》，2014 年 9 月。
② 劳拉·泰森（Laura Tyson），美国总统委员会前主席、现加州大学伯克利分校哈斯商学院教授，"美国需要中国海外投资促进就业和经济"（US needs Chinese FDI to boost jobs and economy），2012 年 8 月 8 日。

CFIUS 可以对"国家安全"进行宽泛解释，而不必局限于特定行业。二是 CFIUS 的自由裁量权非常大。在审查过程中，CFIUS 各成员可以按照符合各机构特定的法律职权方式来解读"国家安全"的概念。三是运作和审查过程缺乏透明度。因与国家安全紧密相关，其保密特性使得 CFIUS 相关信息公开程度非常有限。

3. "关键性基础设施"领域涵盖范围较广。CFIUS 所谓的"关键性基础设施"几乎涵盖了美国绝大多数行业，但 CFIUS 并不关注相关行业的所有交易，只考虑"特定"交易。此外，CFIUS 要求凡是属于"对美国国防工业基础设施影响较大的产品或核心技术"的相关交易，企业要主动通知 CFIUS。但并未明确给出如何衡量与"美国国防工业"的相关程度，这使得 CFIUS 判定可能存在较大主观性。同时，一笔交易被界定为"关键性基础设施"后将在多大程度上影响 CFIUS 的裁定也存在不确定性。

4. 对"关键技术"企业并购进行分部门管理和双重保护。根据 FINSA 规定，"关键技术"是指与国防密切相关的技术、关键元件和关键技术项目。被并购企业是否属于"关键技术企业"将由不同政府部门判定。CFIUS 审查与其他相关国家政策（如出口限制政策）共同对"关键技术"形成了"双重保护"：即某项交易通过了 CFIUS 安全审查，其他政府部门也可能不允许其相关技术出口；反之，某些企业的"关键技术"经相关政府部门获准出口，CFIUS 也可能加以阻止。

5. 特别强调对国有企业和国有资本的审查。CFIUS 一直强调对外国主权财富基金、国有企业和国有资本的审查，FINSA 实施细则更加明确了此项规定：一是给出涉及外国国有企业收购的具体因素，包括该国政府与美国的外交一致性、在多边反恐和防止核扩散以及出口限制方面的一致性等。这实际上是以国家作为划分国家安全风险的依据；二是要求计划并购美国敏感资产的外国投资者必须提交个人在本国军队及政府部门服务的历史信息；三是一旦外资并购交易被 CFIUS 认定为危及美国国家安全，相关外国企业将面临高额罚款，并将因为交易失败而遭受巨大经济损失。

二、美国外资国家安全审查机制对我国的影响

2014 年，我国企业在美投资交易 152 例，其中并购交易 92 例，创历史新高。然而，美国仍以包括保护国家安全在内的各种理由，多次阻挠和干扰我国企业在美正常商业投资活动；同时，在中美双边经济对话中，美方也一再利用 CFIUS 掩盖其政治目的。

（一）阻碍我国企业对美国关键领域的投资

制造业、电信业和能源业均属于 CFIUS 界定的"关键性基础设施"行业，

长期受到严格审查。从数量上看，我国企业受 CFIUS 审查的项目高度集中于制造业。2011~2013 年，CFIUS 共审查受管辖交易 322 例，其中制造业涉及 131 例，占 41%。同期，我国受 CFIUS 审查相关交易 54 例，其中制造业 24 例，占 44%，高于同期平均水平 3 个百分点。同时，我国制造业受审查案例占 CFIUS 审查案例总数比重偏高，达 18%，数量和比重均为同期所有国家之首（见表 3）。

表 3　　　　　2011~2013 年 CFIUS 审查案例数量最高的 5 个国家　　　　单位：例

国家	制造业	金融、信息与服务业	采矿、公共事业和建筑	批发、零售和交通	小计
中国	24	13	17	0	54
英国	21	20	3	5	49
加拿大	2	7	21	4	34
法国	21	3	1	4	29
荷兰	2	8	2	2	14
其他 30 国	61	55	12	11	142
全部 35 国	131	106	56	26	322

资料来源：CFIUS 年报。

（二）美国利用 CFIUS 工作机制掩盖其政治目的

中美战略与经济对话框架下经济对话以及相关双边经贸谈判中，我方多次提出 CFIUS 对我国企业审查中的不公正问题。美方总是予以否认，美方坚持以下两个主要理由：一是 CFIUS 工作机制方面，其审查主要基于自愿申报，且审查过程公平、透明、流程清晰，并有国会对其监督；二是年报数据方面，显示中国受审查案例快速增长仅是近五年的情况，且长期数据显示中国受审查案例占案件总数比重不高。

然而，事实并非如此。根据 FINSA 实施细则，CFIUS 审查渠道并非全部为自愿申报，CFIUS 可主动要求交易方提交相关信息，CFIUS 中美方副部级以上委员可代表本部门向委员会提出申报。此外，如自愿申报未满足 CFIUS 要求将被驳回，同时，申报中的信息有误述或存在虚假内容，被审查企业还可能面临最高达 25 万美元罚款。由此可见，美方特别强调了 CFIUS 规范的一面，而故意忽略了 CFIUS 审查中的被政治因素操纵的一面，即以"国家安全"为名掩盖审查中的政治目的。

（三）美执法方式不确定推高投资成本

在允许外国企业自行决定是否申报的同时，CFIUS 有权在交易的任何阶段启动审查程序，提出限制要求和停止交易的指令，无须给出任何理由，且期间由此产生的成本均由企业承担，从而使投资双方遵从成本极高。一是 FINSA 对启动审查的具体时点未作出明确规定。在相关交易的事前、事中或事后①的任何阶段，CFIUS 均有可能启动对企业的安全审查；二是审查次数没有限制。根据 FINSA 第 2 部分（b）（1）（D）条款②，无论外国投资方是否曾通过 CFIUS 安全审查，CFIUS 均有权再次启动安全审查程序；三是"调查"程序可优先进行。一般情况下，CFIUS 安全审查经由核查和调查两个主要程序，但根据 FINSA 第 2 部分（b）（2）（A）条款③，只要可能涉及"外国政府控制"的情况，CFIUS 有权"立即"启动"调查"程序，无须经由"核查"程序。

（四）中美非政治盟友关系是美方加大对中国企业审查力度的潜在因素

中国是美国第二大贸易伙伴，却不是美国的战略盟友或政治盟友，因此常常受到 CFIUS "另眼相待"。有研究表明，CFIUS 针对不同国家，在国家安全审查力度、审查标准、审查内容和领域、审查效率和结果等方面均有所不同。针对中国、俄罗斯、中东等快速发展的非盟国及地区的海外投资行为，CFIUS 更可能采取相对严格的审查政策，其中，我国企业受到的阻力和障碍较其他国家更大。例如，华为公司 2008 年收购美国网络设备 3COM 公司及 2011 年收购美国服务器技术企业三叶公司均因涉及获取美国敏感技术被拒；2012 年，长江三峡集团投资美国劳伦·赫尔风电项目因国有企业所有制原因受阻等。

三、政策建议

（一）加强对美国外资安全审查相关法律和规则的研究

近几年，中国对美国 FDI 增长迅速，对美国经济增长和就业的重要性不断提

---

① 2012 年 6 月，我国三一集团的美国子公司 Ralls 在俄勒冈州的四宗风电场并购交易完成后不久即被 CFIUS 审查，9 月份调查结束时收到 CFIUS 的修正令，随后收到奥巴马总统签发的总统令，被明确禁止已完成的交易，并撤出相关权益、移除项目已建成的全部设施。

② (D) UNILATERAL INITIATION OF REVIEW. —Subject to subparagraph (F), the President or the Committee may initiate a review under subparagraph (A) of— (i) any covered transaction; (ii) any covered transaction that has previously been reviewed or investigated under this section, if any party to the transaction submitted false or misleading material information to the Committee in connection with the review or investigation or omitted material information, including material documents, from information submitted to the Committee; or (iii) any covered transaction that has previously been reviewed or investigated under this section.

③ (2) NATIONAL SECURITY INVESTIGATIONS— (A) IN GENERAL. —In each case described in subparagraph (B), the Committee shall *immediately* conduct an investigation of the effects of a covered transaction on the national security of the United States, and take any necessary actions in connection with the transaction to protect the national security of the United States.

升。目前美国至少38个州有中国的FDI项目，且由于地方政府预算趋紧，各州财政增收压力较大，通过争夺中国FDI而展开的竞争十分激烈。同时，由于美国地方政府拥有较大立法权，地方政府可能会对外资安全审查作不同解读，可能采取或"放一马"，或再加一层"保护膜"的不同态度。因此，应加强对美国联邦和地方政府相关法律、制度规则的比较研究，为中国企业赴美投资并购提供指导和支持。

（二）完善我国外资国家安全审查联席工作机制和法制基础

自2006年以来，中国相关部门持续强化外资国家安全审查的工作机制和法制基础[1]。修订中的《外国投资法（草案）》[2]一旦实施，将是中国外资国家安全审查工作机制和法制基础的重大发展，对维护国家经济安全具有重大意义。同时，我们也注意到，美国等发达国家的外资安全审查机制都经历了较长的立法完善过程。目前，中国相关立法基础初步建立，面临国际经济利益格局深刻变革与国内资本项目开放进程推进等复杂的国内外形势。从长期看，我国外资国家安全审查工作仍需进一步深化和细化：

一是应进一步明确"外国投资所涉及的部门"。当前《外国投资法（草案）》中仅明确国家发展改革委员会和外国投资主管部门为召集部门，但未明确"外国投资所涉及的部门"，不利于具体安全审查责任落实，并可能增加具体执行中的难度和成本。二是应建立外资国家安全审查日常工作协调机构，可考虑借鉴美国经验由宏观经济管理部门牵头承担，明确工作机制，对内有效支持安审联席会议和相关部门工作，并不断完善"国家安全""关键基础设施""关键技术"等重要概念，对外积极搭建支持我国企业海外投资、维护国家利益的平台。三是应对美国企业在华投资提高安全审查要求，尤其要重点针对美国涉军工企业或产业链上相关企业。四是应考虑在《外国投资法》基础上启动我国外资国家安全审查制

---

[1] 中国现有外资法律规范包括《中外合资经营企业法》《外资企业法》和《中外合作经营企业法》（简称"外资三法"），其中外资安全审查基本规范包括2006年商务部等六部委联合发布的《关于外国投资者并购境内企业的规定》及其2009年的修订、2011年国务院《关于建立外国投资者并购境内企业安全审查制度的通知》、2011年商务部发布的《实施外国投资者并购境内企业安全审查制度的规定》等。

[2] 按照党的十八届三中全会要求，2015年1月19日，商务部对外公布拟定的《外国投资法（草案征求意见稿）》（以下简称"草案"）进行公众意见征求。该法拟统一外资三法，并将外资并购、国家安全审查等重要制度需要纳入外国投资的基础性法律，为防止外国投资对国家安全造成或者可能造成危害，其中第四章为外资安全审查专门内容。草案针对现行国家安全审查制度效力层级低、制度不完善等缺陷，在国务院办公厅《关于建立外国投资者并购境内企业安全审查制度的通知》基础上，充分借鉴有关国家的做法，进一步完善了国家安全审查的审查因素、审查程序，明确了为消除国家安全隐患可采取的措施等内容，并规定国家安全审查决定不得提起行政复议和行政诉讼。根据草案，相关外资国家安全审查制度的可能发生的重大变化包括：（1）从行政许可层级上升至基础法律层级；（2）确定由国务院建立外国投资国家安全审查部际联席会议（以下简称联席会议）承担外国投资国家安全审查的职责；确定由国务院发展改革部门和国务院外国投资主管部门共同担任联席会议的召集单位，会同外国投资所涉及的相关部门具体实施外国投资国家安全审查；（3）将外商投资逐案审批制管理模式改为准入前国民待遇加负面清单的管理模式。目前，草案已完成意见反馈（截止日期2015年2月17日），进入新一轮修改期。

度的专门立法及实施细则，夯实法制基础，有效平衡外资利用与国家安全之间的利益关系。

（三）支持相关企业积极应对 CFIUS 审查

特定行业的中国企业赴美投资面临一定风险，单个企业如受到 CFIUS 审查，仅靠自身力量难获公正待遇。一是 CFIUS 重点对主权财富基金、国有资本和政府背景企业进行审查，增加了中国相关企业对美国企业进行并购的风险和成本；二是 CFIUS 审查使企业面临极高的海外诉讼成本和机会成本，除了投资成功与否的不确定性外，还可能面临数千万美元的巨额罚款；三是企业受自身领域和能力所限，很难准确把握复杂的美国联邦与地方政府司法体系及其规定；四是美国政府不允许被审查企业调取 CFIUS 审查所涉证据。因此，政府相关部门需继续加强对企业相关利益诉求和被审查证据的分析，并通过官方途径就我国企业安全审查具体个案加大交涉力度，争取更大主动权，确保我国企业在美国投资的公平、安全和利益。

（四）鼓励企业加强美国相关法律研究和行业互助

近两年，赴美投资的企业背景、行业和规模更加多样化，企业对美国相关法律的研究和运用能力也存在差异。因此，政府相关部门应积极鼓励特定行业的企业加强对美国相关法律和商业规则的深入研究。其一，鼓励有能力的企业向政府提供研究成果，及时通报其应对安全审查和规避风险的经验与案例；其二，应积极发挥行业协会等非政府组织优势，建立相关政府部门与赴美投资企业之间的桥梁纽带，支持协会建立中国企业赴美投资的数据共享、法律互助平台，为国有企业、中小企业赴美投资提供全面支持和持续研究，为中美战略与经济对话和中美双边投资协定（BIT）谈判提供市场情况报告和建议。

美国近十年外资安全审查重点和趋势简析（CFIUS 之二）[①]

胡振虎　于　晓　贾英姿

近十年，美国保持对外商直接投资（FDI）较高需求同时，不断加强了对外资并购等交易的安全审查。2005~2014 年，美国外国投资委员会（CFIUS）审查案件数量呈明显上升趋势，其中对中国企业赴美投资审查力度加强，并造成实质性阻碍。现将近十年美国外资国家安全审查重点、趋势及相关政策建议分析如下。

一、背景情况

外资国家安全审查机制是美国政府平衡市场开放与国家安全的产物。一方面，美国经济对 FDI 有较高需求和依赖。美国是全球 FDI 的最大受益者，全美 5% 的私人部门就业和 17% 的制造业就业机会、21% 的出口、14% 的研发、17% 的企业所得税均来自外资企业。2015 年，美国获得 FDI 流入额约占全球总额的 22.6%，达 3 840 亿美元，为 2000 年以来最高水平，其中跨境并购为主要方式，总额达 2 280 亿美元，占比接近 60%。另一方面，美国对外资的监管程度处全球较高水平。根据 2012 年 OECD 对美国等 32 个国家 FDI 监管机制进行评估的结果，美国监管机制严格程度超过被评估的大部分国家，评估项目包括外资准入、审查机制（如 CFIUS）、外资雇主限制、操作限制等方面（见图1）。

二、近十年审查情况分析（2005~2014 年）[②]

（一）审查数量不断增加，与世界经济及 FDI 走势正相关

2005~2014 年的十年间，相关国家或经济体交易当事方向 CFIUS 申报并被

[①] 本文写于 2016 年。
[②] 2007 年 FINSA 颁布实施后，CFIUS 自 2008 年依法向国会提交年度报告，报告数据截至发布年份之前第 2 年，如 2015 年发布的报告数据截至 2013 年。该报告分两个版本，一个版本对国会内部，一个版本向公众发布。本部分数据均来自 CFIUS 历年对公众发布的年报（2008~2015）"Committee on Foreign Investment In the United States Annual Report to Congress"。

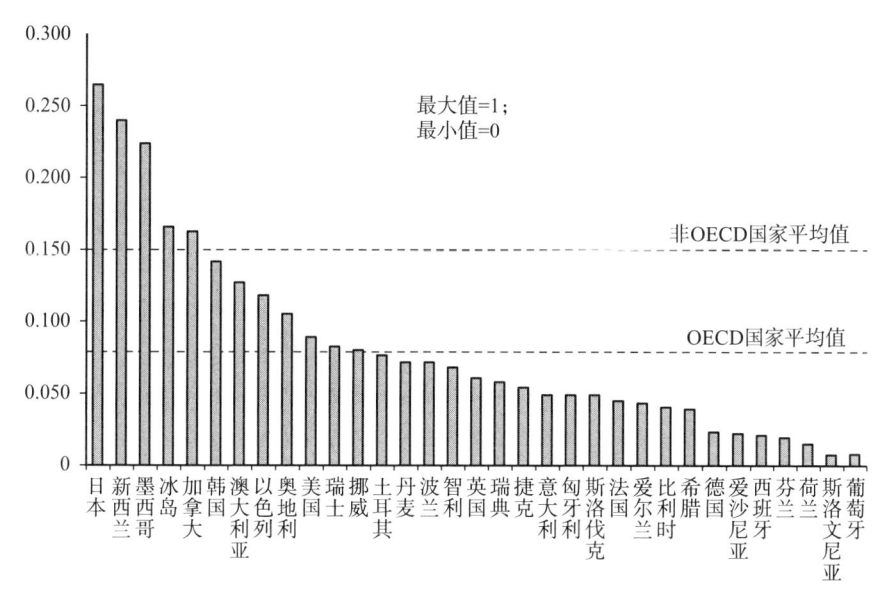

图1　OECD国家FDI监管机制比较

资料来源：OECD，转引自美国外交关系委员会（Council on Foreign Relations）报告 "Foreign Investment and U. S. National Security"，Jonathan Masters，2013年9月27日。

审查的[①]交易达1 095宗。2005年，仅有64宗涵盖交易被审查，2014年已增至147宗。受2008年全球金融危机影响，2009年全球并购交易数量直线下降。此后，随着经济逐步复苏，CFIUS审查交易数量基本保持逐年递增态势（见图2）。

（二）中国被审查数位列第三，申报数量快速攀升

从经济体看，英国、加拿大和中国投资被审查的交易最多。过去十年间，英国被审查交易240件，占22%，其次是加拿大（105件，占10%）和中国（98件，占9%）（见图3）。其中，中国[②]投资申报审查的交易数量近年增速最快，从2009年的4件快速增加至2014年的24件。

---

① 企业申报交易后，CFIUS即对交易进行正式审查。正式审查一般分为三个阶段。第一阶段是为期30天的核查（Review），即根据企业自愿申报、总统或CFIUS成员单边发起审查要求，依据FINSA的12项因素判断交易是否威胁美国国家安全。如审查结束时，CFIUS认为该交易威胁国家安全，特别是交易处于"外国政府控制"之下，且CFIUS要求企业采取一般修正措施仍无法解决问题时，则进入第二阶段，进行更深度的审查，即为期45天的调查（Investigation），在核查基础上，在更大范围内进行更深入的调查，包括对相关企业高管和政府官员进行访谈、要求相关企业提供大量文件、举行相关企业高管公开听证会等。CFIUS于调查结束时向企业发出修正令，或与企业达成相关修正协议，绝大多数情况下，安全审查至此即告终。然而，极特殊情况下，如CFIUS以自身力量无法消除相关国安全威胁，与企业无法达成协议，且有确凿证据表明该交易威胁国家安全，则可向总统报告，进入审查第三阶段，即为期15天的总统命令（Action of President），由总统裁定并签发暂缓或终止的命令。

② 在CFIUS统计年报中，中国、中国香港特别行政区和中国台湾省三个经济体为各自单独统计，如无特殊说明，本报告所有统计口径与CFIUS年报一致。

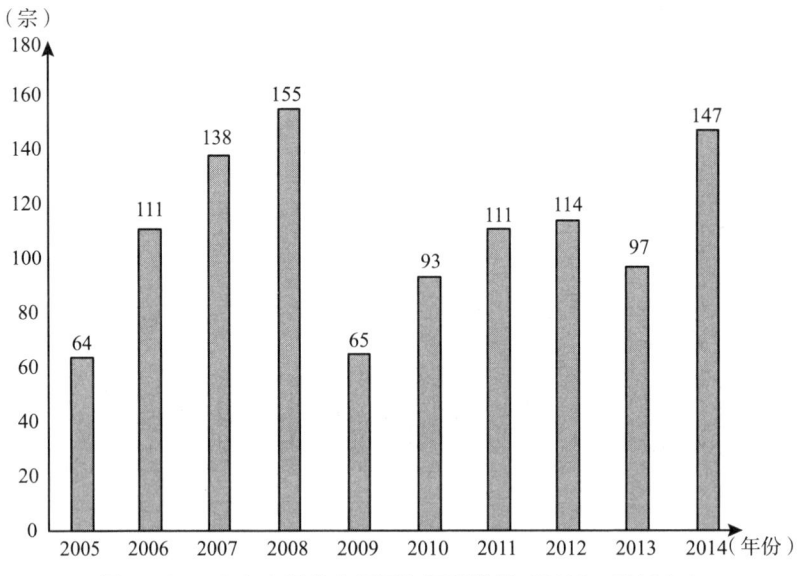

图 2　CFIUS 审查涵盖交易历年汇总数据（2005～2014 年）

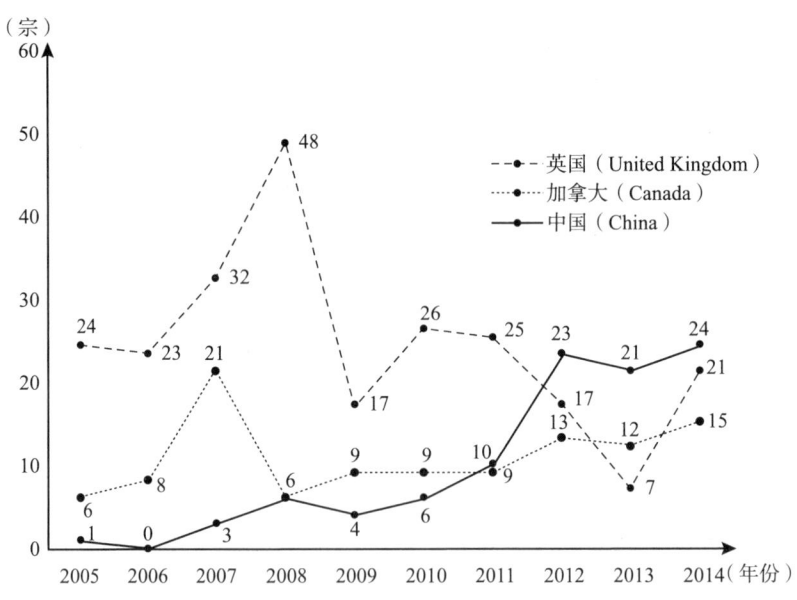

图 3　受审查数量最多的三个国家历年汇总数据（2005～2014 年）

资料来源：CFIUS 历年年报。

（三）主动撤回交易时有发生，"总统行动"有针对中国之嫌

从审查结果看，大部分交易在审查的第一阶段——30 天核查（review）期即

结案，其中少部分交易由申报方自行撤回，未达成和解且未主动撤回的交易进入第二阶段——45天调查（investigation）期。过去三年，被调查的交易在全部申报的交易中占比维持在30%~50%，分别为2012年39%、2013年49%、2014年35%。主动撤回的交易也占一定比例，约6%（63件）在审查阶段撤回，6%（54件）在调查阶段撤回。在特殊情况下，个别交易有可能被提交到最高审查阶段——"总统行动"（action of president）。"总统行动"有权要求并购方限期撤出投资，并拆除已建成相关基础设施等。截至目前，"总统行动"仅涉及4宗交易，1990年1宗、2006年2宗[①]、2012年1宗。其中，中国企业涉及1990年和2012年的两宗交易，占一半。

（四）制造业被审查数占比超三分之二

从审查行业看，制造业与金融、信息及服务业两类行业交易占全部被审查交易约三分之二以上。其中，制造业为406件，占43%；金融、信息及服务业为329件，占34%；其余涉及矿业、公共事业及建筑业为143件，占15%；批发、零售及运输业为79件，占8%（见图4）。

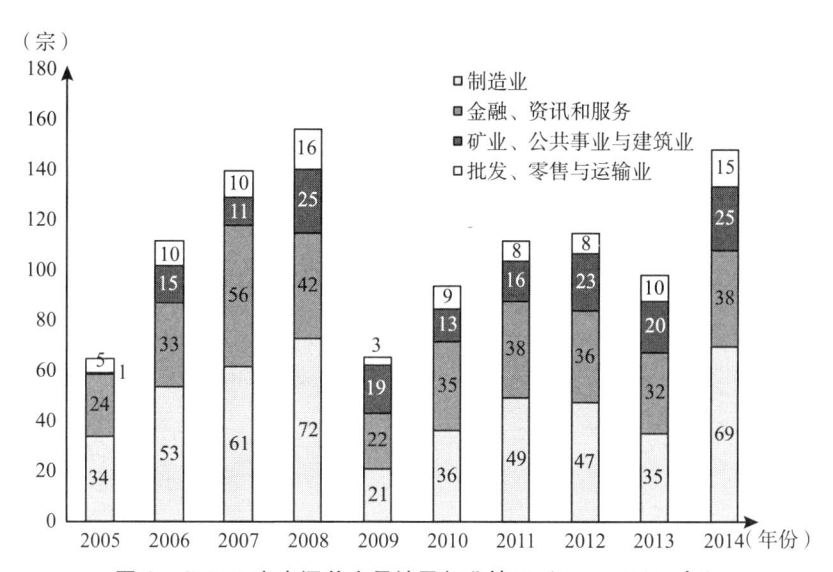

图4 CFIUS审查涵盖交易涉及行业情况（2005~2014年）

资料来源：CFIUS历年年报。

[①] 根据CFIUS2008年报，2006年度，中国企业在美并购交易申报受管辖交易数量为零，即无交易被CFIUS审查。

三、2012~2014年行业审查情况分析

CFIUS将涉及审查行业主要划分为四大类，并在每类行业中再进行细分统计，从而基本反映出美国国家经济安全战略重点关注的领域及其最新趋势变化。从涉及行业情况看，制造业和金融、信息及服务业两大行业仍占最大比重，分别被审查69宗（47%）和38宗（32%），其次为采矿业、公共事业与建筑业25宗（17%），批发、零售与运输业15宗（10%）。

（一）制造业被审查数占比最高，尤以计算机和电子行业为甚

制造业是CFIUS历年审查交易中占比最高的行业。从行业细分看，美国技术优势领域审查日趋严格。2014年，CFIUS审查最多的制造业细分行业是计算机和电子产品，审查29宗交易，占42%，其次是交通运输设备和机械，均达13%，分别审查9宗（见图5）。

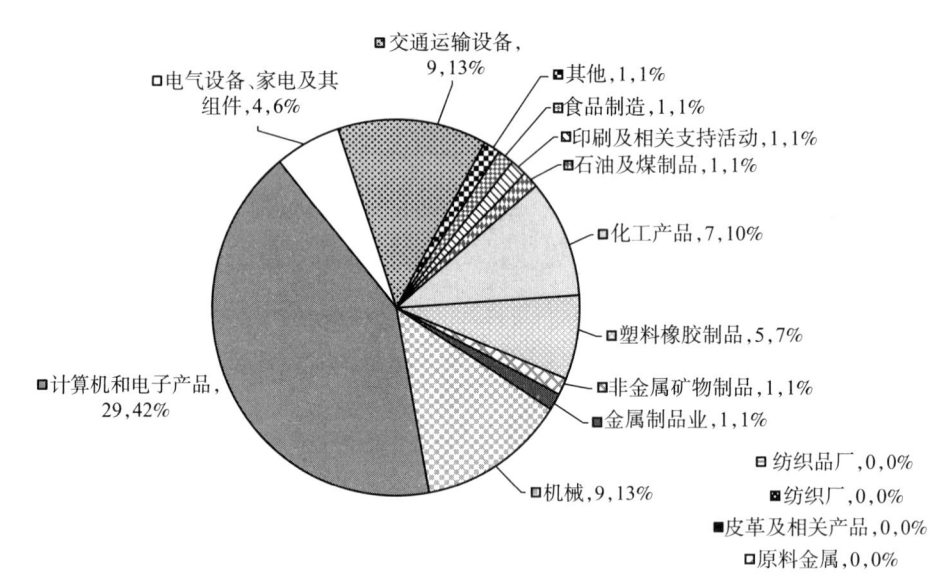

图5 制造业细分行业涵盖交易分布（2014年）

资料来源：CFIUS历年年报。

2012~2014年，制造业被审查最多的六大领域如图6所示。计算机和电子产品的审查比例虽较高，但已开始逐年下降；交通运输设备与电器设备、家电及其组件两个领域的审查交易亦有所下降；而机械、塑料橡胶制品、化工产品三个领域，被审查交易数量有所上升。

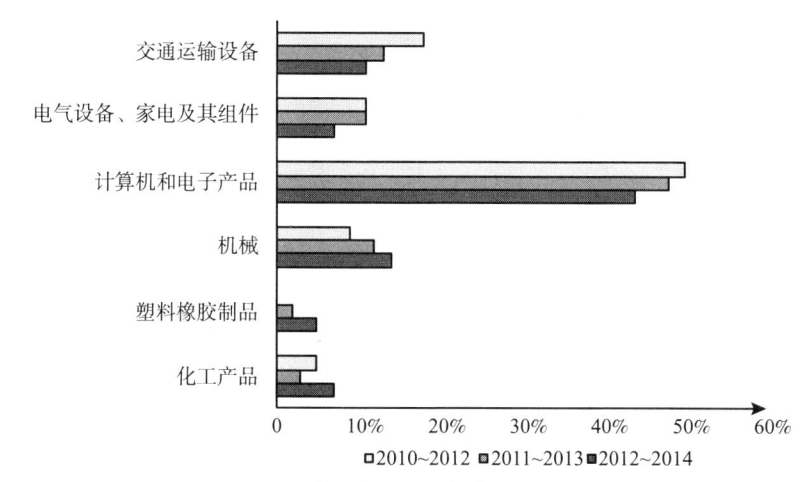

图 6　制造业审查数量较高的六大领域

资料来源：CFIUS 历年年报。

（二）金融、信息和服务业被审查数位列第二，专业、科学及技术服务领域占比最高

金融、信息和服务行业的审查数量在四大行业中位列第二。2014 年，专业、科学及技术服务领域被审查 14 宗，占行业比重超过三分之一，其次是出版业（不含互联网）和房地产业，分别审查 9 宗（24%）和 4 宗（10%）（见图 7）。

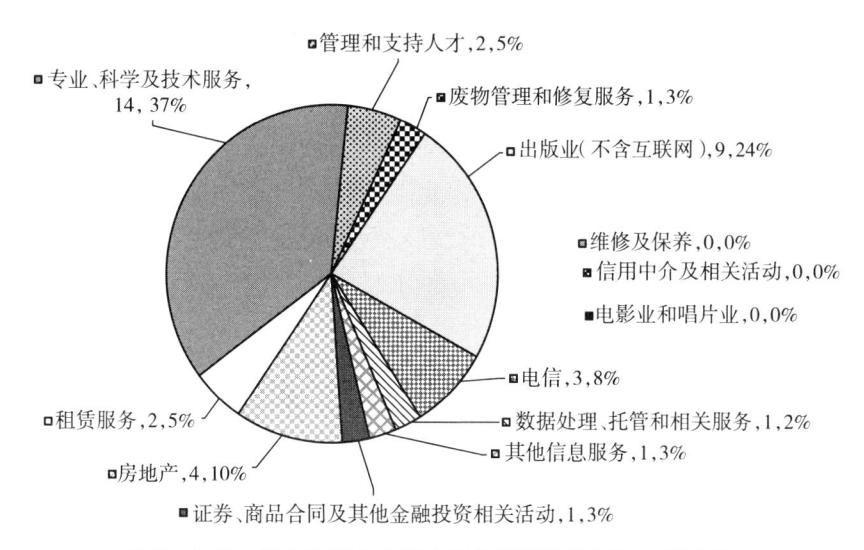

图 7　金融、信息和服务业细分行业涵盖交易分布（2014 年）

资料来源：CFIUS 历年年报。

2012~2014年，金融、信息和服务业被审查最多的六大领域如图8所示。专业、科学和技术服务、电信、非互联网出版等领域的相关交易被审查的比重略有下降，而租赁服务行业明显上升。管理和支持人才与数据处理、托管和相关服务两个领域的被审查交易数量有所增加。

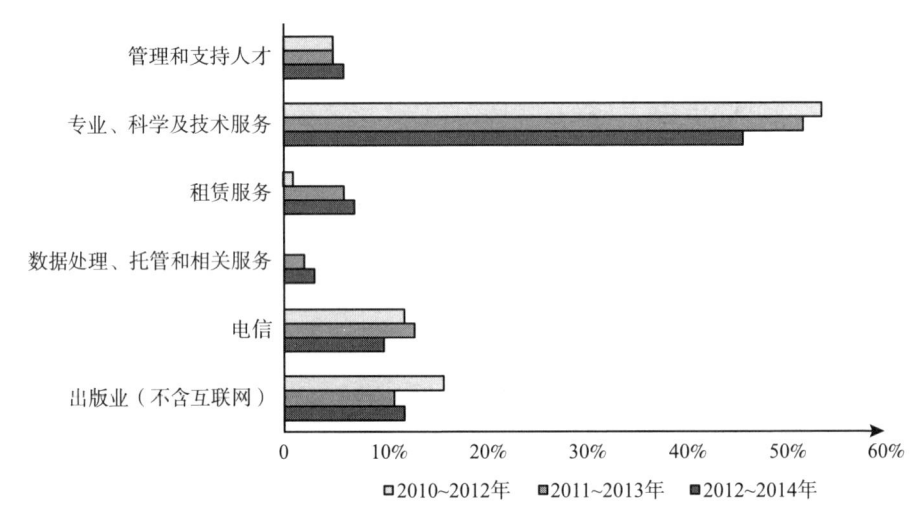

图 8　金融、资讯和服务业审查数量较高的六大领域

资料来源：CFIUS历年年报。

（三）采矿、公共事业和建筑业被审查数位列第三，公共事业占比过半

2014年，公用事业领域被CFIUS审查的交易数量占采矿、公共事业和建筑行业一半以上，其次是原油和天然气提炼领域，被审查5宗，占20%；原油、天然气之外的采矿领域也有少量交易被审查，约占12%；此外，本年度新增对原木产品领域审查案件2宗，占8%（见图9）。

2012~2014年，公用事业领域是该行业的重点，比重维持在50%左右；原油和天然气提炼、采矿（原油和天然气除外）领域的安全审查显著增加，比重逐年提升，平均比重接近20%。同时，专业贸易承包商、建筑施工领域也有小幅变化（见图10）。

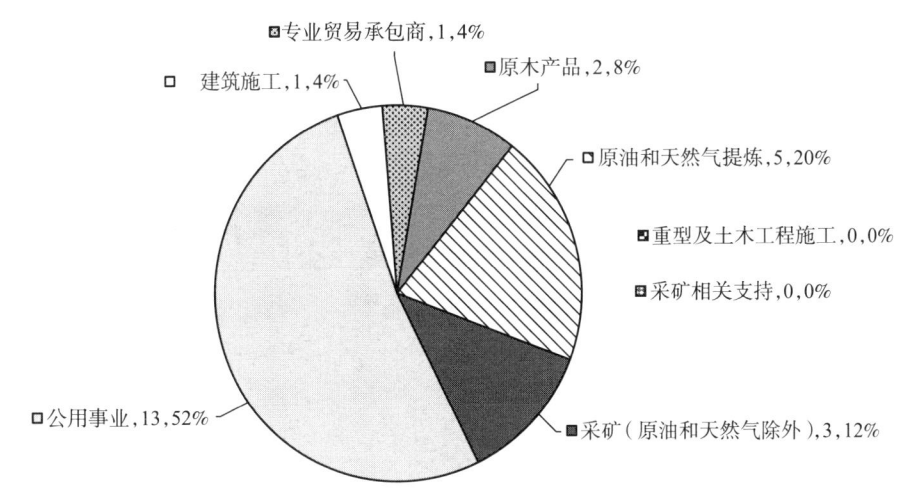

图9 采矿、公共事业和建筑业细分行业涵盖交易分布（2014年）

资料来源：CFIUS历年年报。

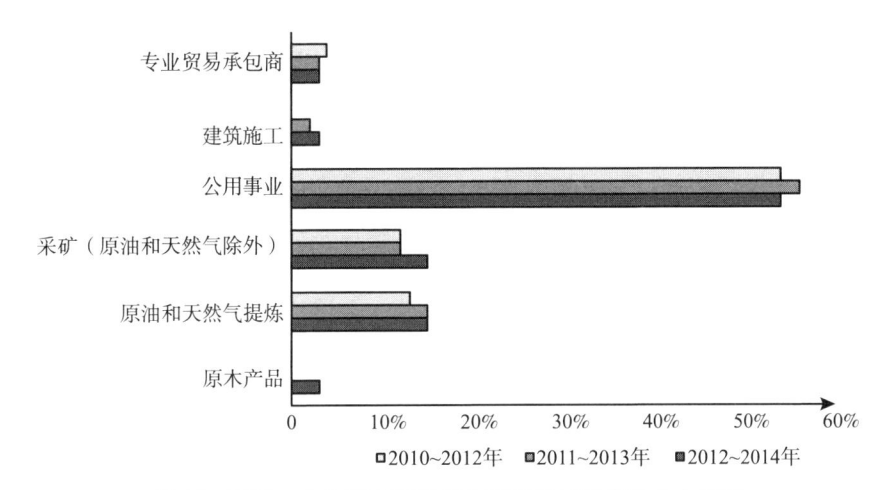

图10 采矿、公共事业和建筑业审查数量较高的六大领域

资料来源：CFIUS历年年报。

（四）批发、零售和交通业被审查占比仅为10%，交通运输支持领域被审查数最多

CFIUS审查的第四类行业是批发、零售和交通业，在四大行业中所占比重较小，仅为十分之一，但交通运输在各国都是战略性关键基础设施，对国家安全的重要意义不言而喻。2014年，此类行业中，交通运输支持领域被审查的交易最多，共8宗，占53%；其次是商业批发和非耐用品的交易，审查3宗，占20%；此外，管道运输、水路运输、旅行者住宿、仓库及储存库也各有1笔交易被审

查，其中"旅行者住宿"为近3年新增审查领域（见图11）。

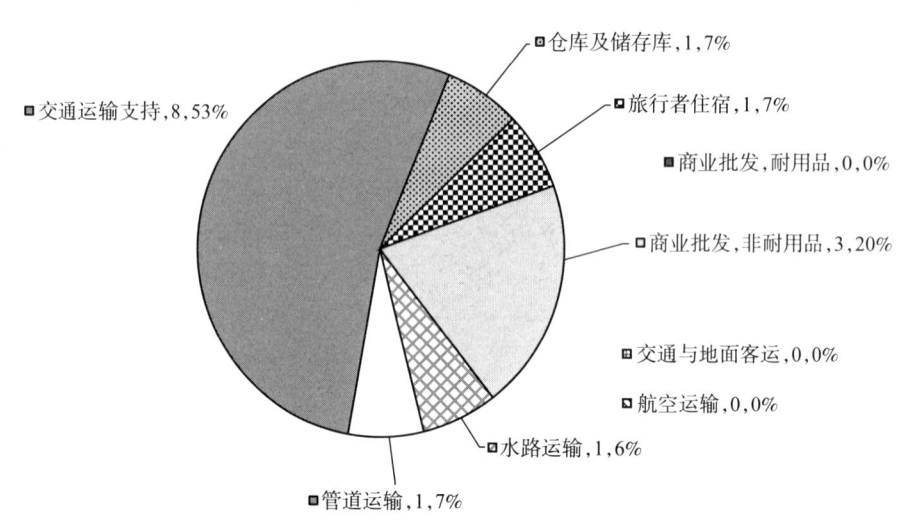

图11　批发、零售和交通业细分行业涵盖交易分布（2014年）

资料来源：CFIUS历年年报。

饼图数据：
- 交通运输支持，8，53%
- 仓库及储存库，1，7%
- 旅行者住宿，1，7%
- 商业批发，耐用品，0，0%
- 商业批发，非耐用品，3，20%
- 交通与地面客运，0，0%
- 航空运输，0，0%
- 水路运输，1，6%
- 管道运输，1，7%

近几年，交通运输支持领域的被审查交易数量激增，比重由年均40%（2010~2012年）快速增加至年均55%（2012~2014年）。2012~2014年，CFIUS对商业批发、非耐用品、仓库及储存库、旅行者住宿等领域的交易审查也有所加强，而同期管道运输和水路运输方面的审查，总体比重变化不大，但呈逐年下降趋势（见图12）。

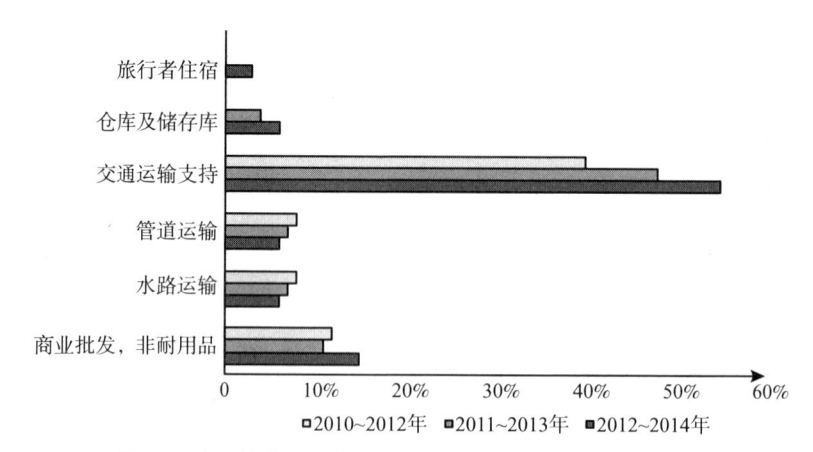

图12　商业批发、零售和交通业审查数量较高的六大领域

资料来源：CFIUS历年年报。

四、中国企业接受安全审查情况分析

2016年2月,CFIUS发布最新年度报告,主要对2012～2014年间的涵盖交易审查情况作了综合分析。2014年,CFIUS审查交易数量创历史新高,达147宗,除大部分交易在核查阶段达成和解结案外,有3宗交易在核查期间撤回申报,51宗交易经核查后进入调查阶段,9宗交易在调查期间撤回申请。2014年无涉及"总统行动"决策。

(一)中国被审查案件数量最多,集中在制造业

2012～2014年,从审查交易涉及的国家看,CFIUS共审查35个国家(经济体)的358宗涵盖交易,被审查交易数量最多的四个国家依次为中国、英国、加拿大和日本。中国被审查数量连续3年高居首位,3年累计被审查涵盖交易多达68宗,占全部被审查交易的19%。从涉及行业看,中国、英国和日本都是制造业被审查交易数量最多,占三年来审查交易一半以上,而加拿大被审查交易主要集中于采矿业、公共事业与建筑业(见图13)。

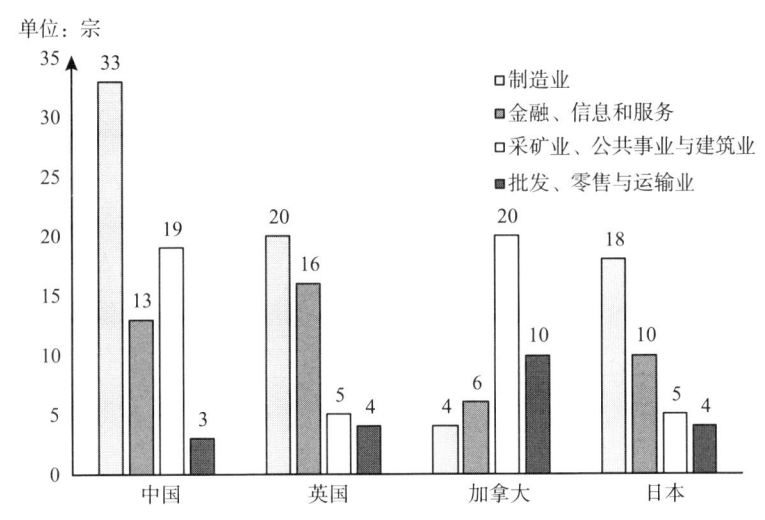

图13 相关国家CFIUS审查涵盖交易涉及行业分布情况(2012～2014年)

资料来源:CFIUS历年年报。

(二)中国被审查趋严与中美双边经贸关系不相协调

从中国企业赴美投资情况看,美国是中国FDI主要目的地,其中"并购"是中国投资美国的主要方式。2005～2012年,中国对美FDI从7亿美元上升至

105亿美元，增长14倍。2015年，中美贸易额达5 583.9亿美元，中国企业在美累计直接投资466亿美元，已超过加拿大成为美国最大的贸易伙伴。从中国企业对美国地方政府税收和就业的促进作用看，由于美国地方政府预算趋紧，各州对来自中国的FDI竞争十分激烈[①]。2015年3月，在"选择美国（select USA）投资峰会"上，最大的投资代表团为中国代表团，约有140家中国企业参会，涵盖机械、纺织、食品、钢铁、金融、能源等各类产业。然而，美国对中国企业赴美并购投资安全审查日趋严格，与中国企业对美国经济的促进作用不断加强以及当前中美双边经贸关系不断深化的大势并不匹配，反差较大。

（三）中国企业赴美投资遭到实质性阻碍

相关案例表明，CFIUS对中国企业赴美投资形成了实质性阻碍和负面影响力（见表1）。比如，1990年中国航空技术进出口公司（CATIC）收购美国西雅图飞机零部件制造商MAMCO公司，布什总统签发美国史上首次外资安全审查的"总统行动"，禁止相关收购，限期出售利益所得。再如，2005年中海油竞购美国加利福尼亚州的优尼科公司（Unocal），遭国会议员反对，国会表决敦促布什政府严格审查，最终导致并购失败。

表1　　　　　　CFIUS阻碍或影响中国企业在美并购主要案例

年份	交易	美方审查结果	交易结果
1990	中国航空技术进出口公司（CATIC）收购美国西雅图飞机零部件制造商MAMCO公司	布什总统签发美国史上首次外资安全审查的总统行动，禁止收购，限期出售利益所得	中航技同意将MAMCO出售给另一家美国公司De Crane Aircraft Holding
2005	中海油竞购美国加利福尼亚州的优尼科公司（Unocal）	遭国会议员反对，国会表决敦促布什政府严格审查中海油要约	并购失败
2008	华为公司联合贝恩资本收购美国电信设备制造商3Com	CFIUS认为3Com公司为美国国防部入侵检测技术供应商，收购威胁美国国家安全，不予通过	审查期间，华为撤销并购交易，并对外宣布为"商业原因"，收购失败
2010	中国西色国际投资公司收购美国优金公司（First Gold）；唐山曹妃甸投资集团投资美国光纤企业Emcore；鞍山钢铁并购美国钢铁发展公司	CFIUS审查	审查期间撤销交易，收购失败

---

① 观察：吸引中国投资美国地方政府"各显神通"，中国新闻网，2015年3月25日，文章链接：http://www.chinanews.com/gj/2015/03-25/7158733.shtml.

续表

年份	交易	美方审查结果	交易结果
2010	华为收购美国服务器技术公司三叶（3Leaf）	五位国会议员致信美国财政部和商务部要求 CFIUS 进行审查，未通过	接受 CFIUS 撤销收购建议，收购失败
2012	三一重工关联企业美国罗尔斯（Ralls）收购俄勒冈州风电项目	2012 年 7 月，奥巴马总统签发总统行动，禁止收购。2015 年，双方达成和解，CFIUS 认定罗尔斯公司在美其他风电项目收购交易不涉及国家安全问题①	三一重工并购失败。2015 年和解后，罗尔斯公司撤销对奥巴马总统和 CFIUS 的诉讼，美国政府撤销强制罗尔斯公司执行总统行动的诉讼
2012	华为、中兴历年在美并购	美国众议院发布针对华为、中兴两家中国企业"设计威胁国家安全"的调查报告，建议 CFIUS 必须阻止两家公司并购行为②	
2015	清华紫光收购美国科技公司美光科技（Micron）	CFIUS 负面影响力，未实质审查	被收购方美光科技担心无法通过 CFIUS 审查而拒绝要约
2016	清华紫光收购美国数据储存集团西部数据（West Digital）		审查期间出于慎重性考虑终止交易
2016	金沙江收购飞利浦 LED 业务	涉及半导体核心技术氮化镓，CFIUS 审查未通过	并购失败
2016	华润、清芯华创收购美国半导体公司仙童	CFIUS 负面影响力，未实质审查	仙童公司担心无法通过 CFIUS 审查而拒绝要约

资料来源：根据美国外交关系委员会（CRS）相关报告、CFIUS 年度报告及相关新闻报道整理。

五、有关此问题的几点看法

（一）美国外资安全审查体系较为完善

在具体操作上，CFIUS 审查的具体内容和过程大部分被严格保密，但从整体上看，美国外资国家安全审查立法基础坚实，机构设置合理、审查程序严格，在一定程度上做到信息公开、执法公正，整体运行机制顺畅有效，体系构成较为完

---

① 三一诉奥巴马案已达成全面和解，新华每日电讯，2015 年 11 月 6 日。文章链接：http://news.xinhuanet.com/mrdx/2015-11/06/c_134790468.htm。
② 华为思科实力对比与幕后较量，博客中国，2012 年 10 月。文章链接：http://zt.blogchina.com/2012zt/huawei-cisco-jl/。

善，为美利用外资形成了一道非常关键的安全屏障，有效平衡了外资利用与国家经济安全的关系。同时，CFIUS 相关工作报告为外界研究美国外资安全审查提供了参考，也为其他国家相关体系构建提供了一定参考。

（二）美国安全审查将持续聚焦制造业

先进的制造业技术是形成未来竞争力的关键条件，向高端制造业转型是制造业大国保持竞争力的必然选择。美国在预测分析、物联网、智能产品和智能工厂为特征的"工业4.0"先进技术，以及先进材料等方面领先全球[①]。为充分保护并大力提升本国在全球制造业中的竞争力，未来五年美国还将持续加强制造业并购交易方面的安全审查，其中计算机和电子产品领域将成为审查的重中之重。因此，为巩固中国制造业在国家经济中的重要战略地位，一方面应支持中国企业在美并购投资以增强对关键人才、先进技术的储备，另一方面也要防范美国通过并购中国企业收揽并窃取我国国家战略性人才、技术和材料。

（三）行政终裁在美外资审查中具有不可替代性

CFIUS 审查史上仅有四宗交易进入安全审查最严级别——"总统行动"，而其中两宗被审查对象是中国企业：一是 1990 年中国航空技术进出口公司（CATIC）交易，二是 2012 年三一重工交易。从程序上看，出于 CFIUS 工作保密条款要求以及被审查企业自身商业机密的保护意愿，CFIUS 的审查一般是保密的，但总统有最终裁量权。中国企业两次被使用"总统行动"，对市场造成负面影响，也使国际社会认为美国国会和行政部门协同采取了针对中国的不公正的行动。

（四）应警惕行业细分结构变化带来的审查风险

虽然美国一再强调外资审查的公平和公正，但相关数据表明，CFIUS 审查重点与美国国家安全战略密切相关，有多达 16 个美国关键情报机构[②]参与了相关工作。未来十年乃至更长时期内，我国应更密切关注 CFIUS 相关行业细分领域的安全审查情况，并加强相关政策研究：一是互联网共享金融时代，金融、信息和服务行业的相关人才、数据托管服务是中国的人才和技术优势所在，中国也应提高相关领域并购交易的安全审查；二是美对原油和天然气提炼、采矿领域的安全审

---

① 据德勤公司研究，在所有行业中，制造业对美国就业的贡献首屈一指——2015 年，美国制造业创造了 1 230 万个就业机会，支持相关就业人数 5 660 万人，超过同期所有其他行业。2015 年，中国位居全球制造业竞争力第一，美国第二，德国和日本分别位居第三和第四。详见德勤公司：《2016 全球制造业竞争力指数》（2016 Global Manufacturing Competitiveness Index），p. 1 ~ 5，德勤公司中文官网，2016 年 4 月 1 日。

② 详请见亚太中心研究报告《美国外资国家安全审查机制运行机制》附录 1。

查趋于更严，加上中国相关企业的政府背景，相关企业在美并购难度上升，可考虑转变为绿地投资方式；三是 CFIUS 高度关注政府和军方背景的并购交易，相对民间资本较集中的领域审查较少，应加强对有能力"走出去"的民间企业的相关政策和资源支持。

美国外资国家安全审查机制的运行架构（CFIUS 之三）[①]

于 晓 胡振虎 贾英姿

美国外国投资委员会（Committee on Foreign Investment in the United States, CFIUS）是由美财政部主导的联邦政府跨部门外资审查机构，服务于总统，负责监管美国存在潜在威胁国家安全的海外投资，并审查可能导致美国商业被外国人控制的交易（"受管辖交易"），以确定这些交易对美国国家安全的影响。在相对稳定的组织架构下，CFIUS 运行架构涉及审查对象、审查范围和审查程序。从运行架构可以看出，CFIUS 对相关核心概念界定模糊，且"关键性基础设施"领域涵盖范围较广；同时，为保护本国利益，CFIUS 介入审查的时间点随意性和主观性强，对"关键技术"企业并购进行分部门管理和双重保护，并特别加强对国有企业和国有资本的审查。

一、组织架构

CFIUS 主席由美国财政部长担任，CFIUS 成员分为三类：一是常规成员，包括 9 个联邦政府部门主管；二是在适当情况下参与 CFIUS 活动的部门成员的负责人；三是当然成员[②]的负责人。其中，美国贸易代表、科学技术政策办公室负责人等 2 个常规成员，以及管理和预算办公室负责人等 4 个参与成员，均为 2008 年 CFIUS 改革的新增成员[③]（见图 1）。

从行政架构看，CFIUS 的日常业务运行职能由美财政部负责，具体归属于国际事务办公室下设的投资安全办公室[④]（见图 2）。除委员会主席外，CFIUS 另设一名常务主席[⑤]，通常由主管投资安全的部长助理担任，目前为 Aimen Mir[⑥]。

[①] 本文写于 2016 年。
[②] 当然成员（Ex Officio Members），指不必经过选举就是 CFIUS 成员的机构成员。
[③] 根据《第 11858 号行政命令》，CFIUS 进行了一次关键性内部改革，进一步优化组织结构，明确内部职责分工，提升运作效率和内控能力。
[④] 投资安全办公室（Office of Investment Security），是隶属于美国财政部副部长（Under Secretary）领导下的国际事务办公室，主要职能是负责 CFIUS 的日常业务运行。
[⑤] Staff Chairperson.
[⑥] Aimen Mir, Treasury Deputy Assistant Secretary for Investment Security. 相关链接：https://www.treasury.gov/press-center/press-releases/Pages/jl0401.aspx.

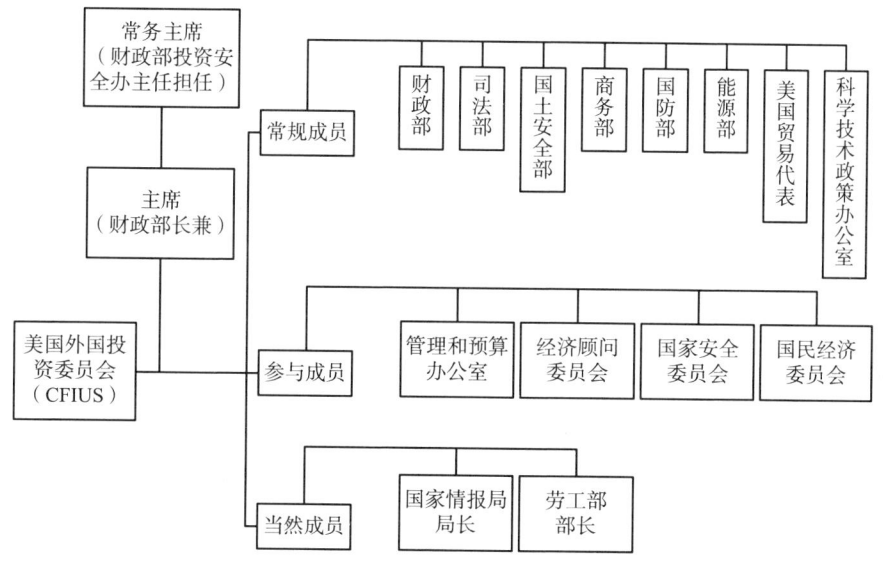

美国外资国家安全审查机制的运行架构（CFIUS之三） | 199

图1 美国外国投资委员会组织结构

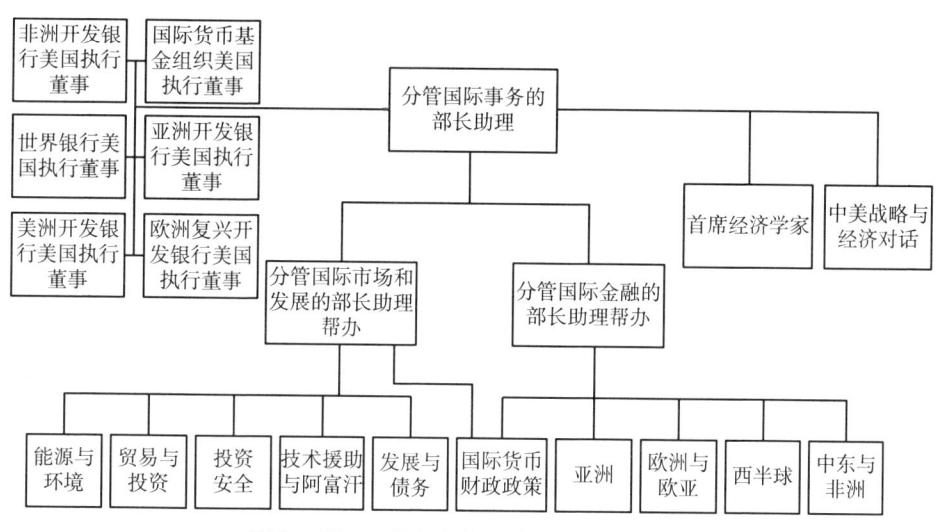

图2 CFIUS业务在美国财政部的行政安排

资料来源：美国财政部。

二、审查对象

CFIUS审查和调查的案件被称为"受管辖交易",《外国投资与国家安全法》（2007）（下简称FINSA）对"受管辖交易"的定义为，能被外国人控制的任何美国州际交易中的兼并、收购或接管，且此笔交易在1988年8月23日后被提出或待定（pending）[①]。

（一）并购者与被并购者

美国财政部牵头修改了《关于外国人收购、兼并和接管的条例》（下简称FINSA 细则），将其作为 FINSA 的实施细则发布。根据 FINSA 细则，对外国人的定义是任何外国国民、外国政府或外国实体；或者由外国国民、外国政府或外国实体控制的任何实体。因此，在确定"并购者"身份是否为外国人时，主要采用两个标准：一是"并购者"是否为外国国籍；二是控制权是否掌握在外国人或外国实体手中。特别值得注意的是，当交易实体的控制权由外国政府掌握时，FINSA 规定必须对其进行调查。

对"被并购者"的定义为任何一个在美国境内从事州际交易活动的实体，而不必考虑控制它的自然人或实体的国籍。这意味着，理论上 CFIUS 不监管外国企业收购美国企业在其他国家的资产。

（二）控制

FINSA 细则指出，"并购者"能对"重要事项[②]"作出决定则被认为具有控制权。但 FINSA 细则中所涉及的重要事项范围过宽，且并未明确给出所有权临界值，即无论在何种情况下都应有判定存在"控制"的清晰界限，这种不清晰导致判定标准缺乏客观性。缺乏判断"控制"的量化标准在很大程度上加大了 CFIUS 判定的主观性，增加了"并购者"面临的不确定性。

（三）"受管辖交易"的类型

FINSA 细则第 301 条规定，"受管辖交易"包括但不限于：一是无论交易条款对公司的控制权如何描述，任何可能导致外国法人控制美国企业的交易均受管辖；二是某外国法人将其对一家美国公司的控制权转让给另一外国法人的交易；三是交易可能造成某外国法人控制构成美国企业的资产；四是合资企业中，投资一方以一个美国企业作为资产注资，而某外国法人通过这个合资企业控制该美国企业的情况。同时，FINSA 细则第 302 条和 303 条列举了"不受管辖"的交易类型，主要包

---

① The term "covered transaction" means any merger, acquisition, or takeover that is proposed or pending after August 23, 1988, by or with any foreign person which could result in foreign control of any person engaged in interstate commerce in the United States.

② （1）销售、租赁、抵押或转移实体的主要资产（包括有形资产和无形资产），无论这个行为是否为运营中的正常行为。（2）重新组织、合并或解散实体。（3）关闭或重新配置实体，以及对实体的生产、运营、研发设备实施重大改变。（4）主要花费、投资、发行股票或债券、实体的红利发放，或者批准实体的运营预算。（5）选择实体将从事的新的生产线和经营项目。（6）实体签订或终止重要的合同。（7）处理实体非公开的技术性、金融性或其他相关信息机构的政策或步骤。（8）委任或解雇高级员工或资深经理人。（9）委任或解雇掌握敏感技术或美国政府机密的职员。（10）就上述 1~9 类事项修订实体的公司条例、构成协议或其他机构文件。

括不构成控制权变化的证券交易、不构成美国企业的资产收购以及国家借贷交易等。

三、审查范围

为实现维护国家安全与吸引外资之间的平衡，CFIUS 对于外资的审查和监管是有选择的。首先，审查项目必须为并购项目，即涉及外国人对美国实体"兼并、收购或接管"的行为，且不论交易发生在美国境内或境外，不论交易的规模和金额大小，都属于审查范围。其次，CFIUS 的审查标准主要是考量该项交易是否对美国国家安全构成威胁，包括国防安全和经济安全两方面，即外资并购项目必须涉及"国家安全"问题，而不涉及其他类型的国家利益。CFIUS 重点关注三类潜在的国家安全威胁：第一类是有可能被外国控制的供应商设置障碍且对美国经济十分关键的商品或服务；第二类是技术或专业技能被泄露给外国控制的机构；第三类是海外并购被利用为渗透、监控和蓄意破坏的渠道。在判断相关交易是否可能属于上述三类威胁时，CFIUS 也应用重要的经济效应指标辅助最终判断，如行业集中度、产业操控和垄断的可能性，以及相关国家在类似行业是否存在对等开放等。

然而，总体来看，CFIUS 对"国家安全"的定义仍然过于宽泛。根据 CFIUS 列出的影响国家安全的 12 项因素[1]，美国安全审查的标准集中为四类考量指标：一是与政府和国籍、所有制有关的内容；二是涉及"关键技术"[2]（附录列举了参与 2014 年年报第二部分《关键技术》研究的机构及部门）；三是直接与国防

---

[1] （1）交易对满足国防所需的国内生产构成潜在影响。（2）交易对满足国防需求所需的国内工业产能（包括人力资源、产品、技术以及其他供给和服务）构成潜在影响。（3）外国公民控制某项国内工商业活动对满足国防需求能力所带来的影响。（4）在国家安全方面，交易对美国科技的国际领先地位构成潜在影响。（5）交易对美国关键技术构成潜在国家安全影响。（6）交易对美国关键基础设施（包括主要能源资产）构成潜在国家安全影响。（7）并购对美国在能源、其他重要资源以及原材料供给的长期影响。（8）是否为国有企业进行并购，该国有企业所属国在防止核扩散、反恐、技术转移方面是否有不良记录。（9）交易之中是否存在外国政府控制的交易。（10）交易导致军用物资、设备或技术出售给那些可能与恐怖主义、导弹扩散、生化或核武扩散有关的国家，以及对地区安全造成军事威胁的国家构成潜在影响。（11）交易可能导致军事用途技术的转运或转移，包括有关国家的出口管制。（12）CFIUS 在判断交易是否构成国家安全风险时，还可考虑任何其他认为适当的因素。

[2] 关于"关键技术"的定义，CFIUS2013 年年报作出如下界定和解释：《关于外国人兼并、收购及接管条例》载于 2008 年 11 月 21 日《联邦纪事》和《美国联邦法规汇编》第 31 卷，第 800 部分。该法规是参考了《美国出口管制条例》的基础上对"关键技术"作了最可靠和准确的界定。

根据《关于外国人兼并、收购及接管条例》§800.209 的规定，关键技术是指：

(a)《国际武器贸易条例》（ITAR）中的《美国军火清单》（USML）（《美国法规汇编》第 22 卷，第 120~130 部分）所列的国防装备和国防服务；

(b)《出口管制条例》（EAR）（《美国联邦法规汇编》第 15 卷，第 730~774 部分）的附录 1 至该条例第 774 部分的《商业控制清单》中所列的受控于多边机制（为国家安全、防生化武器、核扩散或导弹技术等原因而建立）的物品，以及为区域安全或防窃听所列的物品；

(c)《外国原子能活动协助条例》（《美国联邦法规汇编》第 10 卷，第 810 部分）中所列的特别设计和准备的核装备、零部件、核材料、软件和技术，以及《核装备和核材料进出口条例》（《美国联邦法规汇编》第 10 卷，第 110 部分）中所列的核设施、核装备和核材料；

(d)《受管制生化品条例》（《美国联邦法规汇编》第 7 卷，第 331 部分，第 9 卷，第 121 部分和第 42 卷，第 73 部分）中所列的受管制生化品。

工业生产活动相关；四是与反恐、反导弹技术和生化武器扩散相关。不难看出，CFIUS对"国家安全"进行宽泛解释，而不必局限于特定行业，这使得CFIUS的自由裁量权非常大。同时，在审查过程中，CFIUS各成员可以按照符合各机构特定的法律职权方式来解读"国家安全"的概念。在判断交易是否构成国家安全风险时，还可考虑其他被认为适当的任何因素。

对中国企业赴美投资而言，较易引发美国国家安全顾虑并导致审查的原因主要有以下几方面：一是中国企业的国有性质；二是中国企业可能存在的军事背景；三是中国企业背后得到中国政府的支持；四是并购交易可能带来所谓间谍活动的危险；五是中国企业的合规记录，包括在美国出口管制方面的合规记录；六是与中国企业开展经营活动的其他国家是否存在所谓与美对抗关系。除上述普遍因素外，中国对美直接投资还可能涉及所谓地缘政治问题、人权问题、台湾问题、"藏独"以及"疆独"等方面。

四、审查程序

CFIUS对外资安全审查程序可分为非正式阶段和正式阶段两个部分。一是非正式审查阶段。企业相关交易方可在交易前向CFIUS进行充分咨询，确定是否自愿进行申报，申报时点由企业自行掌握，如确定自愿申报则进入正式审查阶段。但如果企业不自愿申报而没有进行非正式审查，CFIUS可在交易的任何时间点介入，并进入正式审查阶段。二是正式审查阶段。一般分为三个程序，第一个程序是为期30天的核查（Review），即根据企业自愿申报、总统或CFIUS成员单边发起审查要求，依据FINSA列出的12项因素判断交易是否威胁美国国家安全。如审查结束时，CFIUS认为该交易威胁国家安全，特别是交易处于"外国政府控制"之下，且CFIUS要求企业采取一般修正措施仍无法解决问题时，则进行进一步调查。第二个程序是为期45天的调查（Investigation），将在更大范围内进行更深入调查，包括对相关企业高管和政府官员进行访谈、要求相关企业提供大量文件、举行相关企业高管公开听证会等。CFIUS于调查结束时向企业发出修正令，或与企业达成相关修正协议，绝大多数情况下，安全审查至此即结束。然而，极特殊情况下，如CFIUS认为以自身力量无法消除相关国家安全威胁或与企业无法达成协议，且有确凿证据表明该交易威胁美国家安全，则可向总统报告。第三个程序是为期15天的"总统命令（Action of President）"，即由总统裁定并签发暂缓或终止的命令。

五、审查特征

（一）"国家安全"概念界定宽泛，自由裁量权和主观性大

CFIUS的审查标准主要是考量该项交易是否对美国国家安全构成威胁，包括

国防安全和经济安全两方面。主要特点如下：一是"国家安全"定义过于宽泛。2007年，FINSA 列出了影响国家安全的 11 项因素，CFIUS 在其 2012 年年报中增加至 12 项。这使得 CFIUS 可以对"国家安全"进行宽泛解释，而不必局限于特定行业。二是 CFIUS 的自由裁量权非常大。在审查过程中，CFIUS 各成员可以按照符合各机构特定的法律职权方式来解读"国家安全"的概念。三是运作和审查过程缺乏透明度。因与国家安全紧密相关，其保密特性使得 CFIUS 相关信息公开程度非常有限。

（二）"关键性基础设施"领域涵盖范围较广

CFIUS 所谓的"关键性基础设施"几乎涵盖了美国绝大多数行业，但 CFIUS 并不关注相关行业的所有交易，只考虑"特定"交易。此外，CFIUS 要求凡是属于"对美国国防工业基础设施影响较大的产品或核心技术"的相关交易，企业要主动通知 CFIUS。但并未明确给出如何衡量与"美国国防工业"的相关程度，这使得 CFIUS 判定可能存在较大主观性。同时，一笔交易被界定为"关键性基础设施"后[①]将在多大程度上影响 CFIUS 的裁定也存在不确定性。

（三）对"关键技术"企业并购进行分部门管理和双重保护

根据 FINSA 规定，"关键技术"是指与国防密切相关的技术、关键元件和关键技术项目。被并购企业是否属于"关键技术企业"将由不同政府部门判定。CFIUS 审查与其他相关国家政策（如出口限制政策）共同对"关键技术"形成了"双重保护"：即某项交易通过了 CFIUS 安全审查，其他政府部门也可能不允许其相关技术出口；反之，某些企业的"关键技术"经相关政府部门获准出口，CFIUS 也可能加以阻止。

（四）特别加强对国有企业和国有资本的审查

CFIUS 一直强调对外国主权财富基金、国有企业和国有资本的审查，FINSA 细则则更加明确了此项规定：一是给出涉及外国国有企业收购的具体因素，包括该国政府与美国的外交一致性、在多边反恐和防止核扩散以及出口限制方面的一致性等。这实际上是以国家作为划分国家安全风险的依据；二是要求计划并购美国敏感资产的外国投资者必须提交个人在本国军队及政府部门服务的历史信息；三是一旦外资并购交易被 CFIUS 认定为危及美国国家安全，相关外国企业将面临高额罚款，并将由此交易失败而遭受巨大经济损失。

附录：参与 2014 年年报第二部分《关键技术》研究的机构及部门[①]

- 商务部（Department of Commerce）
    - 工业与安全局（Bureau of Industry and Security）
    - 国际贸易局（International Trade Administration）
    - 国家电信与信息管理局（National Telecommunications and Information Administration）
- 国防部国防科技安全管理局（Department of Defense – Defense Technology Security Administration）
- 司法部（Department of Justice）
- 国务院（Department of State）
    - 经济暨商业局（Bureau of Economic and Business Affairs）
    - 政治军事事务局（Bureau of Political – Military Affairs）
    - 国际安全与防扩散局（Bureau of International Security and Nonproliferation）
- 财政部（Department of the Treasury）
- 情报界成员（共 16 个）（Intelligence Community Elements）
    - 国家情报总监办公室，国家情报委员会（Office of the Director of National Intelligence, National Intelligence Council）
    - 空军特别调查办公室（Air Force Office of Special Investigations）
    - 陆军反间谍中心（Army Counterintelligence Center）
    - 中央情报局（Central Intelligence Agency）
    - 国防情报局（Defense Intelligence Agency）
    - 联邦调查局，国家安全处（Federal Bureau of Investigation, National Security Branch）
    - 能源部，情报与反间谍办公室（Department of Energy, Office of Intelligence and Counterintelligence）
    - 国土安全部，情报与分析局（Department of Homeland Security, Office of Intelligence and Analysis）
    - 国务院情报与研究局（Department of State, Bureau of Intelligence and Research）
    - 财政部情报与分析办公室（Department of the Treasury, Office of Intelligence and Analysis）

---

① 资料来源：The CFIUS Annual Report to Congress (2014)《美国外国投资委员会（CFIUS）报国会年度报告》(2014 年)。

○ 海军陆战队情报行动处（Marine Corps Intelligence Activity）

○ 美国国家反间谍执行局共同体并购风险部（Office of the National Counterintelligence Executive, Community Acquisition Risk Section）

○ 国家反恐中心（National Counterterrorism Center）

○ 国家地理空间情报局（National Geospatial-Intelligence Agency）

○ 国家安全局（National Security Agency）

○ 海军情报局（海军情报办公室及海军罪案调查处）（Naval Intelligence）（Office of Naval Intelligence and Naval Criminal Investigative Service）

- 总统行政办公室（Executive Office of the President）

○ 经济顾问委员会（Council of Economic Advisors）

○ 国家安全委员会（National Security Council）

○ 科学及技术政策办公室（Office of Science and Technology Policy）

美国外资国家安全审查机制发展历史（CFIUS 之四）[①]

胡振虎　于　晓　贾英姿

20 世纪 70 年代，美国国会对石油输出国（OPEC）持有大量美国债权资产组合十分担忧，认为这种投资行为的驱动因素可能是政治而非经济方面考量。为安抚国会，福特总统于 1975 年签发《第 11858 号行政命令》，创立"CFIUS"。之后 30 年间，CFIUS 的法制基础、职责定位、监督报告等方面不断完善，在防范外资威胁美国国家经济安全方面发挥了关键作用。以该机构为依托，美国逐步构建了一个较为完善的国家外资安全审查体系。

一、机构初创：1975～1987 年

（一）职责定位宽泛，以信息收集和分析为主

CFIUS 成立时的定位和主要职能主要依据《1950 年国防生产法》（defense production act of 1950）第 721 节，具体职责依据 CFIUS 成立时福特总统签发的 12661 号行政令。根据该令，财政部被指定为 CFIUS 的"代表"[②]，授权 CFIUS "在执行机构中承担主要且持续的职责，并负责协调美国相关投资政策的执行"。根据财政部一份相关备忘录记载，CFIUS 成立之初的职责定位并不清晰，主要是"收集外国政府或个人直接所有或控制的投资，向国会、执行机构和公众提供相关信息分析"，具体包括：一是报告准备工作，主要为美国海外投资关键的发展情况与趋势分析相关文件准备进行安排；二是投资前咨询指导，主要面向对美投资的外国政府；三是审查美国的外国投资；四是必要时提案建议制定新的外国投资相关法律法规[③]。此外，CFIUS 审查中涉及的信息披露和使用也受到严格限制，根据行政令，所有提交给 CFIUS 的信息应得到严格保密且不向公众披露，信息只

[①] 本文写于 2016 年。
[②] "代表"一词源自行政令 12661 号（1988 年 12 月 27 日），54 F R 780。
[③] 行政令 11858（b），1975 年 5 月 7 日，40 F. R. 20163；以及 P. L. 94-472, Oct 11, 1976, 22, USC Section 3101（b）。

能用于执行行政令职责的相关工作。

(二) 业务能力较弱,审查重点偏向政治风险

1980年,一些国会议员质疑CFIUS未能充分有效履职,1975～1980年,CFIUS委员会仅碰面会商10次,且在判断外国投资到底是对美国经济还是政治的影响方面缺乏决策能力[1]。在1979年的一次听证会上,有议员认为CFIUS已沦为一个仅能对外资产生政治影响的审查机构,而在议员最希望了解的外资对美国经济的影响方面贡献甚微[2]。例如,1980～1987年,CFIUS调查了一些外资项目,但绝大多数是应美国防部要求,比如,1983年日本企业并购美国一家军用飞机钢材生产企业、1985年日本企业并购一家美国军用滚珠轴承企业、1987年法国企业并购一家美国跨国公司的计算机业务线。

二、转型探索:1988～2006年

(一)《埃克森—佛罗里奥条款》获批并授予总统干预审查的权力

继20世纪70年代石油输出国外资潮之后,20世纪80年代大量日本外资并购美国企业再次引起美国国会对外资安全的高度关注,"仙童公司并购案"[3] 一度影响美日贸易关系。美国国会认为,对外资并购不加限制的政策削弱了美国作为全球大国且为经济大国的力量。由此,美国国会通过议案[4],通过《埃克森—佛罗里奥条款》("exon-florio" provision,下简称EF条款)授予总统权力,可以阻止、暂停任何可能威胁美国国家安全的外资或外国人并购美国企业的交易。同时,美国国会还指出,该条款要求美总统必须在有"可信证据"的前提下才能干预交易。这一要求一直延续,并保留写入《2007年外国投资与国家安全法》(简称FINSA)内容。1990年,布什总统据此行使权力,阻止了中国航空技术进出

---

[1] U. S. Congress. House. Committee on Government Operations. The Adequacy of the Federal Response to Foreign Investment in the United States. Report by the Committee on Government Operations. H. Rept. 96 - 1216, 96th Cong., 2nd sess., Washington: GPO, 1980, 166 - 184.

[2] The Operations of Federal Agencies, part 3, p. 5.

[3] 1987年,日本富士通公司(Fujitsu)和法国斯伦贝谢技术有限公司(Schlumberger Ltd.)竞购美国仙童半导体公司(Fairchild Semiconductor Co.),美国防部反对并购,原因是日本将控制军用计算机芯片的主要供应商,使美国军工产业对外国供应商高科技产品依赖度增大。美国防部长和商务部长同时向里根总统提出阻止该项并购交易的议案,一时较大程度影响美日两国贸易,之后日本方面撤销了并购,美国仙童公司最终被美国国家半导体公司折价并购。

[4] P. L. 100 - 418, Title V, Section 5021, August 23, 1988; 50 USC Appendix sect. 2170. 该条款的议案,原为参议院商务委员会和众议院能源与商务委员会共同发起的一项议案,但之后被作为一项司法责任的争端移交参议院银行委员会处理。

口公司（CATIC）收购美国西雅图飞机零部件制造商 MAMCO 公司①。

（二）"伯德修正案"获批并新增 CFIUS 审查判定标准

1992 年，美国国会根据 1993 财年《国防授权法案》第 837（a）条对"EF 条款"进行修订。此次修订因其提案人名而被命名为"伯德修正案"②，为 CFIUS 增加两条关键的审查判定标准，即符合这两个条件的并购案必须接受审查：（1）收购方由外国政府控制或代表外国政府行事；且（2）收购可能导致在美国从事州际贸易的个人受到外国政府控制，并因此威胁到美国国家安全。此外，"EF 条款"前后，还有一些陆续出台的法案均有条款涉及国家经济安全，如《1976 年国际投资调查法》③《1977 年国际紧急经济权力法》《2001 年爱国者法案》④ 等。

（三）"9·11"事件后的迪拜港口并购案引发 CFIUS 审查程序行政改革

2001 年"9·11"事件后，美国政府对来自中东地区的投资高度敏感。2006 年，《伯德修正案》之后的"EF 条款"因迪拜世界港口并购案⑤再次受到关注。CFIUS 与国会之间发生了激烈争论并引发公众热议。问题焦点在于是否应在该项交易已通过 30 天核查（review）基础上再对其进行为期 45 天的调查（investigation）。美国国会认为，该案符合"外国政府控制"的条件，应启动 45 天调查。

---

① 1989 年 11 月 6 日，MAMCO 公司向 CFIUS 申报中航技对 MAMCO 公司的收购。11 月 30 日，中航技完成收购交易。12 月 4 日，CFIUS 通知中航技决定依据 Exon - Florio Provision 对该收购交易提起调查。1990 年 1 月 19 日，CFIUS 的 8 个成员向布什总统建议对此次已完成的收购进行强制性资产剥离售让，基于 3 条理由：（1）MAMCO 公司没有产品出口证。（2）中航技和 MAMCO 公司在 CFIUS 完成初期审查前（30 日内）即完成了收购交易，违反了《埃克森—弗罗里奥法案》。（3）中航技与中国军工业的联系过于紧密，有威胁美国国家安全的可能。1990 年 2 月 1 日，美国总统布什根据《埃克森—弗罗里奥法案》发布行政命令，主要内容包括：禁止中航技收购 MAMCO，并以"威胁国家安全"为由命令中航技在当年 5 月 1 日前售让其在收购中所得的全部 MAMCO 的投资利益。最终中航技同意将 MAMCO 出售给另一家美国公司 De Crane Aircraft Holding。

② 1992 年，参议员 Harry F. Byrd 提出新的法案（Byrd Amendment），要求 CFIUS 对代表外国政府在美国进行的兼并、收购和接管交易进行国家安全审查。

③ 《1976 年国际投资调查法》（International Investment Survey Act of 1976），CFIUS 成立后第一个涉及外资调查的法案，授权美国总统可以收集外国直接投资和间接投资相关资料，并向国会、执行机构和公众提供分析报告。

④ "9·11"事件后美国大幅提升国家安全警戒级别，扩大 CFIUS 对外资审查范围并严格审查标准。《2001 年爱国者法案》将"国家安全"的含义延伸到"本国重要基础设施"，包括"对国家具有重要意义的物理或虚拟系统及资产的综合，其瘫痪或被摧毁将对国家国防、经济、卫生和安全领域产生破坏性影响"。

⑤ 2006 年 2 月，阿联酋"迪拜港口世界"公司（Dubai Ports World, also DP World）以 68 亿美元价格并购了英国半岛—东方航运公司，取得了后者旗下的美国纽约、新泽西、巴尔的摩、新奥尔良、迈阿密和费城等六大港口运营业务。该交易获得了 CFIUS 的 30 天核查（Review）批准。然而，此项交易公开后，美国一些议员以"损害美国国家安全"为由，强烈反对阿联酋公司控制美国港口业务，并威胁要在国会提出反对议案，由此引发激烈争论。

然而，CFIUS 不同意继续调查，认为 45 天调查并非必须和强制程序，况且该项交易仅符合第一条关于外国政府控制的条件，但未满足第二个关于威胁美国国家安全的条件。最终，布什政府 2001 年启动了对 CFIUS 审查程序的一项行政改革，要求并购方必须签署《特别安全安排》（special security arrangement，SSA）后，才能最终获得 CFIUS 核查程序审批通过。

三、改革发展：2007 年至今

2007 年 10 月 24 日 FINSA 正式实施，为 CFIUS 奠定了坚实的法律基础。2008 年，《第 13456 行政命令》和 FINSA 实施细则发布，相关司法要求被固化、落实在各项行政改革中。由此，2007~2008 年，CFIUS 启动了一轮重大改革，相关主要举措包括[①]：

（一）保留并强化审查范围及各阶段时限要求

专注于审查真正危及美国国家安全并可能引致美国公司被外国控制的兼并、收购、接管交易，不考虑广泛意义的政策利益；审查过程须严格按照要求进行，即常规情况下 30 天核查，必要时进行 45 天调查，极少特殊情况进行 15 天总统命令（action of president）审查。

（二）扩展 CFIUS 成员范围

新增能源部部长，并授予总统增加成员的权力；确定"当然成员"范围，包括两名成员，为提供独立情报分析的国家情报局局长，以及根据《美国雇佣法》提供缓解整合咨询支持的劳工部部长。

（三）增强高层对 CFIUS 的责任

一是牵头机构方面，财政部作为主席成员必须为所审查的交易指定适当的牵头机构；二是调查方面，如某项交易经核查、调查两个阶段均被界定为潜在损害美国家安全，那么在交易方按照 CFIUS 要求完成相关缓解消除措施后，须经由财政部和牵头机构至少副部长及以上负责人同时批准同意，调查阶段才告结束；三是批准（clearance）方面，财政部与相关牵头机构，须有不低于副部长级别的负责人同时向国会证明，CFIUS 审查的交易中不存在任何未解决的国家安全隐患；四是国会方面，CFIUS 必须按照国会要求提供保密信息的概要及详细的年度报告，与国会的沟通须限制在 721 节所授权的范围之内。

---

① CFIUS Reform：The Foreign Investment & National Security Act of 2007（FINSA），Nov. 14, 2008，美国财政部官网。

（四）增加 CFIUS 和总统关切的"国家安全"因素说明列表

根据 FINSA，出于国家安全的需要，总统或总统指定的人可考虑的因素包括 11 项。2008 年后，CFIUS 根据历年审查情况不断总结完善其法制基础，并基于 FINSA 列出的 11 项考虑因素，于 2012 年年报中提出了完善后的 12 项"国家安全"考虑因素（见表1）。

（五）其他改革之处

包括缓解协议和条件必须建立在基于风险的分析之上，要求 CFIUS 必须实时监测交易方，观察其缓解和消除国家安全所采取的行动措施以及落实保密要求所做出的努力等。

上述改革措施之后，CFIUS 进入相对平稳发展的阶段，截至目前尚无重大改革措施出台。

表1　　　　　　　　　　CFIUS"国家安全"考虑因素

序号	FINSA（2008 年）	CFIUS 年报（2012 年）
（1）	预期的国防要求所需要的国内生产	为美国政府、州或肩负国家安全职责的地方机构提供产品/服务的企业
（2）	国内产业满足国防需求的能力，包括人力资源、产品、技术、材料以及其他供应和服务的提供	美国企业提供的产品/服务可能造成国家安全隐患，包括潜在网络安全隐患，容易遭受破坏活动或间谍活动的隐患，包括受管辖交易是否增加了如下风险：利用了特定美国企业在供应链中的位置
（3）	外国公民对国内产业和商业活动的控制，及其对美国满足国家安全需求能力形成的影响	美国企业的业务，以及生产/提供的产品/服务的安全性可能对美国国家安全有影响，例如从事基础设施（可能构成关键性基础设施）的企业；与能源生产相关的企业，包括能源的采掘、生产、运输、分配等方面；影响国家运输体系的企业；能显著并直接影响美国金融体系的企业
（4）	并购交易对支持恐怖主义或扩散导弹技术或生化武器的国家出售军事物质、设备、技术的潜在影响	可以接触到机密信息或敏感政府合同信息（包括对雇员信息）的美国企业
（5）	并购交易潜在地对美国国家安全领域里的技术领先地位的影响	为国防、安全、国家安全相关法律执行部门的企业
（6）	并购交易对包括主要能源资产在内的美国关键基础设施有关国家安全的潜在影响	从事与武器、军用品生产、航空、卫星、雷达系统相关活动的企业

续表

序号	FINSA（2008 年）	CFIUS 年报（2012 年）
（7）	并购交易对美国关键技术有关国家安全的潜在影响	生产某种类型的先进技术，此技术有利于保护，或有可能被用来损害美国国家安全，企业类型可能包括：设计与生产半导体企业，其他可用以商业和军事用途的设备或部件的生产企业，设计、生产和提供与网络和数据安全相关产品服务的企业
（8）	并购交易是否为外国政府所控制	受到美国出口管制的技术、物品、软件、服务的研发、生产，或销售企业
（9）	酌情对一些方面加以审查（特别对外国政府控制的并购交易） A. 交易方政府对防止扩散控制制度（包括条约及多边供应准则）的遵守情况 B. 交易方政府与美国政府的关系，特别是双方在反恐方面的合作记录 C. 有关军事技术转移的潜在可能，包括对其国家出口管制法律及规则的分析	接近某种类型的美国政府设施的企业
（10）	对美国所需能源资源及其他国际性资源和原材料的长期预测	以下类型外国人获得控制权： 受外国政府控制者
（11）	总统或者 CFIUS 认为合适的其他因素	来自在防止核武器扩散和其他国家安全相关等事项方面有记录国家者
（12）		以往有记录或有意向损害美国国家安全者

资料来源：根据中国社科院报告整理。潘圆圆、唐健：《美国外国投资委员会国家安全审查的特点与最新趋势》，中国社会科学院世界经济与政治研究所 2013 年第二季度中国对外投资报告之专题报告，2013 年第 3 期。

美国外资国家安全审查机制的法制基础（CFIUS 之五）[①]

胡振虎　于　晓　贾英姿

经过近百年发展，美国外资国家安全审查机制已奠定十分坚实的法制基础。从分散立法到专门立法，从法案、行政命令、实施细则到业务指南，美国外资国家安全审查机制已形成逻辑严密、覆盖全面、组织有效的外资安全审查法制体系。从历史演变过程看，美国外资国家安全审查机制的法制基础以1975年CFIUS成立年为分界线，而CFIUS成立后的40年间也发生了多次重大变革。究其背后原因，每次重大变革都与外资流入美国的重大事件高度相关，其中，20世纪70年代中东投资、80年代日本投资及"9·11"事件后的迪拜港口投资案均引发了当时美国政府内部广泛而激烈的讨论，对美国外资国家安全审查机制的法制基础形成了深刻而深远的影响。

一、CFIUS 成立之前：相关立法奠定基础

在1975年CFIUS成立之前，美国早已存在与国家外资安全审查相关的立法基础。最早可以追溯到1917年的《与敌贸易法案》（Trading with the Enemy Act of 1917），授权总统在涉及敌对国家贸易时，可以对任何资产的有关交易进行调查、处理或实施特权。该法案颁布后，美国冻结了德国企业在美的大多数资产。20世纪20～40年代，美国国会密集通过多部专门法案，均涉及禁止或限制外商对美特定行业的投资，主要包括：（1）1927年，针对广播和电信业的《无线电法案》（radio act of 1927）；（2）1933年，针对紧急时期黄金贸易的《紧急银行救济法案》（emergency banking relief act of 1933）；（3）1934年，针对电信行业的《电信法》；（4）1935年，针对电力行业的《联邦电力法》（federal power act of 1935），或限制外商投资运营或维护公共发电和输电设施；（5）1936年，针对沿海和内河航运业的《琼斯法案》（jones act，也称 merchant marine act）。同时，以反垄断为由，这一时期美国在反托拉斯相关立法修订过程中，也通过加强相关

[①] 本文写于2016年。

条款，增加了大型跨国公司对美并购交易的难度。

1950年，美国国会通过《国防生产法》（defense production act of 1950），以动员和加强国防生产能力。该法刚出台时，并未专门针对外资安全审查。直到1988年，该法第721节被援引并依据《埃克森—佛罗里奥条款》修订为美国外资审查的一项基础法案。

20世纪70年代大量来自中东的投资，催生了1974年《外国投资研究法》（Foreign Investment Study Act of 1974），该法授权美商务部、财政部等部门对大量流入美国市场的外国直接投资进行调查。

二、CFIUS成立及之后：专门立法形成严密体系

1975年，CFIUS依据福特总统《第11858号行政命令》成立，自此美国产生了专门的外资国家安全审查机构，相应地开启了外资安全审查的专门立法，经过逐步完善并形成多层次的法律法规体系（见图1）。其中，与CFIUS直接相关的法律法规包括：

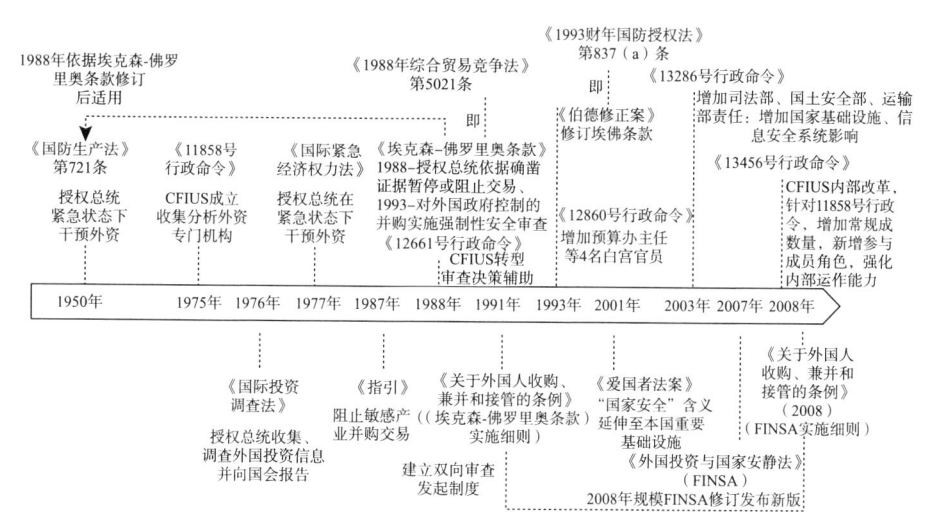

图1 1975年后美国国家外资安全审查立法历程

资料来源：根据美国财政部官网相关法律法规、美国国会研究局报告整理。

（一）法案（law & act）

法案是美国国家安全审查机制形成的基础，也是CFIUS成立后各项工作的法律依据。

1. 1988年修订后的《1950年国防生产法》第721节。1988年，《1950年国

防生产法》第 721 节（下简称"第 721 节"）根据《埃克森—佛罗里奥条款》进行修订，成为美国外资国家安全审查的基础法案之一。

2.《埃克森—佛罗里奥条款》。《埃克森—佛罗里奥条款》（"exon-florio" provision，下简称 EF 条款），为《1988 年综合贸易竞争法》（omnibus trade and competitiveness act of 1988）的第 5021 条，是使 CFIUS 发生根本性变革的一条法案，发布后于 1993 年、2001 年历经 2 次修订，对 CFIUS 运行机制影响深远，促进形成了 CFIUS 的基本业务框架和组织架构。1988 年，"EF 条款"授予总统可以阻止、暂停任何可能威胁美国国家安全的外资或外国人并购美国企业的权力；1992 年，为 CFIUS 新增两条关键的审查判定标准；2001 年，CFIUS 审查程序进行行政改革，要求并购方必须签署《特别安全安排》后，才能最终获得 CFIUS 核查程序审批通过。

3.《2007 年外国投资与国家安全法》（FINSA）。在 FINSA 颁布之前，多年以来 CFIUS 执行第 721 节的法定职责只能依据《第 11858 号行政命令》，缺乏专门的立法支持。2007 年 10 月 4 日，FINSA（即公共法 110-49）正式生效，成为 CFIUS 权力职责的核心法律基础，第 721 节也根据 FINSA 作了修订。

FINSA 的主要内容包括：（1）关键定义：委员会、控制、涵盖交易、外国政府控制的交易、国家安全、关键基础设施、关键技术、牵头机构等；（2）国家安全审查：不同阶段的主要职责、时间要求、例外情况、提交国会的认证文件、国家情报总监分析报告、附加信息提交、审查结果、实施条例等；（3）信息保密规定；（4）对其他法律影响；（5）CFIUS 的设立、成员、组织、牵头机构等；（6）缓解措施、跟踪、监督及强制执行规定；（7）提交国会的年度报告；（8）研究和报告、监察长的调查；（9）通知的认证和保证等。

（二）行政命令（executive orders）

CFIUS 的成立、职责定位、组织结构、内部分工等具体执行要求，在总统签发的行政命令中发布。

历任总统签发的行政命令有五个：1975 年 5 月 7 日，福特总统签发的《第 11858 号行政命令》；1988 年 12 月 27 日，里根总统签发的《第 12661 号行政命令》；1993 年 9 月 3 日，克林顿总统签发的《第 12860 号行政命令》；2003 年 2 月 28 日，布什总统签发的《第 13286 号行政命令》；2008 年 1 月 23 日，布什总统签发的《第 13456 号行政命令》（修订《第 11858 号行政命令》）。

（三）实施细则（regulations）

美国财政部牵头修改了《关于外国人收购、兼并和接管的条例》（1991 年），将该条例作为 FINSA 的实施细则发布。在作为 FINSA 实施细则之前，该条例的前身于 1991 年 11 月根据 "EF 条款" 制订发布, 2008 年 11 月根据 FINSA 修订发布并沿用至今。实施细则对并购交易方主动申报起到了明显的敦促作用。尽管法规明确了以自愿申报方式为主，但多数企业都严格遵照法规要求进行了申报。

（四）业务指南（guidance）

根据第 721 节（b）（2）（E）的要求，美国财政部作为 CFIUS 的主导单位，须就 CFIUS 审查过的和触发国家安全考虑的交易类型颁布《美国外国投资委员会国家安全审查指南》[①]。该指南对 CFIUS 关于外资审查程序的目的和性质作出规定[②]，主要内容包括：（1）指南立法要求；（2）CFIUS 审查程序的目的和性质；（3）国家安全考虑：风险分析、法定国家安全因素等；（4）CFIUS 审查过的和触发国家安全考虑的交易类型：外国人取得控制权的美国企业的性质触发国家安全考虑的交易、取得美国企业控制权的外国人身份触发国家安全考虑的交易等；（5）可能触发国家安全考虑的交易信息等。

[①] Guidance Concerning the National Security Review Conducted by the Committee on Foreign Investment in the United States。美国财政部于 2008 年 12 月 8 日颁布，联邦纪事第 73 卷、第 236 号（Federal Register/Vol. 73, No. 236/Monday, December 8, 2008/Notices）。

[②] 根据发布说明，该指南不应为任何人设立或赋予任何权利，也应不对美国政府构成约束。

美国新任财长努钦主要政策主张简析[①]

陈　霞　彭　慧　姚令恺

2017年2月14日，史蒂文·努钦（Steven Mnuchin）宣誓就任美国第77届财长。作为特朗普核心幕僚，努钦将从推动税制改革、放松金融监管、加强基础设施建设等方面入手，全方位服务于特朗普"美国优先"（america first）的政策目标，力争使美国再次伟大。努钦主要经济政策主张及我们的分析如下。

一、努钦其人

努钦现年55岁，生于纽约，获耶鲁大学经济学学士学位。曾在高盛集团任职17年，是高盛集团的合伙人。后创建沙丘资本（dune capital），任主席兼首席执行官。并曾参与创建OneWest银行集团，任集团主席和首席执行官。在债券市场、货币市场、债券交易等方面具有广泛和丰富的经验。在特朗普竞选总统期间，任竞选团队金融委员会主席和高级经济顾问，是特朗普竞选团队的核心成员。

二、主要政策主张

努钦近期特别是在其提名听证会上较系统概述了其主要政策主张，指出未来美国的经济政策重点将是创造就业，减少税赋，放松管制，加强基建，强化贸易，支持美元走强，促进美国家庭富裕，最终实现使美国再次伟大的目标。

（一）推动税制改革

将继续由美国国内收入署（IRS）负责税赋收缴工作，美国财政部将加强对IRS工作的监管；强化对海外美国企业的征税工作；简化税制，提高税收政策的有效性；将公司税从30%降到15%，阻止美国公司将利润转移至海外；减免小微企业不必要的税赋，促进其发展；降低中产阶级税负。强调将尽可能避免因减税而增加财政负担，并控制财政赤字规模。

[①] 本文写于2017年。

（二）放松金融监管

放松金融管制，加强金融市场信息建设，营造一个安全的金融市场运行环境。认为多德—弗兰克法案过于复杂，阻碍了银行信贷，将废除法案部分内容。支持沃克尔规则①，但要对沃克尔规则进行更详细的定义，使银行更清楚什么能做、什么不能做。

（三）建立基建银行

特朗普政府将推出美国版的"四万亿"美元计划，以支持基础设施建设。努钦将全力协助落实特朗普基建计划，包括推动筹建专业的基础设施建设银行。

（四）支持美元走强

努钦认为，美元走强是大趋势。长期而言，强势美元非常重要，可以提升美元购买力；但短期而言，强势美元或将对贸易造成负面影响。

（五）转向双边贸易

美国贸易重点将从多边转向双边；相关贸易政策将充分反映"美国优先"的政策目标；将积极与主要贸易伙伴展开双边谈判和合作。将重新与墨西哥商议北美自由贸易协定（NAFTA）的有关条款，实现两国贸易双赢。

（六）打击汇率操纵

美国将与国际货币基金组织（IMF）、七国集团和二十国集团等多边机制合作，严厉打击汇率操纵行为；将在必要时改变财政部评估汇率的步骤；将认真审视中国操纵汇率问题；努钦指出IMF等机构并未有效阻止各国操纵本币汇率。

（七）加强与中国合作

将从贸易、经济、国家安全等全局角度看待中国；加强与中国的合作，进一步深化美中双边合作关系。

三、对此问题的几点思考

（一）美国新财长面临多重挑战

努钦是特朗普最重要的内阁成员之一，是特朗普政府在税制改革、金融监管

---

① 沃克尔规则以美联储前主席沃克尔命名，是多德—弗兰克法案三大核心内容之一。

等国内外经济政策制定中的关键人物。作为新一任财长,努钦将面临多重挑战。短期看,美国政府债务上限将于3月15日到期,或将引发新一轮违约风险,需加强与参众两院的沟通协调,避免违约发生;特朗普一些贸易政策与G20有关反对贸易保护主义的共识极不相称,努钦需在3月份德国G20财长会期间为美相关政策做辩解。中期看,将面临协助特朗普如何全面展开新政、如何处理遭废弃的奥巴马政府相关政策和法案等挑战;其如何推动新的税改和医改等也将面临前所未有的困难。

(二)仍不完全排除将中国列为"汇率操纵国"可能

美国财政部认定一国是否为"汇率操纵国"有三个条件:对美贸易顺差超过200亿美元、经常账户顺差超过GDP的3%和持续干预外汇市场。以此标准,中国目前只符合其中一项,似乎将中国列为"汇率操纵国"的可能性并不大。但努钦表示,在必要时将改变财政部评估外国汇率问题的步骤和方法,我国仍有可能被列为"汇率操控国"。因此,我国相关部门仍需提前做好预案,妥拟反制措施。

(三)加强与美国新财长的沟通

中美是世界最大的两个经济体,加强两国财政部门的交流与合作,就两国、区域和全球层面的经济政策展开协调,不仅有益于两国,也有益于区域和世界。中美两国财政部门自1979年开启中美经济联委会(JEC)对话机制以来,对话的广度和深度不断得到加强,对话的渠道也得到拓宽,特别是近10年开展的战略经济对话,已成为两国加强合作、管控分歧的有效机制,为中美关系的整体改善和发展做出了积极贡献。尽管特朗普上台为两国经济对话带来了新的不确定性和困难,但两国财政部门仍需迎难而上,积极探讨构建新的对话管道,在双边和多边领域开展务实合作,助力中美关系的发展。

中国参与美基建情况简析[①]

陈立宏　于　晓

近期，特朗普政府宣布即将开展大规模基础设施建设（以下简称基建）。我们就中国相关行业如何克服挑战、积极参与美国新一轮基建浪潮简要分析如下。

一、美国即将开展大规模基建

（一）美国政府着手基础设施升级改造

目前，美国公路、桥梁、港口、能源等基础设施严重老化，整体质量下降。近期发布的《全球竞争力报告》[②]称，美国基础设施质量位列全球排名第11位，道路质量第13位，铁路基础设施第13位，港口设施第10位，供电设施第17位，与其经济地位严重不符。加大基础设施投资、以投资促增长已成美国朝野共识。特朗普政府正计划推动20世纪50年代以来最大规模的基础设施扩建和现代化改造，宣布未来10年将就此投资1万亿美元，签署了"快速跟踪审批高优先级别基建设施项目"总统行政令，着手制定包括50个项目的基础设施建设优先清单，总投资额约1 375亿美元。参议院民主党也提出一项万亿美元基建方案，包括路桥及城建投入2 100亿美元，铁路、公路、港口、机场和水路改造2 450亿美元，能源设施投入1 000亿美元等。

（二）资金不足成美国基建最大短板

美国政府基建计划目标明确，规模宏大，但实施中面临一系列困难，最突出的是资金不足问题。多年来，美国用于基础设施建设、运营和维护的公共支出不断下降，公共建设投入已下降至1993年以来最低水平，仅占GDP总量1.5%，大大低于中国等新兴市场国家。州政府基础设施预算则在2009年和2010年分别削减了3.8%和5.7%。美国全国商会估算，2013～2030年，美运输系统、能源设施、供水及废水处理等领域至少需要8万亿美元以上新投资，但实际可筹资金

[①] 本文写于2015年。
[②] 世界经济论坛，《全球竞争力报告》（2016～2017年）。

仅为需求的一半。美国财政部估计，到 2020 年美基建资金缺口将达 1 万亿美元，2040 年还将继续扩大至 4.7 万亿美元。

二、中国参与美基础设施建设分析

（一）中国企业和资金走出去的重要机会

目前，美国在基建资金、机械设备、建筑材料和劳动力供给等方面都存在不足，中国则有明显优势。中国长期保持较高固定资产投资水平，具有丰富的基建经验，企业设计、施工和管理实力雄厚，钢铁、水泥、建筑机械等行业发达。其中，交通基础设施等领域已走在世界前列。到 2016 年底，高铁里程超过 2.2 万千米，高速公路里程 13 万千米，内河航道里程 12.71 万千米，均居世界第一；技术水平也跻身前列，高速铁路、高寒铁路、高原铁路、特大桥隧建造技术均达到世界先进水平，北京新机场建成后将是全球规模最大的单体机场航站楼。中国可以发挥在上述领域的优势，积极参与美国基础设施建设。

（二）参与美国基础设施建设美方潜在障碍

1. 复杂的法规、政策及标准体系。一是赴美投资基础设施建设需要美国多方审批，包括行业性立法、行业监管机构个案审批、反垄断机构并购控制、证券监管机构并购审查等，一些项目可能还需要州及地方政府监管机构批准。程序烦琐、过程冗长，无形中推高企业成本。二是美国基础设施资产在所有权上分为公有和私有性质，使得相关适用法律、法规与合同结构十分复杂。三是中美工程技术适用标准存在较大差异，在符合国际通用标准和当地实际情况的前提下，我国在美国基础设施领域推广我国适用的工程设计标准、施工规范和产品标准仍存在较大困难。

2. 政治因素和安全审查的影响。投资美国基础设施要注意政治因素的影响。美国公共治理结构下，政府、社区、工会、媒体、行业协会、NGO 等不同利益集团处于动态博弈，立法和行政决策来自于各方的斗争和妥协，可能导致预期之外的投资风险，或是由行政当局通过现行法规，或是由立法机构临时制定修改法规，对外资进行制约。

其中，美国外国投资委员会（CFIUS）对外资进行国家安全审查对中国影响尤其大：一是对影响美国家安全的"关键性基础设施"如制造业、电信业和能源业的海外投资进行严格审查；二是对国有资本和政府背景企业进行审查，国企因所有制性质常成为其重点审查对象；三是对中、俄等非盟国海外投资行为采取相对严格的审查政策。2012~2014 年，CFIUS 共审查 35 个国家（经济体）的 358

宗涵盖交易，中国被审查数量连续三年高居首位。

3. 美国政府采购相关规定的限制。美联邦和州政府都有基础设施优先采购相关规定。1933年通过的《购买美国产品法》规定政府直接采购中优先购买美国产品，使用联邦运输基金的州和地方实体采购时执行多种优先国内产品的规定，联邦资助的运输基建项目使用的钢铁和制成品必须在美国生产。《1979贸易协定法》要求政府采购超过一定额度，必须购买来自"指定国家"即签署世贸组织《政府采购协议》（GPA）国家的商品，中国目前只是GPA"观察员"，参与美政府采购必然受到限制。特朗普奉行"购买美国货""雇用美国人"原则，宣称将购买"美国钢铁"、雇用"美国工人"建设高速公路、桥梁等基础设施。美地方政府也有权制定类似限制条例，如《宾夕法尼亚钢材采购法》对进口外国钢材比《购买美国产品法》限制更严格，几乎所有州在竞争性公共部门采购方面都实施了某种形式的地域优先措施。

（三）中方自身存在的不足和问题

1. 中企对美基建项目金融投资的政策限制。目前资本管制制度限制资本的自由流动，中企进行投资或将资金转往海外需要监管部门批准，由于涉及发展改革委、商务部、外管局等多个机构，程序较为复杂烦琐，影响了投资的及时性和灵活度。此外，中企投资往往有国有背景，进行项目投资或贷款，有时要以其他国企参与为条件，影响参与项目的竞争力。如2013年国开行计划向美莱纳公司（LENNAR. CORP）17亿美元基础设施项目提供融资，要求国家铁路公司作为承包商之一，最终交易未能达成。

2. 企业缺乏在欧美国家的运营经验。中国企业缺乏在欧美错综复杂监管环境中运营的经验，处理东道国复杂政治社会关系的能力也有待提高。部分企业在平衡东道国关系上存在误区，容易过度依赖东道国政府，与地方政府、社区及民众、特别是环保组织沟通能力相对不足，沟通意识偏弱，缺乏当地管理经验，环保、劳资纠纷时有发生。中美在语言文化、社会环境、经济发展阶段上都存在差异，企业应格外注意上述问题，防范相关运营风险。

3. 产品质量、安全和售后等方面有待改进。我国在基础设施领域积累了丰富经验，部分产品如高铁设备已居世界先进行列，但在美国产品质量问题仍时有发生，使美方对我国产品质量和安全性较为关切。此外，中国企业海外售后服务和维护网络相对不足，一些行业如风电部门技术培训、运营维护、软件升级等售后服务是获得合同的优先条件。参与美国基建市场，必须在产品质量、安全、售后等方面做全面的准备。

4. 参与美国基础设施建设方式有待改进。以工程承包为核心的成套服务，是中企在全球参与基础设施建设的重要模式。基础设施项目合作可以采取BOT

（建设—运营—移交）、BT（建设—移交）、TOT（转让—经营—转让）、DBOM（设计—建造—运营—维护）、DBOMF（设计—建造—运营—维护—融资）等模式。我国企业参与国外基础设施项目通常采取设计—招标—建造模式，主要倾向于设计建造等前期活动，未来应重点发展 DBOM 及 DBOMF 模式，通过参与基础设施运营和维护，为我国企业带来长期业务和稳定的回报。

三、几点建议

（一）探索建立双边基础设施沟通合作机制

鉴于美国复杂的政治、法律、投资和社会环境，可以考虑与美方联合成立专门沟通机制，对中美基础设施建设合作进行统筹规划，定期就合作涉及的政策问题进行磋商，及时交换基础设施投资意向与需求信息，大力推动省州等地方层面开展直接沟通，引导中资企业尽快熟悉并参与美国基建市场，与美方合作集中管控有关政策问题。考虑特朗普政府曾宣称将成立基础设施建设基金，应就此加强与美方沟通，加紧政策研判，探讨出资参与的利弊与可行性。

（二）PPP 等多种模式并行参与美国基建项目

参与美国基建有多种方式，包括金融投资、商品供应和服务供应等，其中 PPP 发挥越来越重要的作用。传统上，美国基建资金主要来自联邦信托基金和市政债发行，但资金缺口迫使政府鼓励私人投资参与。2008 年金融危机后，美国基础设施建设中 PPP 模式快速发展，延伸到学校、医院、监狱、交通运输、航空航天等几乎所有公共部门，正替代传统方式，成为美国基础设施建设资金的主要来源。其中，DBFOM（设计、建设、融资、运行和维护）较 DB 等传统模式发展更加迅速，私人部门作用也越来越突出，为我国更加深入参与美基建提供了良好机遇。

（三）积极支持企业赴美参与基础设施建设

中国企业对美国市场、法律法规、公司管治、商业文化和习惯等方面了解不足，制约企业参与投资美国基础设施。有关部门可提供相关政策培训和投资指导，通过财政扶持性资金提供项目前期费用，政策性银行提供中长期贷款和较优惠利率，放宽和简化有关政府审批程序等措施，一方面增强企业参与美国基础设施建设的能力；另一方面避免企业缺乏合作导致恶性竞争局面。特别是要引导、鼓励和支持企业"融入社区"，积极参与当地事务，通过承担社会责任塑造企业形象，争取公众对企业支持，减少政治因素对于投资并购的干扰。

（四）支持企业积极应对 CFIUS 审查

中国企业赴美投资面临一定风险，单个企业如受到 CFIUS 审查，仅靠自身力量难获公正待遇。有关部门可加强对企业利益诉求和被审查情况的关注，通过官方途径就被审查案加强交涉，争取更大主动权，确保企业在美投资的公平、安全和利益。同时，鼓励有能力的企业向政府提供研究成果，及时通报其应对 CFIUS 审查和规避风险的经验与案例。此外，还应积极发挥行业协会等非政府组织优势，建立相关政府部门与赴美投资企业之间的桥梁纽带，支持协会建立中国企业赴美投资的数据共享、法律互助平台，为国有企业、中小企业赴美投资提供全面支持和持续研究，为双边对话和投资谈判提供研究成果和政策建议。

第三篇

欧洲,从债务危机到艰难应对

欧盟与国际货币基金建立救援机制的动向及影响[①]

吴 伟

近日，欧洲主权债务危机愈演愈烈，欧洲与世界主要经济体给予高度关注。经过协商，欧盟和国际货币基金（IMF）于2010年5月10日达成协议，建立联合救援机制，借以稳定欧元区，并防止债务危机波及全球金融市场。现将主要情况综述如下。

一、基本情况

2010年5月10日，欧盟27国财长布鲁塞尔会议宣布，设立一项总金额高达7 500亿欧元的"稳定基金"，帮助可能陷入债务危机的欧元区成员国，以防止希腊债务危机蔓延。该基金由三部分组成，其中4 400亿欧元由欧元区国家以政府间协议的形式提供，另有600亿欧元将由欧盟委员会从金融市场上筹集，国际货币基金组织（IMF）则提供2 500亿欧元。

此前，德国财长和欧盟官方曾于2010年3月初提出仿照IMF建立欧洲货币基金（EMF），以防范主权债务演变为危机。由于法国在EMF问题上的模糊态度，该动议实际陷入停滞状态。4月，欧盟与IMF达成协议，联手救助希腊。之后，救助额度不断上升，从最初的400亿欧元调整至5月初的1 100亿欧元，但是性质仍然是针对希腊一国提供的单项救助资金。

随着欧元区其他国家债务问题的恶化，2010年5月8日，欧元区16国领导人承诺将"利用一切手段保证欧元区稳定"，表达了坚决而积极的态度。9日，欧盟27国财长会议召开，并于10日达成建立"稳定基金"的协议。与此同时，欧洲央行宣布将在二级市场购买欧元区国家公共与私人债务以"确保市场深度与流动性"，而美联储也宣布正式重启与欧元区、加拿大、英国和瑞士央行的临时货币互换机制，以缓解金融市场美元流动性的压力。

[①] 本文写于2010年。

二、"稳定基金"的主要特点和作用

(一) 主要特点

1. 规模庞大。2009年10月初，希腊宣布政府年度财政赤字和公共债务占国内生产总值的比例预计将分别达到12.7%和113%，远超欧盟《稳定与增长公约》规定的3%和60%的上限，债务危机随之爆发。但是鉴于希腊的经济规模不大以及人们对形势严峻程度的认识不深，并未令欧盟特别是欧元区国家立即采取救助措施。2010年初，债务危机愈演愈烈，开始动摇欧元区的货币稳定。欧盟虽认真讨论救助方案，但融资目标额度停留在400亿~600亿欧元，甚至乐观地认为，只要向希腊提供不到400亿欧元的短期融资，兑付即将到期的4月债务就可化险为夷。4月23日，希腊政府被迫向欧盟和IMF求助，欧元区首次救援行动展开，27日，标准普尔将希腊主权信用评级调低至"垃圾级"，形势进一步恶化。5月2日，欧元区16国财长召开特别会议，决定联合IMF向希腊提供救助，总额上升至1 100亿欧元。10日，建立"稳定基金"的协议达成，总额急升至7 500亿欧元，超出最初设想400亿欧元近18倍，甚至较一周前的初步协议的1 100亿欧元也超出近6倍，即便与2008年底欧盟经济刺激计划的2 000亿欧元相比，也扩大了近3倍，远远超出美国7 000亿欧元金融救助计划的额度。

2. 救助范围扩大。与最初仅仅针对希腊一国债务危机所拟定的单项救助方案不同的是，7 500亿欧元的"稳定基金"针对的是所有欧元区16国，具有较强的适用性，结合其庞大规模为建立长效稳定机制奠定了前提条件。

3. 融资渠道多样化。从"稳定基金"的构成来看，主要分三个部分，即欧元区16国政府提供4 400亿欧元（类似互助基金），欧盟委员会通过市场融资筹措600亿欧元，IMF提供另外的2 500亿欧元。融资渠道包括了政府间协议（期限为3年）、市场融资和国际金融机构救助，较之前的EMF筹措构想更趋于现实性与多样性。根据EMF最初设想，其融资渠道主要有几种方案：一是欧元区的央行提供部分货币储备基金。二是赋予该基金权力，直接到资本市场融资。三是成员国出资募集现金。四是要求预算不平衡的国家为该基金支付一定数量的资金。

4. 多方参与。从"稳定基金"的出资方来看，包括欧元区16国、欧盟27国（由欧盟委员会代表）以及IMF，而IMF的股东几乎包括世界各国。因此，"稳定基金"的出资方不再局限于欧洲，而是涵盖了国际金融机构。

5. 运作机制复杂。目前，"稳定基金"尚未投入实际运作，许多细节问题尚不明朗。但针对不同渠道获得的款项将有不同的筹资规则、兑付及偿还方式。例如，"稳定基金"中最主要的部分即欧元区的 4 400 亿政府间协议融资是由一个"特别成立的资产负债表外的机构（SPV）在需要时候先进行借款，然后再贷款给发生危机的国家"，而这个机构以借款方式发行跨政府的欧元债券，贷款则是由除最终借款国之外的其他欧元区国家提供担保。这种集体承担风险的互助基金性质的形式从法律上规避了欧盟相关条款中禁止成员国双边直接援助规定。欧盟表示，担保额度将按出资额度相应确定，德国将占较大比重，约 1 230 亿欧元，法国则为 920 亿欧元。

"稳定基金"的第二部分即欧盟委员会负责的 600 亿欧元是根据《里斯本条约》从金融市场上筹集。有建议指出，欧盟可从预算中拨付该款，但立刻遭到英国的反对，英国财长表示将不会为欧元提供任何支持。

基金的第三部分，2 500 亿欧元的 IMF 配套资金将参照 IMF 的贷款原则执行，即受援助对象必须实施紧缩的财政政策，削减开支，降低赤字，开放资本市场。IMF 总裁卡恩表示，IMF"准备通过经济政策的设计与监督以及必要时的金融援助，支持欧洲成员国的调整与复苏计划。"

6. 政策联动效应明显。欧盟宣布建立"稳定基金"这一危机处置机制一小时后，欧洲央行立刻表示将购买欧元区国家公共与私人债券。按照欧盟的相关规定，欧洲央行不得直接从各国政府手中购买债券，但是可以通过二级市场收购。欧洲央行表示，将在购买政府及私人债券的同时采取回收流动性操作，在未来常规 3 个月期和 6 个月期再融资操作中提供足够流动性，发放 7 天和 84 天期的美元贷款。同时，美国也宣布重启与欧洲央行、加拿大央行、英国央行及瑞士央行的临时货币互换协议，期限至 2011 年 1 月。上述情况表明，在稳定欧元区这一问题上，G7 与 IMF 已经实现政策联动，其市场效应反应良好。

（二）"稳定基金"的影响

1. 短期内将为希腊提供相对充裕的流动性。根据 2010 年 5 月 2 日欧盟与 IMF 达成的 3 年期 1 100 亿欧元"一揽子"融资协议，9 日，IMF 执行董事会批准了对希腊的 3 年期 300 亿欧元融资，并承诺立即发放 55 亿欧元，与欧盟联合融资的 200 亿欧元可投入使用，支持希腊的经济调整和改革规划。鉴于希腊的总体债务额度约 3 000 亿欧元，2010 年应偿还额度则为 540 亿欧元，1 100 亿欧元的协议将足够为希腊政府提供充裕的流动性，而 7 500 亿欧元的"稳定基金"更能强化市场信心，支撑欧元区的稳定。

2. 欧盟"稳定基金"有形成 EMF 的趋势。欧盟负责经济与货币事务的委员奥利·雷恩指出，达成"稳定基金"协议表明，欧盟将不惜任何代价保卫欧元。只要存在维护金融稳定的必要性，欧盟就一定会保留这种机制。这与 2010 年 3 月欧盟与德国主张建立 EMF 的口径极其相似。另外，"稳定基金"的核心部分是欧元区 16 国建立的 4 400 亿欧元的基金，其筹资方式与运行方式与之前 EMF 概念在很大程度上有相似之处，即各国融资，按比例认缴，风险共担，由独立机构管理。

3. 正反面的作用。从正面来看，"稳定基金"的推出将稳定金融市场，遏制针对欧元和欧元区国家债务的做空力量，降低欧元区国家融资成本和难度，为这些国家通过市场融资改善的外部环境，从而令金融市场恢复正常，保持欧元区的稳定。

但是，从另一方面看，"稳定基金"也可能产生一定的负面作用，即潜在的道德风险。根据欧盟的规定，欧元区实行统一的货币政策和各自独立的财政政策。这种制度建设上的长期缺陷仅仅依靠《稳定与增长公约》对成员国的财政政策进行政策性软约束来弥补，即各国间不得相互救助，财政自律，风险自负。"稳定基金"相当于一笔便宜的额外救助金，它的建立使得财政不平衡国家可以在市场之外获得救助选项，而且成本相对较低，不利于其改革高福利财政政策，实现收支平衡，长此以往，容易令这些国家滋生"错误动机"。

4. 对欧洲金融市场影响显著。"稳定基金"推出的第二天，欧洲股市暴涨超过7%，为17个月来最大单日涨幅。其中，英国富时100指数收涨5.2%，德国 DAX 指数涨5.3%，法国 CAC-40 指数涨9.7%。深陷债务危机的希腊、葡萄牙、西班牙等国股市也出现飙升。希腊 ASE 综合指数涨9.1%，葡萄牙 PSI 20 指数涨10.7%，西班牙 IBEX 35 指数涨14.1%。而金融股表现更为突出：法国巴黎银行、西班牙国际银行、法国兴业银行升幅超过20%，代表金融股整体水平的 STOXX 欧洲600银行指数升幅达到14%。

5. 或将加快欧洲一体化进程。欧洲央行不具备发债的权力，不能担负"最后贷款人"的角色。而"稳定基金"的建立可以在一程度上弥补欧元区的货币与财政政策相分离的制度硬伤。负责"稳定基金"的特别机构（SPV）根据政府间协议创立跨政府欧元债券，在部分职能上担当了欧元区"财政部"的角色，令欧元区统一的货币政策与各国独立的财政政策出现了契合点，令欧元区一体化进程跨出关键的一步。同时，援助方案建立了各国财政的风险共担机制，短期内让暂无危机之虞的德法等国分担了危机国家的财政负担，长期内则奠定了各国财政制约机制的基石。

三、几点看法

（一）"稳定基金"救助计划是各方折中的方案

2010 年 3 月 7 日，德国财政部长沃尔夫冈表示，为了应对危机，欧洲应建立欧洲货币基金（EMF）来稳定欧元区内部状况。8 日，欧盟经济与货币事务委员奥利·雷恩也表示，"欧盟委员会计划提出设立 EMF 的建议。欧盟委员会对此行动充满决心。"这是德国及欧盟官方首次正式提出关于建立 EMF 的构想，其目标除帮助解决欧元区主权债务危机外，更为深远的意义在于完善欧盟特别是欧元区内部的金融框架，排斥 IMF 对欧洲的进一步渗透，并开拓区域外的金融市场。但是，法国对该倡议并不积极，从开始的坚持欧元区内部自我救助到与 IMF 合作救助希腊，甚至对有人提出建立欧洲财政部的方案，法国并没有给出非常明确表态。希腊作为欧元区国家，受德、法两国的影响，在是否接受 IMF 援助的态度上一直摇摆不定。此次 7 500 亿欧元救助方案的出台，可以看到欧洲主要国家的影子，也可以看到 IMF 的作用，实际上，是各方相互妥协的一种结果。这表明，欧盟特别是德国仍然坚持以欧洲力量解决欧洲问题，但是 IMF 也从未打算放弃欧洲。

（二）欧盟未来或将建立 EMF 式的机构

从"稳定基金"的分配额度来看，德国仍然是主要承担者，具有决定性的影响力。从出资规模来看，欧元区和欧盟出资额为 5 000 亿欧元，占据了整个 7 500 亿的 2/3，担负了核心角色。欧盟也明确表示，只要有需要，这一机制将长期存在下去。"稳定基金"救助方案的实施将为欧盟积累经验，同时，其救助对象已经从针对希腊一国扩展至整个欧元区 16 国，筹资范围更是扩大至欧盟。可以说，欧盟今后仍有可能再次提出创建独立于 IMF 之外的机构。

（三）债务危机如不妥善解决有可能引发世界经济二次触底

希腊债务危机从爆发演变至今约有 7 个月，真正引起世界主要经济体关注并采取果断措施是近期的事，而且方案出台就是 7 500 亿欧元的重手笔，并采取了欧洲央行收购债券、多国货币互换协议重启等多管齐下"震撼"战略。这表明，欧美已经认识到，希腊危机背后隐藏的欧洲主权债务问题如不能妥善解决，极可能发酵演变为横扫欧洲甚至全球的债务风暴，不仅将西班牙、葡萄牙、意大利、爱尔兰等国卷入，彻底摧毁欧元区，更可能危及尚在复苏中的北美经济，令全球金融市场二次下探，直接导致第二次金融危机。

（四）主权债务危机的解决之道在于自我发展

希腊等国的主权债务问题源于其较高的社会福利水平与自身的经济发展速度相脱节，缺乏稳定而强大的经济基础支撑，导致财政赤字不断上升，最终入不敷出，资不抵债而爆发危机。因此，欧盟国家特别是高福利国家必须从根本上解决自身发展问题，强化竞争力，增强造血功能，平衡收支，保持健康而稳定的市场融资能力,而不是依靠救助机制,通过外部输血来弥补漏洞,最终积重难返,引发新一轮的更大规模的危机。

(五) 欧洲复苏进程放缓将直接影响我国对其出口

在接受"稳定基金"救助后,希腊、西班牙、葡萄牙、爱尔兰等国的财政紧缩政策势在必行,而且力度可能将进一步加大,很可能令其相对劣势的竞争力进一步弱化,经济增速放缓,直接拖累欧洲复苏进程。这对我国刚刚抬头的对欧出口贸易带来一定的不利影响。同时,由于欧盟的大规模融资计划需要从世界各地加调资金,也不排除近期内将有一定数量的资金从我国流出。

欧洲银行业联盟框架及分析[①]

胡振虎

近日,欧洲知名智库布鲁盖尔研究所所长让—皮萨尼—费里(Jean Pisani - Ferry)[②] 和高级研究员安德里·萨皮尔(Andre Sapir)、尼古拉斯·维纶(Nicolas Veron)和沃尔夫(Guntram B. Wolff)就欧洲银行业联盟联名撰文。该文内容既涵盖欧洲银行业联盟应吸纳的欧盟成员国、联盟应涵盖的银行、监管机构、决策(清算和清偿)权力、存款保险、财政支持、治理结构和责任分工等内容,也包括实现银行业联盟的组织方式和短期步骤。

文章内容翔实,相关建议对欧盟即将推出的欧洲银行业联盟计划具有一定前瞻性和可操作性,势将对建立跨主权国家的银行业联盟具有重要借鉴意义。[③] 现将文章主要内容编译整理如下。

一、银行业联盟政策的原则

银行业联盟政策的主要目标是通过银行业系统确保金融中介发挥适当作用。为确保适当的危机防范和管理,银行业联盟政策应立足于四大支柱:规制(regulation)、监管(supervision)、存款保险(deposit insurance)和银行决策(bank resolution)。

• 规制的目标是增加银行应对冲击的抵御能力,最终减少因银行失灵而导致政府向银行债权人纾困带来的巨大社会损失。

• 监管允许政府密切监控银行活动和风险,确保银行谨慎行事和控制风险累积。

• 存款保险旨在抵消银行保护储蓄价值时遇到的威胁。

• 银行决策管理机构应在不造成严重系统性损害或给纳税人造成损失的前提下允许银行清算、解体。

---

① 本文写于 2012 年。
② 让—皮萨尼—费里是巴黎大学经济学家、公共政策专家,曾任法国总理经济分析委员会执行主席、财政部长高级经济顾问、法国国际经济研究所(CEPII)所长、欧盟委员会经济顾问,目前致力于欧洲经济政策和全球宏观经济研究,是《金融时报》等全球知名报刊的专栏作家。
③ 编者注。

这四个支柱紧密相连。为了使银行业联盟更有效,联盟必须具有强大的政治权力和执行力。

二、"欧洲银行业联盟"的现状

欧盟的银行业政策框架比其他任何现有区域经济联合体都更具整合性,但多数政策工具还是仅限于国家层面。银行业规制正在进一步整合,继 1999 年欧盟采取一项"金融服务行动计划"(financial service action plan,FSAP)后,近期欧盟正在推进形成"单一规则手册"(single rulebook),但相关行动仅限于单个国家层面,比如英国。虽然 2011 年成立的欧洲银行业管理局(european banking authority)已加强了协调机制,欧洲系统风险委员会(european systemic risk board,ESRB)也为欧盟提供宏观审慎监管,但银行业监管仍主要靠欧盟成员国国内监管。存款保险只部分地得到整合:2009 年规定了 10 万欧元的最小担保金额,但是欧盟各成员国的存款保险系统、结构和资金来源模式迥异。风险解决机制也停留在成员国国家层面:很多欧盟成员国没有为银行引进特定的风险处理制度,欧洲银行业管理局对银行业解体的处理协调还不成熟。尽管在欧元区层面为银行提供流动性的是欧央行,但同时欧元体系内(eurosystem)各国的央行保持了为本国提供紧急流动性援助(emergency liquidity assistance)的权力,并于近期被赋予新的审慎担保评价职能。

三、建立欧洲银行业联盟的关键内容

建立欧洲银行业联盟的关键内容包括以下 7 个方面。

(一)应吸纳的欧盟成员国

为了审慎监管,欧盟成员国央行将在本国境内控制跨境交易或在危机时实行差别治理或担保,这将不利于形成统一的金融市场。欧盟成员国建立银行业联盟不仅为确保货币联盟有效,而且是为了在欧洲统一市场内实现金融一体化。

由于存在多种货币,新组建银行业联盟的一些主要职能,比如处理成员国央行流动性运营与财务清算功能之间的关系,以及创建统一的存款保险计划等,将很难发挥作用。而且,形成联盟后共同的银行决策带来的潜在收益是否大于成员国负担的成本和风险仍不确定。最终,建立银行业联盟将成为欧盟一个政治决断,各方观点不一。英国已明确表示不愿意加入欧洲银行业联盟,但是支持在欧元区建立银行业联盟。国际货币基金组织(IMF)2012 年表示,欧盟 27 国需要建立银行业联盟,尤其是欧元区 17 国。布鲁盖尔研究所认为,建立欧盟 27 国的银行业联盟在可预见的未来很难付诸实施。不过，建立欧元区范围内的银行业联盟对欧元区非常紧迫。

中间选择方案是，银行业联盟成员国可吸纳一些非欧元区国家，但是这些成员国只加入银行业联盟而不加入货币联盟。这将带来额外的风险和不确定性，尤其，当出现融资危机不同货币区的各国央行协调流动性政策时。同时，也会与一些政策选择不相容，比如，如果欧央行被作为银行业联盟的唯一监管机构，这种方案将更难实现，将取决于政治决断。

无论如何，建立欧洲银行业联盟必须考虑所有欧盟成员国的利益，并与统一市场相协调。要确保银行业联盟成员国之间协调，必须考虑以下几个指导性原则：

- 允许欧元区国家超越《里斯本条约》中关于货币联盟的有限豁免条款。
- 确保欧盟统一银行业市场的整合性与欧盟共同条款相适应，这个应由欧盟委员会执行。
- 必须保留欧洲银行业管理局和欧洲系统风险委员会的职能，并做相应结构性调整与欧洲银行业联盟相适应。
- 必须充分咨询欧盟成员国。

如果满足上述四个原则，所有欧盟成员国原则上都将对建立欧洲银行业联盟表示欢迎，即使仅在欧元区建立联盟也会有利于整个欧盟的稳定。

最低底线是，所有欧盟成员国必须实现以下两个目标：一是保持统一市场的一体化，这是欧盟最重要的资产；二是确保欧元区稳定。

（二）应涵盖的银行

欧洲银行业联盟需涵盖哪些银行？一种情况是，建立一个"不完整"（partial）的银行业联盟，该联盟仅涵盖被认为是具有欧洲系统性重要的金融机构（European Systemically Important Financial Institutions，E-SIFIs）。由于存在大量跨境交易，这些金融机构的清算和清偿必须要跨国机制。另一种情况是，建立一个"完整"（complete）的银行业联盟，该联盟涵盖所有不同规模的银行，并对所有欧洲银行业政策负责。

划定银行业联盟范围必须考虑信息约束、明确和充分的担保风险、限定国家之间的不对称性、竞争扭曲最小化等因素。一个"不完整"的银行业联盟将比"完整"的银行业联盟更容易获得政治支持。

（三）监管机构

一直存在争议的是，从单个国家来看，银行业监管要么由央行负责，要么由与财政部联系紧密的独立公共机构来完成。这必须考虑以下三个相关方面：首先,央行是向银行提供流动性的最后贷款人。一旦遇到危机,央行需加大提供流动性的力度,并将因此增加其负债表风险。其次,货币政策与监管行为之间存在的潜在冲突:为保护某些央行监管的银行、甚至为了隐藏央行的监管失败,央行会更注重货币政策本身,而放松稳定通货膨胀的政策目标。结果是,为应对即将发生的危机,央行必将实施监管,却导致物价不稳定。事实上,央行难以找到协调金融稳定和价格稳定的最好办法。再次,央行的监管作用也需要与银行决策机构之间平衡。银行决策牵涉财政,因此必须由具有政治合法性的管理机构承担。

以上三个方面存在分歧,解决的办法之一是让央行与独立的监管机构共同分担监管责任。事实上,央行与其他监管机构之间的单一责任分工不会绝对优于其他替代方案。另一种选择方案是赋予欧洲银行业管理局以监管权力。然而,由于欧洲银行业联盟不会涵盖整个欧盟,监管机构不应是欧洲银行业管理局。如果欧洲银行业联盟仅限于欧元区,欧央行可被选作监管机构。

如果建立一个"不完整"的银行业联盟,成员国的监管机构将作为欧洲银行业治理的一部分发挥监管作用,正像目前各成员国央行与欧央行的关系一样。如果建立一个"完整"的银行业联盟,欧洲监管机构将剥离成员国监管机构的监管权力,并全面重新界定与成员国的关系。还有一种情形是,如果把欧央行作为唯一的监管机构,需要清晰界定其决策权限以避免干扰财政政策。在第三种情形下,需要给欧央行赋予新的监管权力以确保欧洲的银行业决策权力。

如果仅在欧元区范围建立欧洲银行业联盟,会有以下两个可能:一是建立赋予决策权力的单一监管机构,即新建一个机构;二是在现有监管职能基础上再赋予欧央行新的监管权力。

(四) 决策机构

银行决策机构必须考虑股东、债权人、无担保储户、纳税人与银行之间的利益关系,也必须考虑银行业联盟整体的所有权和竞争力。分配决策权力的任务原则上归属新当选的高管,并应授权于一个独立的机构。即便仅在欧元区建立银行业联盟,欧央行也不太适合承担决策任务。

目前,欧盟委员会竞争总司(Directorate General for Competition)在银行决策上发挥着重要作用。如果赋予欧盟委员会银行决策权力,最大的好处是充分利用其具有丰富经验的员工。然而,竞争总司的职能包括不同的政策目标而不仅是内在的决策权力。而且,银行业决策不仅应有司法程序,还应有更多政治程序。因此,不应该选择欧盟委员会作为银行业联盟的决策机构,即便欧洲银行业联盟仅限于欧元区。

另一个选择是,在欧元区设立银行业联盟,直接赋予欧洲稳定机制(european stability mechanism, ESM)银行决策权力。由于这种方案面临跟上述方案同样的风险，而且需要85%以上的股东同意才能进行决策，因此将面临决策难的风险。

综上所述，尽管与欧洲稳定机制高度关联，欧洲银行业决策权力必须赋予一个新成立的机构，并需要平衡成员国决策机构与财政部门的关系。

（五）存款保险

在欧盟范围内，存款保险无疑应由欧盟成员国财政部门"托底"，也就是依赖财政资源。然而，欧盟成员国有限的国家财政资源难以为存款保险作信用担保，这种关系也会导致银行业与主权债风险之间的"反馈环"。仅在国家层面的保险和财政担保将在以下两个方面降低存款保险效率：一方面影响保持银行业系统信用的机制，另一方面影响实现银行业联盟的目标。要实现存款保险，有以下几种选择：

第一种：保留欧盟成员国存款保险计划，但由欧洲存款再保险基金实施一部分再担保。

第二种：超主权国家再保险基金由联盟成员国政府按比例先行融资。

第三种：将整个存款保险计划集中到一个单一的联邦系统，类似美国联邦存款保险公司（Federal Deposit Insurance Corporation，FDIC）的运作原理。

存款保险也应该与银行业监管和决策机构相匹配。欧洲存款保险基金应由欧洲监管和决策机构管理，正如美国联邦存款保险公司那样，这种方案比较可行。

（六）财政支持

把存款保险推向欧洲层面相当于转移或有债务。发达国家和新兴经济体银行业风险直接成本的中位值占其GDP比重分别为4%和10%，其中冰岛、爱尔兰和韩国分别为44%、41%和31%。存款保险在整个欧洲层面集合财政资源的成本无疑将低于单个经济体筹集财政资源的成本，而且实施更多地向私人股东和债权人倾斜的银行业决策框架也将显著地减少财政成本。但是，潜在债务风险加大。

一个合理的银行业联盟需要一定程度的财政联盟，尽管不需要联盟预算。只要危机没有显现，欧盟预算仍可保持现有规模，不需要增加税收。可以通过共同保险建立一个共同的或有债务，并求助于潜在的预算资源。一个可行的方案是，欧洲财政部门（或准财政部门）应被授权占GDP一定比例的应急税收规模，以应对银行业危机，并只能在欧洲存款保险耗尽时启用。这将使潜在财政收入转化成保险资金，要么通过一只基金筹集或者借款，要么采用兼具基金和借款功能的方式。

最终，通过财政"托底"建立存款保险需要银行业联盟成员国议会批准。

（七）治理结构和责任分工

银行业危机的决策过程应该涉及关闭或重组金融机构，还有对纳税人金钱的承诺。履行欧洲范围内的决策责任需要创建有效的治理结构，治理结构不仅应包括承担制定银行业政策的机构，还应包括更多的欧洲机构。

如果要建立一个运行良好的银行业联盟，治理结构不仅要包括现存的欧盟委员会、欧洲银行业管理局和欧央行，还必须在欧洲层面创建一个或几个新机构。成立一个负责制定银行业政策和风险管理协调的"财政部"是其中选择之一，尽管欧盟一直希望避免类似美国联邦层面的监管机构"零碎化"（fragmentation）的问题。

新"财政部"将承担银行业政策监管和危机管理协调职能，并依靠欧洲稳定机制（ESM）作出决策。同样重要的是，需要建立一个通过向欧洲议会赋权进而对欧洲居民负责的有效工作框架，符合平等代表性原则并恰当地代表成员国。因此，建立银行业联盟需要在政治联盟上取得进展。

四、建立可持续银行业联盟的路径

尽管近期欧洲和国际社会的领袖们正在做出努力，但是建立欧洲银行业联盟尚有很长的路要走。欧洲领导人要避免产生以下四个误区。

- 未来愿景足以稳定短期形势。
- 银行业联盟能与其他危机应对措施割裂开来（即建立银行业联盟能解决危机的所有问题）。
- 银行业联盟能以非透明方式分散欧元区成员国纳税人担负的现有债务。
- 建立银行业联盟足以重建欧元区存款信任。

非常有必要提出一套可靠办法以阻断主权国家与银行部门零散之间的负面"反馈环"。应逐步建立一套方案以尽可能保持重建银行业国家的原则，并确保顺势启动。如果这套方案不够充分，解决现有银行业危机的责任将直接落在那些深陷危机的欧洲国家身上；如果这套方案不足以重建信心，责任将转向那些承诺建立银行业联盟的国家。

无论如何，应采用"谁付费、谁控制"的原则启动以下程序和遵循以下原则。

- 欧元区国家领导人，也包括其他愿意加入银行业联盟的欧盟成员国领导人，都应该同意建立一个欧洲银行业的欧洲监管机构（european supervisor），该机构将作为银行业联盟的最终监管者。
- 由人数比例适当的公共管理人员和私营部门专家组成欧洲银行业特设工

作组（european banking sector task force），负责临时工作任务，以协调危机管理的中间环节。

- 加入银行业联盟国家的领导人应一致同意实施既定工作议程，并通过紧急法令以确保履行承诺，特设工作组完全根据银行和监管信息的实情办事。
- 特设工作组应对欧洲银行业联盟中的最重要银行实施严格的资本评估。
- 银行资本评估一个关键点是对被评估银行持有的主权债组合价值进行评估。
- 如果通过评估发现一家银行不符合资本充足要求，联盟成员国政府当局应配合特设工作组采取相应行动。
- 如果在既定国家实施评估措施的代价是威胁到该国的财政可持续或金融市场稳定，那么这个国家应求助于欧洲稳定机制。
- 应实施资本评估的有效沟通。
- 应尽快建立永久的银行业联盟机构并对相关金融机构负责。
- 核心原则是"最小化纳税人成本、最大化债权人收益"。

五、主要结论

银行业联盟必须与货币联盟相匹配。欧洲经济和货币联盟（EMU）建立在两大支柱上：一个是货币支柱，建立在独立和价格稳定的欧央行上；另一个是财政支柱，以财政纪律为导向并有少量合作。而欧央行自身缺乏稳定金融的能力。众所周知，在应对银行危机上，欧洲范围内的银行业与各国的独立责任之间存在内在矛盾。近期事态发展更加暴露了内在不足：首先，已整合的欧元区金融市场现已进入"零碎化"阶段；其次，自2008年以来，银行业与主权债务危机之间存在非常强的相关性。第三，银行业"零碎化"的政策使纳税人损失最小化更加困难，危机已使情况恶化。这些使得建立银行业联盟成为弥补欧洲经济和货币联盟不足的关键手段。

为了阻止主要银行之间产生恶性竞争和分布不合理，银行业联盟应涵盖所有欧盟国家的银行。监管权力要么由欧洲央行（ECB）和新建机构共同行使，要么只由新建机构行使。欧洲监管机构授权的各国银行监管机构，应起到负责监管更小银行的辅助作用。应考虑利用欧洲稳定机制建立一个欧洲的银行业决策机构。在起步阶段，至少需要一个部分再担保系统，最终形成一个高度集权的存款保险系统。银行业联盟不但需要欧洲财政作支撑，也需要政治和立法上的支持。因此，银行业联盟不能与财政联盟和政治联盟完全分立。

在当前形势下，必须意识到，无论从经济上还是从政治上都很难就银行业联盟的整体设计达成一致。但同时也必须意识到，欧洲当前形势要求联盟必须成立，并为此立即采取行动。如不能立即采取必要行动将极大危及欧洲货币联盟。

欧洲经济难逃"失去的十年"厄运[①]

李明慧　胡振虎　王　尧

2014年，美国知名智库布鲁金斯学会发布了由其资深研究员托马斯·莱特撰写的研究报告，报告对欧洲经济过去五年情况作了总结，并就欧洲未来经济形势作出展望，其中也谈到对中国经济的影响。该文认为，欧洲经济难逃"失去的十年"的厄运，并将拖累中国经济。报告主要内容如下。

未来5年，欧洲在全球事务中的角色定位不仅依靠外部环境、欧洲对外和安全政策，更主要应看其如何应对欧元危机及欧洲一体化带来的挑战。在过去五年中，欧洲面临三种可能：一是欧元区解体；二是财政和政治一体化实现飞跃；三是这两种情况的中间状态。如今事实表明，欧洲正处于中间状态，即在仍不明朗的形势下摸索前进。

以当前形势判断，欧洲经济将经历"失去的十年"：增长疲软、失业率居高不下、金融效率低下、银行系统和股市脆弱等一系列问题将削弱欧洲实力和国际事务影响力，进一步激化欧元区和欧洲的政治矛盾。

一、欧洲经济一体化进程步履维艰

过去几年，欧元区没有瓦解的主要原因是没有成员国强行退出。无论是欧元区核心国家还是外围国家，都有共同抵御欧元区瓦解的愿望和能力。

对于外围国家，退出欧元区将带来诸多风险。首先，任何退出欧元区的努力都将给其银行业带来致命打击。如果政府打算退出欧元区，或提前建立起资本控制，那么在新货币投入使用时，该国原有储蓄将遭受严重损失。其次，退出国还将面临债务违约风险，由于先前债务都以欧元形式存在，退出会导致该国在数年内都被排斥在国际金融市场之外。此外，退出国的商贸领域将遭受重创：成本将大大攀升，引起企业倒闭，进一步加剧萧条。因此，相关国家政府不会主动提出退出欧元区。

欧元区核心国家则极力反对成员国的退出。首先，欧洲债务国将出现一系列

[①] 本文写于2014年。

破产与违约，普遍波及债权国金融和商业，经济崩溃将在欧洲蔓延并逐渐失控。其次，一旦出现退出先例，市场将据此进行投机，从而给外围国家造成巨大压力。此外，由于没有先例，需花极大努力建立新规则来规范成员国退出欧元区引发的违约等一系列问题，在此过程中投资者将面临多种风险。欧元区如果解体，将给世界经济带来巨大冲击，其严重性堪比雷曼兄弟等银行的倒闭。除经济原因，欧洲各国政府也都希望通过欧元推动欧洲政治一体化进程。因此，不论是欧元区外围国家、核心国家，还是包括美国在内的其他主要经济体，都反对欧元区成员国的退出。

一年前很多人认为，欧洲为应对危机将建立欧元债券、统一的银行业联盟和财政联盟以及政治上的立法机构。但截至目前，欧洲领导人唯一的努力是推进了欧洲银行业一体化进程，这并不能从国家层面解决债务危机和银行破产问题。

财政联盟等构想无法实现，主要是缺乏来自各成员国的支持。一位欧央行前董事表示，过去5年的经历表明，欧洲大国只有万不得已时才会采取行动，并只采取尽可能少的行动。而小国在将国家权力让渡给由德国主导的更高机制时格外谨慎。近来，外围国家出现经济上的民族主义思潮，认为成员国国内经济政策不应由欧盟控制。

建立经济和政治统一体具有里程碑意义。作为一个相对年轻的国家，美国政治和经济统一经过几代人努力才最终完成。而在当前政治环境下，欧洲几乎不可能实现这个目标。即使最终实现，道路也一定布满荆棘。

二、欧洲将面临"失去的十年"

由于瓦解与快速完成一体化都不太可能，欧洲不得不选择了这种"中间状态"，被迫"在仍然不明朗的形势下摸索前进"。欧盟委员会主席、欧洲理事会主席、法国总统等很多欧洲政要都曾在公开场合宣告欧元危机结束，他们传递的信息很简单：危机应对措施或许未达到预期水平，但却十分有效。欧洲不需要成为高度统一的实体，而只需加强银行业监管、加强各成员国间财政合作、增加救助基金，就可以最低成本实现目标。目前，外围国家主权债务收益率出现下降是一个积极信号，但各成员国须致力于结构性改革，并重视以下几个关键因素。

（一）低增长率、高失业率和两极分化

欧元区外围国家发展前景并不乐观。通过结构改革提升竞争力非常困难，政府须同步改革官僚系统、司法体制、劳动力市场以及基础设施，但必定会触及既得利益。持久停滞将加深欧元区成员国间的两极分化。第一层级由欧元区大部分核心国家组成，包括德国、奥地利、比利时、芬兰，以及其他几个经济状况较乐

观的国家，经济危机并没有给这些国家普通民众带来很大影响。第二层级由外围国家组成，主要包括希腊、爱尔兰、意大利、葡萄牙和西班牙，表现为高失业率、高移民率以及低经济增长率。还有处于两者之间的，比如法国。尽管发展速度不同，但至少所有成员国先前都呈现增长态势；而在目前两极分化下的欧洲，成员国中有的在向前发展，有的已经在倒退。

（二）僵尸银行

欧元区各成员国面临的第二个问题是僵尸银行。僵尸银行指银行业普遍无法盈利的现象。在理想状况下，银行需引入严格的压力测试并对风险资产进行重组。但由于这些银行资产总值高达 32 万亿欧元，资产重组可能造成的巨额损失使欧洲领导者望而却步。此外，欧洲领导者普遍采取对本国银行系统有益的政策，这加剧了欧洲分化。银行系统的风险将对欧洲整体经济造成拖累甚至引发新一轮危机。

（三）德国的地位和"TTIP"

虽未经历严重经济萧条，但德国在很大程度上通过透支政策成就了当前经济。德国出口依赖于欧元区经济正常运转，因此外围国家经济状况越糟糕，就会越拖累整个欧洲经济。

由于经济萧条和需求疲软等原因，2013 年欧洲寄希望于跨大西洋贸易与投资伙伴关系协定（TTIP），TTIP 致力于减少美国和欧洲之间的关税和非关税壁垒，创造更加有利于贸易和投资的环境。然而，解决经济萧条还需要涵盖更广范围的措施，包括德国经济再平衡、削减债务负担、更宽松货币政策以及主权债务共担等方面，但这些由于政治原因都难以实现。

三、欧洲"失去的十年"影响

（一）对欧洲一体化的影响

经济萧条及其带来的低增长、高失业、僵尸银行及抗风险能力不足的问题已开始困扰欧洲，并将从以下几个方面对欧洲一体化产生显著影响。

第一，欧元区成员国两极分化将导致欧盟分裂倾向加剧，并可能引发多种政治危机。德国将被迫采取极端手段来将其隔离于欧洲其他国家，这将增加英国退出欧盟的概率并激发其他国家退出意愿。此外，还将导致包括欧洲金融和银行业等很多领域面临违约风险，进一步冲击全球经济。

第二，经济萧条导致国际和国内政治危机。在国家之间，考虑到短期成本和风险，核心国家缺乏改革动力，将恶化外围国家的境况。同时，外围国家执政党会发现可用于改善本国境况的政策工具由核心国家控制，核心国家与外围国家之间的矛盾将加剧。在部分国家内部，愿意与德国维持合作现状的政治团体与改革者间的分歧将越来越大。

第三，德国在欧洲的领导地位将引发越来越多的争议。德国政策被视为欧洲经济摆脱萧条的关键。虽然在政治上没有出现极左或者极右问题，但外围国家普遍的离心倾向使欧洲更加羸弱和溃散。德国更多地站在本国立场上思考问题，将使德国更强大而欧洲更弱小。德国可能因此被其他欧洲国家孤立，导致其领导权弱化。

第四，英国不是欧元区成员国，但也受到欧债危机影响。英国是否留在欧盟的决定将会对整个欧洲未来产生深远影响。英国首相卡梅伦承诺在2017年英国大选后，就英国是否留在欧盟举行全民公决。

（二）对战略层面的影响

一国的国际影响力很大程度上取决于其经济影响力。虽然欧盟和欧元区并不是国家，但在很多国际事务中都作为一个整体出现，其中每一个成员国经济实力都依赖于欧洲的各种体制。"失去的十年"至少将在五个方面显著影响欧洲的世界地位。

第一是对中国等新兴经济体的影响。欧盟是中国最大的贸易伙伴，中国是欧盟仅次于美国的第二大贸易伙伴。一些学者指责欧洲和美国的经济危机使中国经济放缓：欧盟需求疲软，导致中国出口难以维持原有增长规模，就业进一步受到影响；此外，欧洲的危机将产生系统性风险，造成汇率大幅波动、投资者预期信心下挫以及热钱流入，对中国金融市场构成威胁。因此，如果欧洲萧条持续下去，无疑将严重拖累中国等新兴经济体经济发展。

第二是与美国的关系。在应对全球挑战时，美欧存在共同利益，"失去的十年"不至于摧毁这个同盟。但美国将逐渐意识到，欧洲缺乏影响世界的意愿和能力，美欧同盟关系将被削弱。同时，美国亚太再平衡战略意味着亚洲与美国的关系将进一步深化。

第三是防御能力。若经济持续萧条，欧洲各成员国难以在军事领域继续投资，意味着在科技日新月异的今日，欧洲各国在防御能力上将远落后于其他国家。

第四是欧洲的区域影响力。欧洲经济停滞将影响其在本地区的地位。"冷战"结束之后，众多中东欧新兴民主国家争相加入欧盟，欧盟通过成员制以及组织协定框架等方式推动这些国家的自由化改革，为建立"冷战"后西方新秩序奠定了基础。当前，欧洲试图采取同样方式对待乌克兰、塞尔维亚和高加索地区国家，但此时俄罗斯正通过经济杠杆使这些国家远离西方控制。因此，欧洲衰弱必然会使其所倡导的民主化和市场化进程受阻。

第五是自由的国际秩序。先前的欧洲一直是区域一体化与国际合作典范，而今却成为许多国家引以为戒的反面教材。虽然当前欧洲仍致力于建立国际经济、安全等领域新规则，但影响力已大不如前。其他国家开始越来越多地绕过欧盟，直接与欧洲国家寻求双边合作。

四、欧洲应避免"失去的十年"

欧洲萧条已持续五年，很可能会再持续五年。萧条每延长一年都将加剧损害欧洲一体化和国际地位。为避免"失去的十年"，欧洲需要一个总体的发展战略规划。

首先，欧元区应加强金融合作。欧元区核心国家贷款成本很低，但政府和私人都不愿贷款，而欧元区外围国家贷款需求旺盛，供给却不足，成本很高，导致金融效率低下、实体经济需求不足、增长乏力，进而出现通货紧缩。欧洲最主要的挑战是打破这种不均衡状态。其次，欧元区还需改善银行业系统，外围国家没有高效的信贷系统很难实现经济复苏。再次，在政治和财政一体化方面，欧元区既需要德国的强有力领导，更需要符合各成员国长期集体利益的需求。第四，为保持国际影响力，欧洲各国政府需要采取反周期的对外政策，即使当前实力有所下降，也积极参与并加强在国际事务中的影响力。

以目前情况看，德国、法国、英国以及欧元区其他外围国家经济萧条至少还将再持续四年，欧洲经济恐难逃"失去的十年"的厄运。

欧盟统一劳动力市场建设及其启示

于 晓

劳动力市场一体化是欧洲一体化建设的关键环节。欧盟自成立以来，积极推动统一劳动力市场建设，并在相互开放劳动力市场、实现跨国养老保险转移接续以及促进就业等方面取得了显著成效。但由于各成员国经济社会发展存在一定差异，欧盟劳动力市场一体化建设仍面临各种障碍，依然任重而道远。现对欧盟统一劳动力市场的发展进程及遇到的阻碍进行分析，据此提出解决中国劳动力市场问题的对策建议。

一、欧盟统一劳动力市场进程

（一）相互开放劳动力市场

劳动力自由流动与商品、服务和资本自由流通一样都是欧洲经济一体化的基石。为实现劳动力自由流动，欧盟在建立之初就实行"欧洲公民身份"制度，规定凡是共同体公民，不论在任何一国，都享受与当地公民同样的就业、工资、社会福利待遇。此外，劳动者的毕业文凭和其他资格证书在其他成员国一律有效。2004年，随着欧盟"东扩"，波兰、匈牙利等中东欧10国加入欧盟，欧盟统一劳动力市场进一步扩大。但在入盟协议中，允许欧盟老成员国在2011年4月30日之前继续对除马耳他和塞浦路斯以外的8个中东欧国家劳动力进入本国劳动力市场施加限制，过渡期为7年。过渡期内，英国、爱尔兰和瑞典等国率先于2004年取消一切限制，对8国全面开放劳动力市场。2006年，西班牙、葡萄牙、芬兰等国紧随其后，德国、奥地利等国最终也于2011年正式向8国完全开放劳动力市场。自2014年1月1日起，欧盟宣布取消对其后入盟的罗马尼亚和保加利亚劳动力在欧盟范围内自由流动的限制。至此，欧盟所有成员国基本实现相互完全

---

① 本文写于2014年。

开放劳动力市场①。

(二) 建立跨国养老保险转移接续制度

统一的劳动力市场需要劳动力可以自由流动。为确保劳动力自由流动,《欧洲共同体条约》第48条非歧视原则规定,劳动者有权在任何一个成员国工作、求职或退休。在一个成员国授权建立的养老基金可以在其他所有成员国按照同等条件运作。同时,为切实保障跨国流动劳动者的养老保险待遇,欧盟立法规定各成员国养老保险转移接续的具体办法:一是全面覆盖,即劳动者至少会被其中一个成员国的社会保障计划所覆盖,使其养老保险及其他社会保险福利能得到保障。二是保险记录连续累加,即劳动者在各成员国的缴费年限应当得到连续累计。三是保险待遇分段计算,各成员国分别按照劳动者在就业国完成的缴费年限计算该劳动者的养老保险待遇,即劳动者的养老保险待遇为在各成员国工作期间按其缴费年限所应得养老金之和。

(三) 实施以就业为核心的劳动力市场一体化政策

为提振欧盟就业市场,欧盟委员会2010年发布《欧盟2020战略》,提出"到2020年,欧盟20~64岁人口就业率提升至75%"的就业目标,同时出台多项具体就业措施。2012年,欧盟委员会出台《实现能够促进就业的经济增长》一揽子就业措施:一是鼓励各成员国制订政策,对创造新就业岗位的企业进行补贴,减轻劳动力市场上的税赋,鼓励自主创业。二是要求各成员国从金融危机和欧债危机中吸取教训,推动劳动力市场改革,对年轻人进行终身培训。三是建立真正的欧盟统一劳动力市场,在成员国之间消除各种就业壁垒。四是建立考评机制,定期对各成员国就业计划执行情况进行考核。为此,欧盟有步骤地实施相应计划。2012年底,欧盟启动"欧盟技能全景"计划,对国家层面的就业技能需求提供中短期前景展望。此外,关注青年人就业问题。2010年,推出"青年人行动计划"一揽子就业措施,旨在为欧盟青年人就业、创业和教育提供欧盟层面和国家层面的信息、资金和政策支持。该计划还包括"青年人机遇倡议""来自欧洲就业服务网络(EURES)的第一份工作"和"青年在工作"等一系列促进青年人就业的措施。2013年春季,欧盟还就"青年保障"计划达成协议,以帮助欧盟25岁以下的失业或毕业后待业青年获得高质量就业机会或再教育机会。

---

① 对于2013年7月新入盟的克罗地亚,欧盟要求各成员国分别制定针对克罗地亚的劳动市场开放政策。部分国家明确表示,将缩短对克罗地亚劳动力市场限制的缓冲期。英国、法国、德国、斯洛文尼亚以及奥地利等国表示,将实行2年缓冲期。

二、欧盟统一劳动力市场发展道路仍将崎岖不平

（一）开放劳动力市场进程步履维艰

由于欧盟新老成员国在经济、社会保障等方面存在较大差异，部分成员国间经济差距悬殊①，欧盟老成员国对向新成员国全面开放劳动力市场普遍存在担忧，其中德国、奥地利等接壤国反对声音尤为强烈，直至过渡期结束才取消对新成员国的劳动力市场限制，这也使欧盟劳动力市场一体化进程步履维艰。老成员国对于开放劳力市场主要存在以下担忧：一是恐加剧本国低技能工人失业情况，加重国内社会保障负担。老成员国由于社会保障、福利救济条件优越，低技能劳动力可能自愿选择失业。而大量涌入的中东欧国家廉价劳动力使得这种失业情况更加严重，并将加大老成员国财政负担。二是担忧出现"服务倾销"问题。欧盟70%的工作岗位和人均收入来自服务业，但服务业自由流动不可避免地会对社会和消费者利益造成影响，甚至低工资和低福利成员国通过劳动力自由转移而形成"服务倾销"。三是加大社会管理难度。外来劳动力短期难与当地社会融合，犯罪和社会问题可能增多。

（二）社会保障制度一体化进程仍面临巨大挑战

社会保障制度一体化是实现劳动力自由流动的前提条件。但由于欧盟各成员国在社会福利水平、养老金体系等方面存在较大差异，目前欧盟还不具备将各成员国社会保障制度和政策加以统一的条件，只是努力协调使其接近。一方面，为了维护各成员国人民对社会福利的不同偏好，以防止福利改革引起社会动荡。另一方面，目前欧盟财政预算体系还没有完全的实力干预区域和联邦之间的收入再分配。此外，随着欧盟人口老龄化加剧，高福利社会弊端日益凸显，代际间转移支付负担沉重，各成员国养老基金体系普遍面临入不敷出的挑战，这在一定程度上也阻碍了社会保障制度一体化的进程。为应对财务危机，欧盟各国相继出台补救措施，但手段不外乎提高社会保障税的收缴比例、延长法定退休年龄以及降低养老金工资替代率等措施。但这些措施都是在原有财务安排框架下，对"参数"进行"微调"，不能从根本上解决老龄化带来的支付危机。同时，社会保障税收缴和养老金发放直接关系到民众经济利益，如处理不当可能引发社会危机。

---

① 2003年3月，欧盟发布数据显示，新入盟的中东欧10国人均国民生产总值仅占老成员国的40%，且多数国家失业率明显高于欧盟当时平均水平。

（三）就业市场状况仍不容乐观

目前，欧盟就业市场状况仍不容乐观，在一定程度上影响了欧盟统一劳动力市场发展，主要面临以下几方面问题。一是欧盟失业率仍居高不下。2014年1月份，欧盟失业率为10.8%，失业人口达2 620万人，其中10.8%为劳动人口。且长期失业问题较为严峻，45%的欧盟失业者失业时间已超过一年，欧债危机的长远影响还将使欧盟5%的劳动力就业深受其害。二是青年人就业问题突出。2014年1月份，欧盟青年人失业率高达23.4%，15~24岁年轻失业人口达560万人，西班牙等国高达50%以上。三是成员国间失业率差距逐渐扩大，如失业率最低与最高的奥地利和希腊，分别为5%和26.7%，相差20多个百分点。此外，青年人失业率分化较大，如德国为7.5%，但希腊和西班牙分别高达60%和56%。四是收入不平等问题有所加剧。欧元区核心国家收入不平等问题未出现明显改善迹象，而欧元区外围国家却出现明显恶化。

三、欧盟统一劳动力市场的影响

（一）开放劳动力市场对老成员国具有积极意义

欧盟老成员国向新成员国开放劳动力市场，并未对本国劳动力市场造成明显冲击，相反给当地经济带来了明显效益。一是开放劳动力市场并未造成大规模移民潮。早在东扩之初，英国、爱尔兰、瑞典三国就向新成员国开放了劳动力市场，两年后新成员国移民劳动力仅占3国就业人口的0.4%、1.9%和1%。2011年5月之后，每年前往德国和奥地利工作的中东欧劳工分别为10万人和2.5万人。数据显示，并未出现大量中东欧劳工涌入的现象，且多数中东欧劳工都是以挣钱为主要目的的"候鸟式"劳动力，真正希望定居的移民式劳动力所占比重较低。二是改善了欧盟老成员国某些行业就业不足的状况，减少了企业雇用"黑工"现象。欧盟老成员国本国劳动力往往不愿从事如餐饮、清洁、看护等工作艰苦、报酬较低的行业，而中东欧劳工有效填补了此类行业的空缺。三是缓解了欧盟老成员国因老龄化带来的劳动力短缺问题。欧盟老成员国普遍面临因人口老龄化导致的劳动力短缺问题，如到2020年德国人口将因老龄化问题缩减90万人。而劳动力市场的完全开放将有助于欧盟老成员国吸引高素质人才，缩减老龄化带来的劳动力短缺。

（二）对缩小新老成员国间经济差距做出一定贡献，有利于推进欧盟经济一体化建设

欧盟统一劳动力市场发展促进了区域内劳动力自由流动，有利于新老成员国

间经济差距缩小。新老成员国市场相互开放,既让老成员国获得了一个约 7 500 万人口的新市场,也让新成员国产品获得了自由进入西欧市场的"通行证",贸易的高度开放和自由化,使中东欧 10 国更加紧密地融入欧盟生产链,行业分工的精细化将继续支持 10 国以工业为基础的增长模式,新老成员国的贸易关系更为紧密。同时,为占领新市场和利用新成员国相对廉价的劳动力,欧盟老成员国的投资纷纷进入新成员国。近 10 年来,中东欧 10 国吸收外国直接投资总额为 1 910 亿欧元,其中来自老成员国的投资比例高达 77.5%。贸易和投资增长带来了经济的发展和生活水平的提高。1997~2005 年,新成员国经济增长率平均达 3.75%,而同期老成员的平均经济增长率则为 2.5%。经济上的"追赶效应"使得新老成员国间居民生活水平差距逐渐缩小,劳动力流动方向、规模都将发生变化。而且,欧盟统一劳动力市场建设有利于推进欧盟经济一体化建设。从地区经济一体化的理论和实践来看,从低到高,地区经济合作大致可以分为六个阶段:特惠贸易区、自由贸易区、关税同盟、共同市场、经济联盟和完全经济共同体。欧盟经济一体化已跨越了自由贸易区阶段,实现了关税同盟,欧盟统一劳动力市场建设有效地推进了欧盟统一大市场的形成,真正实现劳动力、商品、服务和资本四大自由流通,并为建设和完善经济货币联盟创造积极条件。

(三)短期内可能造成一定负面影响

在短期内,劳动力市场的完全开放可能对新老成员国产生一定负面影响。一是对老成员国低收入阶层产生一定冲击。这些低收入阶层受教育程度较低,缺乏专业技能,在劳动力市场上不具备竞争优势,而中东欧廉价劳动力的大量涌入使得其就业状况更加恶化。二是加剧部分中东欧国家劳动力短缺的情况。由于部分中东欧国家人口老龄化现象同样严重,但受西欧相对优厚的工资、福利待遇吸引,大量劳动力前往西欧务工,一定程度上恶化了这些国家劳动力短缺的问题。如波兰劳动部发布数据显示,2011~2014 年将有大约 40 万波兰劳动力前往德国、奥地利和瑞士务工。随着波兰社会老龄化现象加剧,老年人数不断增加,而年轻人陆续离开波兰,将使波兰经济面临劳动力短缺的问题。到 2015 年,波兰劳动力预计将短缺 80 万人。

四、对中国劳动力市场建设的启示

(一)加快完善中国社会保障制度

目前我国社会保障制度发展与欧洲发达国家相比还有一定差距,存在较多缺陷,如失业保险覆盖面较窄,保障水平较低;城乡二元社会保障结构明显,城乡社会保障水平差距较大等。为顺应我国劳动力市场改革，社会保障制度改革势在必行。一是目前我国尚未形成统一的社会保障法制体系，相关立法相对散乱，各地不一。应通过完善立法来保障包括失业救济、失业保险、最低生活保障等在内的社会保障制度的运行。二是借鉴欧盟经验，设置合理的失业救济金标准和失业救济期限，以免降低失业者寻找工作的积极性。三是鼓励和扶持民办福利机构的兴办和发展。

（二）促进劳动力自由流动

在欧盟存在着国与国之间的劳动力流动障碍，而我国则存在城乡之间劳动力自由流动的门槛。为了缩小地区差距，促进我国各地区协调发展，必须采取措施逐步消除这种障碍。一是推进户籍制度改革，打破城乡二元结构，加快城镇化步伐，把农民工逐步转为市民。二是逐步建立起城乡一体化社会福利制度，消除社会保障对劳动力自由流动的限制，并逐步实现基本公共服务均等化。三是要转变地方保护主义观念，消除对外来务工人员的歧视和排斥。四是加强农村职业教育培训，使农民工由缺乏技术和专业知识的工人转变为社会短缺的中高级技术工人，提高农民工应对失业以及再就业的能力。

（三）高度重视青年人就业问题

目前，中国与欧盟同样面临青年人就业难题。目前中国1 400万待业城市人口中，35岁以下青年人约占30%。同时，"十二五"期间，高校毕业生仍将处于一个就业高峰期，年均约为680万人。我国可以借鉴欧盟相关做法，切实缓解青年人，尤其是大学生就业压力。一是实施积极的劳动力市场政策。可考虑向青年人提供就业机会的企业发放补贴以增加就业；鼓励青年人自主创业，包括提供培训、指导和融资渠道等，同时可按相关规定给予税收优惠等政策支持；通过税负转移特别是向环境税和消费税等有利于反映资源稀缺性和环境代价的税收转移来减少劳动力税契。二是做好青年就业指导和服务工作。建立健全大学生就业服务信息网络，提供职业介绍、职业指导等服务。三是引导和鼓励高校毕业生到基层、中西部地区和中小企业就业。

欧盟构建资本市场联盟初析[①]

宋 馨 李明慧

2015年2月18日,欧盟委员会(以下简称"欧委会")公布《构建资本市场联盟绿皮书》,重点介绍了欧盟构建资本市场联盟(Capital Market Union,CMU)的背景和措施建议。该倡议旨在尽早建立一个欧盟统一的资本市场,促进欧盟经济发展。相关情况及分析如下。

一、欧盟构建资本市场联盟的背景与挑战

(一)背景

在过去几十年中,欧盟资本市场规模已有所扩大。1992年,欧盟股市总市值仅为1.3万亿欧元,占GDP的22%;债券存量仅为4.7万亿欧元,占GDP的74%。2013年底,欧盟股市总市值已达8.4万亿欧元,占GDP的65%;债券存量超过22.3万亿欧元,达GDP的171%。不过,欧盟资本市场发育并不健全,主要表现在以下几个方面。

其一,资本市场规模有限,欧盟的股市规模与GDP占比均仅为美国的1/2,不及瑞士的1/3;私募股权市场规模仅为美国的1/2,私募债券市场规模仅为美国的1/3。其二,成员国资本市场发展差异明显,英国国内股票总市值已超过GDP的121%,而拉维尼亚、塞浦路斯和立陶宛的股票总市值低于GDP的10%。其三,债券融资比例较低,而银行融资依存度过高,造成商业部门尤其是中小企业在银行信贷紧缩时较易受到冲击。其四,企业的资本市场参与度参差不齐,虽然低利率推高了欧盟非金融机构的公司债发行量,但债券发行人主要为大型企业而非中小企业。此外,作为资本市场一体化的核心目标,欧盟跨境资本自由流动的程度仍有待提高。目前,成员国资本市场仍较分散,跨境资本市场壁垒阻碍了投融资便利化和融资渠道的多元化,影响了欧洲投资增长与经济发展。

[①] 本文写于2015年。

（二）挑战

欧盟资本市场一体化面临历史、文化、经济和法律等诸多障碍，比如对某种融资手段的偏好，养老金的特点，审慎监管规则的运用以及行政管理障碍；同时，还面临企业管理、公司法、数据缺口、税收体系和低效市场结构等诸多问题。现阶段来看，欧盟构建资本市场联盟需首先应对以下几方面挑战。

其一，改善融资环境，消除融资障碍。特别是对于中小企业，交通和能源领域的初创企业和长期基础设施项目，以及医院、学校和福利住房等社会基础设施项目的融资障碍，比如，投资信息不对称、资本市场准入成本较高等问题。由于存在这些障碍，很多投资者都被局限于本国市场。其二，消除投资资金流动障碍，促进投资资金来源多元化，具体包括：跨境设立基金成本较高，保险公司和银行的资本金要求中缺乏针对基础设施项目的规则，跨境获取个人养老金面临困难，风险资本市场较分散，散户投资者缺乏对于金融市场和中介机构的信任等等。其三，提高市场有效性，降低投资者与融资者之间的交易成本。

二、欧盟构建资本市场联盟主要措施

（一）短期措施

就当前亟待解决的几个问题，欧委会提出了五项短期措施。

1. 简化"招股说明书"。"招股说明书"详述企业信息和投资风险，虽是企业在资本市场融资的必备条件，但不应成为资本市场准入障碍。为降低企业，特别是中小企业的筹资难度，欧委会在开展为期三个月"绿皮书公众咨询"的同时也开展了关于"招股说明书"的公众咨询，就"招股说明书"何时必要以及如何简化审批程序等"招股说明书"规则征求公众意见。

2. 推广高质量标准化信用信息。由于中小企业的信用信息有限且经常被银行持有，一些中小企业很难获得非银行业跨境投资者的资金。尽管信用评级工作开展已得到成员国广泛支持，但欧洲约有25%的企业和75%的所有者管理型公司没有信用评级。为帮助中小企业吸引投资并使融资渠道更加多元化，欧委会将继续推广标准化的信用信息，广泛开展信用评级工作，并计划于2015年召开"中小企业信用信息研讨会"。

3. 重建可持续的证券化市场。证券化能有效分散风险并增加银行借贷能力。然而，全球金融危机之后，欧洲证券化程度大幅降低。2007年欧洲证券发行总额为5 940亿欧元，2014年则降为2 160亿欧元。证券化工具是银行与资本市场之间的纽带，高质量的证券化市场依赖于证券化工具的简单、透明与标准化。为此，欧央行、欧洲监管机构、成员国当局及私人部门代表建议制定一套全面措施以重建欧盟证券市场。

4. 推动长期投资。自 2007 年达到峰值以来，欧盟投资水平已显著下降并一直低于历史水平。欧委会已公布"欧洲投资计划"，将实施一系列投资刺激措施，并通过设立"欧洲战略投资基金"在未来 3 年至少带动 3 150 亿欧元投资。此外，目前已完成的"欧洲长期投资基金"监管框架将有效吸引对企业和基础设施投资项目的长期投资，尤其是需要稳定收益和长期资本的保险公司和养老基金等投资者。

5. 开拓欧洲私募市场。"私募发行"可为企业提供有效筹资并为中小企业和基础设施项目增加融资机会。自金融危机爆发以来，私募发行在欧洲迅速升温，部分成员国已建立私募市场，其中，德国和法国的私募市场 2013 年共发行 150 亿欧元债券。然而，泛欧私募市场发展存在几方面障碍，包括国家破产法规差异、标准化程序的缺乏、发行人信用信息和资料缺乏。欧盟"行业组织联盟"已就私募市场运行规则和发行标准制定了指南，且兼容多种法律框架，将在短期内促进欧洲私募市场构建，该指南下的首次私募发行也将实施。

（二）中期措施

除短期措施外，欧委会还制定了以下中期措施。

1. 改善融资环境。

（1）提高信息对称性。其一，鼓励银行为贷款申请被拒的中小企业提供更好的融资咨询服务。其二，为中小企业量身定制高质量的、简化通用会计标准，从而提高企业的透明度和可比性，降低中小企业实行"国际金融报告标准"的成本，增强企业对跨境投资者的吸引力。其三，设立"欧洲投资项目管道"，建立专门网站并统一信息披露标准，以帮助投资者获取投资信息与机会。

（2）制定标准化规则。资本市场标准化程度对于吸引投资者并深化市场发展、增强流动性至关重要。其一，2015 年欧委会将就欧洲担保债权市场一体化发展开展公众咨询，重点是协调各国相关法律框架、推动规则标准化；其二，提高企业债发行标准化程度和价格透明度，从而改善企业债二级市场流动性；其三，推动"绿色债券准则"的制定，该准则通过明确发行手段推进绿色债券市场透明化和一体化。

（3）使其他融资手段协同发展。尽管同业借款及众筹等跨境融资形式潜力巨大，但欧洲层面的此类跨境融资数量有限，应得到进一步推动。

2. 提高资金多元化程度。

（1）吸引更多机构投资者。其一，制度障碍等因素限制了长期机构投资者的部分投资活动，欧委会希望公众提出政策措施以扩大机构投资者在资本市场的投资规模及范围。其二，进一步扩大养老金和保险行业在资本市场投资规模，措施包括：2016 年 1 月起欧盟将实施新的偿付能力管理体制，放宽对企业资产组合的国别限制，允许企业投资更多长期资产；在保险公司和银行的资本金要求中制定有关基础设施项目投资的特别规则；强化低风险基础设施类债务或股本投资的鉴定；评估审慎规则；设立基础设施次级资产类目。其三，鼓励风险资本投资公司和社会企业参与资本市场投资，为此将在 2013 年欧盟推出的欧洲风险投资基金和欧洲社会企业家基金的基础上进一步拓宽市场参与者范围以增加这两类基金数量。

（2）吸引更多个人投资者。个人向资本市场投资的主要工具是符合欧盟"可转让证券集合投资计划"的一些共同基金，投资规模较小。欧委会希望市场上能有更多投资产品供选择以加强竞争，并通过 UCITS 增强个人投资者的跨境投资活动。

（3）吸引更多国际投资。全球金融危机后，欧盟双向资本流动额占 GDP 比都出现大幅下降，2013 年资本净流入的所有项目都低于 2007 年。欧盟的国际贸易和投资政策对支持国际投资有很大作用，未来应进一步放松资本流动限制、规范市场准入和投资、强化保护投资者权益并创造公平竞争环境，应减少欧盟金融机构进入第三国市场的障碍，例如在未来贸易协定中开放跨境资本管理市场，进一步推动在第三国直接营销欧盟基金和其他投资工具。同时，还将积极参与促进资本流动的国际工作。

3. 增强市场有效性。

（1）改进单一规则手册、执行及竞争。近年来，欧盟建立单一规则手册成为资本市场规范框架的主要举措，单一规则手册的成功依赖于有效贯彻实施相关规则。为此，欧委会正与成员国及监管机构合作来确保欧盟金融法律有效实施。此外，欧委会还会继续实施竞争法律，避免扭曲和受限的市场竞争影响资本市场一体化和正常运转。

（2）强化监管机构职能。欧盟监管机构在加强金融业集中监管方面发挥了很大作用，强化了同行审议等相关举措的使用。争端解决机制运用也推动了欧盟法律在单一市场的贯彻实施。鉴于跨境融资可能因成员国的投资者保护力度差异而受限，欧盟监管机构需发挥更大作用。

（3）建立通用数据和公开报告。在欧盟建立通用数据和公开报告将有助于资本市场一体化。目前，欧委会在寻求适当途径以保持信息畅通。若市场力量不能有效汇总和公开信息，欧盟就应考虑其他途径，包括授权特定的商业实体来制作类似"证券买卖汇总记录带"的信息集合，保证信息公开质量。

（4）完善市场基础设施和安全法律。市场基础设施适用的法规框架正在建设中，欧盟希望通过立法保证欧元系统内的各类证券交易平台健康运行。

(5) 减少欧盟的公司法、企业治理、破产和税收规则差异。欧盟将就统一欧盟税制法规征求公众意见，并将进一步简化交易后期税收减免程序。此外，欧委会还将开展调查，若发现对人寿保险公司及养老基金的跨境投资存在歧视性规定，将采取措施予以纠正。

三、相关问题的几点分析

（一）资本市场联盟旨在推动欧洲投资并推进欧盟一体化进程

投资不足是近几年造成欧洲经济增速缓慢的主要因素之一，而资本市场分散造成的跨境投资难是影响投资的主要因素。在"欧洲投资计划"等一系列投资刺激措施背景之下，尤其需要资本市场在跨境投融资过程中发挥更重要角色，需要通过资本市场有效调动社会闲置资金，摆脱企业融资过度依赖银行的不良局面。另一方面，在银行业联盟基础上，欧盟旨在通过资本市场联盟进一步隔断主权债务和银行业之间的联系，并为欧央行货币政策产生效果构建新的管道，使其成为银行业联盟的有益补充，进一步促进货币联盟有效运行。资本市场联盟将为欧洲经济创造良好政策环境，有利于创造就业与增加投资机会，从而推动经济增长，进而有利于推进欧盟一体化进程向更高层次发展。

（二）资本市场联盟将有力助推欧盟中小企业发展

欧洲中小企业对欧洲经济的作用举足轻重，其雇员总数超过就业总量的70%，创造产值占GDP总量的67%。但与美国相比，欧洲有较少中小企业具有规模扩大潜力。在融资渠道狭窄的情况下，这一局面很难改善。为此，资本市场联盟重点目标即是提高中小企业融资能力，具体措施包括：减少监管壁垒和方便中小企业进入他国股票市场、减少各成员国税率差异对中小企业在其他成员国上市融资造成的阻碍、推动同业借款和风险投资等其他融资形式、提高投资者风险共担和创新意识。若资本市场联盟成功建立，将提高欧盟资本市场的创新和竞争水平，降低风险，有效助推中小企业发展，促进欧洲金融业良好发展和商业融资的便利化与多元化。

（三）资本市场联盟前景看好但建成仍需时日

目前欧盟主要经济体和公众均对建立资本市场联盟持积极态度，欧央行和英国均公布分析报告，验证"资本市场联盟"可能产生的积极效果。当然，面临的不确定因素也不少，一方面协调各成员国法规并不容易；另一方面从倡议提出到提交方案并最终获得欧盟和欧盟各成员国批准，需经历复杂的法律程序。根据计划，未来三个月，欧盟将针对构建资本市场联盟短期与中期措施广泛征求包括欧洲议会、欧盟理事会、成员国议会及其他立法机构等在内的资本市场利益相关方的意见和建议，并以此为依据制定具体的"资本市场联盟行动计划"。欧委会计划在2015年夏季举办"公众咨询总结会"并在2015年后期出台"资本市场联盟行动计划"。欧委会预计，功能完善且运行良好的资本市场联盟将于2019年正式形成。欧盟资本市场联盟构建方案的最终内容值得继续关注。

欧央行新一轮量宽效果与前景分析[①]

宋　馨　郭　昊

2015年3月，欧央行正式实施新一轮量化宽松货币措施（expanded asset purchase programme，以下简称"新量宽"）。从2014年底和2015年初有关经济数据来看，欧央行前期"非常规货币措施"和"新量宽措施"积极影响正在显现，经济增长走势向好，通货膨胀率有回升迹象，市场的通货膨胀预期稳固，失业率继续稳步下降，金融市场状况改善，但也面临挑战。现对欧央行新量宽措施影响和前景作分析。

一、新量宽出台背景和措施内容

自2012年以来，欧元区整体通货膨胀率持续下行，经济增长陷入停滞。因此，欧央行于2014年实施一系列非常规措施，希望通过宽松货币政策提振欧洲经济。从效果看，欧元区通缩情况并未改善，且在2014年12月降至零以下。在此背景下，欧央行于2015年1月份宣布新量宽政策，并于3月份开始实施。

（一）欧元区通缩压力持续加大

自2012年8月以来，欧元区通货膨胀率开始下滑，2013年10月降至1.0%以下，2014年7月降至0.5%以下，2014年12月降至 -0.1%，为2009年以来首次同比下降，连续第22个月低于欧央行设定的"低于但接近2%"中期通货膨胀目标。

（二）首轮量宽措施收效甚微

为刺激欧元区经济、遏制通货膨胀率持续走低，2014年下半年以来，除零利率措施以外，欧央行实施一系列非常规货币措施：一是2014年9月份首次启动"定向长期再融资操作"（TLTRO），并于12月和2015年3月分别启动第二轮及第三轮TLTRO。二是分别于2014年10月和11月启动"资产担保债券购买计划"（CBPP）及"资产支持证券购买计划"（ABSPP），购买计划持续两年。其

[①] 本文写于2015年。

目的在于释放流动性，鼓励银行发放贷款，引导资金流向私营部门，降低中小企业融资成本，推动私营部门消费与投资，最终促使通货膨胀率恢复至中期目标。

但数据显示，欧央行首轮 TLTRO 认购规模为 826 亿欧元，远低于此前分析师预测的 1 000 亿 ~ 1 500 亿欧元。而第二轮 TLTRO 认购规模虽增至 1 300 亿欧元，但仍低于预期。第三轮 TLTRO 认购规模虽超出预期，但也仅为 978 亿欧元。再看 ABSPP 和 CBPP 购买规模。截至 2015 年 4 月，ABSPP 和 CBPP 购买规模总计达 3 000 亿欧元，也同样低于市场预期。此外，2015 年 1 ~ 4 月欧元区通货膨胀年率分别为 -0.6%、-0.3%、-0.1% 和 0，通货膨胀年率虽稳步上升，但仍远低于欧央行"接近或低于 2%"的通货膨胀目标。由此可见，欧央行前一轮量宽政策并未发挥预期效果。

（三）欧央行新一轮量宽主要内容

2015 年 1 月 22 日，欧央行宣布，以维持价格稳定、应对长期低通货膨胀风险为目标，推出"欧版"量化宽松政策。主要内容为：一是继续扩大资产购买计划的规模。从 3 月起每月资产购买规模提升至 600 亿欧元，将持续至 2016 年 9 月或中期通货膨胀率接近 2%，预计总资产购买规模达 1.1 万亿欧元。二是扩大资产购买计划的范围。在此前购买资产支持证券和担保债券（每月约 110 亿欧元）的基础上，将购买范围扩大到投资级的成员国政府机构债券和欧盟机构发行的债券（每月约 490 亿欧元）。三是欧央行和成员国央行共同参与。对于新增资产部分，欧央行购买和持有成员国政府机构债券的 8%；成员国央行购买和持有剩余的 92%，其中 12% 为欧洲机构债券，80% 为成员国政府机构债券（以各成员国央行在欧央行持有的股份比例为基础进行分配）。四是欧央行和各成员国央行共同分担所持部分资产风险。欧央行所购 8% 的政府机构债券，以及各成员国所购 12% 的欧洲机构债券纳入共担风险的范围，其余资产的风险由各成员国央行自行承担。

二、实施新量宽后政策效果

在近期召开的货币政策会议上，欧元区成员国一致认为，前期实施的非常规货币措施和新量宽措施非常正确且有必要。这些措施一定程度上促进了欧元区乃至欧洲经济复苏，在放宽金融市场条件和减少私营部门外部融资成本方面发挥了积极作用。近期数据表明，欧元区经济活动活跃，通货膨胀率有回升迹象，市场通货膨胀预期稳固，市场对经济逐步复苏和通货膨胀率重回 2% 持谨慎乐观态度；同时，金融市场表现良好，收益率曲线和通货膨胀预期向好。

（一）宏观经济形势趋好

当前，欧元区经济复苏进程趋好，经济下行风险有所稳定。经济状况改善主要得益于前期非常规货币措施及新量宽措施带来的市场信心提升、货币流动性增加以及欧元兑美元贬值；同时，国际油价下跌增加了家庭实际可支配收入和企业利润，推高了短期市场需求。

1. 经济走势向好。欧元区 2014 年四季度实际 GDP 环比增长 0.3%，2015 年一季度 GDP 环比增长 0.4%，环比增幅连续四个季度递增。欧委会 5 月发布的《春季经济预测》报告显示，基于欧元区及全球经济的良好表现，预计 2015 年和 2016 年欧盟经济增速将分别为 1.8% 和 2.1%；欧元区经济增速将分别为 1.5% 和 1.9%。与之前发布的冬季预测报告相比，春季预测报告分别将 2015 年欧盟与欧元区经济增速上调 0.1 个百分点和 0.2 个百分点。

2. 就业持续改善。2014 年底~2015 年 3 月，欧元区失业率呈下降趋势。欧元区 2014 年 12 月和 2015 年 1 月、2 月、3 月失业率分别为 11.4%、11.4%、11.3% 和 11.3%。欧委会 5 月发布的《春季经济预测》报告数据显示，欧盟和欧元区 2015 年失业率将分别下降至 9.6% 和 11%。基于 2016 年经济活动将进一步加强的预期，欧盟和欧元区 2016 年失业率或将进一步下降，特别是近期已实施劳动力市场改革的成员国。预计欧盟和欧元区 2016 年失业率将分别下降至 9.2% 和 10.5%。

3. 经济动力增强。自 2015 年年初至今，欧盟与欧元区的消费者信心指数和经济景气指数均稳步上升，其中，消费者信心指数已达到危机前水平。主要受 M1 增长推动，欧元区 2014 年 12 月~2015 年 3 月广义货币供应量 M3 增长年率分别为 3.8%、4.1%、4% 和 4.6%。欧元区银行对私营部门贷款在经历近 3 年下降后，于 2015 年 3 月再次出现增长。此外，欧元区经济主要依靠出口和消费驱动。2014 年数据显示，出口增长对经济增长贡献率较高，消费需求增速平稳但低位徘徊，而固定资产投资，尤其是商业部门投资停滞不前是欧元区经济低速增长主要原因，这主要由经营利润微薄、闲置产能充足和经济增长前景不确定造成。不过，2015 年年初，私人消费已开始上升，尤其是零售业销售额已大幅上升。

4. 通货膨胀率回升。欧元区通货膨胀率自 2011 年底开始持续下滑，2014 年 12 月出现负增长，并于 2015 年 1 月跌至 -0.6% 的历史低点。通货膨胀率下滑很大程度上源自经济增长放缓和市场需求疲软，近期主要由国际原油价格下跌导致。不过，前期非常规货币措施和新量宽措施所产生的欧元贬值和市场信心提升，在一定程度上抑制了通货膨胀持续走低，将持续支持通货膨胀率稳步上升。

2015 年 1~4 月，欧元区通货膨胀年率分别为 -0.6%、-0.3%、-0.1% 和 0。通货膨胀率虽仍远低于 2% 的中期目标，但已形成较稳固上升趋势。同时，欧元区 2 月通货膨胀率首次高于预期，但名义通货膨胀缺乏明显改善。石油期货价格曲线（oil price futures curve）显示，2015 年年底，国际油价带来的物价下行压力将会逐渐消失。同时，制造业和服务业价格自 2015 年 1 月大幅下跌之后于 2

月出现反弹,将在未来几个月继续削弱物价下行压力。2015年3月,欧央行公布的宏观经济预测显示,2015年、2016年和2017年的 HICP 将分别为0、1.5%和1.8%。受内需增强、产出缺口缩窄、大宗商品价格走低以及欧元贬值导致进口价格上升影响,预计2015年和2016年通货膨胀年率将分别为0.1%和1.5%。欧央行专业预测者调查显示,未来5年通货膨胀预期将为1.77%。

(二) 金融市场改善

近几个月来,金融市场形势改善,私营部门融资成本显著降低,企业和家庭贷款条件放松,贷款需求增加,表明现行货币政策是有效的。自欧央行2015年1月21日宣布将实施新量宽以来,欧元区金融市场情况明显改善。同时,欧元兑美元进一步贬值。

1. 欧元兑美元贬值。在新量宽措施公布之前,欧元对美元利率一直处于下跌趋势,但跌幅较为平缓。新量宽公布之后,欧元开始加速贬值。3月2日~16日欧元兑美元由1.1227跌至1.0557,为金融危机以来最低点,跌幅达6%。自公布之日至今[①],累计跌幅约达33%(见图1)。基于美欧货币政策分化,以及美国劳动力市场状况改善有望进一步推高联邦基金利率预期,市场参与者预计欧元将进一步贬值。

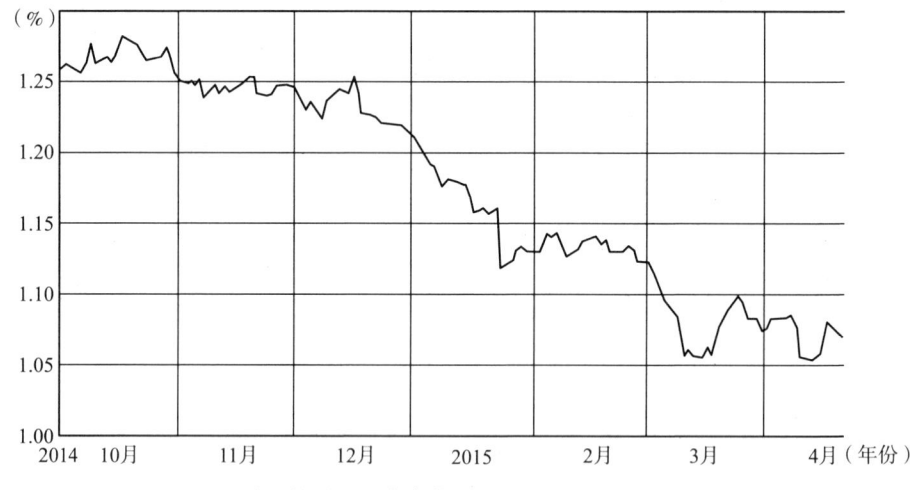

图1 欧元兑美元汇率走势图(2014/10/1~2015/4/22)

资料来源:欧央行网站。

此外,瑞士国家银行决定于2015年1月15日起终止瑞士法郎兑欧元1.20

---

① 2015年1月21日,EU/USD=1.17;2015年4月21日,EU/USD=1.07。

的最低利率政策，欧元对瑞士法郎急剧贬值，15日当日即从1.201下跌至1.028，之后有所回升，至今累计贬值14.6%（见图2）。

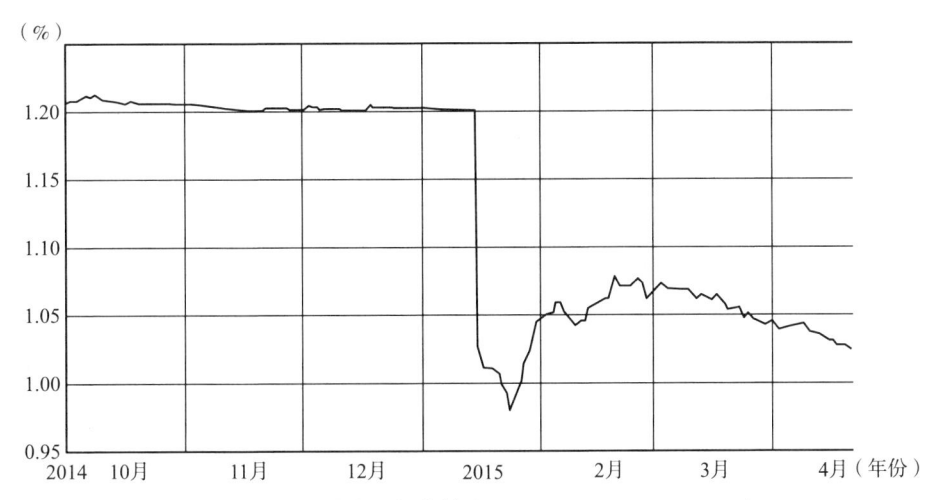

图2 欧元兑瑞士法郎走势图（2014/10/1～2015/4/22）

资料来源：欧央行网站。

2. 市场利率下行。前期非常规货币措施和新量宽措施给市场带来了流动性充足预期，给货币市场利率带来下行压力。自2015年1月以来，欧元银行同业拆借利率（Euribor）持续走低，其中1周和2周的同业拆借利率于1月下降至零以下，而一月期和两月期的同业拆借利率分别于3月和4月下降至零以下，并于4月17日分别降至-0.093%、-0.069%、-0.033%和-0.016%。同时，欧元区银行间隔夜拆借加权平均隔夜利率（euro over night index average rate，EONIA）已于2014年9月跌至零以下，至12月跌入历史最低点-0.01%，目前仍在零利率以下徘徊。

3. 资本市场利好。政府债券收益率，特别是长期收益率和长期利率持续走低；部分成员国政府债券收益率已达历史最低水平，收益率转为负的债券增多；主权债收益率已进一步趋于平稳，欧元区成员国的主权债收益率差异明显缩小；同时，欧元区股市表现强劲，股票价格显著上升。

此外，贷款复苏也在持续，2015年1月非金融机构贷款年率由2014年12月的-1.1%上升至-0.9%，金融机构的证券投资组合不断增加。最新数据证实，广义货币正逐步增加，对NFCs贷款逐步恢复，但贷款额仍处于低水平。2015年1月家庭贷款增长年率为0.9%。近期货币政策预计将进一步支持信贷流动。

三、新量宽实施前景分析

(一) 新量宽措施面临诸多挑战

2014年推出的非常规货币措施和2015年实施的量宽措施在放宽金融市场条件和减少私营部门外部融资成本方面发挥了积极作用,接下来将继续履行承诺,积极实施新量宽举措直至达成目标。不过,在零利率政策期限内,实施新量宽措施面临诸多挑战:一是新量宽计划周期长、不确定性较强。由于新量宽措施的计划周期较长,油价、汇率、货币政策、潜在增长以及货币政策有效性等因素具有较高不确定性。因此,其技术复杂性将比以往操作难度更大。二是下行风险犹存。整体而言,欧元区仍面临国际油价下跌、地缘政治动荡、投资增长低于预期等风险。三是新量宽或导致公共部门债券短缺。有以下两点原因:一方面,欧元区部分区域的政府债券净发行量可能较为有限;另一方面,监管限制、替代投资选择有限以及机构投资者的"买入并持有"理念造成欧元区政府债券投资者出售持有债券的意愿削减;四是政策协调难度大。欧元区需协调其他领域政策协同支持经济稳固复苏。了解欧元区金融市场变化对观察金融稳定性非常重要,且是评估货币政策对价格稳定传导机制的必要因素。欧央行需紧密监控金融市场未来一年的运行变化情况。

(二) 欧元区应采取配套政策

为让欧央行新举措充分发挥政策效应,欧央行需出台其他配套政策。经济增长预期反弹可能削弱政府推行结构改革的决心,进而对潜在增长造成不利影响。欧元区国家政府应利用结构改革带来的新动力推动提高潜在增长率,特别继续积极推动目前正在进行的资本市场改革、能源市场改革以及劳动力市场改革。此外,欧元区需要密切监控风险。虽然宏观经济预测通货膨胀率将接近2%,但仍需保持警惕。在具体执行新量宽时,需确保货币政策充分实施并保持政策良好沟通。

(三) 中期通货膨胀目标有望实现

欧元区未来几个月通货膨胀率预期将维持低于零的低位,但非常规货币措施和新量宽措施对总需求的刺激效果将于2015年后期显现。考虑到欧元汇率将保持低水平,油价在未来几年可能企稳回升,通货膨胀率在短期及中期预计将持续回升,中期通货膨胀率有望恢复至接近2%的水平。同时,在金融部门得到强化、宏观经济政策环境宽松、财政政策稳健以及欧元区政府决心推进结构改革的背景下，欧元区将走上可持续增长及价格稳定之路，国内需求将进一步提升。欧央行货币政策将继续以维持价格稳定为核心。

（四）关注欧央行新量宽对全球经济可能的外溢影响

其一，欧央行新量宽对改善欧洲经济将有一定成效。在欧央行前期刺激措施和2015年1月推出的新量宽政策影响下，欧元兑美元大幅贬值，欧元区出口提振，欧元区通货膨胀率、GDP、就业率等一系列指标均有所上升。同时，主要成员国国债收益率均下降。其中，德国十年期国债收益率降至0.38%，西班牙十年期国债收益率降至1.44%。其二，欧央行新量宽对全球经济影响力或不及美国量宽。实施量宽政策似乎已成为各发达经济体在非常时期应对经济下行压力的标准选择。然而，对全球经济，特别是新兴经济体，量宽政策的实施与退出均会造成不小的负面影响。美国多轮量宽措施导致国际资本大量涌入新兴经济体，造成新兴经济体本币升值、通货膨胀加剧。但随着美国经济指标向好，通货膨胀率与就业率接近目标，退出量宽预期加大，这些经济体均出现国际资本外流、本币汇率下跌、国内流动性紧缩、金融市场波动和经济增速放缓等问题。不过，欧元区新量宽对全球经济的影响恐不及美国的量宽政策，原因之一是欧元区新量宽规模远不及美国量宽。美国实施量宽总规模超过4万亿美元，而欧央行新量宽规模仅为1.1万亿欧元。原因之二是欧央行新量宽实施时间较短。美国从2008年9月开始实施量宽政策，时间跨度长达7年之久。而欧央行新量宽仅计划实施18个月，且若达成通货膨胀目标则可能提前结束量宽。原因之三是欧元影响力远不及美元。其三，对中国经济影响亦喜亦忧。一方面，人民币较欧元更加坚挺有利于中国企业对欧投资和中国企业"走出去"；另一方面，欧盟作为中国第一大贸易伙伴，欧元贬值将对中国出口和欧盟对华投资造成负面影响。同时，应关注欧央行新量宽可能造成热钱频繁进出中国及发展中国家，进而导致这些经济体金融市场出现波动。

欧盟构建能源联盟简析[①]

于 晓 郭 昊

为降低对进口能源的依赖、推动能源供应多元化，欧盟委员会（下简称"欧委会"）于2015年2月宣布正式启动欧洲能源联盟建设进程。该联盟旨在建立欧洲单一能源市场，改变欧洲长期以来能源对外依存度过高、进口渠道单一局面。现对欧洲能源联盟作简要分析。

一、欧盟构建能源联盟的背景和治理目标

（一）背景

长期以来，能源安全一直是制约欧盟经济发展的重要因素。欧盟早在1990年就提出建立单一能源市场，并在1992年出台指令性文件。经历了2009年俄罗斯与乌克兰的"断气"危机之后，欧盟对自身的能源供应安全问题更加重视。2014年的"俄乌冲突"更是加快建立能源联盟的主要推动力。在国际能源市场存在风险的同时，欧盟内部也面临诸多不可持续的能源问题，主要表现在以下几个方面。

一是欧盟能源对外依存度过高，且多从一些将能源供给作为政治交易筹码的国家进口。欧盟是世界上最大的能源进口地区，对外依存度高达53%，每年进口额约4 000亿欧元。其中，仍有6个欧盟成员国依赖单一的海外天然气供应商。二是欧盟能源体系一体化程度较低，仍分散为28个部分且一些大陆地区仍不足以融入能源体系。同时成员国的能源政策缺乏透明度，且仍有15个欧盟成员国实施能源价格管制。三是能源价格过高，10%的欧洲居民面临取暖困难。欧盟企业电力批发价格高出美国企业30%，天然气批发价格至少为美国的三倍。四是能源浪费严重，未建立低碳经济社会。住宅方面，欧盟国家75%的住宅能源利用率低下；交通方面，94%的交通运输方式依赖石油产品，其中90%为进口。

[①] 本文写于2015年。

（二）治理目标

一是统筹欧盟能源、气候及其他相关政策，以确保政策长期一致性；二是确保内部能源市场有效运行以及欧盟《2030 能源与气候政策框架》达成；三是精简现存的能源和气候政策规划及报告机制，减少不必要的行政管理负担；四是与利益相关者展开对话，支持其积极参与欧盟能源结构转型；五是深化成员国与欧委会的监管合作；六是优化数据分析和情报共享系统，使投资者更易掌握相关信息；七是每年定期向欧洲议会和欧盟理事会汇报能源联盟建设相关进展情况。

二、欧盟构建能源联盟主要措施

欧洲能源联盟旨在为欧盟消费者提供安全、可持续、有竞争力和价廉的能源供给。为实现这一目标，欧盟重点采取以下五个方面措施，即：强化能源供给安全、建立单一能源市场、提高能源效率、发展低碳经济以及加强能源领域研究、创新和竞争力。

（一）强化能源供给安全

1. 加强天然气供应渠道多元化。一是加快发展南部天然气走廊项目，以确保中亚地区天然气顺利运达欧盟；二是建立液化天然气中心，联结欧洲中部、东部以及地中海地区众多液化天然气供应商；三是采取措施消除从美国以及其他供应商进口液化天然气的障碍；四是欧委会将在 2015 年和 2016 年提出一揽子多样化的天然气供给方案，并就液化天然气运输和储存制定综合战略。

2. 进一步评估集体采购天然气的可行性。欧委会将进一步评估在能源危机爆发以及成员国依赖单一供应商引发能源需求聚集时，自愿集体采购天然气的可行性，且采取的相关措施必须符合 WTO 及欧盟相关规定。

3. 强化欧盟能源对外合作关系。欧盟将以市场开放、公平竞争、环境保护以及双方互惠互利为基础，重新定位与俄罗斯的能源合作伙伴关系。同时，继续深化与第二大原油和天然气供应商挪威的合作，并发展与美国和加拿大的能源合作关系。此外，将重点关注与乌克兰能源战略合作关系升级。

4. 增加天然气供给透明度。欧委会将增加欧盟成员国与非成员国间能源购买协议的透明度。目前，关于能源谈判的政府间协议（IGAs）合规性检查主要在欧盟成员国与非成员国达成协议后进行。未来，欧委会将从初始阶段就介入政府间协议的谈判进程，以更好地利用内部市场规则对政府间协议的适用性进行前期评估。此外，为进一步加强天然气供应商业性合同的透明度，欧委会将在重新修订的《天然气供应安全监管条例》中就这一问题提出相关建议。

（二）建立单一能源市场

1. 加强内部能源市场互联互通。一是加快内部电网互联进程。欧盟计划在 2020 年前实现 10% 的电网互联，2030 年达到 15%。为此，欧委会将于 2015 年提交新的电力市场规划方案，并于 2016 年提交电力供给安全立法提案。二是加强能源基础设施建设，实现融资方式多元化，特别是积极发挥欧洲战略投资基金（EFSI）的作用。此外，欧委会将定期对大型在建的能源基础设施进行评估，尤其是公共利益项目（PCI）。三是将召开专门的能源基础设施论坛。

2. 加强能源市场制度建设。一是欧盟成员国应严格执行欧盟现有能源相关立法，并全面落实执行欧盟第三次能源改革方案①。二是进一步优化能源市场监管框架。提高欧盟能源监管合作署（ACER）的权力和独立性，从而有效地监督内部能源市场发展及相关规则，并能更好地处理建立无缝内部能源市场所需解决的跨国问题。三是增加能源成本及价格的透明度。欧委会将每两年发布一次能源价格报告，就能源税政策、价格机制影响等问题进行深入分析。四是敦促部分成员国逐步取消价格管制制度。五是在国家和地方层面制定社会机制以确保弱势群体能源需求，特别是公共福利手段。

3. 加强欧盟内部合作。为应对欧洲中部及东南部地区国家能源系统的脆弱性，欧委会将出台应对"供给冲击"的区域性行动计划，并确保此类计划符合欧盟统一能源市场进程要求；同时，继续推动如德国、法国、比利时、荷兰以及卢森堡等国组成的五国能源论坛以及波罗的海能源市场互联互通计划等区域性能源行动计划。

（三）提高能源效率

为实现在 2030 年前将欧盟能源效率提高至少 27% 的目标，欧委会将重点整改建筑和交通两大耗能部门。一方面，提高建筑部门能源效率。目前欧盟建筑部门能效改造远远不足，供热与制冷仍是主要能耗环节，因此欧委会将对建筑能源效率以及能源性能指标进行评估。同时，继续推动发展可再生能源和促进低碳经济的《市长公约》以及"智能城市和社区"倡议，欧委会还将推出"全球卓越节能政策制定"倡议以支持 G20 节能行动计划。此外，还将简化现有融资方式，并为欧洲结构与投资基金和利益相关者提供现成的融资模板，推动新融资计划。另一方面，推动交通部门节能减排。欧洲交通部门能耗占总能耗比超过 30%，因此欧洲能源联盟将根据能耗和污染情况制定道路收费标准，并加快推进欧盟交

---

① 2009 年，欧洲理事会正式批准第三次能源改革方案，主要内容包括修正、补充现有的条例和指令，建立专门机构来加强欧盟各成员国能源管理机构的合作，进一步改革内部电力和天然气市场，排除目前存在的反竞争行为，为成员国提供更公平、更清洁、更安全的能源供应。

通部门电气化，倡导替代燃料的研发和使用。

（四）发展低碳经济

欧盟《2030能源与气候政策框架》明确要求到2030年欧盟内部温室气体排放量较1990年降低至少40%，对构建欧洲能源联盟具有指导意义。为此，欧盟将通过碳排放交易体系（ETS）制定有效的碳排放价格。同时，将对非ETS部门减排目标进行评估，并将土地和林业等非ETS部门纳入"2030框架"，以确保这些部门在激励减排机制下运行。此外，还将大力发展可再生能源技术。欧委会计划在2020年前将欧盟可再生能源占比提高至20%，2030年达到27%以上。为使欧盟成为可再生能源领域的领导者，欧委会将于2016~2017年提出一揽子新的可再生能源计划，包括生物燃料应用以及出台相关立法确保欧盟《2030气候与能源政策框架》实施等。同时，整合可再生能源发电市场，提高可再生能源发电占市场比重，并采取措施降低可再生能源项目的整体融资成本。

（五）加强能源领域研发、创新和竞争力

为促进能源系统转型，欧盟将重点围绕四个方面加强技术革新：一是加强研发创新，使欧盟成为下一代可再生能源技术的全球领导者，特别环保产品开发、生物燃料推广与能源储备等领域；二是通过智能电网、智能家电、智能城市和家庭自动化系统推动消费者参与能源结构转型；三是通过高效能源系统和技术提高建筑储能水平；四是通过技术创新和服务提高能源效率、减少温室气体排放，促进运输系统可持续发展。同时，加大对核能技术开发应用，目前核能发电占欧盟电力市场份额的30%。

三、对相关问题的几点看法

（一）能源联盟旨在强化欧洲能源安全并推进欧盟一体化进程

欧盟能源对外依存度较高，且一体化程度较低，很容易被能源供应国分而治之。能源联盟旨在强化欧盟作为一个整体与其他国家进行能源谈判，这种超越国家层面的谈判模式将增强欧盟作为主体的谈判能力，以更大的谈判筹码获取更多权益。同时，它要求成员国与第三国签署能源供应协议必须符合欧盟相关法律和能源供应安全目标，进一步加强了成员国能源供给透明度、协调性和安全性。实施统一的能源政策能切实加强各成员国在能源领域的合作，并更加重视能源市场升级和转型，从而更好地提高内部市场的竞争性和开放性。这种大规模的、战略性的能源市场整合将为欧洲政治、经济一体化建设提供有力的能源支撑与保障，

从而有利于推进欧盟一体化进程。

(二) 欧盟能源联盟有利于加快欧盟绿色经济转型

近年来,欧盟一直努力通过"气候—能源"政策实现绿色经济转型,以达到气候变化、能源安全和经济竞争力三重目标之间的有效平衡。同时,欧盟能源对外依存度高,发展可再生能源和提高能源效率也是当前增加本土能源供应的重要手段。能源联盟将以欧盟《2030能源与气候政策框架》为指导,把发展低碳经济和提高能源效率作为重要目标,具体措施包括:提高可再生能源发电占市场比重、加大对智能电网、清洁运输、清洁能源和安全核能等技术的研发、加速实现建筑和交通两大耗能部门"脱碳"等。这一系列具体措施将加快欧盟向低碳经济、绿色产业转型。

(三) 欧盟能源联盟付诸实施将面临诸多挑战

一是由于各成员国能源市场情况和利益诉求不同,政策协调将面临巨大挑战,特别在建立集体采购天然气机制上困难重重。虽然共同购买天然气机制仅在特定情况下启用,但目前德国、奥地利等成员国已获得了俄罗斯更优惠的天然气价格,使他们放弃本国利益而服从欧盟整体利益恐难以实施。二是目前仍有15个成员国实施能源价格管制制度,不利于能源市场自由化进程。三是成员国在促进可再生能源发展方面存在分歧。波兰等中东欧国家主要依赖煤炭等传统能源,认为大幅提升可再生能源比例,可能损害经济增长。英国、捷克等国则反对欧盟针对成员国制定具有约束力的可再生能源指标,认为只需设定欧盟层面的整体减排目标。因此如何制定统一的新能源政策以强化内部能源市场并不是短期内能够解决的。四是从提出倡议到获得欧盟及成员国批准需经历复杂立法程序。为确保各成员国从能源联盟获益,欧委会副主席马洛斯已启动"能源联盟之旅"(Energy Union Tour),前往各成员国与公众、政策制定者、专家、企业家等利益相关者就工业、消费者和环境等核心问题展开讨论。

(四) 欧盟对俄罗斯的能源依赖短期内不会发生实质性改变

由于长期受制于俄罗斯油气供应,在与俄罗斯进行能源谈判时,欧盟常处于被动地位。为此,欧盟建立能源联盟以降低欧盟对俄罗斯的能源依赖。但是,在欧盟能源联盟计划中,并未明确提出针对俄罗斯油气供应的具体措施,只是指出未来择机重新定位与俄罗斯的能源合作伙伴关系,这也表明欧盟意识到短期内难以找到替代俄罗斯的天然气供应市场。由于目前俄罗斯天然气在欧洲消费市场占比近1/3,立陶宛、斯洛伐克和保加利亚等国进口的天然气几乎全部来自俄罗斯。尽管能源联盟有可能增加从利比亚、土库曼斯坦和伊朗进口管道天然气的数量,但由于管道等基础设施尚不完善,实施条件仍不成熟。因此短期内,欧盟对俄罗斯的能源依赖不会发生实质性改变,只能在博弈中慢慢寻找新的出路。

(五) 欧洲能源联盟的建立将为中欧能源合作带来新的机遇和挑战

能源合作是中欧经贸合作的重点之一。欧洲能源联盟的建立能为中欧在节能减排和可再生能源等领域的合作提供新的契机。同时,能源联盟的建立将在一定程度上削弱俄罗斯对国际天然气市场的控制力,使其更加关注亚太市场,特别是加强与中国的合作。这种变化也将为中俄能源合作带来新契机,提升中国在对俄国能源外交中的主动权。在为中欧能源合作带来机遇的同时,也存在一定挑战。近年来,中欧"光伏"贸易摩擦频发,中欧双方战略性地发展新能源,意味着摩擦在所难免。能源联盟的建立将使欧盟对外能源谈判中更加关注整体利益,对进口能源的标准更加严格,这在一定程度上可能增加中国对欧能源谈判的难度。

俄罗斯经济困局的思考与启示[①]

王 虎　贾静航

进入 2015 年，俄罗斯经济形势并未有明显改善。国际油价延续 2014 年的下跌行情，卢布尚未止跌企稳，对美元汇率近期已跌破 60 大关。从 2014 年 7 月以来，受自身经济结构单一、美欧经济制裁加码、大宗商品价格暴跌等因素影响，俄罗斯陷入十分困难的局面，甚至有爆发经济危机的风险；此外，俄经济目前的困局与地缘政治和大国博弈密切相关，其原因、走势值得研究。

一、俄国经济陷入困境的原因简析

自 2014 年 3 月克里米亚公投入俄罗斯，美欧对俄罗斯实行经济制裁以来，卢布币值一路走跌，卢布兑美元汇率全年累计下跌超过 40%；俄国国内通货膨胀率高企，12 月通货膨胀率高达 11.4%，创 5 年新高；资本外逃加剧，全年资本流出超过 1 200 亿美元；经济增长也在 11 月出现 5 年来首次下滑，同比萎缩 0.5%。2014 年预计仍能保持微弱增长，但利好卢布和经济增长的因素十分有限，世行预计俄经济 2015 年将萎缩 2.9%。

（一）结构性问题困扰俄国经济增长

虽然俄罗斯官方把本次危机的原因归结为西方制裁和油价下跌，但事实上，俄罗斯产业结构失衡、增长模式单一、缺少新增长点等问题近年来已逐步暴露。2010 年俄经济在全球金融危机后大幅回暖，增长率达到 4.5%，随后经济增长进入下行轨道，2011 年为 4.3%，2012 年降至 3.4%，2013 年仅为 1.3%，在本次危机之前预期 2014 年为 1.2%，经济增长已现疲态。

1. 产业结构失衡，能源经济难以为继。俄罗斯基本延续了苏联畸形的产业格局，以军工和重工业、化工工业为代表的第二产业过于庞大，农业和服务业发展则相对滞后。1995 年，三次产业占比分别为 5.98%、33.33%、49.55%，而到 2010 年，三次产业占比分别为 3.68%、32.87%、49.20%，除第一产业占比

[①] 本文写于 2015 年。

下降外，第二产业与第三产业关系始终较为稳定，并未出现第二产业向第三产业转化的升级过程。1999年开始，俄罗斯经济进入转轨后的增长期，但十多年的增长多是依靠国际能源价格的上涨而非产业结构的优化，反而，增长的现实让执政者失去了推进产业结构优化的动力，增长的红利也未被用于培育新的经济增长点，曾经雄心勃勃地发展私营部门、放松管制、提高劳动生产率并发展先进制造业、高科技产业为主导的新经济模式没有得到有效推进。2013年，仍有一半以上的财政收入，三分之二的总出口和近三成的企业利润来自石油天然气行业。与1998年类似，由于俄国不掌握石油定价权，无论何种原因出现油价暴跌，高度依赖能源出口收入的俄罗斯经济都难以独善其身。

2. 过度依赖能源出口。贸易结构是国内产业结构的反映，俄国国内要素禀赋及产业结构的因素内生地限制了其外贸结构。2013年，俄国能源出口3 718亿美元，占出口总额的70.4%。其中，石油出口2.35亿吨，总额1 737亿美元。据统计，国际油价每下降10美元，俄国出口损失324亿美元，而2014年全年，油价下跌超过60美元。从贸易对象来看，欧盟是俄国最为倚重的贸易伙伴，在其贸易总额中占比接近50%。俄国与荷兰、德国、意大利三国贸易总额累计超过2 000亿美元，对上述三国的出口超过1 400亿美元。欧洲市场对俄国出口乃至整体经济增长有着举足轻重的作用，欧洲对俄国实施的经济制裁虽尚未直接涉及俄欧能源贸易，但已对俄国国际融资能力和能源出口产生了严重影响。

（二）美元进入加息周期，大宗商品和新兴市场货币承压

由于市场预期美元将进入加息周期，美元套利交易成本大幅上升，投资者纷纷从新兴市场撤资，美元加速回流。2014年年中以来，石油、黄金、铁矿石、铜等大宗商品价格开始走跌，包括人民币在内的新兴市场货币普遍承压。摩根大通新兴市场货币指数去年第四季度下滑8%，一度跌至该指数统计以来的最低水平，甚至欧元、澳元、英镑等传统强势货币也出现了明显下跌。2015年，美元指数料将继续上扬，大宗商品和新兴市场货币继续承压，俄罗斯经济下行压力加大将是必然结果。

（三）美欧制裁不断升级，效果逐渐显现

2014年3月以来，美欧共对俄国进行了7轮制裁，前三轮制裁主要针对个人和个别与俄国高层关系密切的企业，内容多为冻结个人财产，禁颁签证等，象征意义大于实质内容。7月16日，从第四轮开始，制裁进入实质阶段，美欧开始对俄国金融、能源、军工领域的主要企业实施制裁，并先后在7月29日和9月12日两次升级制裁措施。自此，美欧对俄国制裁开始对俄国能源出口和国际融资能力产生实际影响。目前美国Visa和万事达国际支付系统已暂停了对俄国部

分银行提供美元服务，由于美国控制着全球货币结算网络和全球最主要的货币支付系统，若进一步封闭俄国结算支付和融资通道，俄国将被完全踢出美元体系，超90%的以欧元或美元计价结算的能源出口将完全停滞，生活必需品进口也会受到波及。更实质性的问题在于，俄国高度依赖欧洲资本市场进行融资，欧盟禁止俄国企业在欧盟市场融资的制裁措施将使俄国石油和金融企业流动性短缺加剧，营运成本增加，生产能力受限，甚至出现债务违约。

与实质性影响相比，经济制裁另一个重要影响在于心理层面：一方面对俄国政府和民众产生威慑作用，传播悲观情绪，削弱执政当局的民意基础，伺机制造政局动荡或社会混乱。另一方面影响国际市场对俄国经济和商业前景的预期，使外国企业在俄国开展业务更为谨慎，甚至撤出俄国市场，进一步挤压俄国发展空间。

（四）俄国对制裁准备不足，未制定有效应对预案

事实上，对美欧经济制裁的力度和可能产生的影响，俄国政府明显准备不足。2013年底乌克兰局势出现动荡，俄国基于美欧缺乏政治决断力实质性干预乌克兰的判断，迅速出手，基本实现了自身战略目标。但俄国缺少对自身经济结构单一、高度依赖能源出口所产生的潜在风险和美欧金融实力及美元霸权的充分认识，对经济制裁的准备不足，更没有意识到制裁的力度和巨大影响。这导致了一方面俄国政府在制定2015~2017财年预算草案时，仍将预算设定在油价平均每桶100美元的基础上，甚至预期西方国家将在2015年结束对俄国制裁；另一方面，在制裁加码、卢布暴跌之后，俄国央行对形势估计不足，前期抛售外储护盘，效果不佳又放弃汇率管制，后又抛售黄金储备并大幅加息，向市场传递紧张气氛，最终导致外储消耗、利率飙升，卢布一跌再跌。

二、2015年后俄罗斯经济走势

（一）经济难言乐观

面对2014年俄罗斯经济的低迷态势，外界高度关注其2015年走势，各方预测仍很悲观。俄罗斯总统普京表示，目前形势仍不能称为危机，俄国央行和政府总体上应对得当，俄国经济终会摆脱"困难时期"。俄国财长西卢安诺夫也认为2015年俄国经济将持续放缓，通货膨胀率上升。俄罗斯经济发展部长乌柳卡耶夫表示，如果油价继续维持在每桶60美元左右，且西方继续对俄罗斯实施制裁，俄国经济在2015年将萎缩3%，要到2016年才能恢复增长。而俄罗斯前财长库德林则认为2015年俄罗斯将面临"全面经济危机"，与西方资本关系的正常化是化解这次危机的先决条件。

国际机构方面，IMF 预测俄国 2015 年 GDP 将增长 0.5%。世行则认为，全球经济增长放缓与美联储加息政策或造成国际油价继续下跌，进一步降低俄国财政收入；西方制裁导致俄国企业国际融资渠道受限，并进一步降低俄国国内投资和消费需求；综合上述因素，俄国 2015 年经济难言乐观，不出现负增长就算是不幸中的万幸。世行还表示，2016 年，若地缘政治风险降低，外部环境得到改善，俄国经济或将实现 0.5% 左右的微弱增长，且增长动力仍是能源出口。OECD 则认为，俄国目前正处于危机与衰退的边缘，经济复苏将取决于经济的弹性以及与其他非制裁国间的贸易增长。考虑到调整贸易方向需要时间，OECD 预计 2015 年、2016 年俄国 GDP 增长率分别为 0 和 1.6%。

也有少数机构和经济学家认为，尽管俄国经济 2015 年或出现负增长，但经济崩溃的可能性不大。俄国政府已制订了一系列重振经济的计划以摆脱困境，一方面加强内部救助与整顿，完善"去离岸化"法律法规，制定经济与税收优惠政策吸引离岸业务回流；另一方面积极拓展国际市场，加强同亚洲国家和"金砖国家"的合作，包括 2015 年 1 月 1 日起正式开始运转的欧亚经济联盟，或将帮助俄国经济从制裁中"突围"。

（二）大国博弈或扮演重要角色

持续下跌的油价、地缘政治局势紧张引发的西方制裁、一贯失衡的国内经济结构是桎梏俄罗斯经济的三重枷锁。短期内，高度依赖资源出口的经济结构很难改变，油价下跌的趋势也非俄国一己之力所能改变。因此，西方国家对俄国制裁的力度和持久度将成为未来影响其经济增长的重要因素。据俄国政府测算，西方制裁已对其经济造成 25%~30% 的影响，也有学者认为影响程度可达 40%。从经济实力、军事实力、国际影响力等各方面看，美国具备将俄罗斯制裁到底的实力，但其决心大小与欧盟能否长期配合制裁尚不确定。若西方国家对俄罗斯的制裁程度和时长有限，俄国经济仍存转机。若制裁力度只增不减，俄罗斯或陷入负增长危机。

（三）自身经济结构调整是俄国摆脱困局的关键

西方制裁引发的物价飞涨使得俄国货币政策全面转向应对通货膨胀和卢布贬值，而财政政策并没有更多的空间刺激经济增长。增长疲软、高通货膨胀以及制裁带来的困境使得俄国政府不得不思考制定结构性改革政策。唯有调整经济结构，解决长期存在的"顽疾"才能根治"俄罗斯病"。如此，未来几年内的经济衰退或可视作俄重振经济的机会成本。

（四）总体判断及对我国影响

总的来看，俄国目前的困难主要表现在卢布大幅贬值，预算收支缺口扩大，国际市场融资困难，经济总量大幅缩水。虽伴有资本外流、通货膨胀高企等现象，但金融领域的困难尚未完全传导至实体经济，俄国国内并未出现工厂大量倒闭，生产大幅减少，失业人数剧增甚至社会动荡、政局混乱的情况。短期看，俄国经济形势仍较为严峻，卢布贬值和通货膨胀高企仍将延续，未来出口收入的骤减将制约俄国进口能力，进而对投资、消费和总产出造成影响，但考虑到其丰富的资源禀赋、完整的工业体系以及集权体制的爆发力和长期斗争形成的民族韧性，出现经济崩盘或政治动荡的可能性不大，未来美欧制裁是否进一步升级，俄国能否因势利导，推进经济结构调整值得进一步关注。

从战略角度看，中俄关系已提升至全面战略协作伙伴关系的新阶段，双方在重大问题上协调立场、相互支持是基本格局，特别是推动国际体系和全球治理改革、推进"一带一路"战略等重大问题，离不开俄国对我国的坚定支持。俄国经济陷入困局、国力衰弱无疑将对我国长期利益造成负面影响。具体地，目前大宗商品价格低位徘徊有利于我国降低能源及原材料进口成本，带动相关产业发展、充实战略物资储备体系。而美欧对俄国制裁或将迫使俄国更多地"向东看"，俄国与我国在经贸、能源、军事等领域的合作或将迎来新机遇。

三、启示与思考

（一）积极研判各方战略意图，保持清醒头脑和战略定力

总体来说，我国应高度关注美欧对俄国的进一步动向，分析制裁若进一步升级对我国可能产生的政治和经济影响，同时谨防美欧借此分化中俄关系，并最终转而扼制我国崛起的可能。

战略层面，应在维护主权、国家安全等涉及俄国核心利益问题上继续给予俄国坚定支持，珍视20年来健康发展、来之不易的中俄双边关系，将全面战略协作伙伴关系提升至更高水平。战术层面，我国应保持足够定力，用好上合、"金砖"等机制，在现有的框架和平台下扩大务实合作领域，提高合作水平，但务必不给国际社会造成"选边站"或"强出头"的印象，避免在俄罗斯问题上与美欧形成直接对立。

（二）高度重视能源安全，全方位加强国际合作

俄罗斯高度依赖能源出口，国际能源价格变动对俄国影响很大，而我国高度依赖能源进口，面对的问题比价格波动复杂得多。作为卖方，制裁给俄罗斯带来的仅是收益减少，财富缩水，对其工业体系的完整性和日常生产生活影响较小；而我国作为买方，本身不具备维持自给自足的资源禀赋，一旦进口渠道受限，国

民经济将面临巨大风险。鉴此，我国应高度重视能源安全，抓紧制定 2030 年能源生产和消费革命战略，研究"十三五"能源规划。一方面扩大石油等战略物资储备规模，利用国际油价处在低位的机遇期，加快构建全方位的石油储备体系，加大官方储备与放开民间储备并举。另一方面，应加强国际合作，推进能源进口多元化战略，通过"一带一路"建设，减少对马六甲、霍尔木兹海峡等咽喉要道的依赖，实现开放条件下的能源安全。

（三）经济制裁仍是大国间博弈的有效手段

虽然多极化是长期趋势，但目前世界格局仍是一超多强。美国经济总量仍保持领先；美元霸权依然稳固，国际储备货币的地位难以动摇；美元资产仍是最安全可靠的投资对象；美国对世界经济格局和主要国家发展前景仍能发挥重大影响。本次美欧对俄罗斯实施经济制裁，短时间内就使经济总量世界第八、规模达 2.1 万亿美元的俄罗斯陷入困境，经济总量从 2.1 万亿缩水到 1.1 万亿，卢布贬值幅度超过 100%，10 年期国债收益率涨至 15.4%，其影响力和控制力可见一斑，美欧经济制裁的大棒依然奏效。鉴此，我们应清醒认识当前世界政治经济格局，重视和研究大国博弈中经济制裁手段的运用及其影响，牢牢抓住战略机遇期，不断提升综合国力，提高防范与应对能力。

欧洲难民问题政策及其前景简析[①]

陈立宏

2015年,欧洲遭遇大规模难民潮,全年累计已接纳150余万难民,欧盟为此推出一系列政策措施加以应对,取得一定成效,但仍面临诸多挑战。相关情况及我们的分析如下。

一、总体情况

2015年上半年,叙利亚、利比亚等国动乱加剧,中东、北非地区局势持续动荡,引发了战后欧洲最大规模的难民潮。难民主要通过希腊、保加利亚、意大利、西班牙、马耳他和塞浦路斯等国进入欧洲,匈牙利、德国、法国、英国等至少19个欧洲国家接收了不同数量的难民,其中德国接收最多,总计近110万人。中东和北非难民潮主体是逃离中东"伊斯兰国"和叙利亚内战的战争难民,也包括阿尔巴尼亚等南欧国家经济移民和逃离战争并寻求经济机会的双重移民。

难民选择欧洲作为主要目的地,原因基于以下四个方面:一是地理因素,欧洲与中东北非相对接近,环地中海地区各国间人员流动较为便捷;二是政治因素,欧洲移民政策对申请政治避难或战争灾害造成的非法移民比较宽松;三是经济因素,欧洲国家可以提供就业机会,完善的社会福利,接收难民标准也相当优厚;四是申根机制为移民提供了在申根区成员国之间自由流动的便利条件,使得难民潮很快涌入欧洲大部分国家。

二、欧盟应对难民危机政策措施

难民危机爆发以来,欧盟及其主要成员国积极采取措施加以应对,接收、转移并安置了大量难民,其中德国最为积极,接收难民总数最多。瑞典接收难民人均最多,平均每60人接纳1个难民。欧盟就此召开了一系列峰会,陆续推出相关政策措施,包括设立成员国难民配额、加强边境和移民管理、加强对中东地区

[①] 本文写于2016年。

经济援助、难民事宜信息共享等。2016年1月13日，欧委会颁布《难民危机：欧委会2015年行动回顾及2016年优先事项》，就相关情况进行全面回顾与展望。

（一）2015年主要政策措施

1. 制定"欧洲移民日程"。欧盟将移民问题列入十大优先处理议题。2015年5月，欧盟发布"欧洲移民日程"，颁布首个一揽子方案，主要措施包括重新安置进入意大利和希腊的4万难民，安顿来自欧洲以外地区的2万难民，制订针对移民偷渡的"欧洲行动计划"，将海上搜救预算增加到原来的三倍；2015年9月，欧委会颁布第二个一揽子方案，主要措施包括重新安置成员国内12万名寻求国际庇护人员，建立永久性转移安置机制，确定安全原籍国的欧洲共同清单，颁布《通用遣返手册》和《欧盟遣返行动计划》，建立总额18亿欧元的"非洲信托基金"，在希腊和意大利建立难民收容中心。

2. 安排专项预算用于应对移民。针对难民问题，欧委会决定2015财年和2016财年预算增加投入17亿欧元，使得两年内难民危机相关支出总额达到近100亿欧元。在欧委会和相关成员国支持下，补充预算已经批准并在加快执行。欧盟一些成员国也已承诺，向联合国难民署、世界粮食计划署和相关组织提供5亿欧元配套资金，向叙利亚区域信托基金提供5亿欧元配套资金，向非洲紧急信托基金提供18亿欧元配套资金，以全力应对难民问题。

3. 强化移民管理政策。为有效管控难民流动，欧委会与相关第三国配合采取一系列措施：10月25日召开"西巴尔干移民路线特别峰会"，与巴尔干国家达成17点行动计划；11月29日召开"欧盟—土耳其峰会"，决定与土耳其开展"联合行动计划"，并向土耳其提供30亿欧元用于难民事宜；11月12日与非洲国家召开"法勒他移民事务特别峰会"，决定加强欧非合作，启动欧盟"非洲信托基金"，从源头上解决难民问题。

4. 实施边境管控措施。12月15日，欧委会推出"一揽子边境管理方案"，以保障欧盟外部边境安全，提高移民管控效率，确保"申根协定"区内迁移自由。欧委会决定，设立"欧洲边境和海岸警卫队"，建立遣返非法滞留第三国人员的档案体系，与土耳其合作开展针对叙利亚难民的人道主义收容计划。

（二）2016年拟推出的政策措施

1. 继续开展难民接收安置。一是关于安置方面。2015年9月欧委会确定重新安置的16万难民仅有272人到位。2016年无论移民前线国还是移民安置国均应尽快实施重新安置方案，增加立刻投入使用的安置点，接收亟待安置的难民。二是关于定居方面。根据成员国和相关国家信息，2015年原定有5 331人实施定居计划，但年末欧委会确认按计划执行的仅有775人。到2017年底，按计划应有22 504人得到定居安置。三是关于难民收容中心。目前，确定设立的位于希腊的5个收容中心，仅有一个有效运行，位于意大利的6个收容中心，仅有两个在有效运行。尽快使这些收容中心全部投入使用是当务之急。四是关于遣返问题。欧盟需通过实施"遣返行动计划"，就重新安置难民进行协商，尽快遣返无权滞留欧洲的难民。五是关于申根协定。2016年欧盟将力争使申根协定恢复正常运作，确保成员国不再延长或是采取新的内部边境管控措施。六是关于欧洲边境和海岸警卫队，欧洲议会和欧盟委员会将尽快完成相关协商，及早落实成立该机构的有关决定。

2. 改革"都柏林体系"。欧盟难民保护执行"都柏林体系"，包括"都柏林指令"和"EURODAC指令"，前者是成员国对第三国难民申请受理的管辖制度，后者为提供技术支持的指纹识别及比对数据库。2015年难民危机显示"都柏林体系"已经不能满足难民管控的实际需要。欧委会于2015年9月宣布将实施改革，逐渐向"单一庇护体系"过渡。目前，欧盟正在制定一揽子法定移民管理措施，包括改革"蓝卡指令"，有关一致性措施也在酝酿之中，到2016年底将推出针对移民偷渡问题的整体应对措施。

3. 强化外部协调机制。欧盟将致力于与有关第三国合作，从根本上解决难民问题，阻止非法流向欧洲的移民潮，遣返不符合国际难民保护标准的移民。欧盟将积极推动主要难民来源国、迁移国以及目的地国之间的伙伴合作关系，包括"喀土穆—拉巴特进程""非洲—欧盟移民与流动性对话""布达佩斯进程"和"布拉格进程"等对话机制，使其在解决难民危机进程中发挥关键作用。

三、难民危机带来的影响

此次难民潮涌入欧洲，短期内将刺激需求，增加公共开支，对社会秩序和政局变化产生一定影响。更深层次、更加长远的影响取决于难民与所在地的融合情况，将体现在政治、经济、社会、安全、文化、社会发展方向和欧洲一体化进程等方方面面。

(一) 一定程度刺激需求提升增长

欧盟对难民问题的经济影响相对乐观，在其《秋季经济预测报告》中，预估2015～2017年将有总计300万移民（包括难民和庇护申请者）进入欧洲，增加各国在移民申请单位公职人员、边防管理、收容所设置、医疗保健等方面的额外支出，短期内将提升各国内部需求和经济增长，中期而言也有助于活跃劳动力市场，继而推动经济成长。欧盟预计，难民接收将使欧盟2020年整体经济增长提升约0.2%～0.3%，这也是欧盟在经济预测报告中首次针对移民经济影响进行评估。

（二）加重欧盟和各国财政负担

欧盟总体财政状况欠佳，28 个成员国政府债务占 GDP 平均比重从 2011 年的 80.9% 上升到 2014 年的 86.8%。虽然部分国家如德国财政状况相对健康，可以承受难民每人每年 12 000 欧元、移民费用占年度 GDP0.3%~0.4% 的负担，2015 财年盈余预期仍将微增至 GDP 的 0.6%，但大部分国家仍未走出经济低迷，一些国家如希腊深陷债务问题，难民潮使其雪上加霜。希腊称已为难民问题支出约 15 亿欧元，2016 财年预计公共支出将缩减 57 亿欧元，欧盟就难民危机提供的支持远远不够，难民问题已经成为希腊的沉重负担。

（三）加剧欧盟及各国内部政策冲突

欧洲各国在难民问题上的立场有很大差异，希腊和意大利等国经济低迷，且难民多为过境，不愿为此投入过多资源；德国和瑞典等国经济实力较强，希望通过接收难民缓解老龄化和劳动力匮乏问题，态度较为积极；匈牙利、捷克等东欧国家经济相对落后，就业形势疲软，难民过境引发国内反对浪潮，政府和民间均对欧盟强制摊派接收难民持抵制态度，导致欧盟应对难民政策应对迟缓，行动不尽一致，措施力度不足。难民危机还加剧了各国原有的社会矛盾和族群矛盾，刺激各国保守政治力量快速抬头。

（四）威胁欧洲一体化进程

在难民潮冲击下，欧盟领导层通过施加政治和道德压力，强迫有关成员国分摊难民。一些国家基于宗教认同、经济发展和社会安定等因素，对接收难民抱抵触情绪，加上欧盟难民分摊机制权利义务不对等，虽然达成若干政治共识，但迟迟无法有效落实。部分国家开始强化边境控制，作为"一体化"基石的"申根机制"已经在实际运行中名存实亡。英国等国内部反"一体化"和反移民的激进势力从中获利，助长欧盟内部原有的脱离欧盟倾向。欧洲一体化面临前所未有的倒退风险。

（五）引发欧洲安全问题

随着难民大规模集中涌入，途经国和接收国社会秩序受到强烈冲击。一些国家频繁发生涉及难民的暴力事件，有发生在难民安置点的，也有在当地社区的，刺激当地排外情绪快速抬头，袭击难民事件快速增加。与此同时，恐怖分子和宗教极端分子借难民潮潜入欧洲，出现了与难民相关的恐怖袭击事件。2015 年 11 月 13 日发生在巴黎的恐怖袭击事件，2016 年新年前后德国等国的大规模性侵事件，都充分显示在难民危机影响下，欧洲社会和安全形势面临严峻挑战。

（六）加剧社会和文化冲突

英、法、比利时等欧洲国家奉行多元文化政策，大量接收北非和中东地区文化、教育、宗教背景不同的移民。近年来，各国实际情况显示移民融入情况差强人意，大量移民聚居在城市边缘地区，经济地位低下，治安形势不佳，文化、宗教冲突事件频繁发生，多国领导人已坦承多元文化政策在欧洲实践情况并不理想。在此背景下，欧洲社会普遍担忧大量接收难民将加剧现有问题，对所在国经济和社会秩序产生长期和不可逆的负面影响。

四、对此问题的几点分析

（一）外忧内患引发地区动荡导致难民危机

叙利亚、伊拉克、利比亚等国经济发展落后，政治制度不稳定，各方势力相互倾轧。从 2010 年起，美欧等外部势力伺机插手，推动所谓"阿拉伯之春"，在突尼斯、埃及、利比亚、也门和叙利亚等国掀起了社会政治运动，制造政治危机，推动了政权更迭，意图重塑地缘政治版图。但原有力量格局被打破后，新秩序迟迟未能建立，相关国家社会动荡不安，宗教种族矛盾激化，国内冲突持续不断，甚至引发了内战，地区局势陷于剧烈动荡，最终导致大量难民出逃欧洲。可以说，难民危机的爆发，既是中东和北非地区秩序和国家秩序混乱的产物，也是大国博弈和国际地缘政治角力的结果，西方国家对此负有不可推卸的责任。

（二）欧洲可能长期面临难民和移民压力

由于历史地理原因，欧洲历来是非洲和中东移民的主要目的地。非洲人口高速增长，未来 35 年内新增人口将超过全球总量的一半，但经济发展相对滞后，北部和中部地区冲突不断，政局不稳、恐怖主义、大规模传染疾病等突发事件时时影响经济发展进程。中东方面，叙利亚、利比亚等国深陷战乱和内乱泥潭，地区形势动荡不定，宗教冲突和地缘政治矛盾根深蒂固；沙特阿拉伯等国虽然收入水平较高，但面临沉重的社会转型压力。欧洲与上述地区的巨大发展差距将长期存在，在全球化和信息化环境下，必然产生长期、持续的移民需求，加上中东、北非地区战乱短期无法有效缓解，移民和难民问题可能会在相当长时期内困扰欧洲。

（三）我国应着力维护周边稳定并制定难民预警机制

近年来，我国周边地区成为大国博弈、地缘争夺、宗教纷争、全球反恐的前沿地区之一。美国强推亚太再平衡战略，频频插手本地区事务，推动南海局势持续升温，并先后在中亚、缅甸等国推动"民主化进程"。目前，缅甸尚未实现全国范围停火和持久和平，朝鲜半岛局势仍具极大不确定性，中亚一些国家面临政治体制转型、民族宗教冲突等一系列挑战。可以说，我周边形势特别是东北地区面临一定压力，对此我们应一方面保持高度警惕，未雨绸缪，密切关注有关动向，及时研断并制定预案；另一方面，应积极建设性地参与周边地区事务，加大与相关国家政策协调力度，谨防出现引发大规模难民潮的地区安全事件。

奥地利养老保险体系简析[①]

胡振虎 于 晓

欧债危机后，面对经济下行压力和人口老龄化问题挑战，奥地利对养老保险体系实施了一系列改革，取得了一定成效。但是，奥地利仍面临进一步完善养老保险体系的压力。学习借鉴奥地利养老保险体系的经验和教训，对我国稳步建立更加公平可持续的养老保险体系有一定参考价值。现对奥地利养老保险体系作简要分析。

一、奥地利养老保险体系的主要特点和挑战

（一）基本情况

经过100多年发展，奥地利已建立比较完善的养老保险体系，由三个支柱组成。第一支柱为社会养老保险和社会救助，为国民提供养老金和老年人最低收入保障，在养老保险体系中作用最为重要；第二支柱为企业年金，对法定养老保险起到重要补充作用；第三支柱为自愿储蓄性养老保险，由个人自愿缴费并由私营基金公司或保险公司管理，属于基金制养老保险计划，奥地利政府正采取各种鼓励措施加快培育。

为满足未来人口和经济社会发展需要，奥地利降低作为第一支柱社会养老保险的比例，鼓励第二、第三支柱的企业年金和个人储蓄性养老保险发展，加强个人和企业对养老保障的责任。为此，奥地利构建了"现收现付"（PAYG，pay-as-you-go）体系为主的养老保险体系，该体系是养老保险资金的最主要来源，占比超过95%，其中的财政支出占GDP比为13.9%，且呈上升趋势。

（二）主要特点

总体而言，奥地利养老保险体系呈现以下主要特点。

[①] 此报告是在财政部国际财经中心2016年5月奥地利出访报告基础上整理而成。2016年5月4日，周强武主任等一行三人在奥地利维也纳会见了奥地利央行经济分析与研究室主任Doris Ritzberger – Grünwald等五位官员和专家，就奥地利养老保险体系进行了交流。

一是缴费率较高。依据奥地利法律，该国养老保险的资金主要源自雇主和雇员缴纳的资金，缴费率为22.8%，即按参保人员收入的22.8%收取。其中，雇员缴纳其月收入的10.25%，雇主缴纳工薪总额的12.55%。此外，如果养老保险基金出现不足，则由政府弥补亏空。

二是全民覆盖。奥地利在2004年通过《养老保险法通则》后，实现了统一的养老保险法制，在统一体制下实现养老保险全民覆盖；同时，对没有达到养老保险缴费要求的个人（比如失业时间较长者，留学、外来务工的短暂停留人员等），也可通过其他方式参加法定养老保险。此外，奥地利法律规定的均衡补贴①也为那些养老金收入过低的退休人员提供最低养老保障，从而确保养老保险体系全民覆盖。

三是养老金替代率高。第二次世界大战后，一些欧洲国家普遍推行福利项目多、保障水平高的养老保险制度，奥地利也不例外。为尽力减少国民退休前后收入水平差异，奥地利实施了高养老金替代率政策。2012年，奥地利养老金替代率大约为75%，在OECD国家中排名第三，仅次于荷兰（90%）和丹麦（近80%）。

四是退休年龄较低。奥地利法定退休年龄为男性65岁、女性60岁。OECD统计数据显示，奥地利部分居民会提前4~6年退休。实际上，奥地利平均退休年龄约为60岁。

（三）主要挑战

1. 财政负担将加重。奥地利社会保障支出由养老金、医疗保健及妇幼保健等支出组成。2012年，奥地利社会保障支出占奥地利GDP比为30%，其中养老金支出占社会保障支出比最大，为43%，占GDP比为15%（见图1）。根据欧盟2015年《人口老龄化报告》（aging report），奥地利养老保险支出中的公共支出占GDP比将由2013年的13.9%攀升至2060年的14.4%，同期欧盟平均水平将由11.3%下降至11.1%。其中，奥地利公务员养老保险支出将减少，其他居民将增加。

2. 人口变化趋势将带来负面影响。从趋势看，奥地利人口死亡率将下降，预期寿命将上升，2015年平均预期寿命为81岁，到2045年和2060年将分别上升至85和87岁；同时，人口出生率前些年呈下降趋势，以后将呈现波动趋势，两者综合作用的主要负面影响是人口抚养比提高，养老保险代际之间和同代内部负担不平衡将加重。此外，近期移民潮也将对奥地利养老保险体系构成挑战。

---

① 均衡补贴是奥地利为确保国内居住的人员一个特定的最低收入水平而提供的补助。奥地利没有设立最低养老金水平，并且按照保险原则计算养老金收入时，不考虑个人和家庭的总体经济情况，因此保障退休人员最低收入只能通过均衡补贴来实现。养老金收入低于法定的最低收入基准线的退休人员可以申请补充收入，使退休老人达到最低的收入保障。

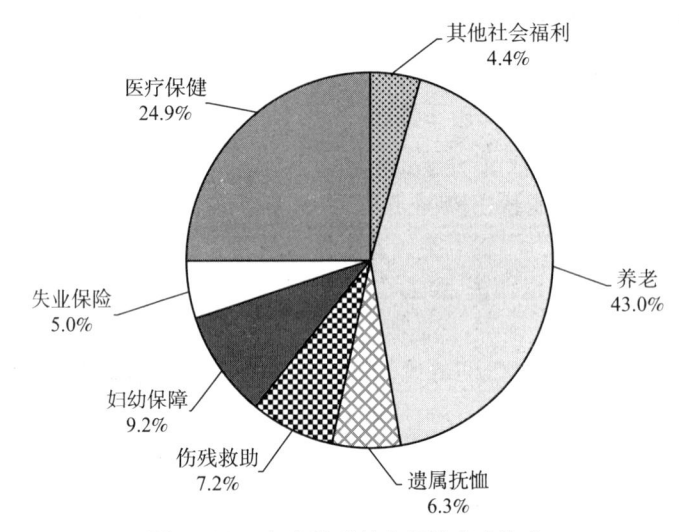

图 1　2012 年奥地利社会保障支出构成

资料来源:《奥地利社会保障情况（2014 年）》。

二、奥地利养老保险账户体系

(一) 计算养老保险时间和额度的两种方式

奥地利养老金计算和发放额度每年都将进行调整,主要参照消费者价格指数波动进行。决定被保险人退休后养老金额度的具体因素有:一是退休年龄;二是养老保险缴费期限;三是养老保险缴费基数;四是如果养老金额度低于均衡补贴基准水平,被保险人可申请均衡补贴。奥地利有两种计算保险时间和额度的方式,其中,第二种方式为主要实施方式。

1. 方式一。被保险人获得养老金的前提是累计一定的投保年限和月份数。奥地利《养老保险法通则》明确规定,统一后的养老保险体系被当作福利养老金账户,缴纳比例为 22.8%。缴存年限达 45 年并在 65 岁退休的被保险人,首次领取的养老金金额将相当于退休前平均收入的 80%,且调整系数每年将增加 1.78%[①]。

[①] 被保险人每多投保缴费一年增加养老金计算基础一定百分比的养老金权利,这个百分比就是养老金的调整系数。1988 年改革之前,养老金计算将保险期间分成两个阶段,前 30 年和后 15 年。前 30 年的调整系数为 1.9%,此后为 1.5%。因此,如果投保 35 年,养老金调整系数累计为 64.5%（30×1.9% + 5×1.5%）,即首份养老金额度为养老金计算基础的 64.5%。如果投保满 45 年则可获得养老金计算基础 80%（30×1.9% + 15×1.5%）的养老金收入。1993 年改革引入了针对提前或延期退休人员的更高调整系数的折扣或奖励。1996 年结构调整法,对于参加养老保险没到 40 年的,或申请提前退休养老金或工作能力减弱而提前退休养老金的,其调整系数的奖惩有所下降。这些新的规定很复杂,主要为女性和伤残人员受到福利削减的影响。新的调整系数还没完全施行,1997 年改革又决定推行新的调整系数,为每个投保年份养老金权利增长 2%,这样,投保 40 年可获得的养老金达到计算基础的 80%。到 2009 年开始,养老金调整系数为 1.78%。

2. 方式二。由于过去依赖平均缴存基数确定调整系数，使养老金发放额度被低估。因此，目前奥地利养老金额度调整主要根据通货膨胀率。在 62~64 岁退休的被保险人，调整系数每年将减少 5.1%；在 66~68 岁退休的被保险人，调整系数每年将增加 5.1%。而且，对提前退休人员有例外条款，尤其是重体力劳动者。

（二）对养老保险时间和额度计算的例外和其他情况

1. 特殊群体。对于一些特殊群体，因哺育、失业或疾病期间无力缴纳养老保险，此期间的养老金账户缺口将由政府特别账户中的一般预算资金补缴。其中，政府将为哺育期女性每月补缴 1 650 欧元养老金，最高补缴期限为 4 年。同时，奥地利 2004 年养老保险一体化改革，对养老保险计算期间作了两条规定：对其中一种养老保险（old-age pensions），最低养老金计算年限为 15 年，至少要缴纳保费 7 年；对另一种养老保险（corridor pension），最低养老金计算年限为 40 年，如果投保不足 480 个月，计算期间为实际缴费期限。

2. 养老保险金的上下限。养老保险金的下限：如果一个单身家庭养老金领取额度低于 883 欧元/月或者一对夫妇低于 1 323 欧元/月，缺口将由一般预算补齐，即通过均衡补贴确保退休人员实现最低收入保障。近期，约 12% 的养老金领取者需要靠均衡补贴达到养老金领取的下限。

养老保险金的上限：养老保险缴存基数上限为 4 860 欧元/月。因此，对一个 65 岁退休人员而言，领取养老金的最高上限为 3 888 欧元/月。

三、奥地利养老保险体系改革的趋势

为实现奥地利养老保险体系的主要目标：金融稳定、养老金福利保障有力、防止因老致贫和规则不公平等，奥地利须完善现有养老保险体系。未来，奥地利将进一步完善养老保险体系，主要有以下几个方向。

一是通过监测实际退休年龄与预期退休年龄的变化趋势，逐步提高法定退休年龄。

二是完善现有养老保险体系。为确保预算自动平衡，现有养老保险账户体系应进行完善，考虑以下几个参数：退休年龄、养老保险缴费年数、保费缴费比例、调整系数等，并调整保险金额度计算公式。

三是逐步转向瑞典社会保障制度（swedish system）的"名义账户制（notional defined contribution）"。该体系有以下优势：一是通过基于退休时的剩余预期寿命计算退休年金，从而对不断增长的预期寿命作出自动反应；二是不需要进行外部调整，即可实现中期预算平衡；三是个人可自由选择退休年龄；四是该体系相对简单和透明。

四是加强养老保险中的融资功能。通过出台税收优惠政策等措施，鼓励养老保险基金参与资本市场，逐步提高其融资功能。

四、几点看法

（一）奥地利养老保险体系面临巨大改革压力

与欧洲其他国家相似，奥地利目前也面临第二次世界大战后生育高峰期（baby-boom）出生的一代人退休速度加快难题，再加上老龄人口预期寿命也在持续提高，奥地利养老保险体系面临巨大改革压力。一是应减轻联邦财政负担。虽然奥地利经济发展水平位居欧盟成员国前列，但奥地利产业结构单一、经济增长动力不足等问题一直未得到有效解决，再加上高支出的"大政府"特点突出，奥地利一直面临养老财政支出压力加大。按照奥地利政策，一旦奥地利养老保险金出现缺口，将由奥地利联邦财政通过征收一般税收（general taxation）来充实。以2015年为例，奥地利联邦财政弥补养老保险金76.05亿欧元，约占GDP的2.3%。二是应适度降低缴费率，降低企业负担。三是提升养老保险金的保值增值功能，增强养老保险基金的保障能力。

（二）奥地利养老保险体系构建经验值得借鉴

虽然奥地利养老保险体系面临挑战、部分领域亟待进一步改革，但中国可考虑借鉴其合理的做法，应对人口老龄化问题：其一，根据中国人口老龄化变化趋势，研究制定渐进式延迟退休年龄政策，并坚持精算平衡原则，实现代际平衡。其二，可借鉴奥地利培育养老保险第三支柱经验，提高个人保险意识，逐步健全"多缴多得"的激励机制，提高个人储蓄性养老账户占养老保险体系比重，大力推动补充养老保险发展。其三，可借鉴奥地利通过征收一般税收弥补养老金缺口的做法，继续研究健全中央和地方养老保险投入责任及基金缺口共担机制，稳步提高统筹层次，实现养老保险全国统筹。其四，拓宽养老保险基金投资渠道，通过获得更高边际回报，更好地促进养老保险基金收支平衡。

（三）欧洲亟待进一步深化社保领域结构性改革

一直以来，民粹主义在欧洲大陆流行，以全民覆盖、受益范围广、社会保障支出GDP占比较高等一系列指标为特征的高福利养老保险体系在欧洲国家非常普遍。但是，由于国际金融危机、欧债危机等原因，欧洲大多数国家经济下行，财政不堪重负，面临改革包括养老保险体系在内现行制度的巨大压力，一些国家相继推出延迟退休等提高劳动力市场弹性、缓解财政压力的改革。然而，改革效果似乎并不理想，过去几年，一方面，经济复苏乏力、劳动力市场仍然僵化；另一方面，改革迟缓造成其他社会负面影响，法国、希腊等国家不断地出现大规模罢工等抗议活动，欧洲高福利主义受到挑战。因此，高福利、早退休等政治承诺应与国家经济发展实力及财力相适应，同时经济复苏要通过劳动力市场改革、财政改革等结构性改革释放沉重包袱，欧洲经济复苏才能可持续，养老保险等社保体系才能树立真正的所谓"全球标杆"。

英国脱欧对我国经济影响简析[①]

王 虎 贾静航 李雨嘉

2016年6月23日,英国举行脱欧公投,"脱欧派"以51.9%比48.1%战胜"留欧派",标志着英国脱离欧盟的政治进程将正式启动。脱欧结果超出了国际社会的普遍预期,按照《里斯本条约》相关规定,如进展顺利,英国将在两年后正式失去欧盟会员国身份,这必将对全球政治经济格局、国际金融市场和大国政策产生深刻影响,也将对危机后步履蹒跚的全球经济复苏和区域一体化进程带来冲击。中国作为全球经济重要的内生变量,将必然或多或少受英国脱欧的影响和冲击。现将英国脱欧对我国经济领域可能造成的影响简析如下。

一、短期看,英国脱欧对我国影响主要集中在金融领域

英国脱欧结果一出,英镑和欧元大幅贬值,全球避险情绪升温,大量投资者抛售英镑及欧元资产,购入美元、日元、黄金和主权债券,人民币承压。短期内,国际金融市场波动可能对人民币汇率和我国金融稳定造成一定冲击,而中长期影响则相对有限。

(一)英国脱欧或加剧人民币短期汇率波动

受脱欧结果影响,英镑兑美元直线暴跌,创有史以来最大单日跌幅,但美元升值导致的人民币贬值压力加大,人民币兑美元2016年6月27日盘初跌破6.64关口,创近五年半新低。同时人民币兑日元汇率持续下滑,由于国际市场对日元升值的心理预期不断提高,人民币对日元的贬值趋势将持续。短期内,人民币汇率波动或将加剧,资本外流压力加大,需要在充分释放稳定人民币币值预期的基础上,密切监测市场流动性变化,将人民币汇率保持在合理均衡水平。此外,英国脱欧将使美联储加息进程进一步延后,全球流动性环境或将继续保持宽松,利好我国推进国内供给侧结构性改革的窗口期将得到延续。

---

① 本文写于2016年。

（二）英镑和欧元贬值或为人民币国际化创造机遇

从人民币国际化角度看，英国是发达经济体中最早认识到人民币潜力的国家，伦敦作为全球主要金融中心之一，于2012年启动"人民币业务中心计划"，已发展成为最重要的人民币交易中心和离岸人民币市场之一，英国也是中国之外第一个发行人民币国债的国家。短期看，英国脱欧增加人民币通过英国在欧洲推广使用的成本，一定程度削弱伦敦作为人民币离岸中心的地位。

从中长期看，英国脱欧或使英国和欧盟"两败俱伤"，双方经济实力的下降必然反映在货币的国际地位上。目前，英镑和欧元在国际货币体系中的地位和影响力都高于人民币，一旦英镑和欧元地位下降，或将吸引更多投资者转向人民币，使人民币在贸易融资、支付结算、金融交易和资产配置等领域得到更广泛使用，客观上推动人民币国际地位的提升和人民币国际化进程。

（三）英国脱欧使非金属大宗商品价格承压，对我国影响甚微

作为大宗商品计价货币，在供求水平不变的情况下，美元走强，大宗商品价格必然承压。同时当美元走强时，投资者对美元资产偏好增强，促使部分资金从商品市场流出，导致其价格回落。英国脱欧事件后，受到美元指数急速上涨的影响，原油、工业金属等大宗商品价格快速下行。其中国际油价呈现出大幅度回落走势，最大跌幅高达7%。其他大宗商品对于欧洲公投的反应两极分化：贵金属特别是黄金由于有避险资产属性，价格出现跳涨，而其他大宗商品价格大多以跌为主。而国内商品市场对英国脱欧反应有限，尚未出现大幅波动。

（四）英国脱欧对中国股市和债市影响有限

由于国内资本市场并不完全开放，脱欧事件对中国股市和债市的短期影响多来自全球风险偏好下降和政策预期博弈，应警惕风险偏好下降和人民币贬值导致资本流出引发的"市场失血"。中国股指受英国脱欧的直接影响不大，但很难在全球金融市场动荡的背景下走出独立升势。而受宏观经济压力犹存、市场流动性相对宽松等因素影响，债券市场整体态势依然向上，且债券相对风险较低，短期可能吸引更多避险资金。

二、中长期看，英国脱欧对中国经济直接影响有限

从贸易和投资角度看，中国对英出口仅占中国出口总额的2.6%，英国在中国对外投资中占比也非常有限，脱欧后欧盟和英国对中国提高关税水平的概率不大，由于脱欧将导致英国失去欧盟成员国的地位和待遇，出于促进贸易投资与保

持经济增长的急迫性，英国或进一步拉近与我国经贸合作关系，推动英国早于欧盟与中国签署双边自贸协定，以进一步减少贸易和投资壁垒。

欧盟作为中国第一大出口目的地和第一大进口来源地，英国脱欧引发的汇率市场波动将增加中国企业出口的汇率风险。长期看，英国脱欧可能导致英国和欧盟经济低迷，使中国经济发展面临的外部不确定性增加。此外，英国脱欧意味着中国在欧盟内部失去了一个促进中欧自由贸易的重要支持者，未来中欧自贸谈判、中欧投资协定谈判进度或受此拖累。

整体而言，英国脱欧对中国经济的直接影响有限。但应警惕英国脱欧引发欧盟乃至更大范围的经济衰退，波及中国。

三、我国应密切关注事态发展，妥善应对，顺势而为

（一）英国脱欧或对中国经济发展和国际地位提升构成利好

尽管英国脱欧在短期内为我国通过英国加强与欧盟沟通与合作制造一定障碍，但英脱欧将给中欧、中英提供更多、更直接的对话机会，中长期对推进中英和中欧全面战略伙伴关系带来一定正面影响。随着经济实力的不断增强，我国将更有能力从容应对国际格局的调整，并充分发挥自身巨大的市场优势，与英国、欧盟等有关各方加强沟通，谋求我国有利的外部环境。如应对得当，英国脱欧事件甚至能为中国带来新的发展机遇。如英国一直呼吁欧盟给予中国市场经济地位，但进展甚微。英国脱欧后，我国可绕过欧盟，直接促成英国承认中国市场经济地位，倒逼其他主要经济体尽快承认我国市场经济地位。再如，近年来大批中国企业利用中英关系的"蜜月期"在英国积极布局，并准备以英国为跳板，拓展欧盟市场。虽然"跳板"不复存在，但英国脱欧带来的欧盟内部巨大的贸易和市场空缺将给"走出去"意愿强烈的中国企业提供战略机遇。

（二）以英国为鉴，让全体人民共享改革发展成果

全球金融危机以来，英国经济复苏较为强劲，但复苏基础不牢，受难民危机和欧洲整体形势低迷的影响较大，民众实际生活水平并没有因经济复苏而得到改善，对卡梅伦政府和欧盟的不满情绪渐浓，民粹主义和孤立主义势力抬头。英国一步一步走向脱欧，本质在于英国执政当局没能平衡社会各阶层利益，民众没有正视欧盟身份给英国带来的利好，却加大了对法律制度、预算缴纳、移民难民等问题上的不满情绪，最终以公投的形式爆发。事实上，民粹主义、孤立主义、宗教极端主义思潮在很多欧洲国家普遍存在，越是经济低迷、民众生活没有改善的国家，这种谋求变革的思想动力就越强大。而应对这种思潮的最好方式，就是让

全社会共享改革和发展的红利，使社会各阶层都能享受全球化、一体化带来的经济收益。同时，应加强舆论引导和宣传，树立对全球化、一体化的正确认识，坚定我国推进供给侧结构改革的立场和信心，使改革开放的成果更多惠及全体人民。

（三）务实推进亚洲区域经济一体化进程

英脱欧使欧洲一体化进程遭遇重大挫折，也反映了全球政治经济体系的不稳定和不平衡性。实际上，欧洲一体化进程在英脱欧之前，已经受到了来自希腊债务危机、难民问题、德法合作失衡等因素的冲击，包括英国在内的大多数成员国只愿享受一体化的利益，而不愿承担相应的责任和义务。而类似的问题也存在于亚洲区域一体化进程中。受政治、领土争端等因素影响，亚洲区域一体化进程进展缓慢。为此，我国应充分借鉴欧盟一体化进程中的经验和教训，以区域财金合作和贸易投资便利化为抓手，借助"10+3"财金合作、区域全面经济伙伴关系（RCEP）等平台，做实清迈倡议多边化（CMIM）机制，不断提升东盟与中日韩宏观经济研究办公室（AMRO）机构能力，加强区域金融监管合作，稳步推进亚洲区域的一体化进程。

英国"脱欧路线图"简析[①]

郭 昊 宋 馨

2017年1月17日,英国首相特蕾莎·梅正式公布英国"脱欧路线图",明确指出英国将脱离欧洲单一市场,力争在两年内完成"脱欧"法律程序,实现"硬脱欧"。同时,英将通过与欧盟建立全新自由贸易协定以促进英欧互利共赢。英国"脱欧路线图"主要内容及相关分析如下。

一、"脱欧路线图"主要内容

英国"脱欧路线图"共包括12条优先条款,涵盖"脱欧"谈判、司法体系、贸易、安全合作等多个领域,旨在确保英国与欧盟达成符合双方利益的全面自由贸易协定,并在多个领域深化合作伙伴关系。

(一)确保"脱欧"谈判确定性

英国将减少"脱欧"谈判进程中的不确定性,最大限度向企业、公共部门和公众提供确切信息。在废除《欧洲共同体法案》后,英国将以本国法律取代现行欧盟法律条款。

(二)打造更强大的英国

英国将通过以下措施打造更强大的英国。其一,英国将收回司法管辖权,重新控制本国法律体系和事务。其二,加强英格兰与苏格兰、威尔士和北爱尔兰间联系,包括"脱欧"在内的国际事务将由四方共同参与决策,国内市场将建立统一标准和框架。其三,保留英国与爱尔兰共同旅游区。既保留共同旅游区,又维护英国移民系统完整性。其四,建立更平等的英国,确保英国国民得到公平对待。其五,对欧洲移民实施更严格管控,但对高知识、高技术国际人才保持开放。其六,确保定居英国的欧洲公民及定居欧洲英国公民的权益。其七,基于欧盟法律进一步改善劳工相关法律,保护劳动者权益。

---

① 本文写于2017年。

(三) 增强英国国际化程度

脱离欧洲单一市场后，英国将趁势将本国打造成全球化程度更高的国家，通过建立全新自由贸易协定加强与欧盟及其他国家贸易合作，并在科研和反恐方面加强与全球其他国家合作。

1. 与欧盟建立全新自由贸易协定。英国将脱离欧洲单一市场，并通过与欧盟建立全新自由贸易协定，使英国最大程度进入单一市场，确保双边货物和服务贸易更加自由。该协定将涵盖部分欧洲单一市场现有条款，如车辆出口和跨境金融服务等领域。脱离欧洲单一市场意味着英国无须像过去那样向欧盟预算上缴大量资金。不过，英国将积极参与特定欧洲项目，并对欧洲经济作出贡献。

2. 推动与非欧盟国家自由贸易。自加入欧盟以来，英国贸易占GDP比停滞不前。因此，在确保与欧盟贸易伙伴关系的同时，英国将大力推动与非欧盟国家自由贸易，特别是出口高速增长国家。当前，英国正与澳大利亚、新西兰和印度等国探讨贸易合作相关问题。保持欧洲关税联盟成员身份将阻碍英国与其他国家进行贸易协定谈判，为此，英国将脱离欧洲关税联盟，但将探寻其他途径移除贸易壁垒和达成免税贸易协定，如与欧盟签订关税协定等。

3. 打造科研强国。为将英国打造成全球最佳科研基地，发挥自身科技和学术优势，英国将继续与欧洲合作伙伴就科研与创新开展合作，涉及领域包括空间探索、清洁能源和医疗技术等。

4. 深化反恐和打击犯罪合作。为应对挑战，英国将继续就打击犯罪、恐怖主义和外交与欧盟展开合作，包括执法和情报共享等方面。

(四) 有序完成"脱欧程序"

长期处于过渡状态不利于英国和欧盟经济发展，英国将致力于在两年内完成《里斯本条约》第50条款程序，并就全新伙伴关系与欧盟达成一致。英国将与欧盟分阶段进行磋商，内容包括移民管制、海关体制、金融服务法律监管框架、刑事司法合作形式等。

(五) 建立新型伙伴关系

"脱欧"后，英国与欧洲将达成新战略关系和条约，全新英欧自贸协定将扩大英欧贸易并创造更多就业岗位和财富，同时，安全合作也十分必要，英国武装力量将是欧盟共同防御的重要组成部分。对英国设置惩罚性交易关税的提议将对欧洲其他国家造成严重负面影响。英国可与欧洲在全球范围内自由贸易，英国具有竞争力的税率和政策将吸引全球最好的公司和投资者到英国投资。若英国被欧盟单一市场排除在外，英国可以改变其经济模式的基础。但欧盟将损害其公司在英国超过万亿英镑投资。这意味着欧盟公司不再享有伦敦金融中心的服务，使欧盟每年出口伦敦的 2 900 亿欧元资产置于风险之中，危及许多欧盟公司赖以生存的供应链条，欧盟经济其他重要方面也将受到损害。同时，英国在能源、食品、饮料、化学、医药、农业等方面是欧洲重要出口市场，欧盟经济与英国经济相互依赖，产业合作程度较高。为此，达成互利共赢的合作关系符合英国和欧洲的共同利益。

二、各方反应

英国发布"脱欧路线图"后，市场与官方均出现较大反应。其中，金融市场方面，英镑在公布前日出现大幅下跌后逆转而上，英镑兑美元涨幅超过 2.5%。官方渠道方面，美国新任总统特朗普及欧盟领导人也表达了各自看法。

（一）当日英镑兑美元大幅飙升

自 2016 年 6 月公投以来，由于特蕾莎·梅政府迟迟未出台明确的"脱欧"计划，大量不确定性造成市场信心下挫，英镑持续贬值，截至特蕾莎·梅首相公布"路线图"前，英镑兑美元已累计下跌近 20%。但此次公布的"路线图"则对市场提供了诸多明确信息：一是英国将完全脱离欧盟，即所谓的"硬脱欧"退出欧洲单一市场和关税联盟；二是英国将通过全新贸易协定加深与欧盟贸易伙伴关系，并努力与其他国家签订自由贸易协议；三是"脱欧"决议需通过英国上下两院投票通过才能最终生效。"路线图"对市场提供的大量确定性很大程度上增强了市场对英国经济前景的信心，当日英镑兑美元大幅飙升，涨幅接近 3%，汇率重回 1.24。

（二）欧盟领导人态度不一

欧盟领导人对英国政府"脱欧"计划表示谨慎欢迎。欧洲理事会主席图斯克认为，该计划比以往更"务实"。欧盟与英国谈判的首席谈判官、欧委会前副主席米歇尔·巴尼耶同样对特蕾莎·梅首相讲话表示欢迎，承诺将为欧盟争取权益，称"有序退出将是今后伙伴关系的先决条件"。然而，也有部分欧盟成员国态度强硬。默克尔首席经济顾问称欧盟不可能与英国达成特蕾莎·梅首相期待的那种协议，将阻止英国试图选择性地获得对已有利的利益，比如尽最大可能享受欧洲单一市场带来的利益，欧盟对英国必须强硬，以避免其他成员国也仿效英国退出欧盟。欧洲议会议员、比利时前首相居伊·费尔霍夫施塔特警告，如果英国离开欧盟后比留在欧盟过得更好，欧盟绝对不会接受这样的协议。

（三）特朗普支持英国"脱欧路线图"

美国总统特朗普明确表示，支持英国"脱欧"，并认为"脱欧"是"伟大的事件",美将在英"脱欧"后加速与英达成贸易协定。特朗普于1月23日签署行政命令,正式宣布美国退出TPP,这或许意味着特朗普将兑现竞选承诺,使美国贸易政策由多边贸易转向更注重双边贸易,这将有利于英美加强贸易合作。当前,美国政府已准备着手制定美英贸易协定框架,特蕾莎·梅首相也将在短期内访问美国白宫,就相关英美经贸关系等重大事项与特朗普会谈。

三、对此问题的几点分析

(一)"脱欧路线图"对内意在稳固保守党执政地位

自特蕾莎·梅首相宣布英国将于2017年3月底前启动《里斯本条约》第50条款以来,一直未就如何"脱欧"阐明清晰政策立场和详细实施计划,在欧洲单一市场和移民等核心问题上也含糊其词。此外,英国国内"脱欧派"与"留欧派"展开激烈争论,而围绕如何"脱欧"英国内部也存在明显分歧。英国金融界主张以"软脱欧"方式离开欧盟,即在"脱欧"后以放弃部分边界管辖权、有条件允许欧洲移民为代价,尽量保留英国在欧洲共同市场的地位,以继续享有零关税带来的好处。而持"硬脱欧"态度的特蕾莎·梅政府则主张,不再以欧盟成员国身份进入欧洲单一市场,同时作为新的平等、独立一方与欧盟重新进行贸易协定谈判。这意味着英欧谈判将在较长时期处于不确定性状态,势必造成本已摇摆不定的市场更加充满不确定性,英国民众不满情绪继续增加,必将对执政党造成不小压力。因此,特蕾莎·梅首相适时宣布"脱欧路线图",一方面是为了减少因不确定性带来的社会分歧及由此引发的不稳定性;另一方面是为了向市场释放英国将与各方加强自由贸易的强烈信号。其核心是通过稳定市场情绪、安抚各方势力,最终稳固其作为保守党领袖的执政地位。

(二)"脱欧路线图"对外意在为英国增加谈判筹码

"脱欧路线图"既包括"脱欧"、脱离欧洲单一市场、不再缴纳欧盟预算、收回司法权等一系列"硬"措施,也有建立全新自由贸易协定、深化科研和反恐合作等"软"措施,让外界对英国"脱欧"计划有了清晰了解。一方面,英国政府认为,若欧盟对英国设置惩罚性交易关税,英国将凭借其低税率和政策将优质公司和投资从欧盟吸引至英国。而且,英国在能源、食品、饮料、化学、医药、农业等方面是欧洲重要出口市场。另一方面,英国是欧洲仅有的两个拥核国家之一,意在彰显其军事实力强大,突出其一直以来在欧洲反恐中的重要作用。英国软硬并施,除向市场提供确定性以外,更多地还是希望通过此举向欧盟施加压力,增加谈判筹码,为英国谋求更多利益。

(三)"脱欧路线图"实施前景仍存在较大不确定性

尽管特蕾莎·梅首相公布的"路线图"得到美国总统特朗普及市场的部分支持,但最终能否切实地得到贯彻落实仍存在诸多不确定性,有以下两点主要原因:一是英国最高法院最新裁定,特蕾莎·梅政府需获得英国议会投票通过方可实施"脱欧程序",若未获议会投票通过,特蕾莎·梅政府将不能与欧盟展开谈判,这意味着主动权在英议会而不是特蕾莎·梅政府。二是欧盟或难以接受"路线图"中部分条款,谈判过程将变得十分艰难。特蕾莎·梅政府既想脱离欧盟,又试图最大限度进入欧洲单一市场。欧盟势必不会让英国轻易兼得鱼和熊掌,英欧必将展开激烈博弈,谈判进程和结果也将存在较大不确定性。

(四)"脱欧路线图"反映出欧盟当前问题和挑战

特蕾莎·梅首相的"脱欧路线图"不仅表明了英国"脱欧"谈判的12项优先条款,也明确指出"脱欧"的主要原因,这些原因也从侧面反映出欧盟当前存在的问题和挑战:一是为追求一致性,欧盟在处理成员国的多样性、维护各国利益上有失灵活性。英国前首相卡梅伦曾尝试通过谈判解决该问题,但在重大事件处理上,英国政府仍未获得与其系统重要性相匹配的权力。二是在欧盟预算方面,失去英国这一主要经济体,欧盟将面临预算缺口问题,这将导致预算相关事项受阻。若欧盟希望维持当前预算规模,其余27个成员国将不得不上缴更多资金以弥补英国的缺口,造成一定财政负担。三是若英国顺利"脱欧",且与其他国家顺利达成贸易协定,并最终对经济产生正面影响,这或将对欧洲国家传递"脱欧不会对本国经济造成负面影响"信号。这或许会助长德、法等国右翼势力的"士气",最终演变成"脱欧"多米诺骨牌效应,对欧洲经济一体化进程造成难以估计的冲击。

欧盟结构性改革简析[①]

宋　馨　李明慧　胡振虎

近期，欧盟发布结构性改革进展报告显示，欧盟在改善投资环境、稳定财政政策、完善劳动力市场与社保体系、提高竞争力等方面取得一定进展。但是，各成员国改革进展并不一致，差异较大，仍需进一步推进改革。现对欧盟结构性改革进展、趋势作简要分析。

一、欧盟结构性改革取得的进展

（一）改善投资环境

近些年，欧盟成员国实施的结构性改革措施对推动投资发挥了积极作用，具体包括以下几个方面。

1. 降低贸易投资壁垒。多项改革举措均对消除贸易投资壁垒发挥了积极作用，包括意大利、法国的劳动力市场与教育改革，法国、意大利、葡萄牙和斯洛文尼亚的监管与行政管理改革，波兰、葡萄牙和瑞典的政府采购改革、意大利和斯洛伐克的行政管理改革，克罗地亚、意大利和马耳他的司法改革。此外，法国也已开始实施工业与服务业投资的行政程序简化。不过，降低科研创新融资壁垒与特定行业监管壁垒的进展依然缓慢，特别是服务业、网络产业。

2. 降低不良贷款率。除欧元区单一监管机制外，欧盟和各成员国银行业监管均得到强化，对改善不良贷款管理与处置发挥了积极作用。欧盟不良贷款整体呈下降趋势，成员国平均水平于2016年二季度降至5.45%。公共与私人资产管理公司的成立、额外贷款损失准备金的设立以及债务重组措施的强化监管，推动匈牙利、爱尔兰、罗马尼亚等6国不良贷款下降。不过，大部分成员国如爱尔兰、希腊、意大利、葡萄牙等10国不良贷款仍处于两位数水平。

3. 拓展融资渠道。欧盟成员国已采取行动，改革股权融资并拓展多元化融资形式，如众筹。奥地利已于2015年出台众筹法规，西班牙、荷兰等4国已通

[①] 本文写于2017年。

过为机构投资者提供机会，拓展中小企业融资渠道。不过，融资渠道和行政程序依然是很多成员国增长与投资的显著障碍，特别是中小企业投资。

4. 推动社会投资。欧洲社会基金对推动劳动力市场政策改革、优化服务业条款、提高公共就业服务质量发挥了积极作用，欧洲投资计划为推动投资发挥了积极作用，比如，为1 300个波兰小微企业提供了担保。同时，为全面发挥社会投资作用，欧盟还将制定更多政策工具，吸引更多社会资本投资。

（二）稳定财政政策

欧盟和欧元区的整体赤字和债务率预计将缓慢下降。据欧委会最新预测，欧元区财政赤字2017年预计将继续下降，2018年将降至1.4%，公共债务率预计从2016年的91.5%降至2018年的89.2%。欧委会最近发布了一项声明，呼吁欧元区采取温和扩张的财政政策，并进一步优化财政支出，财政仍有空间的成员国应利用财政资源刺激投资和生产潜力，其他成员国则应继续推进财政整顿。

1. 改善国别财政框架。成员国均在继续努力巩固各自的财政框架。奥地利2017年1月启用了一项新的平等法案，简化各层级政府间转移支付程序。意大利完成了始于2009年的预算程序和结构性改革。芬兰采取了一项针对财政合规性的严格"遵从或解释"原则。荷兰和瑞典建立了专门的工作组来评估现有财政框架并提出建议。

2. 加强养老医疗制度改革。很多成员国的养老金系统改革缓慢，主要原因是会计能力不足、实际退休率和就业率较低。针对医保系统，各国采取了不同改革措施，包括确保全民都能享受及时、高质量的医保服务，从住院治疗转向门诊治疗，投资于保健宣传、基础护理和综合护理，加强医保系统管理，强化公共集中采购及电子医疗等工具。但是，成员国间医保系统改革步伐不一。

（三）完善劳动力市场与社会保障体系

1. 解决劳动力市场分割。为解决劳动力市场分割问题，很多成员国都对就业保护法规进行了改革。丹麦在改革劳动力市场政策的同时出台了一系列"劳有所得"保障措施，波兰则采取措施减少民法合同的过度使用，法国也于2016年8月升级了非公平解雇法规。

2. 改善工资形成机制。为更好地体现生产力发展并提供更好生活保障，成员国正改善工资形成机制，芬兰针对贸易部门工资增长而设计的新工资制定模型，将为非贸易部门工资制定提供参考，比利时工资形成机制已能较好地反映商业周期和生产率变化。

3. 降低劳动力税负。部分成员国，如立陶宛、匈牙利和奥地利都降低了针对低收入人群的"税收楔子"①。不过，大部分成员国的"税收楔子"依然较高，特别是欧元区，这既增加了雇佣成本，又减少了劳动力收入，阻碍了劳动力正常的供需平衡。未来，宜以环境税和资产税取代对劳动力直接征税。

4. 支持弱势群体就业。国际金融危机后，特别是大量难民出现后，欧洲弱势群体就业问题尤其凸显。为此，德国、奥地利和瑞典已实施改革帮助难民融入劳动力市场，爱尔兰和斯洛伐克则通过加强儿童保育提高女性就业率。

5. 提高青年就业机会。欧盟越来越多成员国正改进劳动力市场政策与公共就业服务的综合管理，并加强两者协调性，罗马尼亚国家就业局实施了对青年就业加大支持力度的措施，匈牙利正在改进劳动力市场政策，爱沙尼亚已于1月全面开展工作能力提升计划。

6. 提高接受教育与培训比率。很多成员国都在提高教育与培训体系的包容性和质量，葡萄牙成功开展一系列行动以改善教育非公平、降低学业失败并提升居民基础技能，部分成员国正在改进职业教育和培训。

7. 改善社会保障体系。部分成员国采取措施完善劳动力市场服务体系，提供充分社会保障与优质社会服务，马耳他为提高妇女就业率实施了一系列重点针对妇女的"劳有所得"改革措施，塞浦路斯推出了最低工资保障制度。

（四）提升竞争力

1. 增强整体竞争力。成员国积极采取措施提升竞争力。芬兰于2016年2月推出一项竞争力法案，希望将芬兰经济的成本竞争力提高5%；罗马尼亚也于2016年6月推出了一项"实现有竞争力的罗马尼亚"战略，确定了促进本国经济2016~2020年实现可持续发展的措施。

2. 发展协同经济。部分成员国、地区和城市正在构建协同经济发展框架。丹麦目前正在设计一项全面战略，荷兰和英国已建立旅游业与住宿业协同发展框架，而爱沙尼亚和立陶宛已调整本国城市交通业框架，使之更适应新商业模式。

3. 放宽服务业限制。很多成员国的监管限制阻碍了服务业投资。法国对受管制行业放宽了限制，但改革范围有限；卢森堡2015年对建筑师和工程师放宽了持股和投票权要求，2016年对公共合同免征固定税费。

4. 放宽零售业限制。很多成员国都在放宽对零售业的限制，芬兰和丹麦正计划对零售商选择店铺地址和规模放开限制，但各国改革进展不同，一些成员国甚至计划针对食品行业推出新的限制措施，这将影响外国零售商并阻碍零售业单

---

① "税收楔子"（Tax Wedge）是OECD提出的，是可用于定量估算、比较企业劳动力税费负担变化的结构性指标。根据OECD（2015）定义，"税收楔子"即政府利用税收手段占有雇员收入的份额，包含政府的福利项目在其中取得的现金收益，体现为雇主实际负担的劳动力成本和雇员实际税后工薪所得之间的差额。即使不以税收名义出现的社保费用，在OECD定义中也属于税收范围，起到税收作用。

5. 支持中小企业。尽管很多成员国都采取了一定的支持中小企业发展措施，卢森堡推出第四次国家行动计划支持中小企业，法国推出全面简化项目，罗马尼亚对高技术和高需求的行业实行特定税收减免，但中小企业创业和发展的环境仍不甚乐观。由于破产程序冗长昂贵，企业家一旦破产便无法再次创业。

6. 支持出口和企业"走出去"。很多成员国正在通过经济外交和经济伙伴关系等手段给企业"走出去"提供资金支持。瑞典开始实施新的出口战略，意大利推出创业法案和"商业4.0"战略，对创业企业和创新型中小企业的资本投资实行税收减免。

二、欧盟结构性改革未来趋势

（一）继续改善投资环境并加大公共投资力度

为改善整体投资环境并推动欧洲战略投资基金和其他各项基金项目的实施，欧盟成员国应完善重点领域的战略性政策框架及相关欧盟法规，包括政府采购框架、社会融合[①]、劳动力市场、教育与行政绩效等领域。此外，还应强化执政能力建设，提高行政管理部门的专业知识和技能。国际金融危机期间，成员国公共投资显著下降且仍没恢复至国际金融危机前水平。在推动私人投资的同时，欧盟应推动教育、培训、基础设施和科研创新领域的公共投资。

（二）全面提高生产力以解决收入不均问题

为解决收入不均问题，除税收和社保体制外，欧盟成员国还应通过技能与教育投资、技术转移及资源再分配等措施全面提升各企业、部门及各区域生产力。这些措施将不仅有助于增加工资收入，还将有利于为公共财政减负。

（三）消除监管限制以吸引内部市场投资

为吸引内部市场投资成员国相互投资，欧盟实施了一系列消除投资障碍的改革，不过服务业市场改革进展缓慢。服务部门运转影响整体经济，不仅因其规模较大，也由于服务业与其他部门关系紧密。监管限制依然是持续影响众多成员国服务业投资的重要障碍，限制性的监管要求和烦琐的管理程序将影响商业活力和

---

① 2003年，欧盟在关于社会融合的联合报告中对社会融合作出如下定义：社会融合是这样的一个过程，它确保具有风险和社会排斥的群体能够获得必要的机会和资源，通过这些资源和机会，他们能够全面参与经济、社会和文化生活以及享受正常的生活和正常社会福利。社会融合要确保他们能更多地参与关于他们获得基本生活和基本权利方面的决策。

服务业投资，增加了其他行业的经营成本。为此，欧盟应强化相关改革，消除监管壁垒。

（四）进一步开放政府采购市场

近年，欧盟和各成员国已实施一系列政采框架改革，但政府采购单一市场一体化程度依然不足，且存在各种风险。政府采购程序执行不力依然制约着竞争，比如成员国谈判公开程度差异较大，单一报价的政采合同仍屡见不鲜。政府采购市场仍有待进一步开放。

三、对此问题的几点分析

（一）结构性问题仍是制约欧洲经济复苏的根本因素

事实上，自国际金融危机后，尤其是欧债危机以来，欧盟及欧盟成员国采取积极应对措施。欧盟及成员国从周期性角度认识经济下行的根源并寻找经济下行的出路，欧元区诉诸货币政策，大开货币龙头，实施多轮量宽及超量宽货币政策，试图降低经济运行成本，并提振市场信心；成员国实行财政整顿，采取压缩财政支出、降低福利水平、减税等措施，但最终收效甚微，成员国经济仍没有真正走出泥潭。正确认识欧洲经济失衡及全球经济失衡，仅从周期性角度和需求端出发，似乎难以找到真正的根源和出路。周期性和短期下行压力的确是欧洲经济面临的挑战，但这不是根本因素。虽然欧盟成员国国情不同、经济发展水平和阶段不同，但都面临全要素生产率、财政可持续等方面的挑战，突出表现在贸易投资、劳动力市场、管制壁垒、创新等领域的矛盾和问题。因此，促进欧洲经济"强劲、可持续、平衡"增长的根本出路仍是深化结构性改革，提高经济活力和韧性。

（二）欧盟应继续落实 G20 结构性改革共识

2010 年以来，G20 围绕结构性改革作出了许多努力。2016 年，中国接任 G20 主席国后，延续结构性改革成果并加以丰富提高，首次将结构性改革与货币政策和财政政策置于同等位置，在结构性改革"顶层设计"方面取得里程碑式成果，明确了结构性改革 9 大优先领域、12 个指标体系和 48 项指导原则。总体而言，欧盟自 2008 年开始实施的结构性改革基本覆盖了 G20 杭州峰会确定的 9 大优先领域，并取得一定进展。虽然欧盟各成员国改革进展差异较大，甚至部分领域改革成效尚未显现，但欧盟不应放弃结构性改革，还应继续坚决落实 G20 杭州峰会结构性改革共识，并根据欧盟成员国国情丰富结构性改革成果，参考 G20 的一系列指导原则,建立一套符合自身实际的指标体系,在考虑各成员国多样性的同时,更好地指导、评估和监测各成员国结构性改革进展。

(三) 中欧应共同推动 G20 结构性改革议程

在 G20 机制下,为推动世界经济复苏,各成员国根据自身特点推出国别增长战略,作出货币、财政、贸易和投资等方面政策承诺,其中三分之二为结构性改革措施,并通过成员国间"同行审议"和互评机制对政策承诺的实施进行监督。中国接任 G20 主席国期间推出《深化结构性改革议程》,这仅仅是一个开始,还需进一步完善顶层设计和具体规划。中国、欧盟及其相关 G20 成员同为 G20 重要成员,也是具有全球影响的重要经济体,双方应继续加强宏观经济政策协调,尤其是财金渠道协调,与国际社会一道,既要在双边层面加强沟通和合作,也要加强多边合作,继续提高 G20 的延续性和有效性,继续推进落实 G20 杭州峰会结构性改革成果,积极引领和推进 G20 结构性改革议程,引导 G20 德国峰会及未来 G20 峰会结构性改革议程,这符合中欧双方乃至世界长远利益。

第四篇

亚洲，我们的世纪已经到来？

转变经济发展方式与发展
我国战略性新兴产业[①]

胡振虎

十七届五中全会指出，加快转变经济发展方式是我国经济社会领域的一场深刻变革，必须贯穿经济社会发展全过程和各领域，坚持把经济结构战略性调整作为加快转变经济发展方式的主攻方向，坚持把科技进步和创新作为加快转变经济发展方式的重要支撑。同时，要发展现代产业体系，提高产业核心竞争力，改造提升制造业，培育发展战略性新兴产业。

在全球经济进入新一轮调整的新时期，各国正在培育新的经济增长极。目前，战略性新兴产业是新的制高点，发达国家也正在抢占这一制高点。随着经济不断复苏，近年来我国也一直在转变经济发展方式，加快产业结构调整，改变过度依靠资源、能源和劳动投入的经济发展模式。近日，国务院通过了《国务院关于加快培育和发展战略性新兴产业的决定》，明确指出加快培育和发展以重大技术突破、重大发展需求为基础的战略性新兴产业，对于推进产业结构升级和经济发展方式转变，提升我国自主发展能力和国际竞争力，促进经济社会可持续发展，具有重要意义，并确定了战略性新兴产业发展的重点方向、主要任务和扶持政策。本文简要分析了转变经济发展方式导向下发展我国战略性新兴产业的基本内容。

一、战略性新兴产业简介

战略性新兴产业是新兴科技和新兴产业的深度融合，能够引领科技创新和产业发展的方向。战略性新兴产业是推动社会生产和生活方式发生深刻变革的重要力量，也对经济社会发展具有较强关联带动作用。与第三次产业革命不同，战略性新兴产业是强调低能源、低资源和高智力投入的低碳经济。

（一）基本内涵

战略性新兴产业以重大技术突破和重大发展需求为基础，对经济社会全局和

---

① 本文写于 2010 年。

长远发展具有重大引领带动作用，是知识技术密集、物质资源消耗少、成长潜力大、综合效益好的产业。专家们普遍认为，培育发展战略性新兴产业要体现阶段性特征，现阶段应将节能环保、新一代信息网络、生物制药、高端装备制造、新能源、新材料、新能源汽车等作为战略性新兴产业。但也有人认为，由于石化深加工、绿色食品、林产业、海洋产业、文化创意、现代物流、高端生产性服务业等植根于一些地方的产业，具有比较优势，对这些地方经济长远发展有利，也应该列为战略性新兴产业。

（二）基本特点

战略性新兴产业具有如下主要特点：一是全局性。随着社会化大生产和专业化分工的不断深化，每一个产业都有它的重要性，但是不可能均衡发展所有产业，必须根据国民经济和参与国际竞争的客观要求优先发展。战略性新兴产业是在国民经济体系中占有重要地位，对国计民生和未来经济发展有重大影响的产业。二是超前性。战略性新兴产业体现国家战略要求，对国民经济和社会发展起到先导和示范作用，而且很多是基础性的产业，这些都要求战略性新兴产业领跑其他产业。三是动态性。根据现阶段和未来世界经济形势、科技进步和产业格局的变化，必须结合本国经济社会发展需要和科学技术进步的实际情况，调整战略性新兴产业的重点领域和优先发展顺序。

（三）重要意义

不同于传统产业，战略性新兴产业是推动经济发展和结构调整升级的主要力量，也是未来世界各国主要竞争领域所在。推进战略性新兴产业发展具有重要战略意义，首先是赶上新一轮科学技术和产业革命的浪潮。世界金融危机在深度调整后可能催生新一轮科技和产业革命，各国在新的起点上开始了竞争，突出表现是发达国家纷纷制定和部署战略性新兴产业发展规划。我国应提早行动，掌握主动权，尤其是在战略性新兴产业国际规制制定中掌握控制权。只有掌握了规制制定权和技术核心，才能在竞争中处于主动地位，加强自主创新能力建设。其次，拉动经济增长、带动就业和改善人民生活水平。新的产业和技术革命必将极大地解放和发展生产力，提高劳动生产率，扩大就业，丰富人民物质和精神生活。以带动就业为例，根据国务院发展研究中心"重点产业调整转型升级"课题组测算，未来三年新能源产业产值可望达到 4 000 亿元；2015 年环保产业产值可达 2 万亿，信息网络及应用市场规模至少达到数万亿元，数字电视终端和服务未来 6 年累计可带动近 2 万亿元的产值；2020 年广义生物产业市场规模约为 6 万亿元。在拉动经济增长方面，课题组认为，2010 年核电投资可以拉动 GDP 增长 0.3 个百分点。世界银行对 120 个国家的计量经济分析表明，宽带服务普及率每增长 10

个百分点,能带动 1.3 个百分点的经济增长。再次,有利于经济发展方式由粗放向集约转变。我国经济发展中长期的高能耗、高污染、高物耗以及资源依赖亟须向低碳、高效、高技术密集转变,有利于缓解资源、环境压力,带动新的内需。发展战略性新兴产业将对提升我国产业产品附加值,发展绿色低碳经济起到重要促进作用。最后能带动相关产业链发展。由新材料、新技术带动的相关产业组成的产业集群,必须要有支撑其发展的产业链体系,战略性新兴产业发展能起到带动作用。

二、发展我国战略性新兴产业的制约因素

发展战略性新兴产业资金投入大、周期长、风险大,需要有大量资金投入,攻破技术难题,并经过中试阶段进入规模化生产。与战略性新兴产业发展要求相比,目前我国在观念、体制机制和投融资体系上均存在很大差距,具体如下。

(一)"重规模、轻创新"观念亟待澄清

我国劳动力、土地、资本等要素相对低成本投入造成了很多企业只注重规模扩张,而忽视自主创新。对很多中小企业而言,即使不投入研发资金和人力,只要扩大规模,也能获得较大的获利空间,缺乏创新动力。虽然我国近年来成为世界第一制造大国,但是由于受发展环境制约、陈旧观念影响和缺乏核心技术,贴牌生产仍然是普遍现象。从我国汽车的"市场换技术"教训看,国内汽车生产厂商一般均由于缺乏核心技术,将汽车高端市场拱手让给国外汽车厂商。同时,由于我国的生产性现代服务业发展滞后,高端制造业发展相对落后,中国制造的附加值并不高。华丽数据背后是我们承担的巨大资源和人力成本。

(二)体制机制障碍尚待破除

作为一场新的技术和产业革命,势必要求原有的体制机制与之相匹配。如果现有的管理体制、科技体制、教育体制、知识产权保护体制等体制机制变革不能适应新的生产力发展需求,必将成为战略性新兴产业发展的重要制约因素。一是多头管理仍然不同程度地存在。地区、部门、行业之间相互分割的情况还普遍存在,缺乏有效的沟通协调机制,有关规划、政策没有形成合力。二是技术和经济"两张皮"问题没解决。产学研一体化机制尚未真正建立起来,缺乏转化创新成果的体制和机制,很多成果被束之高阁,没有形成生产力。三是教育体制不能培育出创新型人才。新中国成立以来,虽然我国各类教育培养的人才总量不断增多,但是杰出的创新型人才很少,这不能说与现有的教育体制无关。四是知识产权保护力度亟待加强。涉及知识产权保护的法律法规政策有待加强和健全。

（三）投融资体系有待完善

完善支持战略性新兴产业发展的投融资体系，离不开财政和金融杠杆作用。财政首先应发挥先导作用，同时也必须高度重视发挥金融市场力量。一是我国资本市场尚不发达。我国没有完全建立多层次资本市场体系，直接融资比重不高，债券市场、场外交易市场和期货市场也不发达。如果不积极稳妥地推进市场改革，不断增强市场的活力和竞争力，将不利于完善资本市场，也将不利于市场监管，维护资本市场的安全、稳定运行。二是风险投资潜力还有待挖掘。我国正在逐步地形成包括信贷市场、资本市场、风险投资等方面在内的多层次、多元化的科技金融体系，依托科技金融体系各方面的协同配合，风险投资应成为我国战略性新兴产业发展最为活跃的一支力量。三是产融结合的支撑体系不够完善。一方面是中央科研机构和国有企业为核心的"国家队"支持的某些战略性新兴产业获得了良好发展，另一方面是由于资金短缺造成的中小企业创新动力和后劲不足。关键原因是缺乏完善的资本市场支持，如创业风险投资、场外交易等不发达，产业和金融结合的融资体系急需健全完善。

三、历史表明抢占新兴科技和产业制高点非常关键

世界科技和经济发展史昭示我们，在科技和产业革命的重要转折时期，占据制高点的国家一定能够提高生产率，实现经济快速增长，增强综合国力。

（一）有效的竞争政策是基础

美国著名经济史学家巴里·艾森格林近期撰文指出，美国将要患"英国病"，衰落的征兆十分明显。大权滥用、政治两极分化，以及耗费巨大的金融危机，都沉重地压在经济上。他用第二次世界大战后的英国和如今的美国作对比，分析了"英国病"的病根。他从英国的第一次工业革命开始分析认为，"英国病"的本质是内斗严重，政治难以控制，政策反复无常，没有设立有效的竞争政策，经济不稳定。他认为，英国从第一次工业革命的旧工业向现代部门转换的动作迟缓，这阻碍了大规模生产方法的采用。英国失败的特别之处是，它没能将这些19世纪旧工业转换成20世纪新工业。英国缺乏技术进步性的原因有四种解释。第一种普遍接受的解释是，英国文化排斥勤勉和创新。在英国现代化的长河中，勤勉的人都被纳入统治集团。从19世纪中叶开始，最出色的人才都投身政治，而非商业。从商店中提拔上来的企业经理人，据说只是二流货。实际上，这个所谓的英国衰落的解释，经不起时间的考验。并没有系统性的证据证明英国的经理人低人一等。第二种普遍认可的解释是教育系统。牛津大学和剑桥大学始建于工业时

代之前很久，造就了显赫的哲学家和历史学家，却没有多少科学家和工程师。第三种观点认为，金融系统缺乏作用。英国的银行成长于19世纪初，当时工业的资本需求不大，主要是为外贸而非国内投资融资，这也使得需要资本的工业难以成长。实际上，说英国青睐外贸甚于国内投资的实际证据也十分薄弱。

最具说服力的解释不是以上三种，而是认为没能设立有效的竞争政策是"英国病"的根源。为应对1929年的需求崩溃，英国设立起关税壁垒。没有了国外竞争，工业变得臃肿和缺乏竞争力。第二次世界大战之后，工党和劳动党轮番执政，导致政策不断收放，增加了不确定性，产生了长期财政问题。英国没能针对20世纪30年代的金融危机建立连贯的政策。其政党并未共同努力解决经济问题，而是仍然互相掣肘。简言之，英国的失败在于政治，而非经济。

（二）培育多种创新主体是动力

由于战略性新兴产业是多学科的集成创新，需要各种科学与技术高度交融，需要最新科学发现和大型复杂技术设施，以及社会化、国际化的科学创新体系，而且具有不确定性，创新成本很高，因此个体力量几乎无法完成，必须依靠国家意志和政府力量。但是，这并不否定激发市场中多种创新主体的积极性，形成国家创新体系。发达、完善的国家创新体系有利于培育多种创新主体。国家创新系统的构建过程必须遵循科技和经济发展规律，从无序到有序，从自发组织到政府的必要引导，最后到系统的整体性逐步加强。发达国家创新体系建设实践告诉我们，国家宏观调控与市场自发调节是共生、互补的。由于经济发展水平、市场发育程度、科技创新能力处于不同阶段，国家在创新体系中的作用也不同。在完善的市场经济体制下，国家创新系统中国家作用的发挥主要以市场机制为基础，政府的职能从直接组织创新项目、支持企业技术创新为主转变到以宏观调控、政策引导、创造环境、提供服务为主。在发展中国家和新兴工业化国家，由于其市场机制不够完善，企业的创新能力比较薄弱，政府在推动创新的进程中发挥了更为直接的作用。同时，发展战略性新兴产业不能完全依靠"国家队"，也应发挥企业和社会组织的力量。韩国和日本经济起飞的经验表明，政府在国家创新体系的建设中作用非常关键。政府对创新活动的支持始终是必要的，但方式不能沿用计划经济体制下的办法。政府在市场机制下的作用关键点是创新的市场失效点和系统失效点。政府将从以直接组织创新活动为主，转向以宏观调控、创造条件和环境及提供服务为主，以多种方式扶持、引导技术创新，让多种创新主体发挥积极性。

（三）抓住历史机遇尤为重要

很多发达国家在科技发展和战略竞争的关键时期变压力为动力，抓住了发展的有利时机。第二次世界大战以前，美国的大部分基础科学是从欧洲输入的，很多技术不是从国外购买，就是以其他地方的研究作为基础。第二次世界大战后，迫于两大军事政治集团对抗、竞争压力，也为了适应当代科技革命蓬勃发展要求，美国联邦政府积极支持科技发展，发挥了根本作用，实现了实质性转变。和平时期，科学进步并不是受到内在因素的限制，而是受到外在的经济和政治因素的限制。战争和军备竞赛对美国战后科学技术革命的发展起了极大地刺激作用。美国抓住两大阵营竞争的关键时期，实现军事生产实力世界第一。即使是在战时，很多军事产品也由民营企业生产，最后由政府采购，保证了军品的质量。如今，美国很多民营军工企业在生产军事产品的同时，也提供大量世界一流的高科技产品和服务。

四、发展我国战略性新兴产业的对策

发展战略性新兴产业必须坚持发挥市场配置资源的基础性作用与政府引导推动相结合，科技创新与实现产业化相结合，深化体制改革，以企业为主体，推进产学研结合，把战略性新兴产业培育成为国民经济的先导产业和支柱产业。

（一）提高认识，深化改革开放

战略性新兴产业是一项新的革命，应从调结构、促发展和惠民生的战略高度加以领会并贯彻落实。要以加速发展战略性新兴产业为新契机，全面推进各项改革。经济体制改革要以实现转变经济发展方式为核心，行政体制改革要以转变政府职能为主线，社会体制改革要适应公共需求变化和基本公共服务均等化为终极目标。与此同时，加大对外开放力度，加深国际市场合作，变"引资"为"引智"，注意高端人才和技术引进。助推我国战略性新兴产业快速发展，我们应做到：一是深刻认识发展战略性新兴产业的艰巨性和长期性。发展战略性新兴产业是发掘市场、产品、技术、就业和效率等方面潜力的全新革命，对国民经济和社会发展的贡献是可持续的、长期的。切不可有追求"短、平、快"的盲目思想，应树立"稳健地、可持续"的科学发展观。二是科学制定并落实产业发展规划。从我国的国情出发，选择和发展每一项战略性新兴产业，从产业发展的基础出发，瞄准世界先进目标，制订出产业发展的战略规划和行动计划。三是高度重视创新在战略性新兴产业中的作用。要防止依靠规模扩展、重复投入造成的产能过剩，推动兼并重组，充分认识到创新在战略性新兴产业发展中的突出地位。四是深化经济体制改革，扩大对外开放。竞争性的现代市场经济体制才是技术创新基础性的条件。依靠价格信号而不是政府指令引导企业资源配置，让企业尤其是中小企业成为推动技术创新和产品创新的主体，形成良好的市场竞争环境和盈利激励。进一步完善市场经济体制，消除体制性障碍，从根本上推动经济方式转变和经济结构调整。改变我国行政主导资本市场发展的格局，让更多民间资本进入资本市场支持战略性新兴产业发展。还要加强国际合作，引入先进的技术和管理经验以及风险投资。五是转变政府职能。政府在具有外部性的公共领域发挥重要作用，实施功能性产业政策，弥补市场机制的部分缺陷，让政府真正成为服务型政府。改变过去直接由政府组织科学技术攻关和新技术商品化转化的做法。少数重点赶超项目可以通过政府的"国家队"实现，普遍技术进步的有效路径还是要依靠市场机制，通过价格信号、竞争机制实现。要实现普遍的"自主创新"和"建设创新型国家"的目标，最终必须依靠"有所为、有所不为"的有限政府干预的市场机制。六是深化社会体制改革。实现包容性增长，通过推进基本公共服务均等化强化公共服务的再分配功能，推动和谐社会建设。具体包括深化收入分配制度改革，进一步完善社会保障制度，加快推进医药卫生体制改革，继续深化教育体制改革，继续完善扶持公益性文化事业、发展文化产业、激励文化创新等方面的政策，尤其是深化科技管理体制改革，完善鼓励技术创新和科技成果产业化的市场环境和激励机制，重点支持战略性新兴产业发展。

（二）完善投融资体系，提供资金支持

目前，七大战略性新兴产业正被投资者热捧，有望成为"下一个4万亿"。为推进战略性新兴产业发展，应推动建立健全战略性新兴产业发展的投融资体系，财政和金融互动，协同提供充足的资金。一是构建财税激励的长效机制。很多发达国家十分重视通过财政补贴、政府采购等政策激励拉动新兴产业需求。例如，为了推广节能环保产品，美国对达到"能源之星"标准的节能洗衣机每台补贴75美元，电冰箱75~125美元。日本也有类似政策。今后，我国应更好地发挥中央财政资金引导和调动社会投资积极性的作用，重点在整合现有政策资源和利用现有资金渠道的基础上，建立稳定的财政投入机制，集中支持重大产业创新发展工程、重大应用示范工程、重大创新成果产业化、创新能力建设等，引导创业投资发展。同时，切实完善财税激励政策，针对产业的具体特征，形成普惠性激励社会资源发展战略性新兴产业的政策手段。二是完善资本市场。具体而言，主要的突破点在：降低市场准入"门槛"，放开资本市场，同时加强监管，防范资本市场动荡；银行信贷向战略性新兴产业倾斜，鼓励中小企业发行集合债；探索知识产权质押，积极推行质押信贷新模式；开展战略性新兴产业综合试点工作，发展科技金融。三是财政与金融政策工具相互配合。财政政策要发挥引导作用。同时，要更多地通过完善金融政策，有重点地支持新兴产业优先发展。两个政策工具要相互配合，形成合力。

（三）创新教育体系，积累人力资本

为了培养促进战略性新兴产业发展的人才，有关部门下发了《教育部关于公

布同意设置的高等学校战略性新兴产业相关本科新专业名单的通知》，在高校新设置140个本科专业。2009年，中国科技人力资源总量已经达到4 200万人，位居世界第一，研究开发人员总量190万人，居世界第二位。但是，现有人力资本质量离发展战略性新兴产业的需要还有一定距离。今后应重点完善有利于培养创新型人才的教育体系。

对日本经济结构性问题的若干思考[①]

陈立宏

近 20 年来,日本经济持续低迷,国内需求不振,生产效率下滑,失业率时有攀升,通货紧缩不断加深,2008 年金融危机进一步冲击汽车、家电等传统支柱产业,使得各方对日本经济前景疑虑加深。日本当前经济状况如何,长期停滞不前根源何在,对中国有哪些借鉴意义,本文将就此做一简要分析。

一、经济增长长期处于低速甚至停滞状态

20 世纪 90 年代初,日本泡沫经济破裂。由于信贷紧缩过急过快,经济未能"软着陆",日经平均指数从 1989 年 12 月 29 日历史高点 38 915.87 点跌至 1990 年 4 月 2 日的 28 002.07 点,房地产价格也大幅下降,1990～1992 年东京都房地产总值下跌近 93 万亿日元。由于银行自有资本快速缩水,纷纷推出金融紧缩措施,加快回收贷款,出现大面积流动性紧张,企业资金状况急剧恶化,金融资产遭到抛售,资产价格暴跌,产生大量不良债权,经济体系运行陷入恶性循环。

自此,日本陷入"失去的 20 年"。在此期间,日元汇率长期居高不下,实际利率处于相对高位,累积了大量不良贷款,股市萎靡不振,实际工资水平下滑,失业率上升,国内个人消费和需求疲弱,企业利润开始下滑,投资意愿持续降低,出现持续多年的通货紧缩,加上日本政府更迭频繁,政策缺乏连续性和稳定性,悲观情绪蔓延,虽然几届政府多次采取刺激性政策,效果并不明显,经济复苏势头乏力。

日本经济的"失去"和低迷,既是相对其高速发展阶段而言,也是相对其他发达国家和新兴经济体而言。与战后高速增长阶段相比,日本 20 世纪 90 年代之后经济增长明显放缓。1956～1970 年,日本经济年均增长高达 9.7%,1971～1993 年也有 3.9%,而 1991～2009 年增长率平均仅为 0.8%,名义增长平均仅 0.25%,2008 年、2009 年还前所未有地连续大幅下降。与其他主要发达国家和新兴经济体相比,日本经济表现也相对逊色。1997～2007 年间,美国 GDP 增长

[①] 本文写于 2013 年。

了 69.7%，日本仅增长约 1.5%，相比几乎没有增长。2008 年金融危机后，日本经济大幅下滑 5%，衰退程度也较美国 -2.5% 和欧盟 -3.9% 严重。

二、积重难返的经济结构性问题

日本经济低迷，发端于房地产泡沫破裂。期间历任政府多次推出刺激措施，但经济仍无法摆脱长期停滞状态，根源在于经济体系中存在的结构性问题，包括财政政策失灵，金融体系效率低下，产业政策导向有误，国内市场过度保护，少子老龄化程度的加深，等等。

（一）财政困境难以扭转，调控效果与政策空间有限

泡沫经济破裂后，日本政府长期实施扩张性财政政策，产生巨额财政赤字和政府债务。截至 2013 年 6 月，日本政府债务余额已突破 1 000 万亿日元（约合 10.4 万亿美元），预计到年末国债规模可能达到 1 107 万亿日元，占 GDP 的比重将高达 250%。日本经济增长过于依赖财政投入，不仅累积巨额债务，还影响到财政政策的可持续性，削弱了财政持续调控能力，限制了通过开支带动公共投资的空间。由于政府投资效率相对低下，产生相当程度的浪费，在投入效率上也是难以令人满意的。

（二）金融体系效率不足，货币刺激政策失效

在第二次世界大战后日本经济体制下，间接金融占有主要地位，金融系统以银行为中心。由于泡沫破裂和亚洲金融危机的冲击，金融机构不良债权问题突出，银行业萎靡不振，导致货币政策传导机制不畅，"零利率"政策效果不佳，货币政策严重失灵。此外，与其他发达国家如美国相比，日本金融体系资源配置效率不足，风险管理机制有待健全，金融市场始终未能成为现代企业制度的有力制衡手段，也是金融体系未能发挥更大作用的根本因素。

（三）产业政策导向有误，产业结构发展失衡

日本政府在第二次世界大战后经济增长和产业发展中发挥了重要作用。但泡沫经济后，经济总体状况欠佳，大量企业背负巨额贷款，无力实施必要的结构调整，而政府未能及时行动，实施符合经济健康成长的产业政策，使得主导产业选择出现失误，大量资金投向房地产及相关部门。政府研发经费投入相对不足，重应用轻基础研究，错过高科技特别是信息产业发展的重大机遇，未能推动生产力低下、缺乏竞争力行业的调整，误失大规模产业升级的最佳时机。事实上，日本最具竞争力的出口制造业陆续向海外转移，产业空心化严重，而政府大力支持的

地方产业、如服务业和建筑业则在政府保护下继续维持其低效状态。

（四）政府过度干预经济，市场作用有待增强

多年来日本经济发展在很大程度上受政府影响甚至主导，政府导向型市场经济模式创造了第二次世界大战后经济奇迹，但随着全球化和国际经济环境的变化，政府的作用与角色面临挑战。"官产复合体"体制下，政府全面干预经济，弱化了企业自立、竞争和应变的能力。政府严格控制某些禁止市场竞争的领域和行业，设置了各类进出口壁垒，出于对社会稳定而非经济效率的考虑，政府还采取预算和税收调节方式，保护某些效益不好的特定公司和人群，导致某些行业和市场竞争不足，也影响了新兴行业的发展和壮大。由于政府过于重视 GDP 增长，过度干预市场运行，造成国内市场的封闭性，国际化进程始终存在局限，政府应对泡沫表现也乏善可陈，金融政策的失误，随后的"复合萧条"，都暴露"政府失灵"。

（五）政策缺乏规划与连续性，体制改革未能及时跟进

由于政局不稳，政权更迭频繁，20 年间先后有 16 任首相执政，日本经济政策缺乏连续性，政府无法制定和实施行之有效的中长期经济振兴政策，难以妥善应对外部经济形势变化的冲击。此外，第二次世界大战后日本奉行的政府作用与市场机制有机结合的政府主导型市场经济模式，在创造"东亚奇迹"过程中发挥了重要作用。但随着全球经济发展，日本进入新的发展阶段，所面临的外部环境也有很大变化，这一模式也面临调整的需要，日本政府在结构性改革和调整方面一直裹足不前。

（六）少子高龄化问题严重，劳动力要素投入不足

日本少子化和老龄化现象日益明显，65 岁以上老年人占比在第二次世界大战后初期不足 5%，2011 年上升到 22.7%，老龄化率全球最高。少子高龄化是经济持续低迷的重要原因，对供给和需求都有负面影响，削弱了生产力，加重社会保障负担，加剧经济低迷；老龄化社会中青年劳动力减少，技术技能的传承会受到影响，不利于技术研发、推广和进步；老年人更墨守成规，不利于新产业、新产品、新服务的产生和发展等。由于劳动人口占比以每年 1% 的速度减少，对经济增长产生负面影响高达 0.7%。少子高龄化成为社会保障体系的沉重负担，也使得财政失衡状态难以根本扭转。

三、全面理解日本经济增长状况和发展水平

经济泡沫破裂后，日本经济增长放缓，某种意义上是发展进入成熟阶段的必

然趋势，但20年来增长率平均不足1%，经济活力明显下降，则是财政状况恶化、人口老龄化等一系列结构性问题影响的结果。虽然日本经济在数量增长上放缓，但经济运行情况平稳，金融体系经过调整逐渐趋于更加健康，社会发展指标领先绝大多数国家，并没有出现经济学意义上的"萧条"现象，如失业人口剧增、经济长期负增长、国民经济难以为继、生活水平普遍大幅下降等问题，经济呈现一种数量缓慢增长、地位相对下降的状况，发展水平领先多数国家。从某种意义上说，日本只是在数量增长上而不是发展质量上的"失去20年"。

一些主要经济社会发展指标显示，日本经济运行体系整体上仍然相当健康。第一，日本GDP总体上仍处于缓慢增长过程中，1991～2009年GDP年均增长0.8%，近期在安倍新经济政策刺激下有望实现较大幅度增长；第二，日本无论是国家还是国民富裕程度在全球仍名列前茅，2012年日本GDP总量位居全球第三（5.96万亿美元），海外净资产全球第一（296.1万亿日元），个人金融资产全球最高（1547万亿日元），外汇储备全球第二（2012年9月1.28万亿美元），人均GDP高达46736美元，位居世界前茅；第三，日本就业情况好于包括美国在内的大多数发达国家，失业率最高为2002年（5.4%），绝大多数年份在5%以下，接近充分就业水平即失业率4%以内，同期欧洲则出现两位数的高失业率；第四，日本制造业在全球产业链中一直处于高端位置，国民素质较高，企业实力雄厚，专利申请数量在2010年前长期保持世界第一，实效专利量目前仍为世界第一，仅2000年以后就有11位科学家获诺贝尔奖，企业创新能力处于世界领先水平；第五，日本社会以中产阶级为主体，社会保障体系健全，基础设施建设完备。上述方面，不仅保障日本平稳度过经济低迷阶段，还为可能的转型与变革提供了坚实基础。无论从哪个角度讲，日本仍是全球最完善、最发达的经济体。

四、安倍"新经济政策"意在标本兼治

2012年12月以来，安倍政府在财政、金融及经济增长等领域推出一系列措施，以刺激经济走出通缩和低迷状态，重拾经济活力，主要措施包括实施量化质化宽松货币政策，两年内将通货膨胀率推高到2%；继续采取积极财政政策，以及制定并实施一揽子经济长期增长战略，包括250多项具体政策，旨在促进产业振兴和国际市场开拓，包括放宽各种行政管制，吸引民间资本投入医疗、信息技术等领域，设立"国家战略特区"等。

从短期看，上述政策效应已经开始显现。得益于外部需求好转及安倍经济政策的刺激，2013年一季度日本经济增长显著加快，实际GDP环比折年率增长4.1%，同比增长0.4%，超出此前各方预期。二季度实际GDP环比增速0.9%，

同比增长速度也高达 3.8%。2012 年 9 月~2013 年 6 月，日经 225 指数上涨了 54%，日元对美元贬值了 28%。2013 年 8 月核心 CPI 较上年同期增长 0.8%，连续第三个月上升，刷新五年高位，显示通缩压力消退的迹象。2012 年 9 月~2013 年 6 月，日元兑美元汇率贬值了 28%，一度达 103.74 低点。安倍政府希望从推高通货膨胀和日元贬值入手，推动日本经济走出低迷，但解决政府债务高企、创新不足、少子老龄化等长期深层次问题仍是日本摆脱困境的关键，而其长期增长战略的实施与成效仍有待观察。

五、对中国的启示

（一）警惕和预防可能发生的泡沫

日本经济受累于泡沫经济，我们应对此保持高度警惕。《广场协议》后，日元迅速升值，房地产和股市快速上涨，1989 年东京都地价总值相当于美国全国的土地价格。日本政府为抑制泡沫经济，采取了一系列紧缩措施，但未能实现经济软着陆，反而引发泡沫的大规模破裂。在我国，据估算 2010 年北京地价总值就已超过当年美国 GDP 总值，显示国内房地产泡沫已经相当严重。我们认为，对经济中存在的泡沫成分，政府应及早采取措施有步骤地加以化解，防止泡沫膨胀，消除已经存在泡沫成分，积极引导资金投向实体经济，同时对于泡沫后果做好预案和准备，包括强化民众契约意识，加强投资风险教育，完善相关法规、税收、社会保障制度，提高全社会对可能出现风险的防范与承受能力，等等。

（二）高度重视少子老龄化的负面影响

少子老龄化在供给、需求、创新、社保等多方面影响社会发展。中国目前老龄化加速发展，与日本相比速度更快，但经济发展阶段相对落后，很可能形成"未富先老"的情况，需要尽快调整相应的人口、就业、产业、社会保障政策。《中共中央关于全面深化改革若干重大问题的决定》提出"坚持计划生育的基本国策，启动实施一方是独生子女的夫妇可生育两个孩子的政策"，将逐步调整完善生育政策，促进人口长期均衡发展，为应对老龄化迈出重要一步，但步伐仍嫌不足。与此相关的社会保障政策方面，日本 2012 年"社会保障与税制一体化改革"可以提供一些有益的借鉴。

（三）与时俱进定位和调整政府与市场关系

日本属于政府主导型市场经济体制，政府在经济发展中发挥重要作用，随着发展阶段和外部环境的变化，政府面临放松管制、刺激创业、企业改制等各方面调整和改革的需要。中国与日本在某些方面，如日本出口制造业实现充分市场竞争，部分国内导向行业"被社会主义垄断"，存在相当程度的相似之处。《中共中央关于全面深化改革若干重大问题的决定》明确提出"加快完善现代市场体系""建设统一开放、竞争有序的市场体系，是使市场在资源配置中起决定性作用的基础"，下一步将面临转变政府职能的挑战，如何厘清和理顺政府与市场、与社会之间的关系，如何用"看得见的手"弥补"看不见的手"的不足，仍有待进一步研究。

（四）及时化解政府债务的累积与影响

目前，中国地方政府债务问题和潜在风险引发国内外广泛关注。日本倚重高储蓄率，靠投资带动经济，而后面临本币升值、发展进入新阶段、国际竞争力减弱、投资带动经济形成大量债务、老龄化使劳动人口比率下降、整体偿债能力减弱等问题，中国有的正在面对，有的可能遭遇，不同的是日本有完备的国民工业体系、较为充分的就业和相对完善的社会保障体系，债务承受能力更高。目前，我们已积极采取措施加以应对，包括"将通过严控地方政府新增债务、逐步将地方政府债务纳入财政预算管理以及建立规范的地方政府举债融资机制等多种举措"。对地方债务问题的处理上，应及早采取明确而具体措施，化解防范可能风险，有助于避免走向日本式债台高筑积重难返的状况。

日本政府养老投资基金改革及其启示[1]

黄 畅 胡振虎

近期，日本首相安倍晋三决意对日本政府养老投资基金（GPIF）[2] 进行改革，希望以此为助力摆脱20年来的通货紧缩和低增长。改革GPIF反映出日本养老金管理运行中一些亟待解决的问题。本文就GPIF运行情况进行简要分析，并结合GPIF改革动向，研究其对我国的启示。

一、安倍政府改革GPIF的原因

GPIF自设立以来，低姿态、低成本、低风险的三大特点一直备受指责，日本政府曾多次动议改革GPIF。GPIF存在的主要问题表现在以下几个方面。

（一）投资保守、收益预期不高

2001年4月，日本政府宣布成立GPIF。按照厚生劳动省[3]的要求，GPIF一直以来秉承"投资保守、收益预期不高"[4] 的投资理念，由于投资保守，业绩乏善可陈。随着日经指数自1989年12月以来一路下滑，2001年和2002年GPIF亏损总额累积高达6.07万亿日元。严重亏损导致国民不信任，2002年37%的国民年金参与者拒绝缴纳保险费。2007年次贷危机爆发后，日本养老金再度亏损5.84万亿日元，投资收益率为-6.41%，直到最近两年日本股市复苏，才开始出

---

[1] 本文写于2013年。
[2] 日本政府养老投资基金（Government Pension Investment Fund，GPIF）是全球最大的养老金投资基金，资产管理规模超过112万亿日元（约1.17万亿美元）。
[3] 2006年4月1日，GPIF作为独立行政法人（Independent Administrative Agency，IAA）正式成立，负责国民养老保险和国家养老金储备基金的投资和管理。厚生劳动省（Ministry of Health Labor and Welfare，MHLW）是GPIF的监管机构。作为独立法人，GPIF独立于日本厚生劳动省，管理方式基本是自动设定的模式，然而GPIF运营受政府严格控制，主要投资于日本财务省发行的政府公债。但是，GPIF既缺乏独立的监事会，也不能自主聘请基金经理。
[4] GPIF的保守投资路线主要表现在：第一，2012年国内债券收益仅增加3.68%，而国外债券投资收益则高达18.30%，过度集中于本国债市，也难免遭遇类似2013年第二季度的系统性风险；第二，占比约10%的海外股票投资，一直以20个发达国家股市为主，2012年以来才开始进军新兴国家股市，GPIF对新兴市场重视不够；第三，在每年的投资组合中，债券投资中的60%以上和股票投资中的70%以上实际是消极的投资战略，即采取模仿市场指数的投资行为。而其他一些国家，比如加拿大养老计划（CPP）成功的原因之一恰恰是其积极主动的管理。

现收益大幅增加。2013 财年① GPIF 创下 11.22 万亿日元（1 122 亿美元）的空前收益，回报率达 10.23%，是基金自 2006 年成为独立法人以来的最佳表现。截至 2013 年 3 月底，GPIF 总资产达 120.4 万亿日元（约合 1.2 万亿美元）。然而，自日本央行 2013 年 4 月推出超宽松货币政策以来，日本债券市场剧烈波动，持有日本国债达六成的 GPIF 遭遇"黑天鹅"。

（二）治理结构存在问题

GPIF 长期缺乏独立性和现代治理结构，不仅会影响养老基金的投资收益，更会影响基金的长期稳健发展。

1. GPIF 缺乏独立性。厚生劳动省对 GPIF 直接行使政府管理职责，除了为 GPIF 制定中长期发展目标，还负责投资政策、被动投资策略等政策（见图 1）；另外，厚生劳动省还严格控制 GPIF 包括雇员薪金水平和机构各项开支等方面在内的预算。

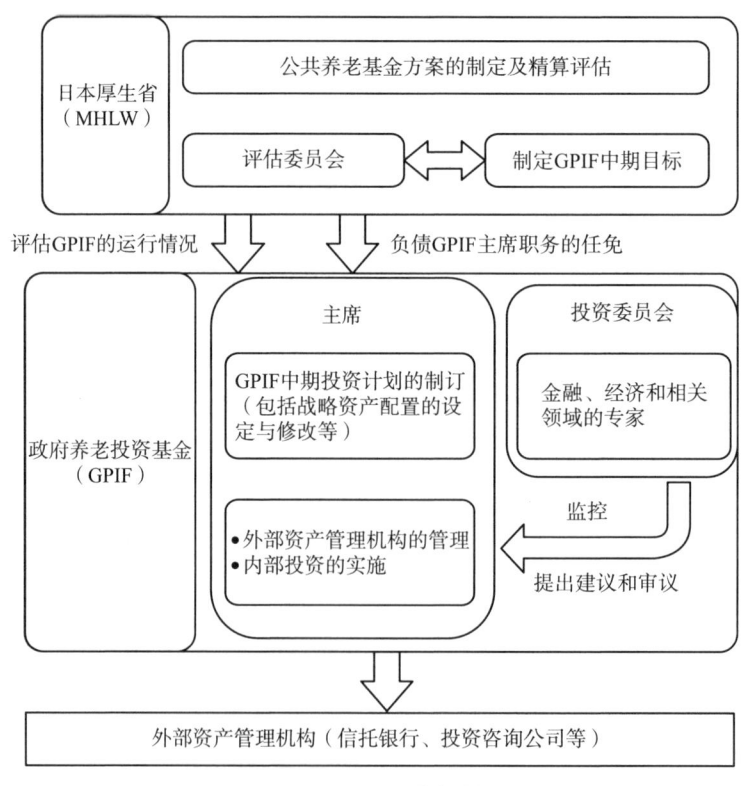

图 1　GPIF 运作机制

---

① 日本财年从当年 4 月 1 日至次年 3 月 31 日。

2. GPIF 不符合现代公司治理要求。一是 GPIF 不符合现代公司治理结构分开设立董事会和管理层的基本要求，而是将监督和管理两个层面的权力都集中在主席身上。而且，GPIF 没有严格的选拔、任免高管的章程，过程也不透明。二是 GPIF 不符合现代公司治理要求独立审计和风险控制的内在要求。GPIF 虽然有年度独立审计计划的要求，但并没有独立的审计委员会。GPIF 在风险管理方面也不太完善，由于没有独立的风险管理委员会，是否执行风险管理也无从得知。三是 GPIF 不符合现代公司治理信息公开透明的要求。GPIF 不公开披露行为准则、利息冲突法则、员工道德法则等现代公司治理必要的文件。

二、GPIF 改革构想

针对投资和管理方面存在的问题，安倍政府目前的改革构想是将更多 GPIF 资金投入股市和海外市场，并减少在基础建设基金等常规投资方面的支出，同时增加 GPIF 的独立性和专业性。

（一）优化投资策略

2013 年 6 月，GPIF 宣布调整投资结构，大幅减少日元债券在基金配置中的比重，把日本政府债券持有量从占总资产的 67% 降低到 60%，同时将在日本股票市场中的资产规模从 11% 提高到 12%。根据新投资策略，对外国股票的投资规模占总资产比将从 9% 提高到 12%，对外国债券的投资规模占比也将从 8% 提高到 11%。这个调整是 GPIF 成立以来的首次。日本通货膨胀预期由原来的 1% 翻倍至 2%，而根据 GPIF 目前 1.1 万亿美元资产规模计算，1% 的入股可增持规模为 110 亿美元，预计可提升 0.08 个百分点的收益，若日本央行坚持推高通货膨胀目标，GPIF 将继续提升资产配置中的股票占比。

（二）改善治理结构

在 GPIF 的全方位改革构想中，除了将更多资金投入股市和海外资产外，同时也会按照独立性和专业性的方向改革治理结构。具体有以下三个方面。

1. 力争弥补 GPIF 在组织结构上的缺陷。不仅要建立董事会和管理层，由董事会任命管理层中的首席执行官（CEO）和首席投资总监（CIO），还要建立独立的审计委员会、治理委员会和风险管理委员会，接受董事会管理。同时，GPIF 也要获得较为宽裕的预算和一定的自治性，即薪资水平市场化，建立与公务员体系分离的分配激励与约束机制等。

2. 大力提高 GPIF 高管聘任的透明度。董事会成员应该由厚生劳动省任命，或者由工人组织、雇佣者组织、国会任命。根据现代企业治理结构要求，董事会成员需要包括部分独立董事，一般是来自学术界、业界、咨询界的专家，与股东利益没有交叉。事实上，由于 GPIF 管理的巨大资产规模，应该考虑在世界范围内雇用业界领袖担任独立董事。对于管理层来说，也应该采用在世界范围内竞聘的方式，选拔与上岗需要有一套严格的遴选标准，并且所有管理层成员应该是全职。

3. 明晰厚生劳动省与 GPIF 各自职责。厚生劳动省作为政府监管机构，应该在与 GPIF 充分沟通的基础上，为 GPIF 制定总体发展目标，设立一个长期投资目标、与社会经济发展相适应的投资业绩基准，并履行监管职责。GPIF 的董事会应在投资层面制定投资政策，包括目标投资收益率、风险暴露水平、战略资产配置等。GPIF 的管理层需要尽其所能，肩负起 GPIF 的日常投资运作实践，同时保持与董事会的定期沟通。

三、几点看法

日本养老基金与中国养老金[①]面临的情况很相似，都面临人口迅速老龄化给养老金带来的前所未有的挑战，继续维持原有养老金制度不能顺利度过老龄化高峰，所以都在着手进行改革。通过总结日本的经验教训并结合中国国情，中国养老金制度改革应从顶层设计入手，出台实施基本养老保险基金投资运营办法，实现基本养老保险基金投资体制的市场化与资产配置的多元化，提高整体收益率。

（一）中国养老金制度改革迫在眉睫

目前中国养老金运营制度主要存在三大问题：一是养老金投资运营制度问题。与日本养老金由厚生省严格管制的模式不同，当前中国养老金投资运营面临的首要问题是缺乏国家统筹的投资运营办法，投资运营制度也相对滞后，这将导致两个问题：一方面，各地只能根据现行社会保险基金财务制度将结存的资金存入银行或用于购买国债；另一方面，部分基金结余较多的地方出现难以抑制的投资冲动。另外，养老金投资运营问题具体还体现在养老金年收益率和投资渠道问题上。在目前管理运营体系下，中国养老金年均收益率不到 2%。2001～2011 年，中国年均通货膨胀率高达 2.47%。以此推算，养老保险基金将损失约 6 000 亿元。此外，目前中国养老金多以存款甚至活期存款形式存放在银行，未来养老金投资还需拓展多元化投资渠道。二是养老金双轨制问题。一方面，目前中国各

---

① 目前中国基本养老保险基金由国家、用人单位和职工三方筹资组成，并形成社会统筹与个人账户相结合的制度，中国城镇职工按照工资的 8% 缴纳养老金并建立个人账户，雇主按员工工资总额 20% 缴纳养老金。

级机关、事业单位职工无须缴纳养老保险，由财政直接发放，且数额相当于企业职工养老金平均数的 2～3 倍；另一方面，企业与员工需要缴纳的基本养老保险费率达 28%，远高于美国 12.4% 的水平。除了双轨制带来的社会公平性问题外，由于社会基本养老保险负担加重导致人力资本上升，中小企业特别是人力成本高企的高新技术企业发展将明显受限。三是养老金缺口问题。有学者指出，中国政府面临最大的财政风险是养老金缺口，未来养老金总负债将占中国 GDP 总量的 62%～97%；世界银行 2005 年发布的研究报告也指出，2001～2075 年，中国基本养老保险的收支缺口将高达 9.15 万亿元。目前中国养老金缺口由两个因素造成，一方面是转制成本和历史欠账；另一方面是当前严峻的人口老龄化问题。

（二）养老金制度须进行"顶层设计"

面对人口老龄化形势，中国的养老金制度改革也承受一定压力。因此，尚未健全的养老体系和久拖不决的养老金制度改革急切地需要在顶层设计带动下快速推进。具体可考虑以下三个方面：一是原则。养老金制度的"顶层设计"，应坚持增强公平性、适应流动性和保证可持续性的原则。二是路径和手段。首先，顶层设计的首要特征是顶层决定性，因此主要手段是建立一个更强有力的高层统筹结构，通过统筹考虑各层次要素，从上层和高端向下层和低端展开，核心理念和目标都由顶层提出和决定；其次，还需要实现方案的整体关联性，强调方案涉及要素之间的有机联系，尽快实现机关事业单位养老金并轨，所谓"并轨"并不是简单地把机关事业单位退休制度并入企业养老保险制度，而是朝着一个统一的方向改革和推进，最终目的是取消养老金"双轨制"；最后，要确保高层决策、合理布局的改革方案得到有效贯彻落实，需要将顶层设计的实际可操作性考虑到位。三是内容。顶层设计应涉及破除养老金双轨制、应对老龄化的资金安排、养老金空账和缺口问题、地区差别、转移接续问题、退休年龄问题、多层次养老保障问题、提高养老金统筹层级与养老基金入市投资等多个实际问题。总的来说，中国养老金制度的顶层设计应建立起全国统一、分步实施的"国民基础养老金"和"个人储蓄养老金"二元结构养老金制度。

（三）加强养老金投资管理，提高整体收益率

日本 GPIF 目前大规模投资日本政府债券，但已经开始考虑通过配置一小部分长期的、更小流动性的基金以及提高投资多样性来实现投资的长期绩效目标，此外，GPIF 的投资政策还将基金对日本国内经济和财政稳定的潜在影响纳入考虑因素。借鉴日本经验，中国需要进一步探寻养老基金有效增值的新途径。2012 年年末，全国社会保险基金资产总额达 3.98 万亿元，其中城镇基本养老保险基

金结存 2.39 万亿元。养老金尤其是地方养老金低收益状态说明管理效果欠佳，利用资本市场对养老金进行管理恰逢其时，可考虑通过投资股票等多种途径对养老金进行保值增值。现在正是养老金入市绝佳机会。股市市盈率降低，估值偏低，在市场低位进入，风险最小。

重新审视日本政府债务问题[①]

王　虎

2013年8月9日，日本财务省发布数据显示，截至6月底，日本政府债务余额达1 008.6281万亿日元，首次突破1 000万亿日元大关（约合人民币70万亿元），相当于日本国民人均负债792万日元。日本甩开希腊近100个百分点，以247%的债务率成为全球债务率最高的国家。

对于日本债务问题，外界向来持有较为乐观的态度，认为日本主权债务风险不高，发生危机的可能性不大。其实早在2011年，IMF就曾发布报告预警日本债务问题，称一旦日本国债收益率从当前水平上升，日本债务状况可能很快难以为继，并将使全球经济受到冲击。2013年8月6日，IMF再次敦促日本尽快解决债务问题，并将重新审视日本央行购买政府债券是否属于债务货币化。随着日本债务规模突破千万亿日元大关且继续保持增长态势，我们认为有必要重新审视日本债务问题，为我国提前预判和应对日本主权债务可能的危机做好预案。

一、关于日本债务问题的主流看法和基本判断

一直以来，外界普遍认为日本主权债务风险较低，主要原因有以下几方面。

（一）经济基本面良好，主权债务有一定的信用支撑

无论是考察经济总量，还是通货膨胀率、失业率和整体税负等重要指标，特别是应对危机、实现经济增长的表现，相比于其他发达国家，日本作为世界第三大经济体还是显示出了强大的实力，政府偿债能力基本能够保障。经济基本面向好，市场信心得以维持，主权债券收益率也得以保持稳定，使日本政府能够以偏低的成本借入资金。

（二）庞大的海外净资产和外汇储备，能够提供充沛的流动性

日本政府对内债务累累，对外却是主要的债权国。据2012年统计数据，日

[①] 本文写于2013年。

本政府持有的海外净资产连续 21 年稳居世界第一，规模约 253 万亿日元。由于 2011 年以前长期的贸易顺差，经常账户余额不断推高日本外汇储备，截至 2013 年 7 月，日本外汇储备余额达到 1.254 万亿美元，仅次于中国排名世界第二。规模庞大的海外净资产和外汇储备，不仅能够直接体现日本政府的国债清偿能力，维持和提振市场信心，更可以在出现紧急状况时回流国内购买国债，拉低国债收益率，提供充沛的流动性支持。

（三）超过 95% 的日本国债被国内机构和个人持有

日本国债的持有结构非常特殊，欧债危机中典型国家希腊，国债超过 70% 由国外投资者持有，美国和英国也有 50% 左右的国债为国外债务，而日本国债绝大多数为国内持有，国外持有比例甚微。日本国债主要由日本国内的银行、保险等金融机构及居民个人直接持有。居民个人直接持有的比例虽然较低，但考虑到日本家庭储蓄率一直维持在较高的水平，银行等金融机构事实上也是依靠居民存款来持有国债。居民的偏好和长期持有倾向大大地降低了国债被抛售的可能性。另外，即使外国投资者持有的仅 5% 的日本国债也主要由各国央行、主权财富基金等固定投资者持有，主要用作避险投资。中国是日本最大的债权国，截至 2012 年年底，中国对日本债券的持有量达到 20 万亿日元。综上所述，日本国债被大规模抛售，国债收益率被显著拉高的可能性不大。

二、日本债务问题的新发展

（一）经济复苏缓慢，动摇市场信心

安倍晋三上台以来，经济方面以"三支箭"为核心，即货币宽松、财政刺激和经济增长战略。安倍晋三最初的计划是利用大规模的宽松货币和财政政策刺激日本经济，将其带出衰退，摆脱通货紧缩，并为上调销售税创造条件，同时振兴民间投资，逐步推进结构性改革。但目前看来，安倍政府的"三支箭"并没有正中靶心，带来的效果十分有限，甚至加剧了经济风险。日本政府 2013 年 8 月 13 日发布数据显示，日本第二季度国内生产总值折合年率增长 2.6%，远低于第一季度的 3.8% 和经济学家预计的 3.6%，经济增长的不确定性显著增强。疲软的数据可能严重动摇市场信心，拉高日本国债的融资成本，甚至影响部分国债持有者的持有意愿。从 2011 年起，日本贸易出现了自 1980 年第二次石油危机后的首次逆差，经常账户盈余逐年下降，随着贸易逆差的不断扩大，海外投资收益的增长趋缓，特别是经济增长前景的不明朗，日本国债的偿债基础开始松动。

（二）社保支出继续增长，财政赤字居高不下

日本社会老龄化程度很高且仍在不断加深，不断加深的社会老龄化进程日益加重着日本政府的财政负担，财政支出的第一大项社会保障支出 2011 年占全部财政支出的比例已超过 40%，且这一比例未来几年可能会进一步上升。而财政收入方面，日本新增国债发行收入近年来超过税收收入，政府债务依赖度即政府收入中债务融资的比例接近 50%，日本政府 2013 财年年度预算约 92.6 万亿日元，其中 42.8 万亿日元来自新增国债。政府债务规模的扩大必然带来政府债务偿还率的上升，偿债支出占财政支出的比重已超过 20%，成为仅次于社会保障支出的日本第二大财政支出项目。财政支出规模居高不下，财政收入又越来越依赖举债，日本的财政困难可想而知。日本当前财政赤字规模为 23.2 万亿日元。据 IMF 估测，日本的预算赤字占其 GDP 的比例高达 8.6%[①]，就目前的形势看，短期内预算赤字很难得到有效控制。

（三）增税和发债的两难选择

当前日本的经济形势，安倍政府既要在管控财政风险与促进经济增长之间做出平衡，又要充分考虑国内民众的实际利益和国际社会的重大关切。如果安倍政府决定上调消费税，将给刚刚迈入复苏轨道且呈现消费拉动型的日本经济蒙上阴影。不仅经济复苏可能失去重要的驱动力量，实际居民收入增长缓慢也将由于消费税提高而直接降低民众的实际可支配收入，并直接影响其执政的民意基础。

如果安倍政府决定推迟上调消费税，将会面临来自国际社会的巨大压力，外界会认为日本政府缺乏意愿和决心解决备受关注的财政赤字和政府债务问题，评级机构可能因此下调日本债务评级，国际投资者将远离日本的股市和债市，这一系列变化将直接推高日本国债收益率，大幅提高利率成本并引发国债市场动荡，本就难以为继的日本债务问题可能直接演化成一场主权债务危机。国际货币基金组织近期再次呼吁日本按原定时间表提高消费税，并警告日本"缺乏一个可信的财政和结构改革，可能破坏市场的信心，并损害日本政府刚起步的改革"。

不管如何选择，一旦稍有偏差，日本经济和安倍政权都将陷入更大的困境。究其本质，日本债务问题风险加剧最大的根源在于经济长期低迷，为走出低迷采取的长期财政赤字政策和货币宽松已经使用到了极致，收紧政策可能加剧经济低迷，而不收紧政策则会引发债务危机，最终陷入更严重的低迷。考虑到日本经济的结构性问题积重难返，只要日本经济技续低迷下去，那么日本财政迟早陷入难以为继的境地，债务危机随之爆发。

[①] 引自《日央行行长：日本债务"不可持续"》，载于英国《金融时报》。

（四）政府内部的分歧

面对严峻的形势和两难的选择，以副首相、财务金融大臣麻生太郎为首的一派认为，通过提高消费税解决日本债务和赤字问题是日本做出的承诺。如果不如期提高消费税，国际上会对日本的庞大债务问题失去信任，进而加重日本的债务危机。央行行长黑田东彦也表示，分两步上调消费税不会损害经济增长。而以安倍内阁首席经济智囊浜田宏一为首的另一派则认为，在日本经济形势刚刚好转的情况下，仓促提高消费税，可能使经济形势急速恶化，且经济衰退后造成的损失将远远超过消费税增加部分，反而会导致日本的财政赤字和债务危机更加严重。首相安倍晋三尚未就是否推迟调高消费税做出明确表态，但随着经济形势日渐复杂和决策期限的日益临近，上述两种观点的交锋将进一步升级，安倍政府内部的分歧也将进一步加大，最终何去何从还存在很大的不确定性。

（五）量化宽松终止可能加剧外部环境恶化

日本属于比较典型的外向型经济，高度依赖出口，比较容易受外部因素影响，日本主要贸易伙伴美国、中国、欧盟等经济体目前均面临不同的经济问题，日本经济增长的外部环境并不乐观。美国经济的复苏势头尚好，有待进一步巩固。欧元区仍处低迷，二季度 GDP 环比增长仅为 0.3%，德法两国对欧元区增长的带动作用有待加强。而中国等一系列新兴市场国家进入转型期，经济增速开始放缓，中日双边贸易额受外交关系紧张的影响下降明显。

更值得注意的是，美国可能在 2013 年 9 月决定是否削减甚至退出量化宽松。如果量化宽松得到削减，全球资本回流，世界各国将会面临更高的利率。对日本来说，由于不具备美国式的货币霸权，日元对日本国债的支撑作用十分有限，即使是轻微的利率增长都很可能使日本财政运行受到影响，利率升高的风险随时可能引爆日本债务危机。

三、我们的看法

（一）支撑日本债务大而不倒的基础有所动摇

日本债务问题短期较为乐观这一判断主要是基于日本经济基本面良好，市场对日本国债信心较强和日本国债极高的国内持有率这三方面原因。但随着日本经济持续低迷，安倍经济学效果有限，2013 年特别是 2013 年二季度以来，日本经济有所回升但很快陷入挣扎，内需不振，出口虽有所提升，但日元贬值和能源进口增加产生大量逆差，房地产投资和企业设备投资均有所下降，显示市场信心不足。而近 10 年储蓄率下降的趋势没有在金融危机之后明显改善，老龄化的加剧和经济的低迷使家庭和公司几乎没有空间增加储蓄来消化日本国债。因此，日本债务大而不倒的基础开始动摇。

（二）日本债务问题的根源在于持续的经济低迷，经济低迷的根源在于结构性问题突出

日本债务问题的根源在于日本经济长期低迷，难以重拾活力；而导致日本经济低迷的根本原因则是人口老龄化、内外需失衡、市场封闭、劳动力市场缺乏弹性、创新不足等结构性问题。结构性问题不解决，无论是调高税率稳定财政，还是放任债台高筑继续刺激，都无法从根本上推进日本经济步入上升轨道。支撑日本国债信心的经济基础已经开始松动，一旦日本国债实际收益率上升，或风险预期加剧引起大规模抛售，日本政府借新债还旧债的循环便难以为继，债务危机爆发将是大概率事件。

（三）是否上调消费税将是日本财政与经济的重大考验

未来两个月，安倍政府将决定是否如期上调消费税①。考虑到调高消费税与刺激经济增长的两难困境，如何在经济增长和重建财政之间做出平衡，将是安倍政府面临的巨大考验。

即使日本经济和安倍政府能够挺过是否如期上调消费税这一时间节点，不断膨胀的债务规模和停滞不前的结构性改革也可能随时引爆债务危机，给挣扎中的日本经济以新的打击，给亚太区域和微弱复苏的世界经济蒙上新的阴影。

---

① 日本经济再生担当相甘利明 2013 年 8 月 25 日表示，安倍政府将在 10 月 7 日 APEC 峰会召开前决定是否如期上调消费税。

印度尼西亚应对全球金融危机的财政政策[①]

杨志鸿　周　波

印度尼西亚是世界第四人口大国，也是东南亚最大经济体。在1997年亚洲金融危机之后，印度尼西亚国民经济历经了15年的艰辛复苏。如今，在新的15年中期建设规划宏伟蓝图（2011~2025年）的指引下，印度尼西亚政府综合运用包括财政政策在内的各项政策措施，积极引导印度尼西亚经济实现平稳较快发展。本文梳理了印度尼西亚宏观经济状况及其应对全球金融危机的财政政策，以探讨其对我财政政策的有益启示。

一、印度尼西亚宏观经济状况

近年来，尤其是全球金融危机以来，印度尼西亚经济发展成绩斐然。2008年，印度尼西亚人均GDP达2 271美元，较2007年增长23%。2009年，印度尼西亚成为世界第十八大经济体，增长率仅次于中国和印度。2010年，印度尼西亚成为世界第十六大经济体。

2012年，在欧债危机等外部冲击的不利影响下，印度尼西亚经济仍然实现了6.7%的较高增长率。2011年印度尼西亚GDP达8 200亿美元，全年进出口贸易总额3 809.2亿美元，其中出口20 36.2亿美元，同比增长29.05%，贸易顺差263.2亿美元；国家外汇储备1 101亿美元；全年通货膨胀率以3.79%成为亚太通货膨胀率最低的国家之一；国内外实际投资251.3万亿印尼盾，比2010年增长20.5%；全年税收872.6万亿印尼盾，比2010年增长20.6%。

由于印度尼西亚宏观经济基本面表现良好，GDP快速增长，银行业健康发展，财政收支大体平衡，对外经济增长迅速，主要国际评级机构纷纷提升其信誉等级。2011年12月，惠誉国际将印度尼西亚主权信用评级从非投资级别"BB +"上调至投资级别"BBB -"。这是自1997年亚洲金融风暴后，印度尼西亚失去投资评级后，14年以来首次被列入投资评级。2012年年初，穆迪评级公

[①] 本文写于2013年。

司又将印度尼西亚的对外偿债能力从原先的"Ba1"提升为"Baa3",并给予"稳定"的评语。①

二、印度尼西亚政府应对国际金融危机的财政政策

2008年发端于美国的金融危机引发了全球性的经济衰退。印度尼西亚虽宏观经济基本面良好,但仍不可避免受到了此次金融危机冲击。2009年,印度尼西亚GDP增速下滑至4.6%(见图1)。

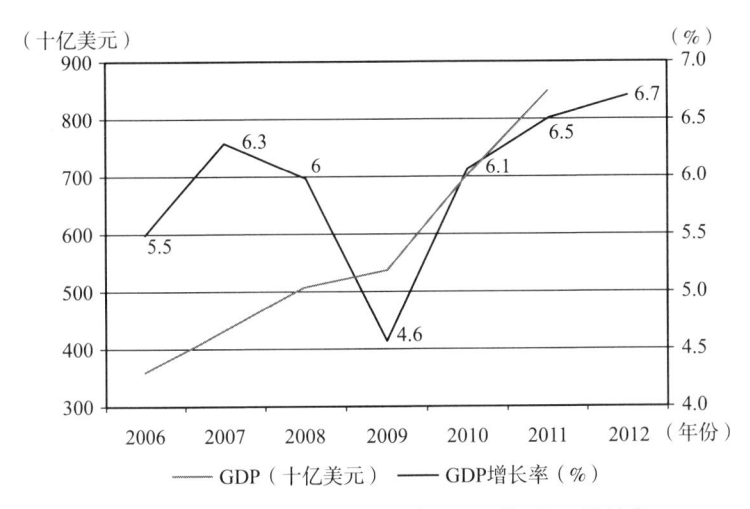

图1 印度尼西亚2006~2012年GDP及GDP增长率

资料来源:IMF和印度尼西亚财政部。

印度尼西亚政府密切关注金融危机的走势,采取各种积极举措应对全球金融危机的不利影响。印度尼西亚政府通过货币政策稳定股市、汇市,防止流动性紧缩,并出台"总统十项方针"和必要的财税政策改革以稳定国内需求,从而使印度尼西亚经济在2009年触底回升,近3年稳定在6%以上的高增长,其成功应对金融危机的经验为外界瞩目。

具体来说,为应对外部冲击,印度尼西亚政府采取了如下积极的财政政策。

(一)实施"总统十项方针"

2008年10月,为应对全球金融危机,苏西洛政府出台了"应对美国金融危机的总统十项方针"。这十项方针是:(1)印度尼西亚各部门须乐观团结、勤勉

---

① 《穆迪评级机构提升印尼信用评级》,[印度尼西亚]《国际日报》,2012年1月19日。

敬业，以保持印度尼西亚经济增长的动力；（2）为保持印度尼西亚6%的经济增长率，要不断寻找扩大出口和投资的机会，发展国内经济；（3）充分利用2009年国家收支预算，以实现经济增长目标，健全社会保障体系；（4）银行须制定特殊政策，以保证对实体经济部门的信贷发放；（5）各行业、部门须敏锐地抓住未受美国经济影响的国家的市场和投资机会；（6）须严格执行使用国货的政策；（7）加强政府、银行和企业的合作；（8）消除本位主义的态度；（9）政治活动必须以确保人民和国家的利益为宗旨；（10）各部门要建立和百姓沟通的渠道，以稳定有利于发展的国内局势。

(二) 重视顶层设计

2011年5月27日，苏西洛总统正式公布了目标宏伟的国民经济15年中期建设规划（2011~2025年）。规划的主要指标为：大力招商引资，为中期建设规划募集巨额资金，其中2011~2014年投资总额高达4000万亿印尼盾（约4700亿美元）；加快落实雅加达、苏门答腊、爪哇、加里曼丹、巴厘—努沙登加拉群岛和巴布亚—马鲁古等六大地区的经济走廊建设；重点发展农业、加工业、矿业、海洋渔业、旅游业、电信业、能源以及国家战略地区拓展等8个领域的18项主要产业；加快交通、通信、物流等领域的基础设施建设，在全国互联互通的基础上扩大与国际市场的互通互联；提高人力资源质量，提高科技知识的普及发展；预期国民经济15年的年均经济增长率保持在7%~8%，争取2025年进入世界经济十强，2050年至少成为全球第六大经济强国。

根据现政府的构想，此项加速经济纲领将于未来15年内实现，其中，最重要的是在全国各地建立六大经济走廊，通过经济走廊建设，印度尼西亚将在国内主要岛屿上建立经济和商业中心群，以带动和发展当地经济，使每一个走廊成为特定产业中心，以形成整体经济发展合力。

根据计划，到2030年，爪哇走廊产值将达到1.282万亿美元，比2010年增长4.2倍；苏门答腊走廊将达到4730亿美元，增长3.4倍；加里曼丹走廊将达到1520亿美元，增长2.6倍；巴厘和努沙登加拉走廊将达到760亿美元，增长4.3倍；巴布亚和马鲁古走廊达到830亿美元，增长6.3倍。

为推动经济建设，印度尼西亚政府成立了加速与扩大经济建设委员会，并计划通过国家收支预算案、地方收支预算案、国营企业统筹以及充分发挥私人企业作用等途径，积极筹集落实全国经济建设蓝图所需的巨额资金。从2011~2030年，建设六大经济走廊所需投资约9327亿美元，主要用于建设铁路、公路、港口、发电站、自来水工程以及连接运输道路等。在2011~2014年的第一期建设阶段，需要约3720亿美元投资。印度尼西亚的国企已承诺要筹集大约1000亿美元，印度尼西亚政府希望私营企业也能一起参与到经济走廊的建设中来，大力

(三) 加大财政刺激力度

根据国际国内经济形势的变化，印度尼西亚政府修改了2009年国家财政收支预算案，扩大了财政赤字，加大了财政刺激力度。在2009年的国家财政预算案中，财政赤字由2008年占GDP的0.1%增加到1.6%（见图2），给政府提供充裕的财政政策空间以应对金融危机。

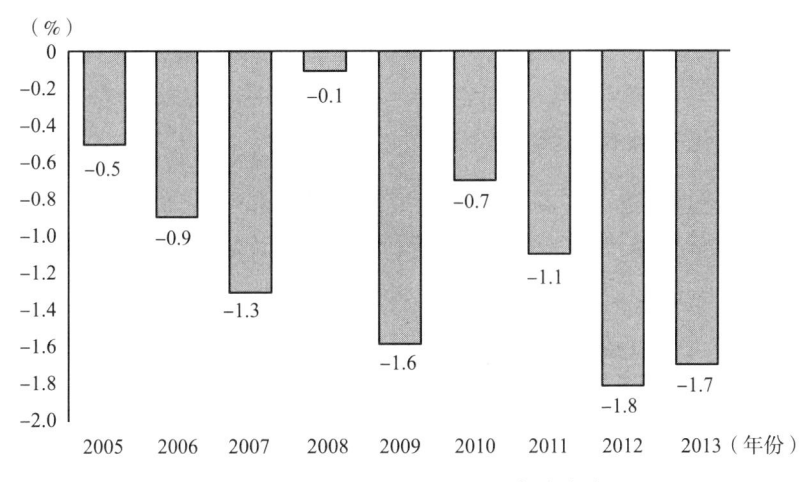

图2 印度尼西亚2005~2013年赤字率

资料来源：IMF。

根据印度尼西亚中央统计局的统计数据，2008年和2009年印度尼西亚政府消费支出分别为416.9万亿印尼盾和537.6万亿印尼盾，分别比上年大幅增加10.4%和15.7%。特别是在2009年私人消费支出增长率比上年下降0.4%的情况下，大幅度增加政府财政支出显得尤为必要和及时。2009年4.6%的经济增长率中政府支出贡献了1.3个百分点，占28.26%。

据印度尼西亚央行统计，印度尼西亚财政部将2009年的道路和其他投资工程的政府开支增加1/3至91亿美元，以基础设施建设来带动就业和经济发展。政府拨出73.3万亿盾作为2009年的财政救市资金，其中的12.2万盾将投入基础设施的建设。

(四) 出台一揽子税收减免政策

为减轻金融危机对实业部门的影响，印度尼西亚政府出台了一揽子包括收入税、增值税和关税在内的减税政策。印度尼西亚政府在2009年通过"政府承担税务"的方式，为10种工业提供税务津贴，以减轻工业的生产费用。同时，印度尼西亚还将个人所得税从35%降低为30%，以刺激消费。

为了创造更好的投资环境，消除经济发展的过高成本，印度尼西亚中央政府2008年撤销了2121项有关地方税务及服务费的地方条例。这些实际上等于税捐的服务费，名目繁多，与地方政府的权限不符，严重妨碍人员、货物及劳务流通，结果造成经济活动的高成本，抑制了投资需求。

此外，为解决国内投资和国外投资税收政策不同而造成的国内投资下降的局面，印度尼西亚实施新的税收政策，即在2009年把企业所得税自30%降到28%，2010年再降到25%，以促进投资。这些政策均有效改善了投资环境，鼓励了外来投资和国内投资。

（五）重视基础设施建设

基础设施严重缺乏已成为制约印度尼西亚投资和经济增长的一个主要"瓶颈"。苏西洛领导的第一届新内阁成立后，立即提出计划，在2004～2009年5年内投资720亿美元着力改进铁路、公路、桥梁、发电站、机场、码头等设施。苏西洛总统还明确指出，将充分挖掘国内的经济潜能，诸如民众190万亿盾的银行存款以及保险和劳工福利保障的长期存款，总额可达230万亿盾（相当于250亿美元）。

六大经济走廊建设中的重点——爪哇经济走廊的各项工程已陆续开工。这项总投资将达到1700万亿盾的宏大工程计划于2014年全面竣工，其中主要的基建工程包括：贯通爪哇岛东西的高速公路，连接印度尼西亚第一、第二大城市雅加达和泗水的双轨铁路等。这两项重要工程竣工后，将有效缓解爪哇岛交通严重阻塞的问题，大幅降低物流运输成本并有力促进地区经济发展。

苏西洛还利用参加APEC峰会和东盟峰会的机会，主动邀请中国、日本、美国、韩国、澳大利亚、欧盟和东盟邻国来印度尼西亚投资，参与基础设施建设，并得到中、日等国的积极响应，世界银行也对印度尼西亚政府的上述计划表示支持。苏西洛2009年第二次当选总统后表示，今后5年印度尼西亚政府还将投入1500亿美元进行大规模的公路、码头和电厂建设。从2005～2011年印度尼西亚政府对基础设施建设投资年均增长25.5%，2005年政府基础设施投资额32.9万亿盾（36.3亿美元），2011年为141万亿盾。印度尼西亚政府在2012年的财政预算中，计划增加基建开支近200亿美元，预期将兴建4000千米道路，150千米铁路和14个新机场。此外，政府还陆续公布了29千米长的巽达海峡大桥、贯通爪哇岛的高速公路、连接雅加达和泗水两大城市的复线快铁、首都地铁和核电站等大型、超大型项目建设计划。2011年12月，印度尼西亚国会通过了征地法案，标志着在这个土地私有的国家里，政府将可以通过补偿征用土地，这将加速印度尼西亚未来的基础设施建设。

(六) 采取金融支持措施

为了减少出口衰退对国内经济的负面影响,印度尼西亚政府采取发放社会自理贷款、学校经营援助金、贫民卫生保险援助金、提升公务员薪金等措施,以提高市场购买力,扩大内需,刺激国内经济。

在支持实业部门方面,印度尼西亚政府采取了 5 项扶助企业的金融支持措施,即实施出口票据再贴现、为地方企业提供出口特别融资(贸易融资)、对提供微型信贷的个人资金拥有者提供身份说明、筹集地方性信贷担保机构和向风险资本提出防止大裁员的解决办法。[1]

三、几点看法

(一) 重视顶层设计

重视顶层设计对经济发展的规划和指导作用。印度尼西亚的"15 年规划""六大经济走廊"等,与我国的 5 年规划和产业振兴规划很相似,在应对全球金融危机中均起到了积极的作用。当前我国要推行包容性增长的财税改革,必须未雨绸缪,做好顶层设计,整体有序推动。

(二) 重视财政政策对经济增长的拉动作用

萧条时期,财政政策往往比货币政策更直接,也更有效。印度尼西亚应对危机的财政政策实际上是凯恩斯经济学的现实运用。印度尼西亚拥有庞大的国内市场,国内消费占国内生产总值比重达到 67%,对外出口比重相对较低,约为 10%,这使其在本轮经济危机中并未遭受太大的影响。全球金融危机以来,印度尼西亚既没有出现银行大规模倒闭,也没有因出口减少而导致经济大幅度衰退。印度尼西亚不仅成为东南亚经济增长的新动力源,也成为全球经济增长的亮点,印度尼西亚 2009 年经济增长达到 4.5%,在 G20 成员中仅次于中国和印度。2010 年以来印度尼西亚经济继续保持强劲增长,成为后金融危机时期东南亚表现最好的经济体之一,而且正在成为东南亚的新兴经济中心。

(三) 投资成为印度尼西亚经济增长的重要动力

重视投资对拉动经济增长的作用。印度尼西亚政府正在继续推进基础设施建

---

[1] 《抗危机保实业,政府五招备用》,[印度尼西亚]《国际日报》,2008 年 12 月 10 日。

设、改善投资环境、简化行政手续，并积极应对复杂国际环境带来的负面影响，印度尼西亚将继续成为东南亚经济增长的领跑者。印度尼西亚希望通过一系列的经济结构调整，保持实际经济年增长率在7%～8%之间，预计到2025年人均GDP将达到1.3万～1.5万美元，跻身世界十强行列。以"六大经济走廊"投资刺激计划为例，2011～2030年，建设"六大经济走廊"所需概算投资达9 327亿美元，主要用于建设铁路、公路、港口、发电站、自来水工程以及连接运输道路等，将为拉动印度尼西亚经济增长起到积极作用。而我国2008年年底为应对全球金融危机出台的一揽子刺激计划与其有一定相似性。在当时的环境下为防止经济快速下滑起到了积极作用，成为拉动经济企稳复苏的重要因素。

（四）双边合作呈现积极态势

中国和印度尼西亚两国签订了《中国和印度尼西亚关于建立战略伙伴关系的联合宣言》，中国与印度尼西亚经济贸易合作和战略伙伴关系步入新的阶段。中国与印度尼西亚双边贸易额不断创出新高，2011年，中国与印度尼西亚的双边贸易突破500亿美元，两国政府确立了到2015年双边贸易总额达到800亿美元的目标。中国对印度尼西亚的直接投资也明显增长，成为两国经济合作新的亮点。

印度尼西亚作为东盟第一大经济体，我国应继续深化双边务实合作，进而提升我国与东盟整体的经贸合作水平。

东盟经济一体化前景分析[①]

胡振虎 韦 民 周强武

经济共同体构建是东盟经济一体化新的里程碑。该共同体的性质和内涵不仅攸关东盟整体走向,对我国与东盟关系也会带来广泛影响。依据现有的政治经济条件,东盟经济共同体更可能是一个自由贸易区的延伸版,短期内很难形成一个次区域关税同盟,更不可能形成劳动力、资本和服务充分自由流动的共同市场。目前,东盟经济共同体对我国经济负面影响甚微,其顺利发展则有助于深化中国—东盟经济关系。但长远来看,它对我国周边外交会带来一定的潜在冲击。

一、东盟经济一体化的现状、特点与动力

东南亚地缘位置优越,自然资源丰富,人口规模庞大,发展潜力可期,是区外大国高度关注、重视和积极介入的区域。冷战结束以来,通过不断深化的地区经济合作,东盟已发展成为国际经济格局中的一支重要经济力量。

(一)东盟经济一体化的发展态势

第一,自由贸易区成效明显。自由贸易区(FTA)是东盟经济共同体的出发点。截至2011年12月,东盟自由贸易区(AFTA)已取得明显成效。老东盟六国(新加坡、马来西亚、印度尼西亚、泰国、菲律宾和文莱)之间已取消了99.65%的关税,几乎实现了零关税的自贸区目标。新东盟四国(柬埔寨、老挝、缅甸和越南)的平均关税也已大幅降至2.6%的新低。不言而喻,自贸区建设为推动更全面、更深入的经济共同体打下了良好基础。

第二,经济共同体建设完成近八成。按照《东盟经济共同体蓝图》的规定,东盟经济共同体的四个主要目标是:(1)建成一个单一的市场和生产基地;(2)建成一个竞争性的经济区;(3)经济均衡发展;(4)融入全球经济。2013年4月举行的第22届东盟峰会声明称,截至2013年3月31日,《蓝图》中的259项措施已得到实施,东盟经济共同体按计划完成了77.54%的既定目标。

[①] 本文写于2013年。

第三，与区外经济合作表现突出。双边合作和整体参与是东盟成员国推动国际经贸合作的主要形式。相对而言，对外经济合作是东盟经济一体化表现最突出的环节。东盟经济一体化主要在三个层面展开：一是东盟区内经济一体化，东盟特惠贸易安排（APTA）、东盟自由贸易区（AFTA）和东盟经济共同体（AEC）是东盟经济合作的基本路径；二是东盟与区外国家的自由贸易区，其中包括正在筹划和推动的"区域全面经济伙伴关系"（RCEP）谈判；三是东盟成员国与区外国家的双边或多边自由贸易协定。

（二）东盟经济一体化的特点

纵览东盟经济一体化进程，其特点可概括为以下几点。

第一，南南型区域经济合作模式。研究表明，北北模式和南北模式是地区经济一体化能够实质推进的基本方式。综合来看，东盟还是一个发展中地区，经济一体化仍属发展中国家之间进行的南南模式。

第二，东盟一体化的立足点。经济一体化是东盟一体化的核心环节。本着由易到难的渐进原则，相对于更敏感和复杂的政治安全领域，促进经济合作符合所有成员国的利益，且能带来巨大的现实利益。经济一体化是凝聚东盟共识、提供发展动力的重要途径，是共同体建设的核心环节和立足点。

第三，显著的经济外部关联性。经济共同体是东盟国家参与国际经济活动的坚实背景，是维护和促进成员国经济利益的重要工具。经济一体化成果可以演化为东盟国家在国际经济谈判中的重要筹码，进而增加东盟整体或单个成员国的国际竞争力，是东盟国家获取政治、经济利益的重要途径。通过整体参与、集体谈判方式，东盟国家最大限度地利用了亚太地缘政治环境提供的机会，成为亚太不可忽视的地区行为体。

第四，东亚地区是东盟获取内部合作动力和经济利益的主要依托。2011年，东亚区内贸易依存度已升至54.1%，直接投资依存度则升至29%，区域整体经济实力不断增强，已成为全球最具经济活力的地区。借助于东亚特殊的地缘政治环境，东盟占据着东亚经济合作的主导权，并因此争取到了良好的发展空间和大量的经济机遇。经济共同体是东盟亚太战略思维的必要手段。大国的关注和介入是东盟总体战略的基础。这样的地区态势也为东盟提供了战略机会。

（三）东盟经济一体化的动力

内在动力和外在压力是推动东盟共同体建设的两大基本动因，具体而言有以下几点。

第一，政治推动是最大动力。东盟是一个自上而下的政治经济过程。在不同的发展阶段，东盟的合作目标有所不同，但政治意愿和政治推动始终是东盟经济合作的基本动力。

第二，经济发展的内在驱力。地区经济一体化具有促进成员国经济发展的功能。它意味着更大的市场和贸易创造效应；有利于成员国吸引外资、特别是技术密集型外资，以促进成员国的研发活动和产业升级；有助于成员国更好地参与到地区和全球生产网络之中，在国际分工中占据一席之地；有助于强化国内竞争，提高生产率，创造就业机会，进而促进国内经济增长。

第三，对外战略动因。一方面，此举可望提高与其他大国交涉的能力，借助一体化的东盟机制，各成员国可以发挥超越其自身力量的更大影响力；另一方面，经济一体化可以帮助东盟在国际经济格局中占据更佳位置，减少对外部大国的经济依赖性，增强成员国经济的自主性和独立性。毫无疑问，东亚是东盟对外战略的着力点。维持在东亚经济合作中的既得利益是东盟推动经济一体化的现实动力。

二、东盟经济一体化的发展趋势评估

经济一体化是在特定的政治环境、经济基础和社会条件之上的政经过程。东盟是一个相对异质性的地区组织，多样性、差异性相当显著，在自然条件、社会文化、宗教信仰、经济发展、政治制度等方面都存在较大反差。东盟经济外部依赖性突出，缺乏一个能够提供市场、资本和技术的核心国家，相互间的产业结构和发展模式颇为雷同，经济竞争性远大于互补性。东盟潜在的内部矛盾并未消失，成员国政治互信不足，普通民众对东盟的认同度也不高。东盟是一个松散的地区集合体，东盟方式不利于复杂的经合进程。综合来看，东盟经济一体化虽有强劲的政治支持，但经济合作的初始条件并不成熟，内在挑战依然巨大。

第一，经济共同体是东盟自贸区的延伸。从地区经济一体化的理论和实践来看，从低到高，地区经贸合作大致可以分为六个阶段：特惠贸易区、自由贸易区、关税同盟、共同市场、经济联盟和完全经济共同体。每个阶段都有其具体特点和要求。以此衡量，东盟经济共同体的发展阶段均不符合相关阶段的基本特征。

东盟经济共同体的基础是自由贸易区。东盟自贸区在商品货物的自由化方面基本上实现了零关税的目标，但并不彻底，新东盟成员国尚有降低关税的空间。服务贸易（银行业、电信业、教育和旅游）开放和非关税壁垒消除相对缓慢。在通关手续简化、检验检疫、产品认证、法律协调等方面以及投资领域，东盟自贸区还存在大量欠缺。各国经济政策差异显著，政策一体化仍处初级阶段。总体而言，东盟自贸区并未完全实现。

东盟经济共同体不具共同市场特征。东盟经济共同体建设的首要目标是要建立单一市场和生产基地。单一市场和生产基地又包含五个要素，即货物、服务、投资、资本和熟练劳动力的自由流动。东盟经济共同体的实质是建立这样一个共同市场。然而，东盟并无明确具体的行动目标和生产要素的自由流动标准，成员国间也没有经济要素自由流动所必需的完善便利的基础设施和交通运输网络，在区内经济水平相差悬殊的背景下，要素流动必将受到发达经济体和发展中经济体的政策限制。

东盟经济共同体回避了关税同盟。共同市场是在关税同盟的基础上发展而来的。它不仅需要成员国之间消除关税壁垒，对非成员国统一关税，还要求实现成员国的经济政策协调。东盟内部关税壁垒仍未消除，对外也不存在一个统一的关税安排。东盟共同体不是一个以让渡国家主权为主要特征的一体化合作机制。

因此，东盟经济共同体是在自贸区基础上向更高的一体化合作层面发展的尝试。它不是关税同盟，也不是共同市场，而是一个内涵外延较为模糊的经济聚合体。它是一个部分的、不完善的共同市场的雏形或初级形式，而非一个超国家经济实体。

第二，经济共同体的性质不会发生改变。实质性的地区经济一体化具有契约性、排他性、要素合作三个特点。以此衡量，中短期来看，东盟经济共同体显然不会发展成为一个契约性、封闭性和全要素合作的实质性经济组织。

东盟经济合作的非制度性难有质的改变。由于东盟国家之间在诸多领域的多样性和差异性，东盟方式仍是东盟发展进程中的核心特征。这意味着该组织难以超越非制度主义和非正式主义的合作实质。

东盟经济合作的开放性还将持续。东盟经济严重依赖外部市场。显著的外部依赖性不仅抵销了东盟经济合作的内在动力，也意味着东盟经济合作的开放性。

东盟经济合作领域的局部性。东盟缺乏一个引领经济一体化深入发展的核心国家，东盟区内难以满足成员国在投资、技术、人力资本，甚至市场的需求，全要素经济合作没有多大实际经济意义。因此，东盟经济共同体势必是一个部分要素合作的经济组织。

因此，东盟经济共同体的发展前景不会改变该组织的基本性质。考虑到东盟在东亚、亚太经济格局中仍处于相对较低地位，以及东盟经济的显著外部依赖性，即便达到共同市场的标准，东盟经济共同体的区域影响力也不会发生质变。

第三，经济共同体的主要目标仍是对内维稳、对外维持国际影响力。一方面，经济合作是东盟的政治工具，其目的在于通过更紧密的经济合作凝聚成员国，压制成员国间长期存在的潜在矛盾；另一方面，整体参与东亚和亚太经济合作进程，利用大国间的互疑和竞争带来的地缘政治经济机遇，取得并维持东亚经济合作的主导权是东盟的战略思路。无论经济共同体前景如何，东盟都会视之为维持和扩展其国际影响力的战略砝码。

三、对我国现实与潜在影响

东盟经济共同体的推进意味着经济制度的完善、贸易壁垒的减少和交通网络等基础设施的改善。这为中国—东盟经贸合作的自由化和便利化创造了更好的条件。然而，这也有可能对中国—东盟政治外交关系产生一定影响。

第一，深化经贸关系，创造"钻石十年"新篇章。东盟是当今世界政治经济版图中不可忽视的地区组织。东盟十国拥有443.6万平方千米国土面积、6.16亿人口、2.3万亿美元国内生产总值（GDP），进出口贸易约2.46万亿美元。作为一个整体，东盟是世界上人口规模仅次于中国和印度的第三大行为体，是经济规模仅次于欧盟、美国、中国和日本的世界第五大经济体，是经济规模仅次于我国的发展中世界第二大经济体，是贸易规模仅次于美、中、德的第四大贸易体。

近年来，中国—东盟经贸往来一直保持着稳定发展之势，每年几乎都以1 000亿美元的速度增加。现在，双方互为最重要的贸易伙伴。2013年，中国、东盟达成共识，争取到2015年双向贸易额达到5 000亿美元，到2020年达到1万亿美元，今后8年双向投资1 500亿美元。经济迅速发展、人民收入稳步增长的东盟正成为我国在国际市场上日趋重要的经济伙伴。东盟经济共同体无疑将会为该经济关系增添新的动力。

第二，推动对外投资。东盟正成为我国对外投资的重要对象。近几年，我国对东盟的投资稳步增长，年投资增加均在2亿美元以上。在2012年中国与东盟114.89亿美元的双向投资中，我国占比已提高到38.5%。东盟国家丰富的自然资源禀赋、蕴含的市场潜力和地理邻近的优势，以及中国"走出去"的发展需求，将会加速中国企业投资东盟的行动步伐。

第三，拓展经济空间。我国正面临着产业结构升级和产业转移的压力。我国工业体系完善，技术水平领先于大多数发展中国家，在资源密集型和劳动密集型产业方面具有较强的竞争优势。无论是在自然条件还是社会文化条件上，东南亚都是我国传统产业转移的首选之地。东盟经济一体化是一个发展机遇，东南亚将为我国经济增长和产业转型升级提供新的动力，为我国经济发展创造新的增长点。

第四，稳定外部经济环境。我国的外部经济环境正面临着诸多挑战。东盟经济共同体及其主导推进的RCEP有利于稳定和改善我国外部经济环境。从战略上看，经济一体化直接关乎东盟组织的发展前景，并因此对中国—东盟政治外交关系产生间接影响。

其一，东盟政治外交共同体带来政治竞争压力。根据经济合作的外溢效应，一个更为制度化和正式化、经济上联系更紧密的东盟意味着一个潜在的外交共同体、甚至政治共同体的逐渐形成。这样，更趋一体化的东盟不仅在亚太政治格局中拥有更大的影响力，其共同对外的外交姿态可能更趋明朗化。这对于中国—东盟关系无疑也将带来一些不确定性。

其二，助长联合防范中国的潜在思潮。东南亚国家在历史文化上与我国渊源深厚，但面对统一而强大的中国，东南亚诸国却一直心存芥蒂。面对崛起的中国，东南亚国家一方面积极拓展与我国关系，加强经贸等各方面的合作；另一方面并未放松对中国的防范和戒备。在共同体形成的背景下，东盟内部联合对抗中国的思潮不可忽视。

其三，增加处理南海争端的难度。东盟经济一体化程度的加深，各国相互依赖的程度提高，很可能造成东盟某些成员国以自身利益捆绑东盟，以实现自身目的。东盟共同体的发展必然伴随着各成员国政策的协调和利益整合，这无疑将对中国"多边框架下双边协商"的南海争端处理方式提出挑战，给中国—东盟关系带来更多的不确定因素。

四、政策建议

东盟经济一体化的发展对我国既是机会，又有一定的潜在挑战。面对东盟经济合作的发展势头，我们有必要未雨绸缪，对未来可能的变局和风险做好准备，充分利用东盟经济一体化带来的好处，促进中国—东盟关系的平稳发展，为我国和平崛起创造稳定的外部条件。

第一，坚持视东盟为我国周边外交的优先方向。东南亚对我国和平发展意义非凡。我国东盟政策应被置于东亚，乃至亚太的大背景下加以考虑。支持东盟的发展和壮大，支持东盟在东亚合作中继续发挥主导作用，符合我国周边战略利益。经济合作仍是中国—东盟关系的主线。创造共同利益并合理分配，提升相互经济依存度，是未来对东盟工作的主要思路。

第二，高调支持东盟共同体建设。东盟经济共同体可能是我国经济融合东盟的重要机遇。因此，在政治外交层面要高调支持东盟经济共同体建设，在东盟经济共同体基础性项目中寻找合作机会，推动东盟内部及与我国互联互通，协助东盟如期建成经济共同体。在这个过程中，积极推进和深化中国—东盟经济整合。在自由贸易区的基础上，加强与东盟的协调合作，利用自由贸易区的机制优势，推进国内产业升级和对东南亚的产业转移。

第三，加快推进亚洲基础设施投资银行建设。亚洲基础设施投资银行有助于发挥我国在东南亚互联互通方面的引领作用，促进对亚洲特别是对东盟的直接投资，为我国在东盟经济活动提供强有力的政策和资金支持。与此同时，积极推进清迈倡议多边化，加快"10+3"宏观经济研究办公室（AMRO）国际化进程，鼓励在双边贸易和投资中使用本币结算，推动双边货币互换协议的签署和实际使用，为双边贸易投资提供便利。

第四，加强与东盟国家政府部门的多边和双边联通机制。中国同东盟国家可在旅游、信息通信、基础设施建设、农业、人力资源开发、相互投资、财经、湄公河流域开发等重点领域开展合作。与东盟国家的相关职能部门建立政策交流和协调的定期联通机制，是推动与东盟国家经济关系的重要手段。

第五，区别对待，重点扶持几个东盟国家。坚持通过多边框架下的双边谈判应对与东盟国家的领土争端问题。实行"分化外交"，选择其中一个或几个国家（如柬埔寨、老挝、缅甸等）作为重点争取对象，保障中国在本地区的利益，防止东盟在相关问题上抱团。在与东盟部分国家存在领土争端的现实背景下，加强与东盟次区域合作成为必要而可行的选择。譬如，我国与老挝、越南、泰国、柬埔寨、缅甸五国在大湄公河次区域经济和安全方面的合作极大地促进了该地区的经济发展和资源开发，这也有助于平衡东盟经济体可能对我国造成的负面影响。

第六，积极支持东盟倡导并主导的 RCEP 建设。在美国推行亚太再平衡战略和构建 TPP 大背景下，我们有必要依据东盟的战略要求和安排，在区域合作进程中主动发挥积极作用，推动 RCEP 谈判进程。

"安倍经济学"政策进展及简评[①]

陈立宏

2014年6月17~27日,日本首相府接连发布四篇政策文件和报告,较全面总结了"安倍经济学"政策进展情况,并介绍了其"第三支箭"——结构改革即将推出的政策安排,包括财税、金融、产业、人力资源、社会保障等领域措施。主要内容及我们分析如下。

一、"安倍经济学"已实施的政策与措施

安倍自2012年年底上台以来,推出一整套振兴经济政策,即所谓的"安倍经济学",具体包括:第一支箭"积极的货币政策",实施"量化加质化宽松"货币政策(QQE);第二支箭"灵活的财政政策",短期内通过大规模财政刺激拉动经济增长,中长期着力削减赤字、整固财政,实现财政平衡;第三支箭"促进长期经济增长的结构改革",制定了"经济增长方案"。安倍"三支箭"、特别是第三支箭主要措施及实施进展情况如下。

(一)财税政策

2013年1月,日本政府通过总额达13.1万亿日元的2012财年补充预算案,其中10.3万亿用于新出台的紧急经济对策措施。2014年4月,将消费税由5%提高至8%,为抵消影响制定总额5.5万亿日元的经济刺激方案。确定新的税收政策规划,通过税收优惠鼓励企业重组,鼓励资金流向企业风险投资。推出了总计1万亿日元的税收减免措施,鼓励设备投资。提前1年废止为东日本大地震重建征收的特别公司税,4月起有效公司税率降低2.4%。以"提前预算"方式执行2013财年补充预算和2014财年预算,着力强化财政稳固性,预期到2015年将预算赤字减半。

(二)货币与投资政策

日本央行确定了2%的预定通货膨胀目标,宣布实施日本QQE,承诺"不设

[①] 本文写于2014年。

限"购买债券资产,从2013年起的两年内将基础货币规模增加一倍至270万亿日元。推出日本版尽责管理守则①(japanese stewardship code,JSC),到2014年5月底共有127家公共养老基金、保险公司、信托银行等机构投资者接受该守则。日本政府养老金投资基金(GPIF)调整其投资组合战略,决定与日本开发银行(DBJ)、安大略市雇员退休系统(OMERS)共同投资基础设施建设。建立日本版个人储蓄账户(NISA,仿照英国ISA②设立),到3月份开户总数已达650万个,总值达1万亿日元。加快制定有关法规,鼓励众筹机制的推广应用。

(三) 产业振兴政策

一是推动公司治理改革。通过《公司法》修正案,增加外部董事任命,指定独立外部董事的公司数量大幅增长,占比从2013年的47%增加到了2014年的61%。二是鼓励科技创新。强化"科学与技术政策委员会"管理,并授予其审定科学和技术预算案的职能。建立跨部委"战略创新计划(SIP)",开展风险高但影响重大的研发活动。三是农业领域。实施农业改革计划,包括重新审视实施40多年的"稻米生产规定";建立"农田合并公共中介组织";发挥"农林渔业基金公司"的带动作用,促进"第六产业"发展。四是医疗保健领域。建立新的总部机构,对医药研发活动进行战略管理;完善有关法律体系,加快再生医学成果的商业化;解除对保健产业"灰色地带"相关限制。五是能源行业。60年来首次尝试电力系统的根本变革,强化国家电网的运作,零售电力接口选择自由化,促进电力零售环节竞争,缩短火力发电设备升级的环评期。六是旅游行业。对以东盟国家为主的10国放宽入境签证要求,改善相关设施。

(四) 人力资源政策

一是鼓励建筑业接收外国劳动力。为满足日本东北部重建和2020年奥运会需要,鼓励本国劳动力加入建筑行业,将于2015年年初紧急接收外国建筑业熟练工人,最长可在日工作两年。二是鼓励女性就业。实施"入托零等待计划",确保到2017年年底新增40万个托儿服务名额。将育儿事假补助从占基本工资一半提高到2/3。启动"网络女性高级管理人员可视化"项目。三是就业政策重心从关注稳定就业岗位转向促进劳动力流动。推动劳动力逐渐从成熟产业转向新兴产业,从过度稳定向适当流动转变,推广多元化正规就业模式。四是增加工资。

---

① 2014年2月,安倍政府仿效2010年英国尽责管理守则制定NISA,守则确定了机构投资者履行其信托责任、促进所投资公司可持续发展的有关原则,旨在提升中长期公司价值增长和投资回报,进而促进宏观经济增长。

② 个人储蓄账户(individual saving account,ISA),是英国政府为鼓励民众储蓄和投资设定的个人现金储蓄账户制度。ISA分为现金存款ISA和证券投资ISA两类,ISA利息收入在一定额度内免税,是其区别于一般储蓄账户之处。

经过2014年"春斗"（年度春季工资谈判），月平均工资水平上涨了2.2%（上年为1.8%），年度奖金为5.19个月工资（上年为4.62个月）。

（五）贸易及全球化政策

广泛建立经济伙伴关系。参与TPP、"区域全面经济伙伴关系"（RCEP）和中日韩自贸区谈判，目标是到2018年将自贸区贸易量占比从19%提高到70%，4月与澳大利亚达成"日澳经济伙伴关系协定"。政府高层积极参与对外"推销"（2013年约有67例），日本企业承接的基础设施订单总额从2012年的3.2万亿日元激增至2013年的9.3万亿日元。

（六）推动PPP，设"国家战略特区"

鼓励公共私营部门合作（PPP）。允许私营企业通过特许经营方式运营政府管理的机场，促进公共部门与私营机构在城市更新改造和高速公路养护等工程中的开展合作。设立国家战略特区，2014年5月1日正式选定"东京圈""关西圈"、冲绳县、新潟市、兵库县养父市以及福冈市等6地建设"国家战略特区"，在限定地区内推行特定改革措施，如在东京设立国际商业和创新中心。

二、"安倍经济学"后续政策安排——结构改革新举措

在总结"安倍经济学"实施进展的同时，日本此次公布了结构性改革新举措，主要包括以下几点。

（一）财税及金融政策

启动以促增长为目标的公司税改革，以刺激私人投资。计划几年内将有效公司税率水平降至20%，第一阶段减税措施将于下一财年正式启动。推动金融机构在支持营商活动中发挥更大作用。重新审视调整GPIF投资组合，进一步强化基金治理结构，目前基金总值高达约130万亿日元。

（二）产业政策

推动公司治理改革，起草"尽职管理守则"相应的《公司治理守则》。制定"国家创新规划"，发挥从"种子"到商业化的桥梁功能。采取有效措施防止商业秘密泄露。农业领域实施综合性改革方案，60年来首次对日本农业协同工会（农协）进行改革，提升农业部门竞争力，激发区域农协创造力。调整农业委员会运作方式，优先解决农田合并问题。通过农业生产公司，帮助非农人员和机构加大对农业投资。继续实施电力系统改革，法律上分离发电和送电体系，解除零

售价格管理，相关法案将于 2015 年提交，预计改革最晚将于 2020 年完成。将旅游签证有效期由 90 天延至最长 1 年，进一步放宽针对东盟国家的签证条件。到 2020 年将全国免税店数量翻一番达到 1 万家。

（三）人力资源与社会保障政策

劳动力市场方面，在弹性和自由工作制基础上，抑制过度工作情况，建立工作报酬基于成果而非时间的考评制度，建立具有预见性和全球通行的劳动争议问题解决机制。继续支持女性参与就业。要求女性高管人员比例应向社会公开披露。到 2019 年年底新增小学生校外托管服务约 30 万名。允许国家战略特区接纳外国家政服务人员就业。引入新的医疗保险体系，患者可以更快得到非公共医疗保险范畴的先进治疗护理，扩展属于公共保险范围和非保险共同作用的混合医疗支付体系。建立非营利控股公司体系，整合多元医疗和社会福利团体。

（四）鼓励公共私营部门合作政策

通过特许经营，确定项目的优先领域和数量目标，分别为 6 个机场项目，6 个供水项目，6 个污水项目，以及 1 个道路项目，加快动员资金共计 2 万~3 万亿日元。

三、几点分析

日本经济改革与发展对全球经济影响较大，中日经济联系紧密，我们应客观认识安倍经济政策取得的成效，同时也要密切关注其结构性改革新动向，仔细观察其政策溢出效应。

（一）财政与货币政策短期成效较为显著

目前，"安倍经济学"头两支箭——财政政策和货币政策已经取得明显成效，日本宏观经济总体向好。2014 年一季度实际 GDP 同比增长 5.9%，已连续增长 6 个季度；日经 225 指数大幅上涨，2012 年 12 月至 2014 年 3 月股价增幅达 50%，同期美国道琼斯、欧盟 DAX、中国沪市增幅分别为 24%、23% 和 -4%；CPI 温和上行，2014 年 2 月 CPI 年率为 1.5%，高于美国（1.1%）和欧元区（0.7%）水平；营商环境向好，中小企业制造业景气指数处于 6 年零 9 个月以来最高水平，非制造业景气指数处于 22 年零 4 个月以来最高值；就业情况有所改善，有效工作岗位与申请人数比例达到 1.08，为 7 年 9 个月以来最高，失业率降至 4% 以下，为 2008 年 10 月以来最低，女性就业人数新增 53 万人；工资水平普遍上涨，平均月工资增长率和奖金增长率都处于过去 10 年以来最高水平。

与此同时，安倍政府财政与货币政策存在局限性乃至负面效应。在政府债台高筑的情况下，实施大规模的财政刺激措施，加重了业已存在的财政失衡；提高消费税率，可以在短期内提振消费，但相当部分支出由于避税而提前，则可能抑制年末消费的增长。货币政策刺激作用也是短期和有限的，日本央行之前已表示，货币政策空间已经相当有限。即便通货膨胀稳定上行至2%水平，如果不能及时推行结构性改革，放松管制，刺激就业，释放中长期增长潜力，也无法扭转经济结构失衡的局面，金融市场信心必然回落，复苏进程将难以为继，经济甚至有陷入滞胀的风险。

（二）结构性改革前景仍有待观察

1. 初始方案较为保守，后续政策实施有待时日。2013年6月，安倍首次公布第三支箭"日本再兴战略"方案。虽然各方普遍认为，方案内容缺乏新意，回避了深层次结构性问题，但安倍政府并未对方案进行重大调整，只陆续出台了一些具体措施。时隔一年，再次公布"升级版"结构性改革计划，基本框架沿袭上一方案，仅在内容和细节上有所充实。考虑许多举措还需要国会立法通过，发挥作用还需要相当长时间，能否及时承接财政与货币政策效应仍有待观察。

2. 改革方案有待优化，实施力度亟待增强。2013年安倍初次提出"第三支箭"，制定了"日本再兴战略"。战略涉及经济方方面面，但并未真正触及移民、农政改革等核心问题；战略设定的指标多为中长期目标，缺少实现目标的具体对策安排。新的一揽子方案推出若干重要举措，如充实企业税削减计划、确定养老金改革细节、推动农田合并等，但存在重点领域改革力度不足、政策内容模糊、路线图和量化执行标准有待细化、政策之间存在矛盾等问题。如最为关键的劳动力改革领域，撤销全职员工职位保障、推动大规模移民等激进措施仍然处于搁置状态；在贸易自由度问题上，达成了日澳FTA，但日美之间TPP谈判仍障碍重重前景不明。此外，降低企业税后的新税率具体多少、何时实施有待明确；降低税率带来的刺激投资与影响财政健康的矛盾也有待统筹考虑。

3. 攻坚阶段尚未开始，改革成效有待观察。日本属于市场经济发达国家，经济发展高度成熟，经济结构相当稳定，现有经济体系已接近其增长极限，泡沫经济之后呈现长时间停滞状态。改变这一状态，必须进行深层次结构调整，以增加资源供给，刺激需求增长，提高潜在增长率。结构调整意味着重大利益的重组和调整，涉及日本政治、社会和文化各个层面，安倍凭借其强大的民意支持率，强力推动结构性改革，但改革的攻坚阶段尚未到来，农产品市场开放、劳动力制度改革等关键措施尚未推出，安倍能否采取更强有力措施，将结构性改革推向深入，真正实现经济复苏，既取决于安倍的政治决心，也将考验日本社会改革意愿，其前景根本上将取决于改革力量与既有利益团体博弈结果。

全球金融危机背景下的中日经济关系态势[①]

周强武　韦　民

2008年全球金融危机对世界政治和经济产生了重要影响。美国等传统发达国家面临严重经济困难的同时，中国经济则保持着稳定发展的良好态势。2010年，中国的GDP超越日本，成为世界第二大经济体。在国际格局变动的背景下，大国关系在发生显著变化，中日关系从竞合型逐渐走向博弈型的互动样式。这种相互博弈和制衡的双边关系具有长期性、全面性和危险性的特征，表现在双边、地区和全球诸多层面以及政治、经济、外交、军事等众多领域之上。其中，亚太是中日博弈的关键区域，亚太经合是两国政经布局的重要环节。总体来看，中国面临的亚太经济环境正酝酿着新的发展态势，由此衍生的竞争性和挑战性不言而喻。为了确保和平崛起进程的稳步推进，中国必须直面亚太新局面和中日关系的现实，思考并推行一套趋利避害、行之有效、着眼长远的方策。

一、全球金融危机以来的中日经济博弈特征

当前，中日关系究竟处于何种状态？双边关系的性质发生了什么变化？两大经济体之间的政经博弈将产生什么影响？对亚太经合进程有何意义？

第二次世界大战结束以来，中日关系经历了曲折发展的若干阶段。合则两利，斗则两伤。这是中日关系演进赋予世人的深刻启示。稳定的双边关系符合中日双方整体利益。作为地理相邻的两大经济体，和平共处将大幅增强两国的国际地位，并从容因应各自的现实挑战。日本的经济复苏，中国的和平发展，在一定程度上都离不开相对稳定的中日关系。

然而，中日关系的现实是残酷的，由此衍生的挑战性和危害性不可谓不严峻，产生的后果和变数亦不得不令人忧虑。中日关系的确是当今国际关系中最复杂、最难处理、也颇具影响的一对双边关系。可以断言，在中国真正崛起（中国实力占据压倒性优势、对美国具有强大战略威慑能力）之前，日本阻遏中国的政

[①] 本文写于2015年。

策欲望不会弱化。中日关系事实上已经进入相互抗衡的新阶段，经济领域的区域性和全球性竞争是中日关系变局的基本体现。

（一）中日经济博弈具有全球性特征

中日是国际关系中的重要力量，分别是当今世界第二、第三大经济体，两国经济是世界经济版图中的关键构成，两国关系样式无疑具有全球性影响。

第二次世界大战结束以来，日本曾经创造过举世瞩目的经济奇迹，由此形成所谓的"日本模式"对东亚其他经济体的经济发展带来了重要启示。在随后不断兴起的亚洲四小龙、东盟国家和中国经济奇迹的背后，日本模式及其带头作用不应刻意忽视。

中国近30余年的经济崛起是世界经济史上的又一创举，也是西方世界之外的一支新兴崛起力量。中国崛起同样具有显著的全球性意义和影响，发展中国家可以从中获得更多经济发展的启迪。由此看来，中日两国的发展历程、经济实力都是世界经济的重要支撑，是许多国家推动经济发展的参考对象。两国均具不可低估的全球性影响。

同样地，在中日关系变化的背景下，两国政经博弈必然是全球性、全方位、多层面、多领域的互动。其中，一个非常突出的原因是，同为东亚国家的两国，在发展模式、经济禀赋等方面具有相当程度的相似性。两国均为外向型经济体，国际市场对两国经济发展至关重要，在能源、矿产等资源需求上，两国均颇为依赖外部市场（日本尤甚）。

以此来看，在国际经济体系中，中日存在较为突出的竞争性。在亚洲、非洲、拉美等新兴市场上，两国经济布局和竞争态势不可避免。必须指出的是，中日全球范围内的经济竞争或博弈属于正常的市场竞争行为，是经济全球化背景下市场行为体的理性行为模式。这与其他经济体的惯常做法并无差别。然而，它又是中日关系变化的反映和折射物。中日关系下滑将极大增加两国经济博弈的强度，同时强化了两国全球经济博弈的政治动因。

（二）亚太是中日博弈的主要地域

作为亚太两大主要经济体，亚太是中日政治经济发展的基本背景，也是它们生存与发展的基本依托。当今世界，亚太已发展为全球政经的核心地带，是全球权力枢纽之一。亚太时代业已降临。在亚太崛起的背景下，大国纷纷调整亚太战略，高度重视亚太地区的政经意义，力求在亚太发展进程中占据有利态势，抢占地区经合主动权，塑造有利于自己的区域经济环境，赢得发展先机，争取最大化的战略利益。

亚太经合新近的发展态势表明，大国博弈是亚太经合演进的重要动因。其中，美日亚太经合新战略逐渐明朗化。建构新的亚太经合机制不仅仅出于纯粹的经济考虑，限制并阻遏中国发展环境的战略意图不能排除。然而，这样的经合战略构想存在诸多不确定性。中国亦是亚太经济难以忽略和排除的强大经济力量，是亚太经合进程不可或缺的一环。在多样性、差异性相当显著的亚太，中国政策工具箱中的应对选项非常丰富，政策回旋余地并不匮乏。中日亚太经合中的博弈必将逐次展开。东亚经合显然是中日博弈的重中之重，两国在东南亚的角逐将日趋激烈。

（三）经济实力与经济发展是决定中日关系最终走向的核心变量

总而言之，中日关系的前景最终将取决于两国的实力对比，美国因素只是一个影响重大的外因。遍观几千年中日关系史，中强日弱既是常态，也是双边关系稳定的基石。近代中日关系破裂的根源在于中国衰落、日本兴起而形成的日强中弱结构。目前，两国关系的强—强格局是历史演进的过渡期，由此衍生的矛盾和对立并不令人奇怪。这样的磨合期将是一个较为长期的过程。归根结底，对于推崇实力的日本而言，恢复中强日弱的双边关系格局是其回归理性、从而确保中日关系稳定的基础。因此，经济发展及其前景是衡量中日关系进程的核心变量。

在经济全球化的深刻影响之下，中日经济已成全球经济体系中相互缠绕的重要环节，两国经济不可分割。另外，随着中国经济不断发展，经济实力和国际竞争力不断增强，除了在劳动密集型产业上继续保持竞争优势之外，在资本和技术密集型产业上与发达国家的差距日趋缩小。在全球市场上，中国正在成为一个越来越强大的竞争者，与日本的经济竞争也会日趋增多。由此来看，经济领域的博弈将是中日关系的基本表现样式。

（四）中日经济关系正走向深刻变迁的新阶段

中日经济之间既存在相似性，也存在极大的差异性。就相似点来看，首先，中日两国均是全球化的主要受益者。第二次世界大战后不断推进的全球化进程为日本和中国经济的腾飞均起到了不可或缺的作用。其次，中日发展模式比较类似，即所谓"东亚模式"。该模式最先由日本实施，之后得到韩国和中国等东亚国家相继效仿。中日均因"东亚模式"实现了长期高速经济增长。

中日经济的差异性同样显著。其一，两国在劳动力、资源、土地、国内市场等方面存在巨大差异。中国的劳动力虽在教育程度上稍逊日本，但在人口数量和人口潜力方面远胜日本。中国幅员辽阔，资源丰富，国内市场巨大。这些优势都意味着中国更能"自力更生"，逐步减少对外需的严重依赖以实现经济的持续增长。日本国土狭小，资源缺乏，严重依赖外需。此外，国内市场的狭小则为日本经济的长期复苏埋下隐患。其二，日本作为先发国家仍具极大的先发优势，中国理应借鉴日本的经验教训实现赶超。其三，日本在第二次世界大战后与西方国家之间形成了紧密的经济、安全合作关系，极大地拓展了日本的国际空间。中国则长期受到西方世界的围堵和排挤，这不仅限制了中国的国际政治、安全空间，还阻碍了中国经济的发展。其四，日本发展模式为其第二次世界大战后经济腾飞做出了巨大贡献，但结构性矛盾也阻碍了日本经济的持续发展。中国在改革开放后逐步突破了传统的计划经济体制，并部分借鉴了日本经验。经过长期发展之后，中国政府对既有的经济体制进行了较大规模的改革。目前来看，中日两国经济均面临进一步改革的重大课题。

当前，中国在宏观经济规模方面已全面超越日本。中国 GDP 总量和进出口贸易额远超日本，人均 GDP、投资和对外援助方面虽与日本存在较大差距，但发展势头迅猛。日本经济则陷于长期停滞状态，在"安倍经济学"刺激下虽有所回温，但长远来看，其与中国在经济发展方面的差距正逐渐缩小，在经济某些环节上已为中国所超越。作为一个成熟经济体，日本在劳动力素质、科技以及资本等生产要素方面有很强的竞争优势。作为一个发展中国家，中国充分利用其后发优势，大量引进外资、人才与技术，实现了跨越式发展。改革开放 30 余年，中国在科技、人才、资本方面已经逼近甚至超越了日本。中国又是一个资源大国、人口大国，在自然资源条件、劳动力数量、市场规模和潜力等方面所具有的先天优势更是日本望尘莫及的。因此，在国际市场上，相较中国，日本正在逐渐失去曾经的竞争优势。诚然，当前日本在某些技术密集型制造业部门和创意文化产业方面仍然具有较强的比较优势，但中国正逐步缩小与日本的差距。

日本在东亚经济合作中曾经一度扮演"盟主"和"领头雁"的角色，目前逐渐为中国取而代之。中国的迅猛发展带动了周边国家的经济增长，推动了周边国家出口贸易发展及基础设施完善。当前的东亚地区秩序正经历着结构性变革，权力中心逐渐由日本向中国转移，中国全面超越日本已成必然趋势。

显然，经济全球化使得中日经济关系越发紧密，并对两国政治、安全关系产生了部分影响。目前，两国经济相互依赖究竟多大程度上左右了双边关系仍存争议。中日双边关系变化将极有可能深刻影响东北亚自贸区、区域全面经济伙伴关系（RCEP）以及跨太平洋伙伴关系协定（TPP）等区域经合进程。

二、中日关系走向及其区域性经济竞争态势

从中长期走势看，中日关系发展中的积极因素乏善可陈，有更多理由对其发展前景感到悲观。2010 年以来，中日关系的政治、社会基础发生动摇，经贸关系也有走低之势。衡量中日关系的各项指标无不大幅下挫，走低态势已成定局。总体来看，中日关系中的消极因素远超积极因素，两国关系回归钓鱼岛争端爆发

前的状态，其可能性并不令人乐观，僵持状态仍将持续下去。着眼未来，在中日实力对比彻底倾斜之前，或中国真正崛起之前，两国关系将始终充满不确定性，其间必有波折反复，间或有短暂和好，但亦有进一步下探的空间和可能。总之，中日关系的本质难以根本扭转，中国需要做好对日持久博弈的心理和政策准备。

第一，中日政治关系有较大不确定性。中日现实矛盾很难化解。钓鱼岛主权已演化为两国执政合法性和民族尊严的政治符号。中日政府让步余地不大，两国民意也不允许政府妥协后退。当今，日本社会的和平力量大幅消退，社会思潮趋向激进，政治右倾化日趋明显。这样的日本缺乏客观对待历史旧业的动力。历史问题仍将是中日关系中的一大障碍。日本的错误历史观很难纠正，对华态度亦难以改变。基于遏制中国和国家正常化的战略需要，日方需要政治借口，需要外交冲突。此举是吸引并利用美国、拉拢周边特定国家、塑造国内政治生态、引导国内民意的政治算计。未达目的，日方不会善罢甘休。即便没有钓鱼岛争端、历史问题，日本也会制造冲突性议题和挑衅性事件，干扰并制衡中国。究其根源，不愿意理性接受中国崛起是根本原因。

第二，中日关系的社会基础大幅削弱。建交之后，中日政府通过官方协议解决了双边关系发展的诸多重大障碍。然而，普通民众之间相互认知中的基本问题并未得到重视和解决。中国民众在战争中遭受的骇人听闻的苦难并未获得物质赔偿和精神抚慰，施害者的历史罪责并未彻底清算。民意是国际关系的基础，它直接影响对外认知和对外政策。第二次世界大战结束近70年、中日建交40余年了，中日关系的社会基础仍显脆弱。当今，日方肆无忌惮否定侵略历史的言行此起彼伏，无疑大幅加剧了中国民间的对日反感和恶感。日本国内以中国为假想敌的新民族主义市场巨大，且发展迅速。两国民间相互认知已达历史低谷，深陷恶性循环怪圈，恶性互动之势加剧，中日关系的社会基础更趋薄弱。两国政治外交关系的稳定和发展因此受到民意的巨大牵制。

第三，潜在军事碰撞是中日关系恶化的重大隐患。中日正在全球、地区、双边层面展开互动性制衡。日本积极编织国际反华联盟、诋毁中国国家形象的姿态不会收敛，只会强化。日本将中国视为潜在敌国和作战对象，强化美日军事同盟关系，并大力扩充军备，调整针对中国的军力部署，酝酿修改和平宪法，对中国的安全挑战越来越大。中方不能不做出预防性回应，强化军力建设、加强军事斗争准备是顺理成章的政策选项。可以预期的是，围绕钓鱼岛主权归属斗争而频繁展开的海空对峙似有持续升级之势，偶发性冲突事件不能排除。一旦发生有意或无意的军事冲突，两国关系将会急剧恶化。

第四，中日关系尚存其他重大隐患和爆点。在"台独"、"藏独"、"疆独"、"南海"等事关中国核心利益的问题上，日本通常唯美国马首是瞻，但基于两国强劲的经贸关系，其言其行尚算克制。假如日方将遏制中国的战略构想付诸实际行动，将上述问题作为打压和削弱中国的战略筹码，中日关系的冷战局面将难以避免。日方在这些问题上的态度和行为，是衡量中日关系可能走向的重要指标。

第五，可能降温的经贸关系将会削弱中日关系的政治基础。建交以来，在不同时段，中日矛盾、分歧总是层出不穷，并严重阻碍双边关系的稳定发展。然而，两国基本上能够维持斗而不破的局面。究其原因，双边经济关系的持续发展以及两国经济相互依赖关系的不断增强，构成了中日关系的强大联系纽带和共同利益基础，成为抵消政治外交关系恶化的减压阀和缓冲器。高水平的经济关系是中日关系稳定的重要物质基础。然而，新近中日政治关系的严重倒退正在不可避免地冲击两国经济关系，政经分离似乎也逐渐失去了存在的前提条件。经济关系弱化必将反过来削弱两国政治外交关系的基础。

第六，美国对华战略的本质不会轻易更改，中日关系将面临美国的牵制。第二次世界大战后，中日关系与中美关系密切关联。美日同盟是深刻影响日本内政外交政策的重大成因，日本对华政策相当程度上受制于美国的亚太战略框架。当今世界，美国对外战略的根本目标是维持其全球霸权地位。在国际金融危机冲击之下，美国和西方世界经济发展遭遇严峻考验，实力相对下降。与此同时，以中国为代表的新兴国家则呈现出强劲增长势头，综合实力迅速上升。既有的国际政经版图已被快速改写。基于现实主义政治思维，美国将中国视为其霸权的最大潜在威胁。阻遏中国崛起是美国恐惧霸权旁落的必然反映。美国的亚太再平衡战略实质上就是针对中国、阻遏中国崛起。

为此，美国动员其传统的盟友网络，希冀在中国周边编织一张庞大的战略威慑之网。这一构想与日本的对华认知和战略意图高度契合。在阻遏中国方面，两者拥有类似的诉求，可谓一拍即合。因此，在自身国力相对下降、阻遏战略成本不断攀升的情况下，鼓动日本摆脱国内法律约束，推动日本扩军备战，激励日本强硬对抗中国，不过是美国维系自身霸权地位的战略手段而已。

中日关系维持持续紧张态势对美国的亚太霸权是有战略好处的。中日两强相争，美国从中得利。美国此举至少可以大幅增加其在东亚军事存在的吸引力，提高自身的战略价值，同时削弱东亚一体化的动能，延迟中国（或日本）主导地区事务的进程，从而凸显和延续自身的霸主地位。以此来看，美国打压中国的战略谋划不会轻易放弃。中日关系中的美国因素将是负面、消极和非建设性的外部变量。

有鉴于此，中短期来看，抗衡与博弈将是中日关系的常态。其中，经济层面是两国激烈博弈的基本领域，而亚太，尤其东亚经合则是两国博弈的重点场合。

第一，美日会不断强化亚太经合政策协调。中国崛起是美日地区政策协调的共同动因。在战略安全领域，美日两国已经推出了针对中国的一系列具体举措，力图形成战略威慑中国的地区态势。在亚太经合层面，为了最终实现美日共同主导亚太经济环境的战略目标，阻遏中国经济影响力的海外辐射，美日将会加强亚太经合中的战略协调。美日 TPP 谈判及其发展态势值得密切关注。

第二，日本会加大与中国在东亚博弈的力度。东亚是亚太政经核心之一，是中日高度敏感的博弈场。随着中国综合实力的不断提升，日本在东亚的传统影响力迅速下降。目前，两国在东亚的影响力相对均衡，各有自身优势，在行为方式上也各有特点。但从发展趋势看，日本的地区影响力将会不断下行，中国则在崛起大势之下逐渐成为东亚核心国家。因此，日本东亚经合政策中的中国因素将日渐明显，抗衡与阻遏中国的地区领导权是日本东亚政策的显著动因。

第三，东南亚是中日东亚战略博弈的支点。东南亚地缘位置险要，其资源禀赋、市场、海道对东北亚国家而言不可或缺，是中日政经博弈的必争之地。冷战结束之后，东盟已发展成为一支不可忽视的重要力量。对日本而言，它要维持与东盟国家的传统关系，视之为牵制中国、走向世界政治大国的必要环节。对中国而言，东南亚攸关南部海域安全，是中国连接外部世界的重要纽带。良好的中国—东盟关系也是破解美日制衡中国的基本途径。争取东盟乃是中日博弈的核心一环。

第四，中日经合领域的博弈可能加剧。经合机制是发挥国际影响力、推行对外战略的良好平台。在各种地区经合机制中，日本业已取得先机，在亚洲的金融、投资等合作领域较有优势，并据此深刻影响着地区经济发展，促进了与亚洲国家的关系。21 世纪以来，中国在对外经贸合作方面取得了前所未有的成就，但在至关重要的金融、投资等区域性合作机制上仍然缺乏必要的影响力。这是中国对外投资、推动地区经合进程、提高对外影响力的一块短板。未来，中国必须通过参与、重塑、建构等方式迅速提高主要经合领域中的话语权和主导权。亚投行和"一带一路"倡议是中国主动构建合作发展、合作共赢的重要平台，必将对区域和全球经济产生深远的影响。

三、积极应对中日经济竞争局面

中国崛起不会一帆风顺。中日关系变化只是该进程的一段插曲。辩证来看，中日关系走坏不一定全都是坏事。日本的敌意和对抗是中国崛起的试金石和磨刀石，是中国深化改革开放、推动经济发展、强化国家凝聚力、提高国家治理和对外交往能力的催化剂和动力源。然而，也不能忽视中日关系变动和亚太新局带来的潜在冲击和挑战。为此，我们需要站在战略高度审视之，客观理性研究之，冷静高效应对之。

（一）从和平发展战略高度思考和因应中日关系变化

外部压力加大，对外矛盾增多，外部环境更趋复杂。这是新时期中国外交不得不面临的"新常态"。虽然全球和周边环境已经发生巨大变化,但中国尚未具备足够实力、也没有必要去改造它。适应并积极争取一个相对稳定的外部环境仍是中国崛起进程提出的要求。改革开放以来,中国取得的重大成就是坚持全球化发展战略的结果,也是与现有国际体系紧密互动的产物。即便这是西方世界建构并主导的国际体系,但与中国的经济发展和总体战略并不相互排斥。两者之间存在广泛的共同利益,是一种相互补充、相互融合、相互竞合的新型关系模式。中国崛起仍需时日,仍需一段较长的战略机遇期。继续尊重现有国际秩序符合中国国家利益。在大国博弈加剧的新形势下,中国仍应站在和平发展的战略高度,审视并处理与主要大国之间的复杂关系。

(二) 进一步深化改革和加大对外开放,全面提升综合国力

实力决定一切。在国际关系中,中国日趋强大意味着对世界政经更大的贡献,合作伙伴和朋友更多,外交手段更加丰富,对外战略的回旋余地更大。同样地,决定中日关系演进的核心变量是两国实力对比。日本敌视中国的根本原因是中国整体实力超越了日本。超越同样是解决中日矛盾的钥匙,化解日本对华心结的要害是超越它。中国真正崛起之时,两国间存在的诸多矛盾可能更易于处理。因此,坚持改革开放之国策,延续高速发展的势头,全面提升综合国力,是处理对日关系的硬道理。

(三) 推行全方位对外经合战略,构建稳定外部经贸环境

经济竞争是中日博弈的关键环节。鉴于两国经济发展的诸多共性,全球性、区域性经济布局与竞争在所难免。日本的优势在于与美国的盟友关系和强大的金融、技术和经合经验,中国的优势则是市场潜力和发展趋势。不言而喻,各个层面的经济竞争是中日博弈的基本方式。破解日本及其盟主美国的经合布局对中国潜在挑战的政策途径,在于加强经济外交,积极影响全球,尤其亚太经合进程,塑造对中国经济发展有利的外部环境。其一,实施双边 FTA 战略,化解美日经济布局的冲击;其二,加强与区外主要经济体的经济联系,缓解亚太经合的潜在挑战;其三,积极参与亚太各个层面的经贸合作,增加中国的话语权;其四,融入并力图重塑既有经合机制,使之更多反映中国利益诉求;其五,积极推动"一带一路"等中国主导的新的经合倡议。

(四) 深化与东盟国家的关系是中国立足亚太的关键环节

东南亚是美日阻遏中国的关键环节,也是其实施遏华战略的短板。大力强化中国—东盟关系是因应美日亚太布局的重点:其一,坚持视东盟为中国周边外交的优先方向;其二,高调支持东盟共同体建设;其三,加快落实"10 + 3"宏观

经济办公室国际化进程；其四，加强与东盟国家政府部门的多边和双边联通机制；其五，支持并推进东盟倡导的 RCEP 进程。

综上所述，中日关系变局有影响和挑战，但中国不可妄自菲薄，故步自封，亦不可因国力趋强而不可一世。中国发展道路漫长，应继续有条件地保持战略克制，尽量稳定中日关系，为和平崛起创造持久的战略机遇期。深化改革开放，增强综合国力，是中国解决内外难题的法宝。在这个过程中，中国要直面并富有智慧地审视和应对亚太新局，推出兼具针对性和前瞻性的组合对策，化解亚太经合环境演进带来的潜在风险。只要坚持和平发展道路，保持战略定力，实施积极、灵活的对外方略，任何阻遏中国崛起的企图都难以得逞，中日关系亦将迎来新的局面。

日本、欧盟量化宽松政策及影响[①]

郭 昊 胡振虎

全球金融危机爆发后,为促进经济复苏,日本、欧盟实施多轮量化宽松(QE)货币政策,向市场投放大量流动性。就经济刺激效果而言,短期取得一定效果,但中长期将对其经济带来一定负面影响,并对包括中国经济在内的世界经济产生溢出效应。现对日本、欧盟量宽政策及影响作简要分析。

一、日本、欧盟量化宽松货币政策、效果及挑战

金融危机爆发以来,全球经济陷入流动性陷阱,央行传统货币政策工具难以继续发挥作用。为此,继美国之后,日本、欧盟央行先后实施量化宽松货币政策,旨在向市场注入大量流动性,刺激经济复苏。

(一)日本、欧盟量化宽松货币政策

1. 日本量化宽松货币政策实施过程。日本量化宽松货币政策可分为以下三个阶段:

一是初启阶段(2008年9月~2010年4月),日本央行于2008年9月起,通过对金融机构的超额准备付息、直接购买银行持有的长期国债等公开市场操作,连续向市场注入大量流动性;二是资产购买阶段(2010年10月~2012年12月),日本央行再次启动"资产购买计划"(asset purchase program, APP),创设了总额为35万亿日元的基金,用于购买日本政府债券(JGBs)、国库券、商业票据、公司债券、交易所交易基金(ETFs)和日本不动产投资信托基金(J-REITs)等;三是质化量化宽松(qualified quantitative easing monetary policy, QQE)阶段(2013年4月至今),2013年4月4日,日本央行宣布推行"QQE",通过每年60万~70万亿日元的速度扩大基础货币规模、更新和升级"开放式资产购买计划"等举措,日本进入了"史无前例"的超宽松货币政策时代。此外,2016年9月21日,日本央行宣布引入包括控制收益率曲线以及继续扩大基础货币投放

---

① 本文写于2016年。

水平在内的新型 QQE 政策，日本央行修改了原来的购债框架，从设定规模到盯住 10 年期国债收益率，从盯住量变为盯住价。

2. 欧元区量化宽松货币政策过程。欧元区量化宽松货币政策可分为以下四个阶段。

一是初启阶段（2009 年 5 月~2011 年 2 月），欧洲央行于 2009 年 5 月和 2010 年 3 月相继实施资产担保债券购买计划（covered bond purchase programme，CBPP1）和证券市场计划（securities market programme，SMP）。二是升级阶段（2011 年 8 月~2012 年 2 月），欧央行宣布新的资产担保债券购买计划（CBPP2），计划在市场上购入 400 亿欧元的资产担保债券。此外，欧央行先后两次推出 3 年期的长期再融资操作（longer-term refinancing operations，LTROs），以极低的贷款利率向信贷机构提供总量分别为 4 890 亿欧元和 5 295 亿欧元的贷款，以缓解欧元区金融体系资金紧张的局面。三是全面量化宽松阶段（2012 年 9 月~2014 年 5 月），2012 年 9 月份，欧央行宣布实行全面量化宽松，启动直接货币交易计划（OMT），取代此前进行的证券市场计划。四是继续深化阶段（2014 年 6 月份至今），欧央行扩大资产购买规模，并推出新一轮定向长期再融资操作（targeted longer-term refinancing operations，TLTROs）。

（二）日本、欧盟量化宽松货币政策效果

日本、欧盟央行实施量化宽松政策以来，短期内提振了 GDP 增速，同时通缩状况、国债收益率水平等方面也得到一些改善。

一是短期内提振 GDP 增速。日本启动 QE 后，特别是启动 QQE 后，日本经济短期内显著复苏。2013 年四个季度的 GDP 增速分别为 0.7%、1.8%、2.8% 和 2.7%，2014 年一季度 GDP 增速更是升至 3.1%，为 2010 年以来最高水平。然而，日本经济随后再度陷入负增长泥潭。从欧元区情况看，虽然欧央行自全面实施量宽以来，欧元区 GDP 呈稳定增长趋势，但通缩压力并未减小，通货膨胀率呈持续下降趋势。2013 年 4~6 月通货膨胀率由 1.2% 升至 1.6%，此后便一路降至零以下。类似地，2015 年 3 月份扩大量宽规模后，通货膨胀率同样在小幅上升后便出现反复波动，并未朝着欧央行预期目标发展。这说明日、欧元区量化宽松货币政策，短期内对经济复苏起到一定作用，但效果逐步减弱。

二是较有效克服通缩压力。实施 QE 后，日本 2012 年核心 CPI 呈下降趋势，但 2013 年年底以来，CPI 大幅度提升，核心 CPI 均值达 1.3%，有所接近 2% 的政策目标；欧央行实施 QE 后，通货膨胀率出现明显上升，但之后又出现较大幅度回落。在扩大 QE 规模后，欧元区通货膨胀率再度呈上升趋势。

三是降低国债收益率水平。实施 QE 后，日本 10 年期国债收益率呈下降态势，特别是在 2016 年 1 月份日本央行实行负利率后，收益率水平下行趋势非常

明显，2016年5月日本10年期国债收益率已变为-0.12%，位于目标值-0.1%之下。同样地，欧元区国债收益率也出现下降趋势。2015年4月，欧元区10年期国债收益率跌至0.85%，为近年来最低水平。虽然出现短暂回升，但很快又重返下降趋势。其后欧央行再次扩大QE规模，但在降低收益率方面效果不如此前。

（三）日本、欧盟量化宽松货币政策面临的问题和挑战

自实行量化宽松货币政策以来，日本、欧盟经济状况均有所好转，但日本、欧盟量宽政策给自身也带来一些问题和挑战。

一是中期效果欠佳。在政策实施初期，日本、欧盟经济增速和通货膨胀均有所改善。但在中期颓势渐显，通缩压力反弹。二是政策空间有限。一方面，美国正逐步退出量宽政策，并进入加息周期；另一方面，大规模量宽致使日本、欧盟债务压力过大、财政空间缩窄，量化宽松负面效应逐渐凸显，再加上国际社会反对量宽呼声渐长等因素，日本、欧盟长期实行量化宽松货币政策或进一步扩大规模的可能性不大。三是日本、欧盟结构性问题制约了其量宽货币政策效果。日本、欧盟均面临人口老龄化、劳动力市场僵化、劳动生产率较低等结构性问题，且均存在结构性改革缓慢的问题，这都导致量宽货币政策效果减退。四是欧元区存在拖累货币政策发挥作用的机制性问题。欧元区虽然具有统一的货币政策，但缺乏高度统一的财政政策，各主权国家间的政策协调机制不完善。从长期看，仅依靠量化宽松货币政策，难以从根本上扭转局面。欧元区各国还亟须从合理协调财政和货币政策、挖掘新的经济增长点、平衡区域发展等方面入手，改善欧元区经济状况。

二、日本、欧盟量化宽松货币政策溢出效应

（一）日本、欧盟量化宽松货币政策对全球经济有外溢影响

从整体看，日本、欧盟量宽货币政策将有利于刺激自身经济复苏、提升通货膨胀、吸引外资，并通过改善自身经济状况推动全球经济复苏。但由于日本和欧洲本身存在诸多问题，如欧元区面临财政独立与货币统一的矛盾、融资配额分配不均、人口老龄化等问题，日本同样面临诸多结构性问题。这导致量宽难以发挥预期效果，对刺激全球经济复苏效果较为有限。IMF2016年三季度发布的《全球经济展望》将全球经济2016年增速预期下调至3.1%。不过，日本、欧盟如此大规模量宽政策无疑对全球贸易市场和金融市场造成影响。

全球贸易方面，日本、欧盟作为大体量贸易经济体，量宽推动日元和欧元双

双贬值，进而提高了其出口竞争力，对全球贸易产生明显影响。数据显示，2015年，欧元区出口额为 20 402 亿欧元，同比增长 5%，贸易顺差 2 460 亿欧元。同期，日本出口额为 75.63 万亿日元，同比增长 3.5%。虽然日本贸易逆差 2.83 万亿日元，但同比下降 77.9%，出现明显改善。

全球金融市场方面，日本、欧盟大规模量宽对市场注入大量流动性，推动全球短期资本流动。虽然部分资本会进入内部市场，但其余部分则会进入国际金融市场，造成资本市场动荡。随着美国退出量宽，并进入加息周期，美元将进一步走强，美国国债收益率上行压力逐渐增大。欧元和日元在维持低利率情况下将引发频繁套利交易，进一步加剧全球资本流动，不利于资本市场稳定。

债务市场方面，日本、欧盟大规模购买债券对债券市场功能性和流动性造成负面影响。其中，欧元区 2015 年平均债务占 GDP 比超过 90%，希腊、意大利等国家负债水平更为严重。作为全球重要债券市场之一，欧元区债券市场出现问题必将对其他国家带来负面冲击。

（二）日本、欧盟量化宽松货币政策对中国经济的影响

日本、欧盟量化宽松货币政策主要对中国经济产生以下几方面影响：一是对中国出口造成压力。日元和欧元贬值将削弱中国企业对日本、欧盟出口竞争力，同时推动日本、欧盟对华出口。欧盟是中国第一大贸易合作伙伴，中国是欧盟第二大贸易合作伙伴，欧元贬值对中国出口造成压力。数据显示，中国 2016 年上半年出口同比下降 2.1%，这与日本、欧盟量宽不无关系。二是有利于中国企业"走出去"。人民币对日元和欧元升值将缩减中国企业"走出去"成本，有利于中国企业对外投资。不过，日元和欧元贬值将增加对华投资成本，导致日本和欧洲企业对华投资下降。三是改善中国产出状况。日本、欧洲央行扩大货币供应导致日元和欧元计价商品价格下降。这将降低中国企业进口成本，进而缩减生产成本，改善中国产出状况。四是延缓资本外流速度。日本、欧盟量宽产生的大量流动性将注入到全球各经济体，中国金融市场也面临短期资本流入状况。同时，日本和欧元区低利率水平将缓解人民币贬值压力，这将延缓中国资本外流速度。

三、对此问题的几点看法

（一）客观认识货币政策作用，加强宏观经济政策协调

日本、欧盟实施多轮量化宽松货币政策，并创新地使用负利率政策，逐渐改善融资条件，客观上对其经济复苏起到了一定作用，但却推高了资产价格、加剧

了金融脆弱性，也对包括中国在内的新兴市场国家造成负面影响。同时，美国正在逐步收紧货币政策，开启加息周期。面对"一松一紧"的复杂货币政策环境，国际社会应加强包括货币政策在内的宏观经济政策协调，减少政策变化给市场带来的不确定性，将负面溢出效应降至最低。为此，中国应继续通过 G20、S&ED 等多、双边对话平台和机制，与主要经济体加强宏观经济政策协调，就量宽政策对世界经济、新兴市场国家经济的影响，以及量宽政策退出时点、节奏及其造成的外溢影响保持有效沟通，并要求相关经济体完善与市场沟通渠道，向市场释放明确的政策立场。

（二）中国货币政策应增强灵活性，为经济发展营造良好环境

当前，中国既面临日本、欧盟量宽加码、美国退出量宽、新兴市场经济体增速放缓等多重外部影响因素，也面临短期经济下行压力、资产价格泡沫风险加大等国内矛盾。除国内因素外，我国货币政策选择还要考虑外部政策环境，盲目大开货币龙头或一味拧紧货币闸门都不是明智选择，而是应根据内外经济形势变化，准备好灵活的政策工具箱。一方面，要保持流动性基本稳定，调节好货币闸门，努力畅通货币政策传导渠道和机制，保证稳增长、调结构的资金需求；另一方面，应使更多资金流向实体经济，抑制资产价格泡沫。因此，中国货币政策应在稳健中性的同时保持适度灵活性，为稳增长、调结构、促改革等营造良好环境。

（三）加强短期资本流动监管，稳定外汇市场

为应对国际金融市场波动的冲击，我国应重点做好以下两方面：一是加强短期资本流动监管。发达经济体量化宽松货币政策造成全球流动性泛滥，针对近期不断上升的全球通货膨胀预期，中国央行应及时采取预期管理并加大对短期资本流动的监管与控制力度。二是优化储备结构，稳定外汇市场。日本、欧盟量化宽松政策释放大量流动性，同时大量短期游资将因套取利差而无序流动，这不利于外汇市场稳定。我国应完善外汇储备投资战略，优化外汇储备结构，稳定外汇市场。一方面，应做大外储规模。既要控制外汇储备占外汇资产比例，"藏汇于民"；也要通过支持中国企业"走出去"增加海外投资，获得更多外汇。另一方面，应通过完善能源储备机制丰富能源战略储备，减小能源对外依存度，从而平抑大宗商品价格波动对中国外汇市场影响。

（四）加大结构调整力度，提高经济增长质量

在虚拟经济与实体经济严重背离的形势下，货币规模及流动难以真正影响经济增长，制约经济长期复苏的最主要因素是经济结构失衡。要提振经济，货币政

策不是唯一手段，还需综合运用货币、财政与结构性改革政策。目前，中国面临人口老龄化、全要素生产率降低带来的社会总供给下降、储蓄率较高带来的社会总需求不足等问题，只有通过结构性改革才能最终加以解决。所以，中国应进一步优化产业结构，不断地深化供给侧改革，改变过去实施大规模短期经济刺激的做法，走上一条可持续、高质量的经济发展道路。

后　　记

　　十年光阴，弹指一挥间。2008 年 9 月，雷曼兄弟公司破产，金融危机席卷全球，影响至今仍存。十年来，世界经济形势发生巨大变化，发达经济体在危机中受到重创，至今仍未恢复到危机前水平，美国经济增速维持在 2% 左右，欧洲和日本长期处于低增长甚至零增长。而以中国等"金砖五国"为代表的新兴经济体总体呈上升势头，对全球经济增长的贡献率超过 80%，国际经济"南升北降"的格局进一步增强。

　　经济实力发生变化，治理体系也应做出相应调整。十年来，中国积极推动全球经济治理朝着更加公平、包容的方向发展，世界银行、IMF 份额和投票权改革得到落实，亚洲基础设施投资银行等新多边开发机构投入运营，G20 等宏观经济治理平台作用增强。中国还提出了"一带一路"倡议，得到国际社会的积极响应，并同主要经济体一道，高举维护多边贸易体制和全球化的大旗。正所谓危中有机，化危为机，中国已成为全球经济体系的重要一员和推动全球治理改革的中坚力量。

　　但我们清醒的认识到，中国仍是全球最大的发展中国家，全球第二大经济体在规模上有了进步，但质量和结构仍需优化，人民生活水平还不高，经济增长动能仍需集聚。如何落实好创新、协调、绿色、开放、共享五大发展理念，在新常态下保持中高速增长、迈向中高端水平，如何营造公平友好的外部环境，在国际经济治理体系中发出中国声音，维护国家利益，都值得我们进行深入研究，广泛借鉴。

　　因应发展需要，中国智库建设近年来进入快车道，党中央和国务院出台了一系列智库建设顶层设计，专业化高端智库不断涌现。也正是在这样开放包容、政策友好的大环境下，"国际财经中心"迅速成长，研究能力显著增强，政策影响力和国际知名度大幅提升。回想 2007 年，财政部批准设立"亚太财经与发展中心北京分部"，也就是"国际财经中心"的前身，定位为国际财经智库，为部领导和高层提供决策参考。十年来，"国际财经中心"从无到有，由小渐大，机构能力不断增强，一个以财政事业为依托，兼具专业性和国际化的高端财经智库已日臻成熟。

　　我常和中心的青年同志们交流，百年一遇的金融危机也是百年一遇的重大契机,要深入钻研,透过危机分析全球经济深层次矛盾,从危机中汲取经验。十年来,中心同志们围绕危机主线,从不同角度撰写了数百篇研究报告,提出了很多有益的建议,其中很多为高层领导所采纳。在国际财经中心成立10周年之际,我们以危机为主线,从上述数百篇研究报告中选取了50多篇汇编成书,既是对中心成立十年研究成果的回顾与总结,也希望对进一步研究世界经济和全球治理有所贡献,对广大智库同仁和研究工作者有所启发。

史耀斌副部长作为分管领导非常关心我们中心研究工作,亲自担任本书主编。中心陈茜、胡振虎、周波、帅扬、陈立宏、宋馨、董杨、乔慧、彭慧、陈霞、王虎、于晓、李明慧、贾静航、郭昊、燕晓春、陈艳等同志参与了报告撰写和校对整理工作。在本书出版过程中,北京国家会计学院秦荣生院长给予了大力支持,经济科学出版社做了大量细致的工作,在此一并感谢。

周强武
2017年7月7日